Basiswissen Usability und User Experience

Thomas Geis ist Geschäftsführer der ProContext Consulting GmbH und seit 25 Jahren Vollzeit im Arbeitsgebiet Usability-Engineering tätig. Er ist Vorsitzender des International Usability and User Experience Qualification Board (UXQB) und Gründer des Arbeitskreises Qualitätsstandards des deutschen Berufsverbands der Usability und User Experience Professionals (German UPA), Leiter des ISO-Ausschusses »Common Industry Format for Usability«, Editor von ISO 9241-110 »Grundsätze der Dialoggestaltung« und von ISO 25060 »Common Industry Format (CIF) for Usability – General Framework for Usability-related Information«, Leiter des DIN-Ausschusses »Benutzungsschnittstellen« sowie Träger des Usability Achievement Award der German UPA (2013).

Guido Tesch ist Senior Consultant Human-Centered Design bei der ProContext Consulting GmbH in Köln und seit 2001 als Usability und UX Professional tätig mit Schwerpunkten in Konzeption, UX Architecture, UI Design, UI Guidelines, User Research, Anforderungsanalyse, Usability Testing und HCD-Prozesse. Er arbeitet im DIN-Ausschuss zur Erarbeitung der zentralen Normen rund um Usability und UX mit, ist seit 2016 National Expert des Berufsverbandes German UPA und ist zertifiziert in CPUX-F (Foundation Level, Trainer), CPUX-DS (Designing Solutions, Trainer), CPUX-UR (User Requirements Engineering) und CPUX-UT (Usability Testing and Evaluation, Trainer).

Thomas Geis · Guido Tesch

Basiswissen Usability und User Experience

Aus- und Weiterbildung zum UXQB® Certified Professional for Usability and User Experience (CPUX) – Foundation Level (CPUX-F)

2., überarbeitete und aktualisierte Auflage

Thomas Geis
thomas.geis@procontext.de

Guido Tesch
guido.tesch@procontext.de

Lektorat: Christa Preisendanz
Lektoratsassistenz: Julia Griebel
Copy-Editing: Ursula Zimpfer, Herrenberg
Satz: inpunkt[w]o, Wilnsdorf (www.inpunktwo.de)
Herstellung: Stefanie Weidner, Frank Heidt
Umschlaggestaltung: Helmut Kraus, *www.exclam.de*
Druck und Bindung: BELTZ Grafische Betriebe GmbH, Bad Langensalza

Bibliografische Information der Deutschen Nationalbibliothek
Die Deutsche Nationalbibliothek verzeichnet diese Publikation in der Deutschen Nationalbibliografie; detaillierte bibliografische Daten sind im Internet über *http://dnb.d-nb.de* abrufbar.

ISBN:
Print 978-3-86490-962-7
PDF 978-3-98890-030-2
ePub 978-3-98890-031-9
mobi 978-3-98890-032-6

2. Auflage 2023

Wieblinger Weg 17
69123 Heidelberg

Hinweis:
Dieses Buch wurde mit mineralölfreien Farben auf FSC®-zertifiziertem Papier aus nachhaltiger Waldwirtschaft gedruckt. Der Umwelt zuliebe verzichten wir zusätzlich auf die Einschweißfolie. Hergestellt in Deutschland.

Schreiben Sie uns:
Falls Sie Anregungen, Wünsche und Kommentare haben, lassen Sie es uns wissen: *hallo@dpunkt.de.*

Stockfotos, (c) iStock:
S. 14, Dmitry Goygel-Sokol, Stock-Fotografie-ID: 9695904, S. 15, metamorworks, Stock-Fotografie-ID: 175187721, S. 62, Monkey Business, Stock-Fotografie-ID: 52601561, S. 66 oben, contrastwerkstatt, Stock-Fotografie-ID: 42019896, S. 66 unten, ISO K° - photography, Stock-Fotografie-ID: 10637457, S. 68, VadimGuzhva, Stock-Fotografie-ID: 75364921

5 4 3 2 1 0

Geleitwort zur zweiten Auflage

Der Berufsverband der Deutschen Usability und User Experience Professionals (German UPA e.V.) wurde vor über 20 Jahren im Jahr 2002 gegründet und hat heute mehr als 1.750 Mitglieder (Stand: März 2023).

Der Arbeitskreis »Qualitätsstandards« des Berufsverbandes erarbeitete und veröffentlichte im Jahr 2013 das Zertifizierungsschema »Certified Professional for Usability and User Experience – Foundation Level« (CPUX-F). Die starke internationale Nachfrage nach dem Zertifikat führte dann zur Ausgründung des »International Usability and User Experience Qualification Board« (UXQB e.V.). Seit 2014 haben sich weltweit mehr als 7.500 Personen zertifizieren lassen (Stand: März 2023). Als Erweiterung und Spezialisierung der Zertifizierung wurden in der Folge vier weitere Module, »Advanced Level«-Zertifizierungen, »User Requirements Engineering« (CPUX-UR), »Designing Solutions« (CPUX-DS) und »Usability Testing and Evaluation« (CPUX-UT), erarbeitet und veröffentlicht. Darüber hinaus wurde das Curriculum »Essentials in UX and HCD Management (CPUX-M)« veröffentlicht, das den Trend zur Professionalisierung und Institutionalisierung von Human-centred Design (HCD) in Unternehmen mit Systematik unterstützt.

Der UXQB e.V. konstituiert sich durch internationale Mitgliedsorganisationen und deren Experten in Großbritannien, Dänemark, Österreich, der Schweiz sowie Experten aus Deutschland. Strategische Partner des UXQB e.V. sind inzwischen das International Requirements Engineering Board (IREB e.V.), das International Institute of Business Analysis™ (IIBA®) und das German Testing Board e.V. (GTB).

Für den Berufsverband German UPA e.V. ist die Zertifizierung durch den UXQB e.V. eine wichtige und notwendige Grundlage zur weiteren Professionalisierung des Berufsbildes als »Usability und User Experience Designer:in«, die wir in enger Zusammenarbeit zwischen dem UXQB e.V. und dem German UPA e.V. weiter gemeinsam vorantreiben. Es freut uns, dass aus dem Arbeitskreis mit dem UXQB e.V. eine so erfolgreiche Stelle zur Zertifizierung hervorgegangen ist.

Die zweite Auflage des vorliegenden Buches der beiden langjährigen und sehr aktiven Verbandsmitglieder Thomas Geis und Guido Tesch ist ein wertvoller Beitrag aus der Praxis fur die Praxis und hilft allen an Usability und User Experience interessierten Personen, den Gesamtüberblick über das Fachgebiet zu bekommen und sich selbstständig auf die Zertifizierungsprüfung CPUX-F vorzubereiten.

Viel Spaß und viele Erkenntnisse beim Lesen!

Andreas Lehmann

Präsident des Berufsverbandes der Deutschen Usability und User Experience Professionals (German UPA e.V.)

Vorwort zur zweiten Auflage

Diese zweite Auflage des Buches »Basiswissen Usability und User Experience« beinhaltet alle Neuerungen, die im neuen Curriculum zum Certified Professional for Usability and User Experience – Foundation Level (CPUX-F), Version 4.01, 2023 aufgenommen wurden.

Kurz bevor die erste Auflage dieses Buches vollständig ausverkauft war, haben wir uns ein weiteres Mal mit viel Energie daran gemacht, das Buch zu aktualisieren, das die Begriffe und Konzepte des CPUX-F-Curriculums sowie weitere wichtige Begriffe beschreibt, alle mit Praxisbeispielen illustriert und das Verständnis für die Leserinnen und Leser mit insgesamt 157 Prüfungsfragen zur Selbstkontrolle und Vorbereitung auf die Zertifizierungsprüfung CPUX-F überprüfbar macht.

Wir bedanken uns bei unserer Leserschaft der ersten Auflage, insbesondere bei den Personen, die uns auf Fehler bzw. schwer zu verstehende Aussagen hingewiesen haben. Jedes Feedback, das wir erhalten haben, wurde von uns sorgfältig geprüft und der betroffene Text angepasst.

Aus der Aktualisierung des neuen Curriculums zum CPUX-F haben sich folgende wesentliche Neuerungen in diesem Buch ergeben:

- Alle Lernziele wurden in »Verstehen« umgeändert und der Bereich angegeben, was verstanden werden soll (Beispiel: 2.1 Verstehen des Konzepts der menschzentrierten Qualität).
- Die folgenden Definitionen wurden im neuen CPUX-F-Curriculum entfernt, da sie entweder trivial erschienen oder strittig waren bezüglich ihrer Relevanz (im CPUX-F-Curriculum):
  - Iterativ
  - Agile Entwicklung
  - Lean UX
  - User-Experience-Projektplan
  - ISO 9241
  - User Experience Professional
  - Remote-Usability-Test
  - Usability-Testplan

  - Moderation (eines Usability-Tests)
  - Usability-Labor
  - Heuristische Evaluierung
  - Fragebogen

- Die folgenden Definitionen wurden hinzugefügt:
  - Vermeidung von Schäden durch die Nutzung (ISO 9241-220)
  - Menschenzentrierte Qualität (ISO 9241-220)
  - User-Interface-Spezifikation
  - Ethisches Design
  - Nachhaltiges Design
  - Fehlerrobustheit (ersetzt Fehlertoleranz aufgrund der entsprechenden Aktualisierung in ISO 9241-110)
  - Benutzerbindung (ersetzt Individualisierbarkeit aufgrund der entsprechenden Aktualisierung in ISO 9241-110)

- Weitere Änderungen:
  - HCD-Reifegrad, Beschreibung verbessert und umbenannt (vorher »Usability-Reifegrad«)
  - Dialog umbenannt in Benutzer-System-Interaktion
  - Dialogprinzip umbenannt in Interaktionsprinzip (aufgrund der entsprechenden Aktualisierung in ISO 9241-110)
  - Pre-Session-Interview umbenannt in Pre-Test-Interview
  - Post-Session-Interview umbenannt in Post-Test-Interview
  - Benutzerbefragung als Methode zur Evaluierung jetzt auch als Methode im Rahmen einer Nutzungskontextanalyse erläutert

Wir hoffen, dass dieses Buch auch in seiner zweiten Auflage Projektbeteiligte und -verantwortliche wieder beim Anwenden von Konzepten rund um Usability und User Experience im Projektalltag wirksam unterstützt.

Thomas Geis und *Guido Tesch*
Köln, im April 2023

Vorwort zur ersten Auflage

Die Idee zu diesem Buch kam uns beiden – Thomas Geis und Guido Tesch – bei unserer praktischen Arbeit im Rahmen der Entwicklungsprojekte, die wir begleiten, und bei zahlreichen Trainings, in denen wir immer wieder nach einem Buch gefragt werden, das einen systematischen Einstieg in das Fachgebiet Usability und User Experience ermöglicht und außerdem dabei hilft, sich systematisch auf die Zertifizierungsprüfung zum Certified Professional for Usability and User Experience – Foundation Level (CPUX-F) vorzubereiten.

So haben wir uns mit viel Energie daran gemacht, ein Buch zu schreiben, das die Begriffe des CPUX-F-Curriculums sowie weitere wichtige Begriffe beschreibt, alle mit Praxisbeispielen illustriert und das Verständnis für den Leser mit insgesamt 111 Prüfungsfragen zur Selbstkontrolle und Vorbereitung auf die Zertifizierungsprüfung CPUX-F überprüfbar macht.

Usability, *User Experience* und *Human-centred Design* (HCD) haben sich vom Schlagwort zum genormten Konzept entwickelt. DIN EN ISO 9241-210 »Human-centred design for interactive systems« definiert die drei Begriffe und beschreibt den grundsätzlichen Prozess der Entwicklung gebrauchstauglicher interaktiver Systeme.

Dieser Prozess beinhaltet die folgenden Handlungsfelder menschzentrierter Gestaltung:

1. Den menschzentrierten Gestaltungsprozess planen
2. Den Nutzungskontext verstehen und spezifizieren
3. Die Nutzungsanforderungen spezifizieren
4. Gestaltungslösungen erzeugen, um Nutzungsanforderungen zu erfüllen
5. Gestaltungslösungen gegen Nutzungsanforderungen evaluieren

Das vorliegende Buch gibt den Gesamtüberblick über wichtige Begriffe, Konzepte, Vorgehensweisen und UX-Ergebnisse (UX-Deliverables) in allen Phasen der menschzentrierten Gestaltung. Außerdem fokussiert dieses Buch auf ein Vorgehen, das die menschzentrierte Gestaltung für Entwicklungsprojekte insgesamt

- explizit,
- systematisch,
- nachvollziehbar,
- und wiederverwendbar

macht.

Wir hoffen, dass dieses Buch beim Anwenden von Konzepten rund um Usability und User Experience im Projektalltag Unterstützung bietet, und freuen uns auf Rückmeldungen, die uns helfen, die nächste Auflage dieses Buches weiter zu verbessern.

Thomas Geis und *Guido Tesch*
Köln, im Januar 2019

Danksagungen

Das Autorenteam bedankt sich recht herzlich bei allen, die zum Entstehen und Gelingen dieses Buches beigetragen haben:

Bei den Reviewern, die sorgfältig alle Kapitel des Buches gelesen und uns zahlreiche wertvolle Änderungshinweise gegeben haben.

Bei den National Experts des UXQB e.V. und seinen persönlichen Mitgliedern sowie bei den Mitgliedern des »Arbeitskreises Qualitätsstandards« des German UPA e.V., die die Qualität des Lehrplans »Certified Professional for Usability and User Experience – Foundation Level« mit ihrem Fachwissen, ihren Beiträgen und Diskussionen fortlaufend sicherstellen.

Bei den Expertinnen und Experten, die seit teilweise über 30 Jahren mit viel Enthusiasmus ehrenamtlich in ISO-Gremien die fachlichen Grundlagen geschaffen haben, auf die sich das CPUX-F-Curriculum stützt, insbesondere bei:

- Dr. Tomas Berns, Schweden
- Dr. Nigel Bevan, Großbritannien
- Dr. Ahmet Cakir, Deutschland
- Prof. Dr. James Carter, Kanada
- Dr. Wolfgang Dzida, Deutschland
- Dr. Jonathan Earthy, Großbritannien
- Dr. Dominique Scapin, Frankreich
- Prof. Dr. Susan Harker, Großbritannien
- Tom Stewart, Großbritannien
- Dr. James Williams, USA

Bei Christa Preisendanz und ihren Kolleginnen und Kollegen vom dpunkt.verlag, die uns in allen Belangen sehr gut beraten und unterstützt haben.

Und natürlich bei unseren Familien, die viele Stunden auf uns Autoren verzichten mussten und uns liebevoll unterstützt haben.

Inhaltsübersicht

1	Einleitung	1
2	Grundlegende Begriffe und Konzepte	3
3	Menschzentrierte Gestaltung	27
4	Planung einer menschzentrierten Gestaltung	47
5	Den Nutzungskontext verstehen und festlegen	53
6	Nutzungsanforderungen festlegen	103
7	Lösungen gestalten, die Nutzungsanforderungen erfüllen	121
8	Gestaltungslösungen evaluieren	187

Anhang 235

A	Lösungen zu den Prüfungsfragen	237
B	Literatur	305
	Index	309

Inhaltsverzeichnis

1 Einleitung 1

2 Grundlegende Begriffe und Konzepte 3

2.1 Exkurs: ISO 9241 als Basisnormenreihe für menschzentrierte Qualität . . 3

2.2 Menschzentrierte Qualität 5

2.2.1 Usability 6

2.2.2 User Experience 9

2.2.3 Barrierefreiheit 11

2.2.4 Vermeidung von Schäden durch die Benutzung 12

2.3 Interaktives System 14

2.4 Benutzungsschnittstelle (User Interface) 15

2.5 Prüfungsfragen zu diesem Kapitel 16

3 Menschzentrierte Gestaltung 27

3.1 Grundsätze menschzentrierter Gestaltung 28

3.2 Menschzentrierte Gestaltungsaktivitäten im Überblick 30

3.3 HCD-Reife einer Organisation 32

3.4 Exkurs: User Experience Professional 34

3.5 Exkurs: Integration von HCD in einen Entwicklungsprozess – klassisches Vorgehen, agiles Vorgehen und Lean UX 35

3.6 Prüfungsfragen zu diesem Kapitel 38

4 Planung einer menschzentrierten Gestaltung 47

4.1 Prüfungsfragen zu diesem Kapitel 51

5 Den Nutzungskontext verstehen und festlegen 53

5.1 Der Nutzungskontext und seine Bedeutung für die menschzentrierte Gestaltung 54

5.2 Die Komponenten des Nutzungskontextes 56

5.2.1 Benutzer 56

5.2.2 Ziele und Aufgaben 58

5.2.3 Ressourcen 59

5.2.4 Umgebung(en) 60

5.3 Methoden zur Erhebung des Nutzungskontextes im Überblick 62

5.4 Interviews 62

5.4.1 Grundregeln für Interviews 62

5.4.2 Kontextuelle Interviews 66

5.5 Beobachtungen 66

5.6 Fokusgruppen 68

5.7 Benutzerbefragungen 69

5.8 Darlegungsformen zur Beschreibung des Nutzungskontextes 70

5.8.1 Benutzergruppenprofile 72

5.8.2 Ist-Szenarien 74

5.8.3 Aufgabenmodelle 78

5.8.4 Personas 80

5.8.5 User Journey Maps 82

5.9 Prüfungsfragen zu diesem Kapitel 86

6 Nutzungsanforderungen festlegen 103

6.1 Nutzungsanforderungen als Teilmenge der Stakeholder-Anforderungen 104

6.2 Erfordernisse als Grundlage für Nutzungsanforderungen 111

6.3 Prüfungsfragen zu diesem Kapitel 113

7 Lösungen gestalten, die Nutzungsanforderungen erfüllen 121

7.1 Komponenten der Benutzungsschnittstelle ... 122

7.1.1 User-Interface-Elemente ... 123

7.1.2 Exkurs: Bedienfunktionen: Aufgabenobjekte und ausführbare Funktionen ... 124

7.1.3 Exkurs: Bedienfunktionen versus User-Interface-Elemente .. 126

7.1.4 Benutzerunterstützung ... 128

7.1.5 Informationsarchitektur und Navigationsstruktur ... 131

7.1.6 Prüfungsfragen zu diesem Abschnitt ... 134

7.2 Gestaltungslösungen finden und spezifizieren ... 136

7.2.1 Nutzungsszenarien ... 136

7.2.2 Storyboards als Visualisierung von Nutzungsszenarien ... 140

7.2.3 Card-Sorting als Methode zur Strukturierung von Information ... 141

7.2.4 Prototypen ... 142

7.2.5 User-Interface-Spezifikation ... 147

7.2.6 Ethisches Design und nachhaltiges Design ... 148

7.2.7 Prüfungsfragen zu diesem Abschnitt ... 150

7.3 Prinzipien und Richtlinien für die Gestaltung von Benutzungsschnittstellen ... 156

7.3.1 Die sieben Interaktionsprinzipien ... 158

7.3.2 Heuristiken ... 170

7.3.3 Gestaltungsregeln (User Interface Guidelines) ... 171

7.3.4 Styleguides als Sammlungen von Gestaltungsregeln ... 172

7.3.5 Design Patterns ... 173

7.3.6 Affordance (Aufforderungscharakter) ... 175

7.3.7 Berücksichtigung des mentalen Modells des Benutzers ... 177

7.3.8 Prüfungsfragen zu diesem Abschnitt ... 179

8 Gestaltungslösungen evaluieren 187

8.1 Die Rolle von Usability-Evaluierungen in der menschzentrierten Gestaltung 188

8.2 Arten der Usability-Evaluierung 189

8.3 Prüfungsfragen zu den Abschnitten 8.1 und 8.2 192

8.4 Usability-Tests im Detail 196

8.4.1 Die Phasen eines Usability-Tests: Planung, Durchführung, Auswertung 197

8.4.2 Rollen im Usability-Test 198

8.4.3 Formen von Usability-Tests 200

8.4.4 Planung von Usability-Tests 204

8.4.4.1 Usability-Testplan schreiben 204

8.4.4.2 Usability-Test-Leitfaden schreiben 205

8.4.4.3 Usability-Testteilnehmer rekrutieren 208

8.4.5 Durchführung von Usability-Testsitzungen 209

8.4.6 Auswertung und Dokumentation der Ergebnisse 211

8.4.7 Prüfungsfragen zu diesem Abschnitt 214

8.5 Usability-Inspektionen im Detail 223

8.5.1 Inspektionskriterien für eine Usability-Inspektion 224

8.5.2 Durchführung 225

8.5.3 Auswertung und Dokumentation der Ergebnisse 225

8.6 Benutzerbefragungen im Detail 228

8.7 Prüfungsfragen zu den Abschnitten 8.5 und 8.6 231

Anhang 235

A Lösungen zu den Prüfungsfragen 237

B Literatur 305

Index 309

1 Einleitung

Mit der zweiten Auflage des vorliegenden Buches verfolgen die Autoren mehrere Ziele: Zum *Ersten* soll die interessierte Leserschaft eine Einführung und einen Überblick über das Fachgebiet Usability & User Experience erhalten, zum *Zweiten* soll anhand von Beispielen Zugang zum eigenständigen Erarbeiten der Methodik für die Anwendung in den eigenen Projekten gegeben werden. Und *drittens* soll das Buch ermöglichen, sich anhand der Inhalte und Musterprüfungsfragen in den Kapiteln 2 bis 7 in diesem Buch im Selbststudium auf die erfolgreiche Teilnahme an der Zertifizierungsprüfung zum »Certified Professional for Usability and User Experience – Foundation Level« (CPUX-F) des UXQB vorzubereiten.

Das Buch bietet eine allgemeine Einführung in Usability Engineering und User Experience Design. Es setzt kein einschlägiges Vorwissen auf dem Niveau der Zertifizierung des Certified Professional for Usability and User Experience – Foundation Level (CPUX-F) [UXQB CPUX-F 2023] des International Usability and User Experience Qualification Board e.V. (UXQB) voraus.

In Bezug auf das genannte Curriculum wird im Folgenden immer vom »CPUX-F-Curriculum« gesprochen.

Der in diesem Buch dargestellte Inhalt beruht maßgeblich auf dem Inhalt des CPUX-F-Curriculums (Version 4.01 vom Januar 2023), den zugrunde liegenden Normen der Normenreihe ISO 9241 und natürlich der Projekterfahrung der beiden Autoren, die seit vielen Jahren in zahlreichen Projekten zur menschzentrierten Gestaltung interaktiver Systeme tätig waren oder diese geleitet haben.

Die Quelle für die Definitionen in den Kapiteln 2 bis 7 in diesem Buch ist immer das CPUX-F-Curriculum. Der darin verwendete Inhalt wurde unter Berücksichtigung der Sichtweisen internationaler Normen, Standards und anerkannter Lehrbücher in einem Peer-Review-Verfahren durch die Editoren, die persönlichen Mitglieder des UXQB sowie die jeweiligen nationalen Expertinnen und Experten der Mitgliedsverbände entwickelt. Diese Inhalte werden in diesem Buch nicht gesondert referenziert.

Im Buch sind alle Definitionen enthalten, die Teilnehmerinnen und Teilnehmer der Zertifizierungsprüfung CPUX-F kennen und verstehen müssen. Jede Definition steht in einem grauen Kasten mit dem Titel »Definition« und einer Nummerierung, gefolgt vom Fachbegriff und seiner Definition.

Definition n-m: <Begriff>

Satz, der die Definition beinhaltet, meist ohne weitere Hinweise oder Beispiele aus dem CPUX-F-Curriculum.

Merksatz

Aus Sicht der Autoren wichtige Merksätze erscheinen ebenfalls in einem Kasten mit dem Titel »Merksatz«.

Des Weiteren sind im Buch insgesamt 157 Prüfungsfragen enthalten, die in ihrer Form und Schwere den Prüfungsfragen für die CPUX-F-Zertifizierung entsprechen. Die Prüfungsfragen befinden sich typisch am Ende eines jeden Kapitels. Die Lösungen zu den Fragen mit Erläuterungen, warum welche Antwort richtig ist, stehen in Anhang A»Lösungen zu den Prüfungsfragen«.

Diejenigen Abschnitte, bei denen im Abschnittstitel das Wort »Exkurs« vorangestellt ist, beinhalten keine prüfungsrelevanten Inhalte. Sie dienen der Vertiefung oder Ergänzung.

Auf Aussagen, die auf den Erfahrungen der Autoren beruhen, wird gesondert hingewiesen. Abbildungen, zu denen keine Quelle angegeben wurde, stammen von den Autoren.

Die Kapitelstruktur dieses Buches ist feiner gegliedert als die Kapitelstruktur im CPUX-F-Curriculum. Dies soll das strukturierte Auffinden von Inhalten erleichtern und einen besseren Überblick über die Inhalte des CPUX-F-Curriculums geben. Auch wurde die Reihenfolge der Kapitel 1 und 2 des CPUX-F-Curriculums aus didaktischen Gründen getauscht. Aufgrund der umfassenden Trainingserfahrung der Autoren ist es zunächst leichter für die Leserinnen und Leser, die grundlegenden Begriffe und Konzepte des Fachgebiets Usability und User Experience zu verstehen und dann den Einstieg in die menschzentrierte Gestaltung zu finden.

Das CPUX-F-Curriculum definiert Lernziele, deren Erreichung durch das Bestehen der Zertifizierungsprüfung nachgewiesen wird. Alle Lernziele des Curriculums werden in diesem Buch adressiert plus weitere Lernziele, die von den Autoren als Ergänzung für sinnvoll angesehen wurden. Zu Beginn eines jeden Hauptkapitels werden die dort adressierten Lernziele genannt.

Hinweis: An diversen Stellen im Buch werden in Fußnoten Internetseiten genannt. Diese wurden am 24. April 2023 geprüft und waren allesamt korrekt.

2 Grundlegende Begriffe und Konzepte

Lernziele in diesem Kapitel (die Nummerierung entspricht den Lernziel-Nummern im CPUX-F-Curriculum, Lernziele ohne Nummern wurden zusätzlich zum CPUX-F-Curriculum aufgenommen):

- Wissen um den Zweck und den wesentlichen Inhalt der ISO 9241
- 2.1 Verstehen des Konzepts der menschzentrierten Qualität
- 2.2 Verstehen des Konzepts Usability und ihrer drei Kriterien
- 4.6 Verstehen des Konzepts: Ziel
- 2.3 Verstehen des Konzepts User Experience (UX)
- 2.4 Verstehen des Unterschieds zwischen Usability und User Experience
- 2.6 Verstehen, was Barrierefreiheit ist
- 2.7 Verstehen wichtiger Unterstützungstechnologien
- 2.8 Verstehen der Vermeidung von Schäden durch die Benutzung
- 2.5 Verstehen der Konzepte: interaktives System, Benutzer-System-Interaktion, Benutzungsschnittstelle und User-Interface-Element [nur Benutzungsschnittstelle]

In diesem Kapitel werden grundlegende Begriffe und Konzepte erläutert, die in weiteren Kapiteln dieses Buches immer wieder verwendet werden und für das Verständnis des Fachgebiets Usability und User Experience unerlässlich sind. Einige Definitionen von Begriffen enthalten weitere definierte Begriffe, weshalb man hier auch von einem »Konzept« spricht.

2.1 Exkurs: ISO 9241 als Basisnormenreihe für menschzentrierte Qualität

Hinweis: Der Inhalt dieses Abschnitts ist nicht prüfungsrelevant, ist aber als Vertiefung oder Ergänzung hilfreich.

ISO 9241 ist eine Normenreihe der Internationalen Organisation für Standardisierung, in der die Begriffe und Konzepte rund um Usability und User Experience benannt und im Detail definiert wurden. Die deutschen Versionen der Normenreihe ISO 9241 erscheinen als DIN EN ISO 9241.

Definition 2–1: ISO 9241

(Nicht prüfungsrelevant)

Eine Familie von Normen, die sich auf menschzentrierte Gestaltung interaktiver Systeme beziehen.

ISO 9241 kann als Basisnorm betrachtet werden, da es noch weitere Normen gibt, die auf das Themengebiet eingehen. Für die CPUX-F-Zertifizierung ist allerdings nur ISO 9241 relevant. Der Titel der Normenreihe lautet »Ergonomie der Mensch-System-Interaktion«. Die Normenreihe beleuchtet alle Aspekte der Mensch-System-Interaktion. Tabelle 2–1 listet die Inhalte der DIN EN ISO 9241 im Überblick auf.

Teil/Teilbereich der DIN EN ISO 9241	Titel
1	Allgemeine Einführung
2	Leitsätze zur Aufgabengestaltung
11	Gebrauchstauglichkeit: Definitionen und Konzepte
20	Zugänglichkeit und Mensch-System-Interaktion
21-99	Reservierte Nummern
100-199	Software-Ergonomie
200-299	Prozesse der Mensch-System-Interaktion
300-399	Anzeigen und anzeigenbezogene Hardware
400-499	Physikalische Eingabegeräte – Ergonomische Grundsätze
500-599	Arbeitsplatz-Ergonomie
600-699	Ergonomie der Arbeitsumgebung
700-799	Leitzentralen
800-899	Noch nicht festgelegt
900-999	Taktile und haptische Interaktionen

Tab. 2–1 *Die DIN EN ISO 9241 im Überblick*

Die meisten Begriffe und Konzepte im CPUX-F-Curriculum wurden aus der Normenreihe DIN EN ISO 9241 entnommen, ebenso das Modell des menschzentrierten Gestaltungsprozesses. Das CPUX-F-Curriculum präzisiert über die Norm DIN EN ISO 9241 hinaus insbesondere die Prozessergebnisse (die HCD-Deliverables), die in der menschzentrierten Gestaltung erzielt werden.

Das CPUX-F-Curriculum stützt sich primär auf folgende Normen aus der Normenreihe DIN EN ISO 9241:

- DIN EN ISO 9241-11 »Gebrauchstauglichkeit: Begriffe und Konzepte« [DIN EN ISO 9241-11]
- DIN EN ISO 9241-110 »Interaktionsprinzipien« [DIN EN ISO 9241-110]
- DIN EN ISO 9241-210 »Menschzentrierte Gestaltung interaktiver Systeme« [DIN EN ISO 9241-210]

2.2 Menschzentrierte Qualität

Dieser Abschnitt ist essenziell, um zu verstehen, wie sich das Themenfeld Usability/User Experience in die Produkt- und Systementwicklung im Allgemeinen einfügt.

Einer der grundlegenden Aspekte einer jeden Produkt- oder Systementwicklung ist »Qualität«. Dabei werden üblicherweise verschiedene Dimensionen von Qualität unterschieden, nicht zuletzt die technologiezentrierte Qualität. Der Aspekt von Qualität, mit dem sich User Experience Professionals beschäftigen, ist die »menschzentrierte Qualität« eines zu gestaltenden oder zu evaluierenden interaktiven Systems.

Der Begriff »menschzentrierte Qualität« ist definiert in DIN EN ISO 9241-220 [DIN EN ISO 9241-220].

Definition 2-2: Menschzentrierte Qualität

Das Ausmaß, in dem ein interaktives System Anforderungen erfüllt bezüglich

- Gebrauchstauglichkeit (Usability),
- Benutzererlebnis (User Experience),
- Barrierefreiheit (Accessibility) und
- Vermeidung von Schäden durch die Benutzung (Avoidance of harm from use).

Manchmal wird die menschzentrierte Qualität auch als Nutzungsqualität bezeichnet. Wichtige Faktoren zum Erreichen einer guten menschzentrierten Qualität sind:

- Klar definierte Zielsetzung aus Sicht der Personengruppen (»Humans«), die durch das interaktive System unterstützt werden oder von dessen Einsatz betroffen sind (wird erreicht durch menschzentrierte Qualitätsziele, siehe Kap. 3).
- Eine systematische Herangehensweise, sodass menschzentrierte Qualität kein »glücklicher Zufall« oder »Guesswork« ist, sondern das Ergebnis professioneller Arbeit (wird erreicht durch den menschzentrierten Gestaltungsprozess, siehe Kap. 3).
- Eine objektive Bewertung der menschzentrierten Qualität von interaktiven Systemen, sodass sie nicht von der Meinung einzelner Personen abhängig ist (wird erreicht durch Usability-Tests, siehe Abschnitt 8.4).

Die vier Dimensionen von menschzentrierter Qualität werden in den folgenden Unterabschnitten definiert und beschrieben.

Die CPUX-F-Zertifizierungsprüfung fokussiert auf die Qualitätsdimensionen »Usability« und »User Experience«. »Barrierefreiheit« wird nur kurz angerissen, »Vermeidung von Schäden durch die Benutzung« wird nicht behandelt. Der Fokus dieses Buches ist dementsprechend gewählt.

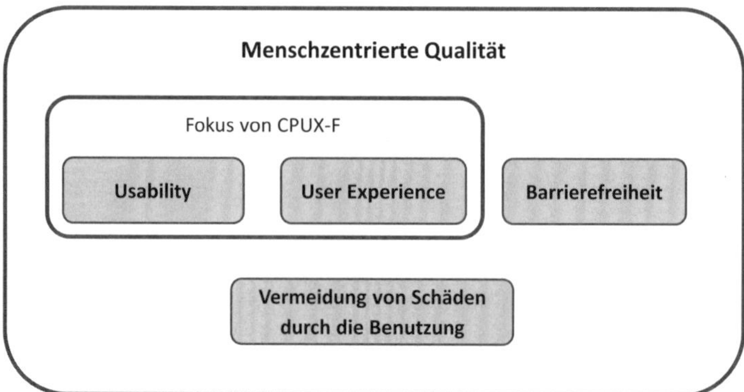

Abb. 2–1 *Die Dimensionen menschzentrierter Qualität und auf welchen der Fokus von CPUX-F liegt*

2.2.1 Usability

Usability heißt im Deutschen »Gebrauchstauglichkeit«. Der Begriff ist in DIN EN ISO 9241-11 definiert. In diesem Buch wird im weiteren Verlauf der englische Begriff verwendet, da die deutsche Übersetzung im Curriculum zum CPUX-F nicht benutzt wird.

Definition 2–3: Usability

Das Ausmaß, in dem ein interaktives System von bestimmten Benutzern benutzt werden kann, um in einem bestimmten Nutzungskontext bestimmte Ziele effektiv, effizient und zufriedenstellend zu erreichen.

Usability geht immer davon aus, dass der Benutzer ein oder mehrere Ziele bei der Nutzung eines oder mehrerer Produkte verfolgt. Ziele werden typisch als Zustände formuliert im Sinne von »das, was man hat, wenn man mit einer Aktivität fertig ist«. Jedoch kann es auch Ziele geben, die sich auf die Zeit während der Nutzung beziehen.

Definition 2–4: Ziel

Das beabsichtigte Ergebnis.

Ziele können sowohl sachlich als auch emotional sein (in [Hassenzahl 2007] auch als »pragmatisch« bzw. »hedonisch« bezeichnet). Für die CPUX-F-Zertifizierungsprüfung ist der Unterschied zwischen pragmatischen Zielen und hedonischen Zielen nicht relevant, jedoch ist die Betrachtung dieses Unterschiedes bei der Gestaltung eines interaktiven Systems relevant, um nicht Ziele zu übersehen, die aus Sicht der zukünftigen Benutzer wichtig sind und in Hinblick auf die User Experience am interaktiven System unterstützt werden müssen.

Beispiele für Ziele von Benutzern sind:

- Mit dem Auto zu einer bestimmten Zeit am Zielort sein (pragmatisches Ziel)
- Während des Fahrens mit dem Auto Freude am Fahren haben (hedonisches Ziel)
- Mithilfe des Weckers zu einem bestimmten Zeitpunkt am nächsten Tag wach sein (pragmatisches Ziel)
- Mithilfe des Weckers beim Aufwachen Freude auf den neuen Tag empfinden (hedonisches Ziel)

Usability geht des Weiteren davon aus, dass es notwendig ist, dass Benutzer bei der Erledigung einer Aufgabe mithilfe z.B. einer Software ihr beabsichtigtes Ergebnis (Ziel) effektiv, d.h. vollständig und genau, erzielen.

Definition 2-5: Effektivität

Die Genauigkeit und Vollständigkeit, mit der Benutzer festgelegte Ziele erreichen.

Beispiele für Effektivität sind:

- Eine Bahnkundin hat am Fahrkartenautomaten die für sie günstigste Fahrkarte für ein bestimmtes Fahrtziel gekauft.
- Ein Flugpassagier hat mit der App einer Fluggesellschaft für seinen nächsten Flug erfolgreich eingecheckt und hierbei aus den verfügbaren Sitzplätzen den für seine Präferenzen am besten passenden Sitzplatz ausgewählt.
- Ein Patient hat mithilfe einer App zur Terminvereinbarung beim Arzt einen für ihn zeitlich passenden Behandlungstermin vereinbart.

Effektivität ist jedoch nicht hinreichend in Bezug auf Usability. Die Erledigung der Aufgabe muss für den Benutzer so effizient wie möglich ablaufen. Effizient bedeutet hierbei, dass der Benutzer mit minimalem Aufwand zum beabsichtigten Ergebnis kommt.

Definition 2-6: Effizienz

Die verwendeten Ressourcen in Bezug auf die erzielten Ergebnisse.

Anmerkungen:

1. Ressourcen umfassen u.a. Zeit, menschliche Anstrengung, finanzielle und materielle Ressourcen.
2. Effizienz ist ein Attribut von Usability, das auf die Erreichung eines Ziels mit einem akzeptablen Einsatz von Ressourcen verweist.

Beispiele für Effizienz sind:

- Beim Kauf der Fahrkarte am Fahrkartenautomaten kann die Bahnkundin ohne die Notwendigkeit der Einarbeitung in das Tarifsystem den Fahrkartenkauf durchführen.
- Der Flugpassagier hat beim Einchecken mit der App seiner Fluggesellschaft keinerlei überflüssige Schritte durchzuführen.
- Der Patient hat mithilfe der App zur Terminvereinbarung beim Arzt die Hälfte der Zeit benötigt, die ein Anruf beim Arzt erfordert hätte.

Wenn der Benutzer darüber hinaus während der Erledigung der Aufgabe bis zum Erreichen des beabsichtigten Ergebnisses keine negativen Wahrnehmungen oder Reaktionen aus der Nutzung der Software hat, ist davon auszugehen, dass der Benutzer zufriedengestellt ist. Um die Zufriedenstellung explizit feststellen zu können, ist jedoch eine Benutzerbefragung mit einem Fragebogen erforderlich. Das Vorgehen hierzu wird in Kapitel 8 »Gestaltungslösungen evaluieren« erläutert.

Definition 2-7: Zufriedenstellung

Das Ausmaß, in dem die physischen, kognitiven und emotionalen Reaktionen des Benutzers, die sich aus der Benutzung eines interaktiven Systems ergeben, die Erfordernisse und Erwartungen des Benutzers erfüllen.

Beispiele für Indikatoren für Zufriedenstellung sind:

- Die Bahnkundin äußert während einer Befragung durch einen Mitarbeiter des Bahnbetreibers direkt nach ihrem Fahrkartenkauf, dass der Fahrkartenautomat optimal ist und sie den Fahrkartenautomaten dem Fahrkartenschalter vorzieht.
- Der Flugpassagier klickt nach erfolgreichem Abschluss des Check-in-Vorgangs die Schaltfläche »Das lief gut« statt der Schaltfläche »Das lief schlecht«.
- Der Patient sagt nach der erfolgreichen Bestätigung seines Behandlungstermins an der App »Wow«.

2.2.2 User Experience

User Experience heißt auf Deutsch »Benutzererlebnis«. Häufig wird einfach nur die Abkürzung »UX« verwendet. Der Begriff ist in DIN EN ISO 9241-210 definiert. Gelegentlich wird er irrtümlich mit »Benutzererfahrung« übersetzt. In diesem Buch wird im weiteren Verlauf der englische Begriff verwendet, da die deutsche Übersetzung im CPUX-F-Curriculum nicht benutzt wird.

Definition 2–8: User Experience

Die Wahrnehmungen und Reaktionen eines Benutzers, die sich aus der [tatsächlichen] Benutzung und/oder der erwarteten Benutzung eines interaktiven Systems ergeben.

Während Usability betrachtet, was während der Nutzung eines interaktiven Systems objektiv aus Benutzersicht stattfindet (Effektivität und Effizienz) und wie subjektiv zufrieden der Benutzer mit dem ist, was dieser während der Nutzung erlebt, betrachtet User Experience vornehmlich die subjektive Sicht des Benutzers auf das interaktive System inklusive dessen, was vor und nach der Nutzung des interaktiven Systems subjektiv erlebt wird. Dies umfasst unter anderem die Emotionen, Überzeugungen, Wertvorstellungen und Vorlieben des Benutzers vor, während und nach der Benutzung. Abbildung 2–2 verdeutlicht den Unterschied zwischen Usability und User Experience.

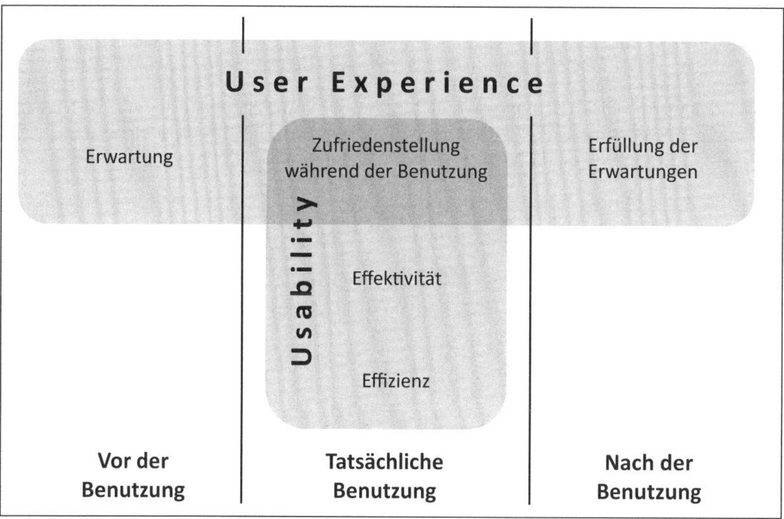

Abb. 2–2 *Der Unterschied zwischen Usability und User Experience [UXQB CPUX-F 2023)*

Jeder Mensch, der sich über ein Produkt informiert, entwickelt eine Vorstellung darüber, wie es benutzt wird. Dies nennt man auch »antizipierte Benutzung« (englisch »anticipated use«). Wenn man sich die Nutzung eines Produkts anhand eines Fotos, einer Beschreibung auf einer Website oder auch bei Betrachtung des Produkts im Einkaufsregal vorstellt, hat man Wahrnehmungen wie z.B. »das sieht schick aus« oder aber auch »das passt farblich nicht zu meinen anderen Produkten«. Diese Wahrnehmungen führen dann zu Reaktionen wie z.B. »ich überprüfe mal, was andere Käufer darüber sagen« oder »das kommt für mich nicht infrage«. Die Wahrnehmungen bei der antizipierten Nutzung können also bereits über den Erfolg oder Misserfolg eines Produkts entscheiden.

Zunehmend entwickeln Hersteller von interaktiven Systemen Benutzungsschnittstellen, die die antizipierte Nutzung ihrer Systeme ermöglichen. Dies sind im einfachsten Fall Onlinevideos bis hin zur Möglichkeit, eine online erwerbbare Brille mithilfe der Kamera am Notebook »virtuell anzuprobieren«. Gleichermaßen werden die aus sozialen Netzwerken bekannten »Like«-Funktionen gezielt in Benutzungsschnittstellen eingesetzt, um positive Wahrnehmungen aus der tatsächlichen Nutzung eines Produkts weiterzugeben.

Soweit die tatsächliche Benutzung die Erwartungen aus der antizipierten Benutzung bestätigt oder diese sogar übertrifft, ist die User Experience (Wahrnehmungen und Reaktionen) während der Benutzung meist positiv. Die Erwartungen können sich allerdings im Zuge der Benutzung auch noch verändern. Das Erlebnis während der Benutzung führt dann zu Reaktionen nach der Benutzung, die man auch als »verarbeitete Nutzung« bezeichnen kann. Mit etwas Abstand und nach Reflektion der Erlebnisse und vielleicht Besprechung mit anderen Personen beeinflusst dies dann die Zufriedenstellung nach der Benutzung. Des Weiteren kann es sein, dass Arbeitsergebnisse, die aus der Benutzung des interaktiven Systems entstanden sind, im weiteren Verlauf zu positiven oder negativen Erfahrungen führen, die ebenfalls die Zufriedenstellung mit dem interaktiven System nach der Benutzung beeinflussen. Auch Erlebnisse, die im direkten Zusammenhang mit dem interaktiven System stehen, aber nichts mit seiner Benutzung zu tun haben, beeinflussen die Zufriedenstellung nach der Benutzung und damit die User Experience.

Die folgenden Beispiele zeigen, dass die Zufriedenstellung nach der Benutzung und damit die User Experience durch Vorgänge beeinflusst werden kann, die aber nichts mit Usability zu tun haben:

- Die Abgabe der Steuererklärung auf der Website des Finanzamts wurde zunächst als sehr umständlich wahrgenommen. Nachdem der Benutzer allerdings seine Erfahrungen mit anderen Personen reflektiert hat, die schon öfter die Website benutzt haben, und ihm klar wird, dass der Vorgang schon inhaltlich sehr komplex ist und die Website diese Komplexität wirklich erleichtert hat, ändert sich die User Experience für den Benutzer der Website zum Positiven.

- Wenn die Pizzen, die auf der Website eines Pizza-Lieferservice bestellt werden, immer wieder mit einem falschen Belag geliefert werden, dann beeinflusst dies negativ die User Experience mit der Website.
- Die Benutzung des Smartphones ist eine reine Freude, aber als nach ein paar Jahren verständlicherweise die Batterie erneuert werden muss, ist die Serviceleistung der Reparaturdienststelle so katastrophal, dass die User Experience mit dem Smartphone hierdurch negativ beeinflusst wird.

Auch während der Benutzung gibt es Aspekte der Wahrnehmungen und Reaktionen eines Benutzers, die die User Experience beeinflussen und nichts mit Usability zu tun haben. Ein Beispiel ist eine als negativ wahrgenommene Datenschutzregelung, die dazu führt, dass der Hersteller einer Smartphone-App jederzeit wissen darf, wo sich der Benutzer gerade aufhält, obwohl dies für die Benutzung der App gar nicht relevant ist. Ein weiteres Beispiel ist eine überzogen hohe Nutzungsgebühr, die entrichtet werden muss, damit ein Benutzer ein bestimmtes interaktives System verwenden darf.

Es gibt viele Faktoren, die die User Experience eines interaktiven Systems beeinflussen. Einige prominente Beispiele sind Markenimage, Präsentation des interaktiven Systems, Preis, Funktionalität, Usability, psychische und physische Fähigkeiten des Benutzers sowie seine Erfahrungen, Einstellungen und Persönlichkeit, der Nutzungskontext sowie die Servicedienstleistungen rund um das interaktive System.

Merksatz

Während Usability die Effektivität, Effizienz und Zufriedenstellung bei der tatsächlichen Nutzung eines interaktiven Systems betrachtet, richtet User Experience den Blick auf die subjektiven Wahrnehmungen und Reaktionen des Benutzers sowohl vor als auch während und nach der Nutzung.

2.2.3 Barrierefreiheit

Barrierefreiheit (englisch »Accessibility«) bedeutet, dass Benutzer, die eine oder mehrere körperliche Einschränkungen oder Besonderheiten haben, trotz dieser Einschränkungen oder Besonderheiten mit dem interaktiven System immer noch effektiv, effizient und zufriedenstellend ihre Aufgaben erledigen können.

Einschränkungen können z. B. reduzierte Sehfähigkeiten sein. Besonderheiten können beispielsweise besonders große oder kleine Körpergrößen sein. Außerdem gibt es Menschen mit besonders gut ausgeprägten Hörfähigkeiten, für die das Geräusch einer Tastatur zu mentaler Belastung führen kann.

Definition 2–9: Barrierefreiheit

Das Ausmaß, in dem ein interaktives System den Benutzern ermöglicht, effektiv, effizient und zufriedenstellend zu interagieren, unbeachtet der Ausprägung ihres Sehens, ihres Hörens, ihrer Geschicklichkeit, ihres Denkens, ihrer physischen Beweglichkeit usw.

In vielen Ländern gibt es Gesetze, die die Barrierefreiheit von interaktiven Systemen für Benutzer einfordern. Hierzu gehören in Deutschland, in Österreich und in der Schweiz die Behindertengleichstellungsgesetze.

Relevante Richtlinien bzgl. Barrierefreiheit sind zum Beispiel die Web Content Accessibility Guidelines (WCAG) des W3C (viele gesetzliche Regelungen zur Barrierefreiheit von interaktiven Systemen verweisen bzgl. ihrer Umsetzung letztendlich auf die WCAG) sowie die ISO 9241-171 »Leitlinien für die Zugänglichkeit von Software«.

Um Menschen mit physischen oder mentalen Einschränkungen und Besonderheiten ein gebrauchstaugliches interaktives System verfügbar machen zu können, bedarf es bei der Gestaltung des interaktiven Systems expliziter Hilfsmittel, die dem Benutzer bereitgestellt werden.

Typische Hilfsmittel:

- Schriftgrößeneinstellungen und Kontrasteinstellungen für Menschen mit Fehlsichtigkeit
- Fonteinstellungen für eindeutig unterscheidbare Zeichen (siehe O/0 und i/l) für Menschen, die nicht scharf sehen können
- Einfache Sprache in Texten für Hörgeschädigte
- Assistive Technologien, z. B.
  - Screenreader-Software, die blinden Benutzern vorliest, was auf dem Bildschirm steht, abhängig von der aktuellen Cursorposition
  - Braille-Display als Ausgabegerät für blinde Benutzer
  - Joystick statt Maus für Menschen mit Parkinson-Erkrankung
  - Augensteuerung von Software für gelähmte Benutzer

2.2.4 Vermeidung von Schäden durch die Benutzung

Definition 2–10: Vermeidung von Schäden durch die Benutzung

Das Ausmaß, in dem negative Auswirkungen auf Gesundheit, Sicherheit, Finanzen oder Umwelt, die sich aus der Benutzung des interaktiven Systems ergeben, minimiert werden.

Um den Begriff »Vermeidung von Schäden durch die Benutzung« zu verstehen, muss zunächst klar sein, was ein Schaden ist.

Der Begriff Schaden ist in ISO/IEC Guide 63 [ISO/IEC Guide 63] als »Verletzung oder Schädigung der Gesundheit von Menschen oder Schädigung von Gütern oder der Umwelt« definiert.

Schäden, die von interaktiven Systemen (oder Produkten im Allgemeinen) ausgehen, werden traditionell einer Fehlfunktion aufgrund mangelnder technologiezentrierter Qualität zugeordnet (z.B. eine nicht funktionierende Bremse beim Auto, die zu einem Aufprall führt). Mehr und mehr wird verstanden, dass Schäden auch durch die Benutzung von interaktiven Systemen verursacht werden. Dieses Phänomen wird nicht zuletzt durch die Digitalisierung begünstigt, da steigende Interaktionsmöglichkeiten auch steigende Raten an Benutzungsfehlern nach sich ziehen.

Beispiele für Schäden durch die Benutzung sind:

- Eine Patientin hat einen Leberschaden, da ihr irrtümlich zwei inkompatible Medikamente verschrieben wurden, die in der Medikamentenverschreibungssoftware nicht als unverträglich hervorgehoben waren. (Schädigung der Gesundheit von Menschen)
- Der Benutzer eines Tablets erzeugt nach Ankunft in einem fernen Zielland unbemerkt Datennutzungskosten durch Datenroaming in Höhe von mehr als 1000 €, da es keinen verständlichen Hinweis hierauf gab und das Betriebssystem automatisch ein Update startet. Das Geld ist unwiederbringlich verloren. (Schädigung von Gütern in Form von Finanzen)
- Der Benutzer eines Kaffeeautomaten, bei dem Kaffeeportionen in Alukapseln verwendet werden, erzeugt mit jeder Tasse Kaffee Metallmüll (auch wenn dieser in einem gewissen Ausmaß recycelt werden kann). (Schädigung der Umwelt durch Ausbeutung der Umwelt einerseits und Umweltverschmutzung durch weggeworfenen Müll andererseits)

Die Vermeidung von Schäden durch die Benutzung zielt darauf ab, dass bereits bei der Gestaltung interaktiver Systeme potenzielle Schäden identifiziert werden und konstruktiv bei der Gestaltung der Interaktion zwischen Benutzer und System vermieden werden.

Beispiele für die Gestaltung der Interaktion zwischen Benutzer und System zur Vermeidung obiger Schäden sind:

- Der Arzt wird von der Medikamentenverschreibungssoftware beim Verschreiben von Medikamenten ausdrücklich gewarnt, dass zwei miteinander unverträgliche Medikamente auf dem Entwurf einer Verschreibung sind. Um diese verschreiben zu können, muss der Arzt eine explizite textuelle Begründung angeben.
- Bei Ankunft in einem fernen Land muss der Benutzer explizit bestätigen, dass er die Roamingkosten in Höhe von 16 €/Megabyte akzeptiert.
- Beim Zubereiten von Kaffee im Kaffeeautomaten wird auf jegliche Verpackung des portionierten Kaffeepulvers verzichtet.

2.3 Interaktives System

Der Begriff »interaktives System« soll zum Ausdruck bringen, dass Benutzer bei der Erledigung einer Aufgabe häufig mehrere Produkte in Kombination miteinander verwenden oder auch Produkte benutzen, während sie eine Dienstleistung in Anspruch nehmen, bei der sie mit einer anderen Person kommunizieren. Diese Kombination aus Produkten bildet das »interaktive System«, um dessen Usability und/oder User Experience es im menschzentrierten Gestaltungsprozess geht. Auch ein einzelnes Produkt gilt bereits als interaktives System, wenn nur dieses Produkt bei der Erledigung der Aufgabe vom Benutzer genutzt wird.

Definition 2–11: Interaktives System

Eine Kombination aus Hardware, Software und Dienstleistungen, mit der Benutzer interagieren, um bestimmte Ziele zu erreichen.

Es ist wichtig zu unterscheiden, was zum interaktiven System gehört, zu dem die Usability oder User Experience betrachtet wird, und was im Gegensatz dazu zu den verwendeten Ressourcen gehört, die ein Bestandteil des Nutzungskontextes sind. Mehr hierzu findet sich in Kapitel 5 »Den Nutzungskontext verstehen und festlegen«.

Während der Benutzer mit dem interaktiven System interagiert, trifft er Auswahlen oder tätigt Eingaben, auf die das interaktive System mit Informationen und Interaktionsmöglichkeiten für den Benutzer reagiert. Dies wird auch als Benutzer-System-Interaktion bezeichnet.

Definition 2–12: Benutzer-System-Interaktion

Ein Informationsaustausch zwischen einem Benutzer und einem interaktiven System über die Benutzungsschnittstelle, um die beabsichtigte Aufgabe zu erledigen.

Beispiele für interaktive Systeme sind:

- Ein Notebook und ein Projektor, die in Verbindung miteinander für eine Präsentation von Folien benutzt werden, bilden ein interaktives System. Der Benutzer interagiert mit dem Notebook zum Blättern der Folien und mit dem Projektor z.B. zum Pausieren (»Einfrieren«) des projizierten Bildes.

- Ein Smartphone und das Lenkrad eines Autos, die in Verbindung miteinander während der Autofahrt zum Telefonieren benutzt werden, bilden ein interaktives System, da der Autofahrer über Bedienfunktionen am Lenkrad Anrufe annimmt und im Display seines Smartphones die Identität des Anrufers sieht.
- Ein Bezahlterminal zur bargeldlosen Zahlung an der Kasse in einem Supermarkt und die »Dienstleistung des Scannens der Ware« (durch die Kassiererin), die beim Bezahlen von Waren in Verbindung miteinander benutzt werden, bilden ein interaktives System. So instruiert z.B. die Kassiererin den Kunden zum Einlegen der Bankkarte, nachdem alle Waren gescannt wurden. Es findet also eine Benutzer-System-Interaktion zwischen Kunde, Kassiererin und Bezahlterminal statt.

Merksatz

Wenn »interaktive Systeme« entwickelt werden, muss in Hinblick auf die Usability immer die Benutzer-System-Interaktion zwischen Benutzer, beteiligten Produkten und beteiligten Menschen betrachtet und gestaltet werden. Nur so kann die Usability des interaktiven Systems insgesamt sichergestellt werden.

2.4 Benutzungsschnittstelle (User Interface)

An der Benutzungsschnittstelle (englisch »User Interface«) eines interaktiven Systems entfaltet sich die Usability und User Experience für den Benutzer. Die Benutzungsschnittstelle besteht sowohl aus notwendigen Steuerelementen, mit deren Hilfe der Benutzer Auswahlen trifft oder Eingaben tätigt, als auch aus notwendigen Informationen, die der Benutzer abliest, hört oder fühlt (z.B. durch Vibration bei einer eingegangenen Benachrichtigung am Smartphone).

Definition 2–13: Benutzungsschnittstelle

Gesamtheit der Bestandteile eines interaktiven Systems (Software oder Hardware), die Informationen und Steuerelemente zur Verfügung stellen, die für den Benutzer notwendig sind, um bestimmte Aufgaben mit dem interaktiven System zu erledigen.

Sämtliche Handlungsmöglichkeiten, die der Benutzer zum Erledigen einer Aufgabe am interaktiven System benötigt, müssen bei der Gestaltung der Benutzungsschnittstelle berücksichtigt werden.

Alle Bestandteile der Benutzungsschnittstelle sind entweder »Steuerelemente« oder »Informationen«.

Beispiele für Steuerelemente an einer Benutzungsschnittstelle sind:

- An einer Spülmaschine der Griff zum Öffnen und der Wahlschalter für das Waschprogramm
- Beim Auto das Gaspedal und das Bremspedal
- Bei der Thermoskanne der Griff zum Heben, Kippen, Tragen
- Bei einem Textverarbeitungsprogramm die Auswahlmöglichkeit für die Schriftgröße
- Bei einer Taxi-App der Button zum Bestellen des Taxis
- Bei einem E-Mail-Programm der Button zum Senden der E-Mail

Beispiele für Informationen an einer Benutzungsschnittstelle sind:

- An einer Spülmaschine die Anzeige der verbleibenden Waschdauer
- Beim Auto die Anzeige der Geschwindigkeit
- Bei der Thermoskanne die Anzeige der Anzahl der Tassen, die noch gefüllt werden können
- Bei einem Textverarbeitungsprogramm die Anzahl der Seiten des Dokuments
- Bei einer Taxi-Bestellapp die Anzeige der Wartezeit, bis das Taxi eintrifft
- Bei einem E-Mail-Programm die Anzeige der Anzahl neu eingegangener E-Mails

Es gibt Benutzungsschnittstellen, die ausschließlich aus Informationen bestehen. Hierzu gehört z.B. die Anzeigetafel auf dem Flughafen, die alle Flüge anzeigt und das Finden des richtigen Flugsteigs für den Fluggast ermöglicht.

Merksatz

- Steuerelemente und Informationen, die der Benutzer für die Erledigung bei den vom interaktiven System unterstützten Arbeitsaufgaben benötigt, müssen an der Benutzungsschnittstelle verfügbar sein.
- Steuerelemente und Informationen, die der Benutzer nicht für die Erledigung bei den vom interaktiven System unterstützten Arbeitsaufgaben benötigt, sollten nicht an der Benutzungsschnittstelle verfügbar sein, da sie von den benötigten Steuerelementen und Informationen ablenken.

2.5 Prüfungsfragen zu diesem Kapitel

Die folgenden Fragen dienen zur Vertiefung der Inhalte des Kapitels und zur Vorbereitung auf die CPUX-F-Zertifizierungsprüfung. Die Fragen entsprechen in ihrer Form und Schwere den Prüfungsfragen für die CPUX-F-Zertifizierungsprüfung. Es handelt sich aber nicht um tatsächliche Prüfungsfragen, sondern die Fragen wurden von den Autoren speziell für dieses Buch erstellt.

Die Lösungen zu den Fragen befinden sich in Anhang A »Lösungen zu den Prüfungsfragen«.

Frage 1	3 richtige Antworten	LZ 2.2
Welche drei der folgenden Kriterien sind Teil der Definition von Usability?		
A	Barrierefreiheit	
B	Effizienz	
C	Vollständigkeit	
D	Effektivität	
E	Zufriedenstellung	
F	Geschwindigkeit	

Frage 2	1 richtige Antwort	LZ 2.1
Welche eine der folgenden Formulierungen charakterisiert am besten, was menschzentrierte Qualität ist?		
A	Das Ausmaß, in dem die Nutzungsanforderungen erfüllt werden	
B	Das Ausmaß, in dem die Erfordernisse der Benutzer erfüllt werden	
C	Der Grad an Usability und User Experience, den das interaktive System erreicht	
D	Das Ausmaß, in dem Anforderungen bzgl. Usability, User Experience, Barrierefreiheit und Vermeidung von Schäden durch die Benutzung erfüllt werden	
E	Inwieweit das System von Benutzern als qualitativ ausreichend bewertet wird hinsichtlich der Usability, User Experience, Barrierefreiheit und Vermeidung von Schäden durch die Benutzung	
F	Das Ausmaß, in dem alle relevanten Nutzungsanforderungen, Marktanforderungen und organisatorischen Anforderungen erfüllt werden	

Frage 3	**2 richtige Antworten**	**LZ 2.4**
Welche zwei der folgenden Aspekte beeinflussen die User Experience mit der Website einer Fluggesellschaft, nicht aber die Usability? (Quelle der Frage: [UXQB CPUX-F 2023b])		
A	Die Bilder auf der Website sind ansprechend.	
B	Die Gepäckkosten bleiben verborgen, bis der Benutzer seinen Namen eingegeben hat.	
C	Es ist möglich, ein Ticket zu stornieren und einen Teil des Geldes rückerstattet zu bekommen, aber alle Benutzer haben Schwierigkeiten, herauszufinden, wie sie die Rückerstattung erhalten.	
D	Die Benutzer empfinden die Preise auf der Website als ziemlich hoch.	
E	Die Flughafensuche ist nicht fehlertolerant. Zum Beispiel wird bei einer Suche nach »Strassbourg« nicht »Strasbourg« vorgeschlagen.	
F	Nach dem Flug ärgern sich die Benutzer über unerwünschte Marketing-E-Mails der Fluggesellschaft.	

Frage 4	**2 richtige Antworten**	**LZ 2.6**
Welche zwei der folgenden Antworten sind wichtige Richtlinien, die im Zusammenhang mit Barrierefreiheit stehen?		
A	Die »Web Content Accessibility Guidelines« des W3C	
B	Die »Software Accessibility Guidelines« des W3C	
C	Die DSGVO	
D	Der Standard ISO 9241-110 »Barrierefreiheit und Nutzbarkeit der gebauten Umwelt«	
E	Der Standard ISO 9241-171 »Leitlinien für die Zugänglichkeit von Software«	
F	Die Barrierefreiheit-Grundsätze der deutschen Wirtschaft	

Frage 5	**2 richtige Antworten**	**LZ 2.7**
Welche zwei der folgenden Dinge sind KEINE Unterstützungstechnologien für Barrierefreiheit an einem Bildschirmarbeitsplatz?		
A	Joystick zur Maussteuerung	
B	Touchscreen (berührungsempfindlicher Bildschirm)	
C	Lupe	
D	Erklärungsvideos zur Erläuterung der Funktionsweise einer PC-Anwendung	
E	Screenreader	
F	Spracherkennungssoftware zum Diktieren von Texten	

Frage 6	**2 richtige Antworten**	**LZ 2.4**
Welche zwei der folgenden Aussagen betreffen ausschließlich die User Experience der Website einer Hotelbuchungsplattform und nicht deren Usability?		
A	Die Website ist nicht optimiert für die Nutzung mit alternativen Browsern wie Opera oder Edge.	
B	Eine ausgestellte Buchungsbestätigung enthält einen QR-Code, der beim Check-in im Hotel gescannt werden kann und dadurch den Check-in-Prozess vereinfacht.	
C	Die Hotelbuchungsplattform hat den Ruf, die am besten zu benutzende Website von allen Hotelbuchungsplattformen zu haben.	
D	Der Hotelgast muss im Hotel mit genau dem Zahlungsmittel bezahlen, das in der Onlinebuchung angegeben wurde. Dies wird auf der Website aber nirgendwo erwähnt, was bei manchen Hotelgästen zu Verärgerung führt.	
E	Die Website verwendet freundliche Farben.	
F	Die Benutzer der Website finden die Nutzungsbedingungen zwar unverschämt, verwenden die Website aber dennoch, weil sie die niedrigsten Hotelzimmerpreise anbietet.	

Frage 7	**2 richtige Antworten**	**LZ 2.8**
Welche zwei der folgenden Antwortmöglichkeiten nennen ein Beispiel für Bestandteile der Benutzungsschnittstelle, die zur Vermeidung von Schäden durch die Benutzung geeignet sind? (Quelle der Frage: [UXQB CPUX-F 2023b])		
A	Der Text auf einer Website ist klein und hat einen zu geringen Kontrast zum Hintergrund, sodass Benutzer mit einer Sehbehinderung den Text nicht lesen können.	
B	Das Aussehen und die Qualität der Blumen, die über die Website eines Blumenhändlers bestellt wurden, unterscheiden sich erheblich von den Bildern auf der Website.	
C	Im Ausland erhalten die Benutzer eine Nachricht auf ihrem Mobiltelefon, die sie über entstehende Datenroaming-Gebühren informiert.	
D	Auf der Website eines Hotels können die Benutzer die Buchung eines Hotelzimmers stornieren, aber sie finden nicht heraus, wie das geht.	
E	Die Benutzer geben spontan an, dass ihnen das Aussehen der Startseite einer Hotelwebsite nicht gefällt.	
F	Putzmittelflaschen haben einen Verschluss, den Kinder nicht öffnen können.	

Frage 8	1 richtige Antwort LZ 2.2
Benutzer der Website eines Online-Buchhandels machen immer wieder einen bestimmten Fehler im Bestellprozess, wodurch eine falsche Lieferadresse verwendet wird. Die Benutzer erkennen diesen Fehler immer am Ende des Bestellprozesses, müssen den Fehler dann jedoch umständlich korrigieren. Welches eine Kriterium der Definition von Usability nach ISO 9241 wird von dieser Website verletzt?	
A	Effektivität
B	Effizienz
C	Fehlerfreiheit
D	Barrierefreiheit
E	Zufriedenstellung
F	Geschwindigkeit

Frage 9	1 richtige Antwort LZ 4.6
Frank nutzt häufig die Website einer Hotelbuchungsplattform, um für seine Geschäftsreisen Hotels zu buchen. Welcher eine der folgenden Punkte ist ein Ziel von Frank für die Nutzung der Website der Hotelbuchungsplattform bei der Buchung von Geschäftsreisen?	
A	Frank möchte überblicken können, welche 10 Hotels in Berlin bisher die besten Bewertungen von anderen Reisenden erhalten haben.
B	Frank überprüft, welche Hotels, die für seine Reise infrage kommen, kostenloses WLAN im Hotelzimmer anbieten.
C	Frank will in einem luxuriösen Hotel in Berlin zum Schnäppchenpreis übernachten.
D	Frank benötigt eine Rechnung mit ausgewiesener Mehrwertsteuer, um diese bei seinem Arbeitgeber abgeben zu können.
E	Frank muss wissen, welche Zahlungsmittel von einem bestimmten Hotel akzeptiert werden, um entscheiden zu können, ob er für dieses Hotel buchen möchte oder nicht.
F	Frank möchte für seine nächste Urlaubsreise ein gut bewertetes Resort auf den Malediven buchen.

Frage 10	1 richtige Antwort	LZ 2.3

Hanna bestellt bei einem Pizzaservice eine Pizza. Hierzu nutzt sie die Website des Pizzaservice. Nachdem sie die Pizza gegessen hat, spricht Hanna mit einem Freund am Telefon über ihre Erfahrungen mit dem Pizzaservice und macht dabei folgende Aussagen:

1. Hanna sagt, die Website des Pizzaservice sei schwer zu benutzen.
2. Hanna hat auf der Startseite der Website gelesen »Stellen Sie Ihre eigene Pizzakreation in nur 60 Sekunden zusammen«. Das fand sie gut und fühlte sich angespornt, ihre selbstkreierte Pizza auch wirklich in dieser Zeit fertig zu konfigurieren.
3. Hanna erzählt, dass sie bei einem Blumenladen kürzlich bei einer Onlinebestellung einen Dankeschön-Gutschein für die nächste Onlinebestellung erhalten hat. Das fand sie gut.
4. Hannas Pizza wurde mit einem falschen Belag geliefert. Dies lag offensichtlich an einem Fehler, den Hanna bei der Benutzung der Website gemacht hatte.
5. Als die Pizza geliefert wurde, war sie schon kalt. Das hat Hanna geärgert.

Welche eine der folgenden Kombinationen von Aussagen bezieht sich ausschließlich auf Hannas User Experience mit der Website bzw. dem Pizzaservice und nicht auf die Usability der Website?

A	Aussagen Nr. 1 und 2
B	Aussagen Nr. 2 und 3
C	Aussagen Nr. 1, 2 und 5
D	Aussagen Nr. 1, 2, 3 und 5
E	Aussagen Nr. 1, 2, 4 und 5
F	Alle fünf Aussagen

Frage 11	3 richtige Antworten	LZ 2.5

Welche drei der folgenden Komponenten sind Teil der Benutzungsschnittstelle eines Autos?

A	Gaspedal
B	Airbag
C	Schalthebel
D	Stoßstange
E	Anhängerkupplung
F	Vergaser

Frage 12	3 richtige Antworten	LZ 2.6
Die Website einer öffentlichen Verwaltung wird unter anderem auch von Personengruppen benutzt, die Einschränkungen bezüglich der körperlichen Fähigkeiten haben, zum Beispiel Blindheit oder motorische Einschränkungen beim Steuern eines Mauszeigers. Welche drei der folgenden Aktivitäten fördern vorrangig die Barrierefreiheit der Website?		
A	Eine Usability-Inspektion durchführen bezüglich der Steuerbarkeit der Website ausschließlich mittels Tastatur	
B	Die Website so umsetzen, dass Screenreader sie korrekt verwenden können	
C	Farben so verwenden, dass diese eindeutig interpretierbar sind	
D	Nur Begriffe verwenden, die dem Benutzer bekannt sind	
E	Auf allen Seiten der Website einen direkten Link zu einer Servicehotline anbieten	
F	Die Möglichkeit anbieten, dass Benutzer die Schriftgröße einfach ändern können	

Frage 13	3 richtige Antworten	LZ 2.5
Welche drei der folgenden Punkte können Bestandteile der Benutzungsschnittstelle einer Getränkeflasche bei der Aufgabe »Wasser trinken« sein?		
A	Die Färbung der Flasche	
B	Die Form des Bodens der Flasche (nach innen gewölbt oder nicht gewölbt)	
C	Der Schraubverschluss der Flasche	
D	Der sichtbare Flüssigkeitsstand in der Flasche	
E	Ob die Flasche aus Glas oder aus stabilem Plastik hergestellt ist	
F	Ob die Flasche auf einem Tisch oder auf dem Boden steht	

Frage 14	2 richtige Antworten	LZ 2.4

Das folgende Diagramm soll die Beziehung der Begriffe Usability und User Experience veranschaulichen:

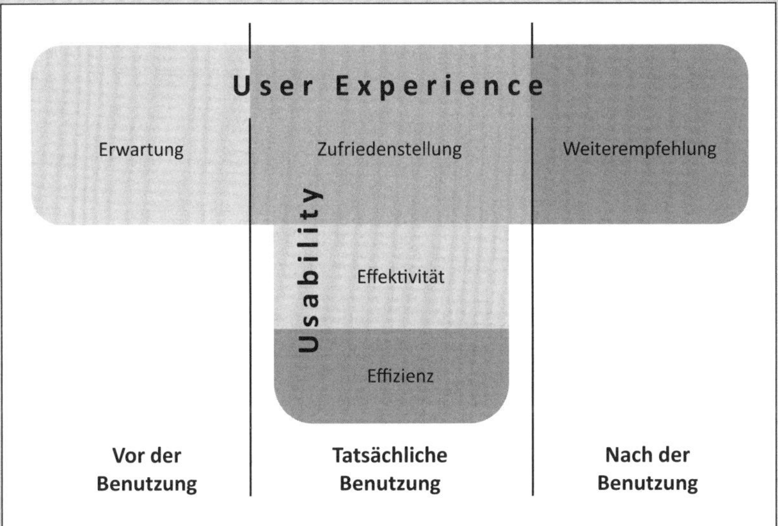

Welche zwei Fehler sind in diesem Diagramm enthalten?

A	Bezüglich der erwarteten Benutzung werden bei der User Experience nicht nur die Erwartungen betrachtet, sondern auch Faktoren, die für eine Kaufentscheidung relevant sind, wie zum Beispiel der Preis.
B	Usability betrachtet nicht nur die Benutzung selbst, sondern immer auch, was nach der Benutzung passiert und wie sich der Benutzer an die Interaktion erinnert.
C	Bei »Nach der Benutzung« muss es nicht »Weiterempfehlung« heißen, sondern »Erfüllung der Erwartungen«.
D	Bei »Nach der Benutzung« muss zusätzlich zu »Weiterempfehlung« auch »Erfüllung von Erwartungen« stehen.
E	Usability betrachtet nicht die gesamte Zufriedenstellung, so wie es User Experience tut, sondern nur die Zufriedenstellung, die im direkten Zusammenhang mit der Aufgabenerledigung steht.
F	Es gibt keine Überlappung von Usability und User Experience, Usability umfasst nur die Effektivität und Effizienz und nicht die Zufriedenstellung. Letzteres wird nur in der User Experience betrachtet.

Frage 15	**2 richtige Antworten**	**LZ 2.2**
Angenommen, der folgende Text ist die Definition des Begriffs »Usability« gemäß ISO 9241: Usability ist das Ausmaß, in dem ein Produkt von bestimmten Benutzern benutzt werden kann, um in einem bestimmten Nutzungskontext bestimmte Ziele effektiv, effizient und mit ausreichend guter User Experience zu erreichen. Welche zwei der folgenden Fehler sind in dieser Definition enthalten?		
A	Usability ist nicht ein Ausmaß von etwas, sondern wird entweder erreicht bzw. erfüllt oder nicht. Es muss also heißen »Usability ist erreicht, wenn ein Produkt benutzt werden kann, um ...«.	
B	Usability bezieht sich nicht nur auf Produkte, sondern auf interaktive Systeme, bei denen zum Beispiel auch ein Servicehotline-Mitarbeiter ein Bestandteil sein kann.	
C	Usability muss nicht in nur einem bestimmten Nutzungskontext erreicht werden, sondern in jedem relevanten Nutzungskontext. Es muss also heißen »..., um in jedem relevanten Nutzungskontext bestimmte Ziele ...«.	
D	Usability muss nicht nur für bestimmte Ziele erreicht werden, sondern für alle relevanten Ziele der Benutzer. Es muss also heißen »..., um ... alle relevanten Ziele ... zu erreichen«.	
E	Die Definition ist unvollständig, sie muss auch Barrierefreiheit und die Vermeidung von Schäden durch die Benutzung umfassen.	
F	Der Begriff User Experience kommt in der Definition von Usability nicht vor.	

Frage 16	**3 richtige Antworten**	**LZ 2.3**
Welche drei der folgenden Aussagen sind in Bezug auf den Begriff User Experience korrekt?		
A	Was bei User Experience betrachtet wird, umfasst unter anderem auch die Einstellungen und Verhaltensweisen der Benutzer vor der Benutzung.	
B	User Experience hängt nicht vom Nutzungskontext ab, sondern betrachtet unabhängig vom Nutzungskontext die Wahrnehmungen und Reaktionen eines Benutzers, die sich aus der Benutzung und/oder der erwarteten Benutzung eines interaktiven Systems ergeben.	
C	Mangelnde Effizienz kann sich negativ auf die User Experience auswirken.	
D	User Experience ist der modernere Begriff für Usability und bedeutet essenziell dasselbe.	
E	Bei User Experience geht es vornehmlich um die Zufriedenstellung und die Erfüllung von Erwartungen.	
F	Bei User Experience geht es vornehmlich um das Erreichen von Zielen, die Zufriedenstellung des Benutzers hierbei und die Erfüllung von Erwartungen.	

Frage 17	1 richtige Antwort LZ 2.2
	Eine Autovermietungs-Website bietet Benutzern keine Möglichkeit an, eine Reservierung zu stornieren. Eine Analyse des Nutzungskontexts zeigt, dass Benutzer diese Handlungsmöglichkeit benötigen. Welches Kriterium von Gebrauchstauglichkeit nach ISO 9241 wird von dieser Website verletzt?
A	Barrierefreiheit
B	Funktionale Angemessenheit
C	Effizienz
D	Effektivität
E	Zufriedenstellung
F	Geschwindigkeit

Frage 18	1 richtige Antwort LZ 2.5
	Welche eine der folgenden Aussagen beschreibt NICHT ein vollständiges interaktives System?
A	Eine Fußgängerampel
B	Ein Werbeplakat
C	Eine Schreibtischlampe
D	Die Verpackung eines Produkts
E	Ein Schülerlotse
F	Ein Hammer

Frage 19	1 richtige Antwort LZ 2.x1
	Welcher eine der folgenden Punkte wird NICHT in der Normenreihe ISO 9241 behandelt? (Hinweis: Das hier behandelte Thema ist nicht prüfungsrelevant.)
A	Software-Ergonomie
B	Ergonomie des Arbeitsplatzes
C	Prozess der menschzentrierten Gestaltung
D	Common Industry Format (CIF) der Arbeitsergebnisse in der Usability-Arbeit
E	Ergonomie der Umgebung
F	Anzeigen und anzeigenbezogene Hardware

3 Menschzentrierte Gestaltung

Lernziele in diesem Kapitel (die Nummerierung entspricht den Lernziel-Nummern im CPUX-F-Curriculum, Lernziele ohne Nummern wurden zusätzlich zum CPUX-F-Curriculum aufgenommen):

- Verstehen, worum es im Grundsatz bei Usability/UX-Arbeit geht (systematische Analyse und Verbesserung von interaktiven Systemen hinsichtlich Usability/UX)
- Verstehen, dass die Aktivitäten der menschzentrierten Gestaltung der Strukturierungsrahmen für das gesamte Buch ist
- 1.1 Verstehen der wesentlichen Elemente der menschzentrierten Gestaltung: Einbeziehen von Benutzern; Iteration basierend auf häufiger Usability-Evaluierung; Ansprechen der gesamten User Experience
- 1.2 Verstehen der Aktivitäten der menschzentrierten Gestaltung und ihrer Wechselbeziehungen
- 1.3 Verstehen des Zwecks der Ergebnisse jeder Aktivität der menschzentrierten Gestaltung
- 8.1 Verstehen, wie die HCD-Reife einer Organisation, deren HCD-Reife auf einer niedrigen Stufe liegt, gesteigert werden kann
- 8.2 Verstehen der HCD-Reifegrade unvollständig, ausgeführt, gemanagt, etabliert, vorhersagbar und innovativ
- Wissen um die Verantwortlichkeiten eines User Experience Professional
- Wissen um agile Entwicklung und Lean UX

Menschzentrierte Gestaltung bedeutet, dass bei der Entwicklung interaktiver Systeme im Entwicklungsprojekt der Mensch (und nicht das interaktive System) in den Mittelpunkt gestellt wird.

Definition 3-1: Menschzentrierte Gestaltung

Herangehensweise bei der Gestaltung und Entwicklung von interaktiven Systemen, die darauf abzielt, diese gebrauchstauglicher zu machen, indem sie sich auf die Verwendung des interaktiven Systems konzentriert und Kenntnisse und Methoden aus den Bereichen der Arbeitswissenschaft, Ergonomie und Usability anwendet.

Der Begriff »menschzentrierte Gestaltung« (Human-centred Design, kurz HCD) entstammt der Norm DIN EN ISO 9241-210 »Menschzentrierte Gestaltung interaktiver Systeme«. Oft wird in Projekten von »benutzerzentrierter Gestaltung« (User-centred Design, kurz UCD) gesprochen. Die beiden Begriffe werden im Projektalltag eher synonym verwendet. Der formale Unterschied ist, dass Human-centred Design über die Benutzer hinaus auch weitere Stakeholder wie z.B. den Kaufentscheider für das interaktive System in der Gestaltung mit einbezieht. Auch bei Medizinprodukten wird zunehmend neben den eigentlichen Benutzern der Medizinprodukte (medizinisches Fachpersonal) auch der Patient bei der Gestaltung in die Betrachtung mit einbezogen.

3.1 Grundsätze menschzentrierter Gestaltung

Der menschzentrierte Gestaltungsprozess ist »die« Leitlinie für eine erfolgreiche Gestaltung von interaktiven Systemen. Die weiteren Kapitel dieses Buches folgen in ihrer Strukturierung den Gestaltungsaktivitäten, wie sie für eine menschzentrierte Gestaltung definiert sind. Dementsprechend ist es essenziell, dass die Grundsätze der menschzentrierten Gestaltung umfassend verstanden werden. Diese Grundsätze sind das Ergebnis intensiver Ausarbeitung einer internationalen Gemeinschaft von sehr erfahrenen User Experience Professionals. Jeder einzelne Grundsatz muss als essenziell betrachtet werden.

Die Grundsätze menschzentrierter Gestaltung sind in DIN EN ISO 9241-210 definiert und lauten wie folgt [DIN EN ISO 9241-210]:

1. »Die Gestaltung beruht auf einem umfassenden Verständnis der Benutzer, Arbeitsaufgaben und Arbeitsumgebungen.«
   Ohne dieses Verständnis des sogenannten »Nutzungskontextes« (siehe Kap. 5) ist es nicht möglich, eine gute User Experience zuverlässig zu erreichen.
2. »Benutzer sind während der Gestaltung und Entwicklung einbezogen.«
   Sei es beim Verstehen des tatsächlichen Nutzungskontextes, bei der Gestaltung von Lösungen oder bei der Bewertung von Gestaltungslösungen: Es ist essenziell, dass man sich nicht nur auf Aussagen von Fachexperten, Produktverantwortlichen, Vertriebsmitarbeitern oder Managern verlässt. Es ist notwendig, dass die Benutzer des infrage kommenden interaktiven Systems direkt einbezogen werden. Wie dies geschehen kann, wird in den folgenden Kapiteln an vielen Stellen erläutert.

3. »Das Verfeinern und Anpassen von Gestaltungslösungen wird fortlaufend auf der Basis benutzerzentrierter Evaluierung vorangetrieben.«
Die Bewertung, ob ein interaktives System eine gute Usability und/oder eine gute User Experience hat, kann sinnvoll nur durch eine benutzerzentrierte Evaluierung ermittelt werden, am besten durch Usability-Tests (siehe Kap. 8) und am besten so früh wie irgend möglich im Entwicklungsprozess und dann fortlaufend während der Gestaltung und Entwicklung.
4. »Der Prozess sieht Iterationen vor.«
Es ist nicht möglich, zuverlässig eine gute Usability und/oder eine gute User Experience zu erreichen, wenn keine Iterationen im Prozess vorgesehen sind. Das bedeutet im Zweifelsfall, dass es nach einer benutzerzentrierten Evaluierung möglich sein muss, wieder mit einer (teilweisen) Wiederholung des ersten Schritts (Verstehen des Nutzungskontextes) fortzufahren. Dies muss durch eine entsprechende Planung des Prozesses gewährleistet sein.
5. »Bei der Gestaltung wird die gesamte User Experience berücksichtigt.«
Dieser Grundsatz ist der Hinweis darauf, dass eine gute User Experience nur dann erreicht werden kann, wenn alle Einflussfaktoren ganzheitlich in der Lösungsgestaltung berücksichtigt werden. Usability und User Experience lassen sich schlicht nicht auf ein paar wenige Aspekte der Lösungsgestaltung reduzieren! Ein menschzentrierter Gestaltungsprozess ist nicht vollständig, wenn er nicht auch Dinge betrachtet wie organisatorische Auswirkungen, Benutzerdokumentation, unterstützende Betreuung, Schulung und sogar die Verpackung. Dies ist insbesondere bei der Projektplanung zu berücksichtigen.
6. »Das Gestaltungsteam vereint fachübergreifende Kompetenzen und Gesichtspunkte.«
Es hat einen Grund, warum die Entwickler des Konzepts der menschzentrierten Gestaltung dies zu einem Grundsatz erhoben haben: Interdisziplinäre Teams sind nicht »nice to have«, sondern essenziell für den Erfolg der menschzentrierten Gestaltung. Beispiele für Kompetenzbereiche, die im Entwicklungsteam vertreten sein sollten und explizit an der menschzentrierten Gestaltung aktiv mitarbeiten sollten, sind: Benutzer, Fachexperten, technische Entwicklung, Geschäftsprozessanalytiker, Mitarbeiter aus dem Personalwesen und nicht zuletzt User Experience Professionals.

3.2 Menschzentrierte Gestaltungsaktivitäten im Überblick

Um ein vorhersehbar gebrauchstaugliches interaktives System mit positiver User Experience zu gestalten, bedarf es bestimmter Aktivitäten im Entwicklungsprojekt, die als menschzentrierte Gestaltungsaktivitäten in DIN EN ISO 9241-210 benannt sind. Abbildung 3–1 zeigt die fünf Aktivitäten und die sinnvolle Reihenfolge, in denen sie ausgeführt werden.

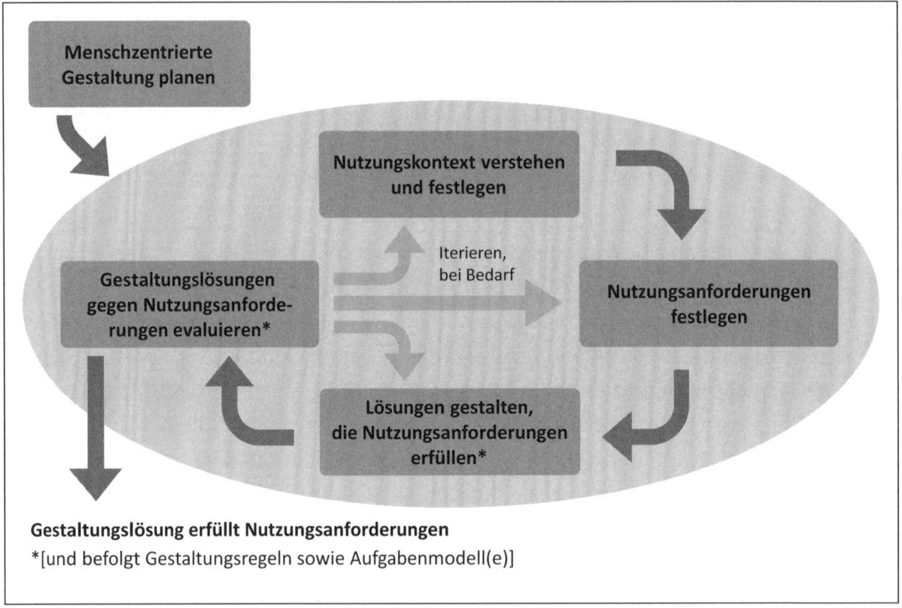

Abb. 3–1 *Menschzentrierte Gestaltungsaktivitäten*

Tabelle 3–1 listet die HCD-Deliverables, die pro Gestaltungsaktivität entstehen. Hier wird auch im Überblick gezeigt, welche HCD-Deliverables vorrangig für »das Engineering« (Input für die Spezifikation und Erstellung von Gestaltungslösungen) genutzt werden und welche typisch für die Kommunikation von Erkenntnissen und Ergebnissen im Projektteam und mit Stakeholdern verwendet werden.

Gestaltungsaktivität	HCD-Deliverables
Menschzentrierte Gestaltung planen	Für »das Engineering«: ■ Menschzentrierte Aktivitäten im Projektplan (inkl. menschzentrierte Qualitätsziele)
Nutzungskontext verstehen und festlegen	Nutzungskontextbeschreibung (Oberbegriff) Für »das Engineering«: ■ Benutzergruppenprofile ■ Aufgabenmodelle (des gegenwärtigen Nutzungskontextes) ■ Ist-Szenarien Für die Kommunikation an Stakeholder: ■ Personas ■ User Journey Maps (des gegenwärtigen Nutzungskontextes)
Nutzungsanforderungen festlegen	Für »das Engineering«: ■ Erfordernisse ■ Nutzungsanforderungen
Lösungen gestalten, die Nutzungsanforderungen erfüllen	Für »das Engineering«: ■ Nutzungsszenarien ■ Aufgabenmodelle (für die Gestaltung) ■ Informationsarchitektur + Navigationsstruktur ■ Styleguide ■ Wireframes ■ Low-Fidelity-Prototypen ■ High-Fidelity-Prototypen Für die Kommunikation an Stakeholder: ■ Storyboards ■ User Journey Maps (des Nutzungskontextes unter Berücksichtigung des interaktiven Systems)
Gestaltungslösungen gegen Nutzungsanforderungen evaluieren	Für »das Engineering«: ■ Usability-Evaluierungsbericht

Tab. 3–1 *HCD-Deliverables pro Gestaltungsaktivität*

Es ist nicht zwingend notwendig, in einem Projekt alle genannten HCD-Deliverables zu erstellen. Je nach Bedarf und Ressourcenverfügbarkeit kann es sinnvoll sein, sich auf einzelne HCD-Deliverables zu konzentrieren. Zielsetzung muss hierbei sein, dass die Beteiligten auf adäquate Weise informiert sind und die nachfolgenden Aktivitäten und letztendlich die Realisierung des interaktiven Systems zielgerichtet durchgeführt werden können.

Projekte beginnen nicht notwendigerweise immer mit der menschzentrierten Gestaltungsaktivität »Den Nutzungskontext verstehen und festlegen«. Abhängig von der gegebenen Ausgangssituation, der Zielsetzung für das Projekt und dem vorhandenen Wissen im Projektteam kann das Projekt mit einer anderen menschzentrierten Gestaltungsaktivität beginnen. Folgende Beispiele illustrieren solche Projektsituationen:

- Ein Projektteam hat tiefes Wissen über den Nutzungskontext für das zu entwickelnde System, aber keinen Konsens über die hierfür passende Lösung. Deshalb beginnt das Projekt mit der Spezifikation von Nutzungsanforderungen an die Gestaltungslösung und verankert diese in den Aufgabenmodellen der Aufgaben der Benutzer, um wirklich sinnvolle Gestaltungslösungen zu erzeugen.
- Ein Projektteam hat ein interaktives System, das alle relevanten Aufgaben der Benutzer unterstützt, aber mit wenig Wissen über Interaktionsprinzipien und Gestaltungsregeln entwickelt wurde. Das Projektteam selbst ist hiermit unglücklich und beschließt, dass unter Zuhilfenahme eines User Experience Professional ein Redesign des User Interface durchgeführt werden soll. Hierzu werden zunächst Nutzungsszenarien für jede unterstützte Aufgabe spezifiziert und dann ein Low-Fidelity-Prototyp entwickelt.
- Ein Projektteam hat ein bestehendes interaktives System, mit dem alle Benutzer unzufrieden sind. Das Projektteam evaluiert das interaktive System aus Benutzersicht im Rahmen einer Benutzerbefragung, die darauf abzielt, wiederkehrende Usability-Probleme aus Benutzersicht zu inventarisieren und dann zu planen, was sinnvolle nächste Aktivitäten sind.

Grundsätzlich geht die »Denkrichtung« im Projekt immer vom Nutzungskontext, von den Erfordernissen der Benutzer und den Nutzungsanforderungen aus hin zur passenden Gestaltungslösung. Die »Projektrichtung« wiederum ordnet sich den gegebenen Projektbedingungen (Ausgangssituation, Projektziel und vorhandenem Wissen im Team) unter.

Im Folgenden wird auf die HCD-Reife einer Organisation eingegangen, die aussagt, wie systematisch und wirksam eine Organisation in Hinblick auf Human-centred Design ist. Die nachfolgenden Kapitel 4 bis 8 stellen pro Kapitel eine der Gestaltungsaktivitäten im Detail dar.

3.3 HCD-Reife einer Organisation

Hersteller von interaktiven Systemen benötigen Zeit, um die menschzentrierte Gestaltung für ihre interaktiven Systeme zu systematisieren. Es ist naiv zu glauben, dass durch die unternehmensinterne Veröffentlichung einer Verfahrensanweisung (oft auch als »Standard operating procedure« bezeichnet, kurz SOP) das Unternehmen »über Nacht« zu einer menschzentrierten Organisation wird. Das Vorliegen einer Verfahrensanweisung ist hierbei nur ein möglicher erster Schritt. ISO 27500 »The human-centred organization – Rationale and general principles« [ISO 27500] und ISO 27501 »The human-centred organization – Guidance for managers« [ISO 27501] liefern umfangreiche Empfehlungen für das Etablieren einer menschzentrierten Organisation. Das Curriculum »Essentials in UX and HCD Management (CPUX-M) [UXQB CPUX-M 2022], das Ende 2022 veröffentlicht wurde, liefert einen weiteren Beitrag zur Institutionalisierung von Human-centred Design.

Das Verständnis für menschzentrierte Gestaltung muss im Unternehmen schrittweise etabliert und der Prozess der menschzentrierten Gestaltung schrittweise institutionalisiert werden.

Hierzu gehört insbesondere, dass festgestellt wird, was der Status quo der aktuell vorliegenden Produkte in Bezug auf Usability und User Experience ist. Eine solche Bestandsaufnahme mithilfe von z.B. Usability-Tests an den aktuellen Produkten kann wertvolle Erkenntnisse darüber liefern, was aktuell im Entwicklungsprozess in Hinblick auf Usability und User Experience suboptimal abläuft und verbessert werden muss.

Das Ausmaß, in dem menschzentrierte Gestaltung im Herstellerunternehmen systematisch betrieben wird, wird auch als Usability-Reife bezeichnet (siehe Definition 3–2 »HCD-Reife«). Es gibt zahlreiche unterschiedliche Modelle für das Einordnen der Usability-Reife einer Organisation. Das in der Definition 3–2 in den Anmerkungen genannte Modell ist ein Beispiel dafür.

Definition 3–2: HCD-Reife

Das Verständnis und die Umsetzung eines systematischen Prozesses menschzentrierter Gestaltung in einer Organisation, um strategische Unternehmensziele zu erreichen.

Anmerkungen:

HCD-Reife kann in einem Modell mit 6 Stufen ausgedrückt werden:

0. **Unvollständig**
   Der Prozess zur menschzentrierten Gestaltung ist nicht umgesetzt oder erreicht seinen Prozesszweck nicht.
   Anmerkung:
   In diesem Reifegrad gibt es wenig Anzeichen dafür, dass der Prozess überhaupt in systematischer Weise zu Erfolgen führt. Produktmanager sagen, dass ihnen Usability wichtig sei, aber wenn es darum geht, Ressourcen bereitzustellen oder unbequeme Entscheidungen zugunsten der Usability zu treffen, geschieht nichts. Usability ist okay, solange sie kostenfrei zu haben ist, aber niemand hat sich darauf verpflichtet, sie zu liefern.
1. **Ausgeführt**
   Einige HCD-Aktivitäten werden von enthusiastischen Einzelpersonen durchgeführt. Die HCD-Aktivitäten können korrekt oder auch nicht korrekt durchgeführt werden.
   Anmerkung:
   Usability wird von enthusiastischen Einzelpersonen mit Ad-hoc-Prozessen erreicht.
2. **Gemanagt**
   Der ausgeführte Prozess zur menschzentrierten Gestaltung ist in einer geführten Weise implementiert. Er wird geplant, überwacht und angepasst und seine Arbeitsprodukte sind angemessen etabliert, kontrolliert und gepflegt.
   Anmerkung:
   Der Prozess wird geplant, überwacht und angepasst.

→

3. **Etabliert**
   Alle Projekte erfüllen die Anforderungen des menschzentrierten Qualitätssystems, das aus Standards für die Durchführung von HCD-Aktivitäten, Styleguides und Regeln für die Überwachung der Einhaltung des Qualitätssystems besteht.
4. **Vorhersagbar**
   Die Erfordernisse werden quantifiziert, Metriken werden gesammelt und analysiert. Wenn eine Metrik erheblich von den quantifizierten Erfordernissen abweicht, werden Korrekturmaßnahmen ergriffen.

   Anmerkung:
   Es sind Ziele für Prozessinnovationen definiert worden, die die relevanten Geschäftsziele unterstützen.
5. **Innovativ**
   Der Prozess zur menschzentrierten Gestaltung läuft perfekt und lenkt die Unternehmensstrategie. Beispielsweise beruhen die strategischen Unternehmensziele und die Unternehmensstrategie selbst nicht nur auf finanziellen und personellen Zielen, sondern auch auf User Research und aktiver Einbindung der Benutzer.

3.4 Exkurs: User Experience Professional

Hinweis: Der Inhalt dieses Abschnitts ist nicht prüfungsrelevant, ist aber als Vertiefung oder Ergänzung hilfreich.

Der Begriff »User Experience Professional« (oder »HCD Professional«) soll zum Ausdruck bringen, dass für die Arbeiten in Projekten, die die Usability und User Experience von interaktiven Systemen betreffen, fachliche Kompetenz benötigt wird. In der Regel hat eine Einzelperson nicht alle Kompetenzen, die für die Tätigkeiten rund um die Usability und User Experience von interaktiven Systemen anfallen. User Experience Professionals sind typisch auf ein oder mehrere Verantwortungsbereiche spezialisiert. Diese Verantwortungsbereiche sind:

1. Planung und Management des Prozesses menschzentrierter Gestaltung
2. Identifizieren und Beschreiben des Nutzungskontextes
3. Ableiten der Nutzungsanforderungen
4. Erstellen der Informationsarchitektur und der Navigationsstruktur
5. Definition und Konzeption der Interaktion zwischen Menschen und dem interaktiven System basierend auf dem Nutzungskontext und den Nutzungsanforderungen
6. Entwerfen des grafischen Teils der Benutzungsschnittstelle
7. Durchführung von Usability-Evaluierungen von Benutzungsschnittstellen in verschiedenen Umsetzungsphasen

3.5 Exkurs: Integration von HCD in einen Entwicklungsprozess – klassisches Vorgehen, agiles Vorgehen und Lean UX

Hinweis: Der Inhalt dieses Abschnitts ist nicht prüfungsrelevant, ist aber als Vertiefung oder Ergänzung hilfreich.

Seit dem Einzug der agilen Entwicklung in die Entwicklungsprojekte wird immer wieder die Diskussion geführt, ob agile Entwicklung das (eine) richtige Vorgehen ist und alle anderen Vorgehensweisen »falsch« sind.

Innerhalb dieser Diskussion ist der Begriff »klassisch« entstanden, der beschreibt, »dass es in einem Projekt klar formulierte Ziele (»SMART«: Specific, measurable, accepted, realistic, timely) gibt und das Projekt mit Meilensteinen und (weitgehend klar) voneinander abgegrenzten Phasen versehen werden kann« [Schneegans 2012a].

Agile Ansätze, z.B. Scrum, basieren auf der Annahme, dass moderne Entwicklungsprojekte (insbesondere von Software) zu komplex sind, um durchgängig in dieser Weise planbar zu sein. Ihre Stärken entfalten sie somit, wenn sich mit hoher Dynamik Projektparameter, wie Ziele, Umfeld und Erwartungen an die Lösung, verändern [Schneegans 2012a].

Im Fachbeitrag »Die Wahl der Vorgehensweise im IT-Projektmanagement: ein kritischer Erfolgsfaktor« [Schneegans 2012b] werden praxisnahe Kriterien angegeben, die helfen, bei der Projektplanung zu entscheiden, ob das Projekt eher einem »klassischen« Projektmanagement unterliegen sollte oder eher einem agilen Projektmanagement. Die Kriterien sind mit freundlicher Genehmigung des Autors Michael Schneegans in Tabelle 3–2 wiedergegeben. Diese Abbildung ist nicht Bestandteil des CPUX-F-Curriculums und nicht relevant für die CPUX-F-Zertifizierungsprufung.

Kriterium	Eher »klassisch« präferieren	Eher agil präferieren
Projekttyp	Investitions- und Organisationsprojekt	(Software-)Entwicklungsprojekt
Ziele	SMART formulierbar; über Projektverlauf konstant (»SMART«: specific, measurable, accepted, realistic, timely)	Unscharf; Vision; häufige Änderungen in Zielen und Anforderungen sind zu erwarten
Auftraggeber	Wechselt im Projektverlauf nicht und begleitet das Projekt bis zum Abschluss; klar in seinen Zielvorstellungen; denkt eher in Prozessen und ist eher den »klassischen« Ansätzen gegenüber aufgeschlossen; fordert vom Projektauftragnehmer methodisches Vorgehen (Projektpläne, Kennzahlen aus dem Projektcontrolling, ...); ...	Kann im Projektverlauf wechseln bzw. ausgetauscht werden (damit verbunden eine Änderung in den Zielen); neigt zum häufigen Ändern von Prioritäten und Zielvorstellungen; agilen Ansätzen gegenüber aufgeschlossen; ...
Team	Braucht klare Führung; räumlich verteilt, virtuell; eher groß; (teilweise) durch Linienaufgaben gebunden; ...	Kann eigenständig arbeiten und sich selbst organisieren; kann lokal konzentriert werden; eher klein; frei von Linienaufgaben und nicht in weiteren Projekten gebunden; ...
Externe Dienstleister	Viele Dienstleister mit vielen Abhängigkeiten untereinander; brauchen klare Arbeitspaketdefinitionen und Terminvorgaben; ...	Keine oder wenige Dienstleister mit geringen Abhängigkeiten untereinander; agilen Ansätzen gegenüber aufgeschlossen; Vertragskontext lässt agiles Vorgehen zu; ...
Stakeholder	Viele Stakeholder, die die Business Requirements festlegen (hoher Abstimmungsbedarf und Zeitaufwand); Termine müssen gehalten werden und sind wichtiger als der Leistungsumfang; Aktivitäten von Stakeholdern hängen vom Termin ab; ...	Wenige Stakeholder; Qualität wichtiger als Termin; Aktivitäten der Stakeholder weitgehend unbeeinflusst vom Projekt; ...
Dokumentation	Rechtliche Anforderungen erfordern hohe Dokumentationsqualität; zukünftige Weiterentwicklung und Pflege haben hohen Stellenwert; ...	Es existieren keine externen Zwänge (Normen, Gesetze, ...); für zukünftige Zwecke weniger wichtig; ...

Tab. 3–2 *Entscheidungskriterien für »klassisch« versus »agil« [Schneegans 2012b]*

Unabhängig davon, ob ein Entwicklungsprojekt eher »klassisch« oder eher »agil« durchgeführt wird, gibt es in jedem Entwicklungsprojekt naturgemäß Bedarf für Änderungen, sobald Projektergebnisse, insbesondere Benutzungsschnittstellen mit Benutzern, evaluiert werden. Insofern sollten in jedem Projekt, unabhängig davon, ob das Vorgehen eher klassisch oder eher agil organisiert ist, explizit Ressourcen für Iterationen eingeplant werden, innerhalb derer Überarbeitungen aufgrund erkannter Probleme an Projektergebnissen vorgenommen werden. Iteratives Vorgehen ist einer der Grundsätze menschzentrierter Gestaltung.

Im Folgenden wird erläutert, wie die Aktivitäten der menschzentrierten Gestaltung mit dem Ansatz der agilen Entwicklung vereinbart werden können. In diesem Zusammenhang ist der Begriff »Lean UX« [Gothelf & Seiden 2015] entstanden. Lean bedeutet »schlank«.

Lean UX geht davon aus, dass, wenn bereits viele Informationen über den Nutzungskontext (der Begriff wird im Detail in Kap. 5 vorgestellt) vorliegen und klare Hypothesen über die erforderliche Lösung ableitbar sind, der Aufwand für empirische Arbeiten mit Benutzern auf die Validierung von Annahmen und die Evaluierung von Lösungen durch kleine und schnelle Usability-Tests reduziert werden kann. Eine agile Entwicklung nach Lean UX folgt den Grundsätzen der menschzentrierten Gestaltung (die in Abschnitt 3.1 im Detail vorgestellt werden), ansonsten gelten aber auch hier die gleichen Chancen und Risiken im Vergleich zu einem »klassischen« Ansatz wie oben dargestellt.

Stellt man im Rahmen eines durch »Lean UX« getriebenen Projektes fest, dass Hypothesen im Projekt von Benutzern eher nicht bestätigt werden, ergibt sich daraus normalerweise die Notwendigkeit, mehr Informationen über den Nutzungskontext zu sammeln, z.B. durch kontextuelle Interviews und/oder Beobachtungen. Basierend auf diesen Erkenntnissen werden dann Lösungen überarbeitet oder neu generiert, die wiederum in kleinen und schnellen Usability-Tests evaluiert werden. Im Curriculum zum Certified Professional for Usability and User Experience – Advanced Level »User Requirements Engineering« (CPUX-UR) [UXQB CPUX-UR 2023] sowie im darauf aufbauenden Buch »Praxiswissen User Requirements« [Geis & Polkehn 2018] wird detailliert auf die Umsetzung der menschzentrierten Gestaltung in verschiedenen Vorgehensweisen eingegangen.

Inzwischen gibt es auch »hybride Vorgehensweisen«, die sich der Vorteile sowohl des klassischen Vorgehens als auch des agilen Vorgehens bedienen. Die nachfolgende Beschreibung ist nicht Bestandteil des CPUX-F-Curriculums und nicht relevant für die CPUX-F-Zertifizierungsprüfung. Ein prominenter Ansatz, der insbesondere für große Unternehmen und große Projekte vorgesehen ist, ist der »Disciplined Agile Delivery« (kurz DAD) [Ambler & Lines 2012]. Im Disciplined Agile Delivery gibt es die »Inception phase«, innerhalb derer ganz zu Beginn des Entwicklungsprojektes die Fragen geklärt werden, die bereits zu diesem Zeitpunkt geklärt sein müssen, damit das Projekt in die richtige Richtung losläuft. Hierzu gehören viele Fragestellungen, die im Rahmen einer initialen Nutzungskontextanalyse mit zukünftigen Benutzern des interaktiven Systems geklärt werden können.

3.6 Prüfungsfragen zu diesem Kapitel

Die folgenden Fragen dienen zur Vertiefung der Inhalte des Kapitels und zur Vorbereitung auf die CPUX-F-Zertifizierungsprüfung. Die Fragen entsprechen in ihrer Form und Schwere den Prüfungsfragen für die CPUX-F-Zertifizierungsprüfung. Es handelt sich aber nicht um tatsächliche Prüfungsfragen, sondern die Fragen wurden von den Autoren speziell für dieses Buch erstellt.

Die Lösungen zu den Fragen befinden sich in Anhang A »Lösungen zu den Prüfungsfragen«.

Frage 20	**3 richtige Antworten**	**LZ 1.3**
Welche drei der folgenden Arbeitsergebnisse werden während der Phase »Lösungen gestalten, die Nutzungsanforderungen erfüllen« erstellt?		
A	Storyboards	
B	Aufgabenmodelle	
C	Personas	
D	Erfordernisse	
E	Wireframes	
F	Evaluierungsbericht	

Frage 21	**3 richtige Antworten**	**LZ 1.1**
Welche drei der folgenden Punkte sind wesentliche Elemente eines menschzentrierten Gestaltungsprozesses?		
A	Der Prozess ist iterativ.	
B	Das Projektteam verfügt über ein explizites Verständnis des gesamten Nutzungskontextes.	
C	Repräsentanten aller Interessenvertretergruppen (inklusive der Benutzer) sind während des gesamten Gestaltungsprozesses beteiligt.	
D	Die Gestaltung wird durch Usability-Evaluierung gesteuert und verfeinert.	
E	Die Gestaltung spricht gezielt die Usability an.	
F	Der Prozess lässt sich leicht in die agile Entwicklung integrieren.	

Frage 22	**3 richtige Antworten**	**LZ 1.2**
Welche drei der folgenden Aussagen sind korrekt für die Aktivitäten der menschzentrierten Gestaltung?		
A	Soweit eine Lösung bereits existiert, sollte diese evaluiert werden, bevor der Nutzungskontext spezifiziert wird.	
B	Am Beginn eines Prozesses zur menschzentrierten Gestaltung steht immer die Planung der menschzentrierten Gestaltung.	
C	Es ist sinnvoll, vor der Gestaltung von Lösungen sicherzustellen, dass die zu erfüllenden Nutzungsanforderungen festgelegt sind.	
D	Wenn eine Usability-Evaluierung zeigt, dass noch nicht alle Anforderungen erfüllt werden, dann muss anschließend immer auch die Analyse des Nutzungskontextes überprüft werden.	
E	Die Grundlage des menschzentrierten Prozesses ist immer eine Analyse des Nutzungskontextes.	
F	Es kann sinnvoll sein, Usability-Evaluierung und Verfeinerung der Gestaltungslösung mehrfach nacheinander durchzuführen, ohne zwischendrin die Nutzungsanforderungen zu ändern oder zu ergänzen.	

Frage 23	**1 richtige Antwort**	**LZ 1.1**
Das Folgende sei eine vollständige Beschreibung aller menschzentrierten Gestaltungsaktivitäten in einem Entwicklungsprojekt: Für ein interaktives System werden gemeinsam von einem HCD Professional, einem Fachexperten und einer Entwicklerin Benutzer zum Nutzungskontext interviewt. Basierend auf den Erkenntnissen entwickelt der HCD Professional zusammen mit dem Fachexperten einen Prototyp, bei dem die gesamte User Experience berücksichtigt wird. Der Prototyp wird basierend auf Usability-Inspektionen nachgebessert. Nach zwei Iterationen wird das System entwickelt und auf den Markt gebracht. Welcher eine der folgenden Grundsätze der menschzentrierten Gestaltung scheint am ehesten in dem Entwicklungsprojekt NICHT umgesetzt zu sein?		
A	Der Prozess ist iterativ.	
B	Die Gestaltung beruht auf einem umfassenden Verständnis des Nutzungskontextes.	
C	Benutzer sind während der gesamten Gestaltung und Entwicklung beteiligt.	
D	Die Gestaltung wird durch Usability-Evaluierung gesteuert und verfeinert.	
E	Die Gestaltung adressiert gezielt die gesamte User Experience.	
F	Die Gestaltung erfolgt durch ein interdisziplinäres Team.	

Frage 24	2 richtige Antworten	LZ 8.1
Welche zwei der folgenden Aktivitäten sind am besten geeignet, um ein Unternehmen von der HCD-Reifegradstufe 0 »Unvollständig« auf die nächsthöhere Stufe 1 »Ausgeführt« zu bringen?		
A	Usability-Probleme durch Usability-Inspektionen im Detail dokumentieren und in die Weiterentwicklung der interaktiven Systeme im Unternehmen einbringen	
B	Beispiele aus dem Unternehmen für gute und für schlechte Usability bei Stakeholdern ansprechen	
C	Einen Styleguide für Benutzungsschnittstellen der interaktiven Systeme des Unternehmens erstellen und in den Entwicklungsprojekten platzieren	
D	Ein Qualitätssystem einführen, bestehend aus Standards für HCD-Aktivitäten und Regeln für die Überwachung der Einhaltung dieser Standards	
E	Usability-Tests durchführen, bei denen wichtige Mitarbeiter des Unternehmens als Beobachter teilnehmen	
F	Personas für wichtige Benutzergruppen erstellen, um so im Unternehmen Empathie für die User Experience zu erreichen	

Frage 25	2 richtige Antworten	LZ 1.3
Welche zwei der folgenden Arbeitsergebnisse werden während der Phase »Nutzungskontext verstehen und festlegen« erstellt?		
A	Storyboards	
B	Aufgabenmodelle	
C	Personas	
D	Erfordernisse	
E	Wireframes	
F	Anforderungsprofile	

Frage 26	2 richtige Antworten	LZ 1.2

Die folgende Abbildung zeigt den Zusammenhang zwischen den Aktivitäten der menschzentrierten Gestaltung.

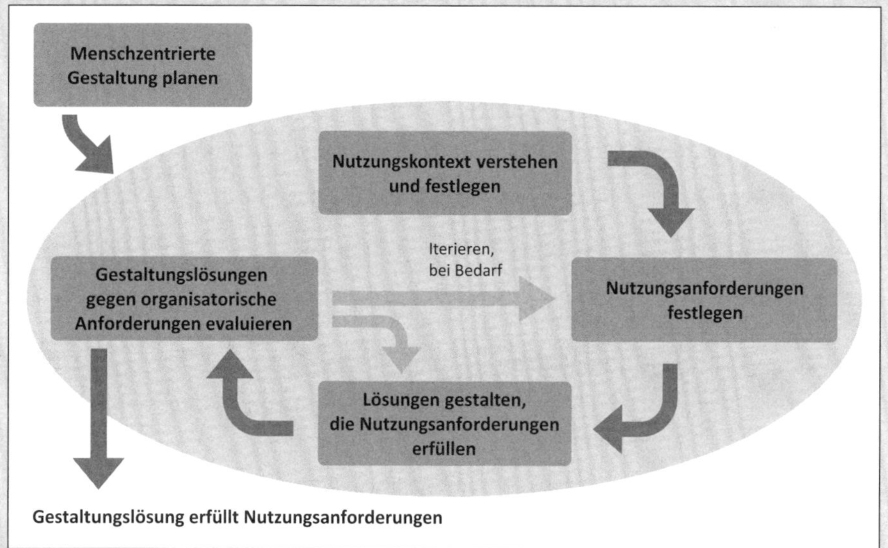

Welche zwei Fehler sind in der Abbildung enthalten?

(Quelle der Frage: [UXQB CPUX-F 2023b])

A	Die Aktivität »Management stimmt den Nutzungsanforderungen zu« fehlt.
B	Die Aktivität »Prototypen erstellen« fehlt.
C	Die Aktivität »Festlegen von menschzentrierten Funktionen« fehlt.
D	Statt »Nutzungsanforderungen festlegen« sollte in der entsprechenden Aktivität »Nutzungsanforderungen festlegen, die den Nutzungskontext erfüllen« stehen.
E	Es fehlt einer der grau schraffierten Pfeile, die eine Iteration kennzeichnen.
F	Die Aktivität »Gestaltungslösungen gegen organisatorische Anforderungen evaluieren« sollte »Gestaltungslösungen gegen Nutzungsanforderungen evaluieren« lauten.

Frage 27	**1 richtige Antwort** **LZ 1.1**
Welcher eine der folgenden Aspekte ist Bestandteil der menschzentrierten Gestaltung? (Quelle der Frage: [UXQB CPUX-F 2023b])	
A	Engagement des Managements für Usability und menschzentrierte Gestaltung
B	Interesse des Managements an Innovationen
C	Die Analyse von Konkurrenzprodukten, um mögliche Fallstricke zu verstehen
D	Die Einbeziehung von Benutzern während des gesamten Gestaltungsprozesses
E	Regelmäßige Demonstrationen des entstehenden interaktiven Systems vor Benutzern
F	Genaue Zeitpläne zur Erreichung von Usability-Meilensteinen, sodass der Fortschritt überwacht werden kann

Frage 28	**2 richtige Antworten** **LZ 8.2**
Welche zwei der folgenden Aussagen sind Unterscheidungsmerkmale zwischen den HCD-Reifestufen 1 »Ausgeführt« und 2 »Gemanagt«?	
A	Bei »Gemanagt« gibt es Kontrollmechanismen für die menschzentrierte Gestaltung, bei »Ausgeführt« nicht.
B	Bei »Ausgeführt« ist unklar, ob HCD-Aktivitäten korrekt ausgeführt werden. Bei »Gemanagt« gibt es hierzu Kontrollen.
C	Bei »Ausgeführt« sind die Arbeitsprodukte der HCD-Aktivitäten bereits angemessen etabliert und definiert. Bei »Gemanagt« werden sie noch zusätzlich kontrolliert.
D	Bei »Gemanagt« wird der Prozess zur menschzentrierten Gestaltung sauber geplant, überwacht und angepasst. Bei »Ausgeführt« ist der Prozess eher unkoordiniert.
E	Bei »Gemanagt« erfüllen alle Projekte die Anforderungen des menschzentrierten Qualitätssystems. Bei »Ausgeführt« fehlt dies.
F	Bei »Gemanagt« ist der Prozess zur menschzentrierten Gestaltung wirksam in Hinblick auf zu erreichende Prozessergebnisse, bei »Ausgeführt« nur bedingt.

Frage 29	3 richtige Antworten	LZ 1.2

Die folgende Abbildung zeigt den Zusammenhang zwischen den Aktivitäten der menschzentrierten Gestaltung gemäß ISO 9241-210.

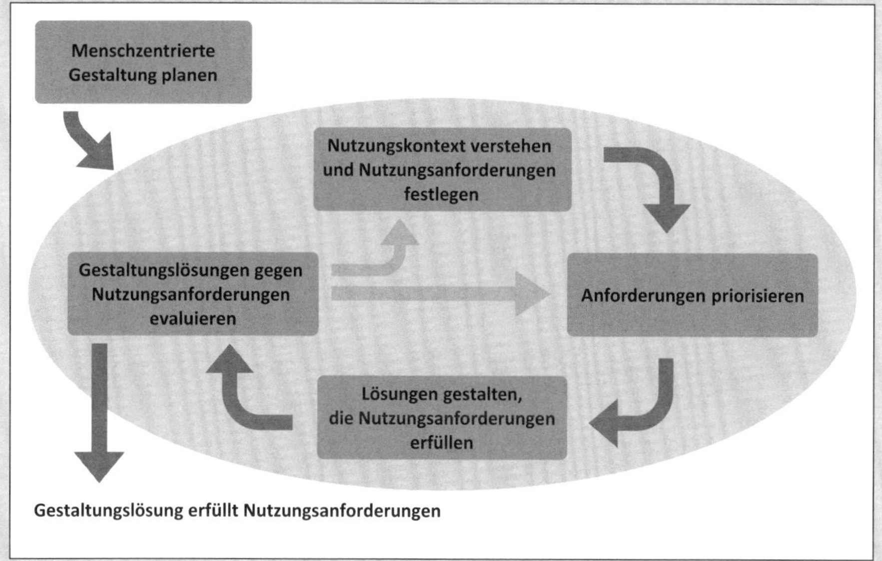

Welche drei der folgenden Fehler sind in der Abbildung enthalten?

A	»Anforderungen priorisieren« ist kein separater Prozessschritt in der menschzentrierten Gestaltung.
B	Gestaltungslösungen werden nicht nur gegen Nutzungsanforderungen evaluiert, sondern gegen alle Anforderungen.
C	Im Ergebnis erfüllt die Gestaltungslösung nicht nur Nutzungsanforderungen, sondern alle Anforderungen.
D	Es fehlt die Aktivität »Technische Umsetzung der Gestaltungslösung«.
E	»Nutzungskontext verstehen« und »Nutzungsanforderungen festlegen« erfolgt nicht in einer Aktivität, sondern in zwei getrennten Aktivitäten.
F	Es fehlt ein Pfeil.

Frage 30	**2 richtige Antworten**	**LZ 1.1**
In einem Produktentwicklungsprozess werden Benutzer nach ihren Anforderungen gefragt, darauf basierend dann im interdisziplinären Team Lösungen gestaltet, mit dem Nutzungskontext abgeglichen und mit Benutzern evaluiert. Nach zwei Iterationen wird das Produkt fertiggestellt und auf den Markt gebracht. Welche zwei der folgenden Grundsätze der menschzentrierten Gestaltung sind hier am ehesten NICHT eingehalten?		
A	Den Benutzer als Mensch ins Zentrum aller Entscheidungen stellen	
B	Arbeiten im interdisziplinären Team	
C	Die ganze User Experience betrachten	
D	Den Nutzungskontext verstehen	
E	Iterativ arbeiten	
F	Evaluierungen durchführen	

Frage 31	**1 richtige Antwort**	**LZ 8.1**
Welcher eine der folgenden Sätze ist die korrekte Definition des Begriffs »HCD-Reife«?		
A	Der Umfang der Verwendung von Methoden der menschzentrierten Gestaltung in einer Organisation	
B	Der Grad des Erreichens von hoher Usability bei den Produkten, die eine Organisation entwickelt	
C	Das Verständnis einer Organisation für die menschzentrierte Gestaltung	
D	Das Verständnis und die Umsetzung eines systematischen Prozesses menschzentrierter Gestaltung in einer Organisation	
E	Der Grad, wie sicher festgestellt werden kann, dass ein Produkt ein bestimmtes Usability-Qualitätsziel erreicht hat	
F	Die Fähigkeit einer Organisation, systematisch eine hohe Usability in ihren Produkten zu erreichen	

Frage 32	**2 richtige Antworten**	**LZ 8.2**
Welche zwei der folgenden Begriffe bezeichnen NICHT eine typische Stufe der HCD-Reife einer Organisation?		
A	Innovativ	
B	Überwachend	
C	Vollständig	
D	Unvollständig	
E	Ausgeführt	
F	Vorhersagbar	

Frage 33	**3 richtige Antworten**	**LZ 1.1**
Welche drei der folgenden Aussagen sind korrekt für einen menschzentrierten Gestaltungsprozess?		
A	Der menschzentrierte Gestaltungsprozess ist eine sinnvolle Alternative zu anderen Gestaltungsprozessen wie V-Modell oder agile Entwicklung.	
B	In einem menschzentrierten Gestaltungsprozess geht man davon aus, dass eine Lösung beim ersten Ansatz nie alle relevanten Nutzungsanforderungen erfüllen kann.	
C	Nur wenn man die Gebrauchstauglichkeit einer Lösung evaluiert, kann man sicher sein, dass auch tatsächlich eine hohe Gebrauchstauglichkeit erreicht wird.	
D	Beim menschzentrierten Gestaltungsprozess konzentriert man sich allein auf die Anforderungen der Benutzer, Anforderungen anderer Stakeholder sind nicht so wichtig.	
E	Es ist erforderlich, die gesamte User Experience zu berücksichtigen.	
F	Benutzer werden im Rahmen der Analysephase und der Evaluierung von Gestaltungslösungen direkt beteiligt, in den anderen Phasen nicht.	

Frage 34	2 richtige Antworten LZ 1.x1
Welche zwei der folgenden Aussagen sind gute Gründe, warum man im Kontext menschzentrierter Gestaltung von agiler Entwicklung und Lean UX wissen sollte? (Hinweis: Das hier behandelte Thema ist nicht prüfungsrelevant.)	
A	Agile Entwicklung und Lean UX stehen in Konkurrenz zur menschzentrierten Gestaltung.
B	Agile Entwicklung ist eine verbreitete Vorgehensweise, zu der man wissen sollte, dass ein menschzentrierter Prozess sich in diese integrieren lässt.
C	Agile Entwicklung ist eine Variante der menschzentrierten Gestaltung.
D	Lean UX ist eine Variante der menschzentrierten Gestaltung.
E	Agile Entwicklung verfolgt ebenfalls den Ansatz, den Nutzungskontext zuerst zu verstehen und zu spezifizieren, bevor iterativ Lösungsideen entwickelt und getestet werden.
F	Die menschzentrierte Gestaltung ist eine Variante der agilen Entwicklung.

4 Planung einer menschzentrierten Gestaltung

Lernziele in diesem Kapitel (die Nummerierung entspricht den Lernziel-Nummern im CPUX-F-Curriculum).

- 3.1 Verstehen, was die Planungsaktivitäten zur menschzentrierten Gestaltung in einem Projekt sind
- 3.2 Verstehen, was menschzentrierte Qualitätsziele sind

In diesem Abschnitt befinden sich alle Inhalte über die menschzentrierte Gestaltungsaktivität »Menschzentrierte Gestaltung planen«, die für die CPUX-F-Zertifizierungsprüfung relevant sind (siehe Abb. 4–1).

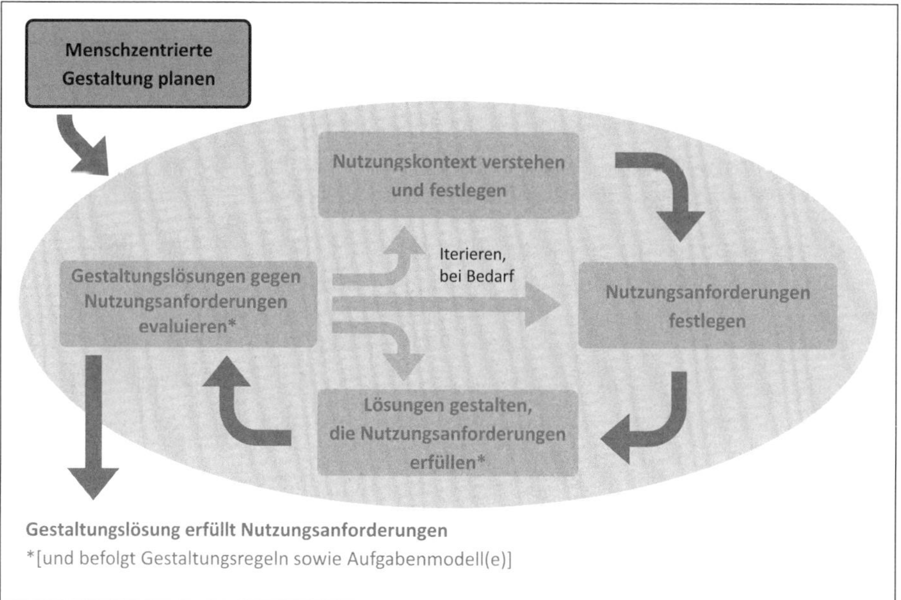

Abb. 4–1 *Menschzentrierte Gestaltungsaktivität »Menschzentrierte Gestaltung planen«*

Die Betreiber eines Projektes müssen sich zu Projektbeginn darüber im Klaren sein, dass menschzentrierte Gestaltung explizite menschzentrierte Planung erfordert. Im Folgenden wird erläutert, was das konkret bedeutet.

Zunächst muss der menschzentrierte Gestaltungsprozess geplant werden, denn was nicht im Entwicklungsprojekt eingeplant wird, das findet nicht statt. Dies gilt insbesondere für menschzentrierte Gestaltungsaktivitäten.

Um menschzentrierte Gestaltungsaktivitäten planen zu können, ist es zu Beginn eines jeden Entwicklungsprojektes hilfreich, zusätzlich zu den gegebenen Projektzielen zu formulieren, welche Ziele denn aus Sicht der zu unterstützenden Benutzer erreicht werden sollen. Diese Ziele aus der Perspektive der Benutzer werden auch als »menschzentrierte Qualitätsziele« bezeichnet.

Definition 4-1: Menschzentrierte Qualitätsziele

Ein beabsichtigtes Ergebnis der Entwicklung eines interaktiven Systems für den Benutzer, das sich auf die Usability, die Barrierefreiheit, die User Experience oder die Vermeidung von Schäden durch die Benutzung bezieht.

Menschzentrierte Qualitätsziele beziehen sich immer auf eine der vier Qualitätsdimensionen:

1. Usability
2. User Experience
3. Barrierefreiheit (Accessibility)
4. Vermeidung von Schäden durch die Benutzung (z.B. Verletzung eines Patienten aufgrund eines Benutzungsfehlers bei der Benutzung eines Medizinprodukts durch eine medizinische Fachkraft)

Diese vier Qualitätsdimensionen sind in DIN EN ISO 9241-220 »Prozesse zur Ermöglichung, Durchführung und Bewertung menschzentrierter Gestaltung für interaktive Systeme in Hersteller- und Betreiberorganisationen« [DIN EN ISO 9241-220] definiert.

Es ist nicht wichtig, jedes menschzentrierte Qualitätsziel einer dieser Dimensionen zuzuordnen. Die vier Dimensionen dienen vielmehr als Checkliste, die beim Aufstellen von menschzentrierten Qualitätszielen hilft.

Anhand eines Beispiels soll der Unterschied zwischen Projektzielen und menschzentrierten Qualitätszielen erläutert werden. Das Beispiel ist aus dem Buch »Praxiswissen User Requirements« [Geis & Polkehn 2018] entnommen.

Die eigentlichen Projektziele für ein interaktives System, das innerhalb einer Arztpraxis die zuständigen Mitarbeiter beim Vereinbaren und Wahrnehmen von Behandlungsterminen unterstützen soll, können sein:

- Konsequente Befüllung verfügbarer Behandlungstermine in der Arztpraxis
- Maximale Behandlungstermintreue aufseiten des Arztes
- Höhere Bindung von Patienten an den Arzt

Diese Projektziele sind naturgemäß Betrachtungen aus der geschäftlichen Perspektive. Sie sagen aber noch nichts darüber aus, was denn aus der Perspektive der zukünftigen Benutzer erreicht werden soll.

Auf Basis dieser Projektziele hat das Projektteam nun menschzentrierte Qualitätsziele erarbeitet. Um menschzentrierte Qualitätsziele formulieren zu können, ist es wichtig, die Perspektive der zukünftigen Benutzer des interaktiven Systems einzunehmen. Das heißt, die Benutzergruppen müssen zumindest benannt werden.

Die menschzentrierten Qualitätsziele, die das Projektteam erarbeitet hat, sind in Tabelle 4–1 dargestellt.

Benutzergruppe	Menschzentrierte Qualitätsziele für jede Benutzergruppe
Medizinische Fachangestellte (MFA)	■ Gesamtüberblick über Behandlungstermine haben ■ Überlastung mit »zu vielen« Patienten vermeiden ■ Behandlungstermine zeitlich zutreffend planen (nicht zu lang und nicht zu kurz) ■ Verfügbarkeit von Personen, Ressourcen und Zeiten konsequent berücksichtigen
Arzt	■ Optimale Auslastung in Hinblick auf Behandlungstermine ■ Lücken im Kalender vermeiden ■ Gut vorbereitet sein auf den nächsten Behandlungstermin ■ Administrativen Aufwand minimal halten ■ Kassenpatienten und Privatpatienten auseinanderhalten können
Patient (bisher für das Projekt nur als indirekter Benutzer bzw. gar nicht betrachtet)	■ Schnell einen passenden Behandlungstermin für die nahe Zukunft bekommen ■ Selbstständig, schnell und einfach Behandlungstermine vereinbaren und verschieben können ■ Sicherheit haben, wann und wo der nächste Behandlungstermin stattfinden wird ■ Zuverlässiger Behandlungsterminbeginn

Tab. 4–1 *Beispiele für menschzentrierte Qualitätsziele*

Der eigentliche Nutzen der menschzentrierten Qualitätsziele besteht darin, dass hieraus Fragen »an den Nutzungskontext« abgeleitet werden können, die eine Einschätzung darüber geben, mit welchen Benutzergruppen in welchem Ausmaß empirische Informationen über den Nutzungskontext der jeweiligen Benutzergruppe mit geeigneten Methoden erhoben werden müssen. Menschzentrierte Qualitätsziele sind nicht die Nutzungsanforderungen, sondern sie zeigen die Richtung auf, in die sich das Entwicklungsprojekt aus Sicht der Benutzer des zukünftigen Systems und anderer Personen in der sozialen Umgebung der Benutzer bewegen muss.

Die menschzentrierten Qualitätsziele helfen also bei der Planung der menschzentrierten Gestaltung für das interaktive System.

Der Projektplan enthält die menschzentrierten Qualitätsziele für das Entwicklungsprojekt sowie den Zeitplan und die Ressourcenplanung (Personen, zeitlicher Umfang, Kosten) für die aus den menschzentrierten Qualitätszielen abgeleiteten menschzentrierten Gestaltungsaktivitäten.

Das Ausmaß, in dem jede Gestaltungsaktivität explizit durchgeführt und dokumentiert wird, hängt einerseits von den zu erreichenden menschzentrierten Qualitätszielen ab und andererseits von den bereits vorliegenden (oder eben nicht vorliegenden) Informationen über den Nutzungskontext, die Nutzungsanforderungen und/oder bereits vorliegenden Hypothesen über Gestaltungslösungen sowie auch von bereits vorliegenden Gestaltungslösungen aus vorangegangenen Entwicklungsprojekten (siehe hierzu auch Abschnitt 3.5 »Exkurs: Integration von HCD in einen Entwicklungsprozess – klassisches Vorgehen, agiles Vorgehen und Lean UX«).

Abhängig von der Projektsituation kann es sinnvoll sein, auf Basis der menschzentrierten Qualitätsziele zunächst ein »Vorprojekt« durchzuführen, in dem empirische Daten aus dem Nutzungskontext der zu unterstützenden Benutzergruppen erhoben werden. Aus diesen Daten werden dann Nutzungsanforderungen abgeleitet, die helfen, den tatsächlich erforderlichen Umfang für menschzentrierte Gestaltung abzuschätzen und hieraus dann die menschzentrierten Gestaltungsaktivitäten im Projektplan abzuleiten. Auch kann es sinnvoll sein, für bereits vorliegende Gestaltungslösungen zunächst eine Evaluierung durchzuführen, um bisher unbekannte Verbesserungspotenziale zu erkennen und dann den Projektplan hinsichtlich menschzentrierter Gestaltungsaktivitäten entsprechend zu entwickeln.

Auf Basis des Projektplans werden die folgenden vier menschzentrierten Gestaltungsaktivitäten im Entwicklungsprojekt durchgeführt (wie oben dargelegt nicht unbedingt alle und eventuell mit einer vorgelagerten Evaluierung):

1. Nutzungskontext verstehen und festlegen
2. Nutzungsanforderungen festlegen
3. Lösungen gestalten, die Nutzungsanforderungen erfüllen
4. Gestaltungslösungen gegen Nutzungsanforderungen evaluieren

Für jede der vier menschzentrierten Gestaltungsaktivitäten werden in den folgenden Kapiteln die relevanten Methoden (soweit im CPUX-F-Curriculum enthalten) und die aus der Anwendung der Methoden entstehenden HCD-Deliverables erläutert.

4.1 Prüfungsfragen zu diesem Kapitel

Die folgenden Fragen dienen zur Vertiefung der Inhalte des Kapitels und zur Vorbereitung auf die CPUX-F-Zertifizierungsprüfung. Die Fragen entsprechen in ihrer Form und Schwere den Prüfungsfragen für die CPUX-F-Zertifizierungsprüfung. Es handelt sich aber nicht um tatsächliche Prüfungsfragen, sondern die Fragen wurden von den Autoren speziell für dieses Buch erstellt.

Die Lösungen zu den Fragen befinden sich in Anhang A »Lösungen zu den Prüfungsfragen«.

Frage 35	**1 richtige Antwort** **LZ 3.2**
	Welche eine der folgenden Aussagen ist KEIN menschzentriertes Qualitätsziel für einen Geldautomaten der nächsten Generation? (Quelle der Frage: [UXQB CPUX-F 2023b])
A	Die Benutzer müssen in der Lage sein, Geld doppelt so schnell wie bisher abzuheben.
B	Die Benutzer müssen ein Gefühl der absoluten Privatsphäre haben, wenn sie den Geldautomaten benutzen.
C	Die Benutzer müssen in der Lage sein, den Namen des Geldautomatenherstellers doppelt so schnell zu erkennen wie bisher.
D	Blinde Benutzer müssen in der Lage sein, ohne fremde Hilfe Geld abzuheben.
E	Die Benutzer müssen in der Lage sein, mit jeder gültigen nationalen oder internationalen Bankkarte Geld abzuheben.
F	Benutzer, die einen Beleg anfordern, müssen diesen verstehen können.

Frage 36	**3 richtige Antworten** **LZ 3.1**
	Welche drei der folgenden Planungsaktivitäten sind besonders hilfreich, um ein Projekt vor Beginn der inhaltlichen Projektarbeit gezielt gemäß menschzentrierter Gestaltung vorzubereiten?
A	Durchzuführende Aktivitäten der menschzentrierten Gestaltung bestimmen
B	Benutzer benennen, die im Rahmen von Usability-Tests Designlösungen evaluieren werden
C	Art und Umfang der Benutzerbeteiligung festlegen
D	Vertreter aller Interessengruppen in die Planung einbeziehen
E	Zu erstellende HCD-Ergebnisse festlegen
F	Art des Projektmanagements festlegen (Wasserfall/klassisch, Spirale/iterativ oder agil)

Frage 37	1 richtige Antwort LZ 3.2
Welche eine der folgenden Aussagen ist KEIN menschzentriertes Qualitätsziel für eine Website eines Online-Buchhandels?	
A	Benutzer, die die Website das erste Mal benutzen, müssen in der Lage sein, ein vom Benutzer auf der Website ausgewähltes Buch innerhalb von 3 Minuten bestellen zu können.
B	Jeder Artikel muss sowohl mit Bildern als auch mit einer ausführlichen Textbeschreibung ausgestattet sein.
C	Blinde Benutzer müssen in der Lage sein, die Website zu benutzen.
D	Benutzer sollen den Eindruck haben, dass auf der Website ausschließlich hochwertige, besondere Bücher angeboten werden.
E	Benutzer sollen mit folgenden Zahlungsmethoden bezahlen können: Sofortüberweisung, Kreditkarte, PayPal.
F	Die Website soll mindestens so gut benutzbar sein wie amazon.de.

5 Den Nutzungskontext verstehen und festlegen

Lernziele in diesem Kapitel (die Nummerierung entspricht den Lernziel-Nummern im CPUX-F-Curriculum):

- 4.1 Verstehen des Konzepts: Nutzungskontext
- 4.2 Verstehen des Konzepts: Benutzer
- 4.3 Verstehen des Unterschieds zwischen primärem, sekundärem und indirektem Benutzer
- 4.7 Verstehen des Konzepts: Aufgabe
- 4.8 Verstehen des Unterschieds zwischen einer Aufgabe und einer Teilaufgabe
- 4.10 Verstehen des Konzepts: Ressource
- 4.9 Verstehen des Konzepts: Umgebung und ihre Bedingungen
- 4.14 Verstehen, was ein kontextuelles Interview ist
- 4.15 Verstehen des Unterschieds zwischen einem Interview und einem kontextuellen Interview
- 4.16 Verstehen des Meister-Schüler-Modells
- 4.17 Verstehen des Zwecks eines Interview-Leitfadens
- 4.18 Verstehen der Unterschiede zwischen offenen, geschlossenen, neutralen und suggestiven Fragen
- 4.13 Verstehen, was eine Beobachtung ist
- 4.12 Verstehen, was eine Fokusgruppe ist
- 4.11 Verstehen, wie und warum eine Benutzerbefragung im Rahmen einer Nutzungskontextanalyse eingesetzt wird
- 4.5 Verstehen der Konzepte: Benutzergruppe und Benutzergruppenprofil
- 4.19 Verstehen, was ein Ist-Szenario ist
- 4.21 Verstehen, was ein Aufgabenmodell ist
- 4.20 Verstehen, was eine Persona ist
- 4.22 Verstehen, was eine User Journey Map ist und was Berührungspunkte sind

In diesem Kapitel befinden sich alle Inhalte über die menschzentrierte Gestaltungsaktivität »Nutzungskontext verstehen und festlegen«, die für die CPUX-F-Zertifizierungsprüfung relevant sind (siehe Abb. 5–1). Soweit Inhalte über die – für die Prüfung relevanten – Inhalte hinaus gehen, wird explizit darauf hingewiesen. Zunächst wird die Bedeutung des Nutzungskontextes für die menschzentrierte Gestaltung erläutert und im Detail definiert, was der Nutzungskontext umfasst. Anschließend werden die Methoden zur Erhebung des Nutzungskontextes beschrieben und dann die Darlegungsformen, mit denen sich Nutzungskontextinformationen als Nutzungskontextbeschreibung darstellen lassen.

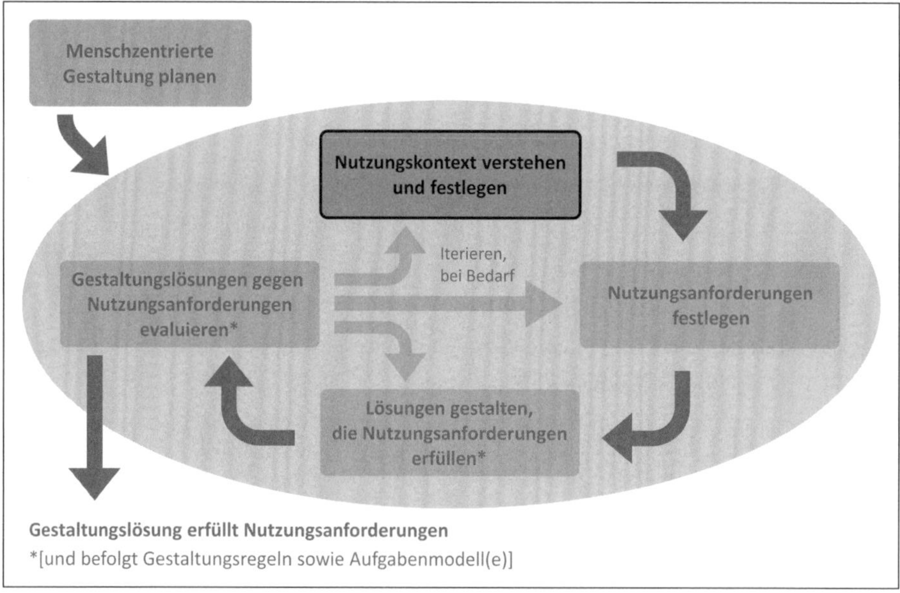

Abb. 5–1 *Menschzentrierte Gestaltungsaktivität »Nutzungskontext verstehen und festlegen«*

5.1 Der Nutzungskontext und seine Bedeutung für die menschzentrierte Gestaltung

Der Nutzungskontext umfasst die Bedingungen, unter denen ein interaktives System benutzt wird. Hierzu gehören die Benutzer des interaktiven Systems mit ihren Merkmalen, die Ziele und die zu deren Erreichung notwendigen Aufgaben der Benutzer, die Ressourcen, die die Benutzer hierfür verfügbar haben, sowie die Umgebung(en), innerhalb derer das interaktive System eingesetzt wird.

Definition 5–1: Nutzungskontext

Eine Kombination aus Benutzern, Zielen, Aufgaben, Ressourcen und Umgebungen [bezüglich eines zu untersuchenden interaktiven Systems].

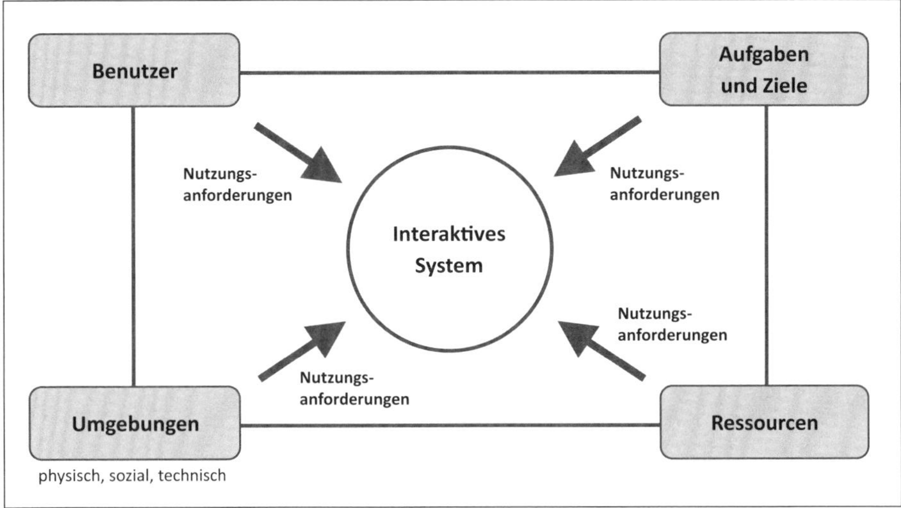

Abb. 5–2 *Der Nutzungskontext für ein interaktives System*

Die Nutzungsanforderungen (siehe Kap. 6) an ein interaktives System lassen sich allesamt aus dem Nutzungskontext für das interaktive System herleiten.

Das zu entwickelnde interaktive System selbst gehört nicht zum Nutzungskontext, vielmehr muss es in den Nutzungskontext hineinpassen. Beispiele: Kommen als »Benutzer« Linkshänder bei Ärzten vor, so muss eine Operationsschere vom Arzt auch mit der linken Hand benutzt werden können. Ist ein »Ziel« der Benutzer bei der »Aufgabe« Fensterputzen, nicht die Fensterbank abräumen zu müssen, so muss der Putzroboter für das Fensterputzen so gestaltet sein, dass keine Pflanzen und andere Gegenstände beim Fensterputzen von der Fensterbank fallen können. Wenn ältere Bürger, die mit dem Bus fahren, keine Bankkarte oder Kreditkarte haben, sondern als »Ressource« Bargeld verwenden, dann müssen sie auch mit Bargeld am Fahrkartenautomaten bezahlen können. Wenn Bürger Postpakete an der Paketstation am späten Abend abholen, dann müssen sie die Packstation auch in der »physischen Umgebung« Dunkelheit benutzen können.

Da sich die Nutzungsanforderungen an ein interaktives System aus dem Nutzungskontext ergeben, ist es wichtig, zu Beginn eines Entwicklungsprojektes den Nutzungskontext für ein interaktives System möglichst umfassend zu verstehen und festzulegen. Nur so lassen sich Iterationen im Projekt auf das notwendige Minimum reduzieren.

Im folgenden Abschnitt 5.2 werden diese vier Komponenten genauer erläutert:

- Benutzer
- Ziele und Aufgaben
- Ressourcen
- Umgebung(en)

5.2 Die Komponenten des Nutzungskontextes

5.2.1 Benutzer

Als Benutzer bezeichnet man all die Personen, die mit dem interaktiven System interagieren oder die die Ergebnisse, die mit dem interaktiven System erzeugt werden, benutzen.

Definition 5-2: Benutzer

Eine Person, die mit einem interaktiven System interagiert oder die Ergebnisse, die vom System erzeugt werden, benutzt.

Der Begriff »interagieren« innerhalb der Definition von »Benutzer« ist leider im CPUX-F-Curriculum nicht definiert. Praktisch bedeutet interagieren, dass Benutzer am interaktiven System

- Auswahlen treffen,
- Eingaben tätigen und
- sich Informationen beschaffen.

Wenn z.B. ein Patient an einer App zur Terminvereinbarung mit der Arztpraxis einen Wunschtermin anklickt, hat er eine Auswahl getroffen. Hinterlässt der Patient vor der verbindlichen Terminvereinbarung noch eine Nachricht für den Arzt, so hat er eine Eingabe getätigt. Schaut der Patient gelegentlich in der App nach, wann sein nächster Behandlungstermin ist, so hat er sich Informationen beschafft.

Benutzer gehören immer zu einer Benutzergruppe. Benutzergruppen sind Benutzer mit ähnlichen persönlichen Merkmalen und ähnlichen Nutzungskontexten. So sind Patienten eine andere Benutzergruppe für ein interaktives System zur Vereinbarung von Behandlungsterminen wie die medizinischen Fachangestellten (MFA) in der Arztpraxis. Patienten vereinbaren Termine für sich selbst, MFA vereinbaren Termine für die Patienten.

Definition 5-3: Benutzergruppe

Eine Gruppe von Benutzern mit gleichen oder ähnlichen persönlichen Merkmalen und Nutzungskontexten in Bezug auf das interaktive System.

Jeder Benutzer lässt sich klassifizieren als primärer, sekundärer oder indirekter Benutzer.

Primäre Benutzer sind diejenigen Benutzer, die mit dem interaktiven System die Aufgaben erledigen, für die das interaktive System entwickelt wurde.

Beim Terminvereinbarungssystem für die Arztpraxis wären dies zunächst die MFA und die Patienten, die mithilfe des Terminvereinbarungssystems Behandlungstermine vereinbaren.

Definition 5-4: Primärer Benutzer

Ein Benutzer, der das interaktive System für seinen beabsichtigten Zweck benutzt.

Sekundäre Benutzer sind all die Benutzer, die mit dem interaktiven System Supportaufgaben erledigen.

Typische Supportaufgaben sekundärer Benutzer sind:

- Konfigurieren eines interaktiven Systems für einen spezifischen Nutzungskontext
- Durchführung von Wartungsarbeiten an einem interaktiven System
- Schulung von primären Benutzern am interaktiven System

So ist der Mitarbeiter des Herstellers des Terminvereinbarungssystems, der vor dem erstmaligen Einsatz des Systems in der Praxis einstellt, welche Personen welche Zugangsberechtigungen für das System haben sollen, ein sekundärer Benutzer. Sekundär heißt also nicht »nicht so wichtig«, sondern es bezieht sich auf die Art der Aufgabe, die am interaktiven System erledigt wird.

Definition 5-5: Sekundärer Benutzer

Ein Benutzer, der unterstützende Aufgaben mit dem interaktiven System ausführt, beispielsweise um es zu warten oder um primäre Benutzer zu schulen.

Indirekte Benutzer sind diejenigen Benutzer, die nicht mit dem System interagieren, sondern die mit den Ergebnissen, die das System erzeugt, weiterarbeiten.

So ist der Arzt, der kurz vor Beginn seines nächsten Behandlungstermins einen Ausdruck von der MFA vorgelegt bekommt, der aus dem Terminvereinbarungssystem ausgedruckt wurde und alle Details zum anstehenden Behandlungstermin einschließlich persönlicher Mitteilungen des Patienten enthält, ein indirekter Benutzer.

Definition 5-6: Indirekter Benutzer

Ein Benutzer, der die Ergebnisse des interaktiven Systems verwendet, aber nicht direkt mit dem interaktiven System interagiert.

Es ist wichtig, bei der Betrachtung des Nutzungskontextes alle Benutzergruppen zu berücksichtigen, d.h. nicht nur die primären Benutzer, die zwangsläufig im Fokus sind, sondern auch die sekundären und indirekten Benutzer.

5.2.2 Ziele und Aufgaben

In Abschnitt 2.2 wurde bereits bei der Definition des Begriffs »Usability« der in der Definition enthaltene Begriff »Ziel« erläutert. Ziele sind »beabsichtigte Ergebnisse«. Ziele und Aufgaben sind untrennbar miteinander verbunden, da sich aus einem Ziel immer eine Aufgabe ergibt, die durchzuführen ist, um das Ziel (das beabsichtigte Ergebnis) zu erreichen. Diese Aufgaben sind es genau, die dazu führen, dass es interaktive Systeme gibt, mit deren Hilfe die Erledigung der Aufgaben entweder überhaupt durchführbar (effektiv umsetzbar) ist oder effizienter und zufriedenstellender werden soll.

Hat beispielsweise der Patient das Ziel, zeitnah vom Arzt behandelt zu werden, so kommt er nicht drum herum, die Aufgabe »Behandlungstermin vereinbaren« zu erledigen. Diese Aufgabe soll mithilfe eines Terminvereinbarungssystems effizienter und zufriedenstellender für die beteiligten Benutzergruppen durchgeführt werden können, als wie bisher einen Telefonanruf zu tätigen.

Eine Aufgabe ist immer die Gesamtheit der Aktivitäten, die ausgeführt werden, um ein bestimmtes Ziel (beabsichtigtes Ergebnis) zu erreichen. So ist »Behandlungstermin vereinbaren« eine Aufgabe, die erledigt werden muss, um das Ziel »zeitnah vom Arzt behandelt werden« zu erreichen.

Definition 5-7: Aufgabe

Eine Menge von Aktivitäten, die durchgeführt werden, um ein bestimmtes Ziel zu erreichen.

Jede Aufgabe besteht aus Teilaufgaben. Teilaufgaben sind die Entscheidungen und Handlungen, die im Rahmen einer Aufgabe stattfinden. Man meint hiermit noch nicht die konkreten Interaktionen am interaktiven System (siehe Abschnitt 5.2.1 zum Begriff »interagieren«), sondern die Aktivitäten, die aus der Aufgabe heraus erforderlich sind, unabhängig davon, ob das interaktive System zum Einsatz kommt.

Definition 5-8: Teilaufgabe

Ein Schritt, der durchgeführt wird, um eine Aufgabe zu erledigen.

Die Frage, ob etwas eine Aufgabe oder nur eine Teilaufgabe innerhalb einer Aufgabe ist, lässt sich leicht darüber beantworten, was die kontextuellen Vorbedingungen sind und was das beabsichtigte Ergebnis (Ziel) ist. Wenn eine betrachtete »Aufgabe« alleine nicht ausreicht, um ausgehend von der kontextuellen Vorbedingung das beabsichtigte Ergebnis zu erzielen, dann handelt es sich hier um eine Teilaufgabe, also eine einzelne Aktivität hin zu dem Ziel. Wenn eine betrachtete Aktivität (oder Reihe von Aktivitäten) zum beabsichtigten Ergebnis führt, dann handelt es sich insgesamt um eine Aufgabe, die als solche benannt werden kann.

So besteht die Aufgabe »Behandlungstermin vereinbaren« aus den folgenden Teilaufgaben:

1. Sich für eine Arztpraxis entscheiden
2. Die Praxis kontaktieren
3. Eigene(n) Wunschtermin(e) äußern
4. Verfügbare Behandlungstermine zur Kenntnis nehmen
5. Sich für einen verfügbaren Behandlungstermin entscheiden
6. Den Behandlungstermin verbindlich vereinbaren
7. Den vereinbarten Behandlungstermin notieren

Bei der Benennung von Aufgaben und Teilaufgaben ist es hilfreich, darauf zu achten, dass immer Tätigkeiten benannt werden und nicht nur Arbeitsobjekte oder Stichworte, also z.B. nicht »Dienstreise«, sondern »Dienstreise planen« oder »Dienstreise durchführen«.

Im CPUX-UR-Curriculum [UXQB CPUX-UR 2023] und im Buch »Praxiswissen User Requirements« [Geis & Polkehn 2018] sind weiter gehende Informationen zur Aufgabenmodellierung zu finden.

5.2.3 Ressourcen

Wenn Menschen Aufgaben erledigen, verwenden sie hierbei Ressourcen. Ressourcen sind die »Mittel«, die während der Erledigung der Aufgabe mit dem interaktiven System eingesetzt werden.

Definition 5-9: Ressourcen

Alle Mittel, die erforderlich sind, um ein beabsichtigtes Ergebnis im Nutzungskontext zu erreichen.

Man unterscheidet zwischen »wiederverwendbaren« Ressourcen und »sich verbrauchende« Ressourcen. Wiederverwendbare Ressourcen umfassen:

- Ausrüstung
  - Hardware
  - Software
- Information
- Support
  - Menschlich
  - Technisch

Sich verbrauchende Ressourcen umfassen:

- Material
- Zeit
- Finanzielle Budgets für
  - Gehälter
  - Energie
  - Konnektivität
- Leistungsfähigkeit
  - Körperlich
  - Mental

Tabelle 5–1 zeigt Beispiele für Ressourcen für die Benutzergruppe »Patient«, die mithilfe der Terminvereinbarungs-App die Aufgabe »Behandlungstermin vereinbaren« durchführt.

Ausrüstung > Hardware	Smartphone oder Tablet
Ausrüstung > Software	Programm auf dem Smartphone oder Tablet für den persönlichen Terminkalender
Information	Vorliegender Arztbrief des Arztes, der die letzte Behandlung durchgeführt hat
Support	Es wird kein Support in Anspruch genommen
Material	Bei der Aufgabe wird kein Material verbraucht
Zeit	Maximal 5 Minuten für die Terminvereinbarung, da diese mit dem Telefon bisher auch nicht länger gedauert hat
Finanzielle Budgets für Konnektivität	20–30 € monatlich für eine Flatrate für Smartphone oder Tablet
Leistungsfähigkeit körperlich	Kann Telefonhörer halten bzw. kann Smartphone oder Tablet halten
Leistungsfähigkeit mental	Kann mit den gelernten Konventionen des Betriebssystems auf dem Smartphone oder Tablet umgehen. Ist schnell irritiert, wenn Apps nicht so aussehen wie die Apps des Betriebssystembetreibers.

Tab. 5–1 *Beispiele für Ressourcen bei der Aufgabe »Behandlungstermin vereinbaren«*

5.2.4 Umgebung(en)

Unter »Umgebung« versteht man alle physischen, sozialen und technischen Bedingungen, unter denen der Benutzer eine Aufgabe mit dem interaktiven System erledigt. Dies können eine oder mehrere Umgebungen sein.

Definition 5-10: Umgebung(en)

Die physischen, sozialen und technischen Bedingungen, unter denen ein Benutzer mit einem interaktiven System interagiert.

Die physische Umgebung beschreibt die Merkmale der Aufenthaltsorte, an denen sich der Benutzer bei der Aufgabenerledigung befindet. Dies können auch verschiedene Aufenthaltsorte (Umgebungen) sein.

So kann es sein, dass der Patient die Aufgabe »Behandlungstermin vereinbaren« in der physischen Umgebung »zu Hause« oder »auf der Arbeit« oder »unterwegs mit öffentlichen Verkehrsmitteln« erledigt.

Bei der Beschreibung der physischen Umgebung ist es wichtig, dass die konkreten »physischen Parameter« dieser Umgebung betrachtet werden, die sich auf die Nutzung des interaktiven Systems auswirken (z.B. Beleuchtungsstärke, Raumgröße, Luftfeuchtigkeit, Geräuschpegel).

In der physischen Umgebung »öffentliches Verkehrsmittel« ist der Benutzer den Bewegungen des fahrenden Busses oder der Bahn bei der Vereinbarung des Behandlungstermins sowie Schwankungen der Beleuchtungsstärke oder auch Sonneneinstrahlung ausgesetzt. Gegebenenfalls steht der Benutzer bei der Terminvereinbarung und hält sich mit einer Hand zur Sicherheit fest. Zu Hause wiederum sitzt er in einem ruhigen Zimmer und kann die Beleuchtung beeinflussen.

Die soziale Umgebung beschreibt die Menschen, die während der Erledigung der Aufgabe anwesend sind. Hierzu gehören beim Benutzer, der zu Hause den Behandlungstermin vereinbart, Angehörige oder Freunde. Bei der Vereinbarung des Behandlungstermins im Büro sind die Arbeitskollegen und Vorgesetzten die soziale Umgebung. Bei der Vereinbarung des Behandlungstermins im Bus besteht die soziale Umgebung aus den anderen Fahrgästen, die sich um den Benutzer herum aufhalten.

Die technische Umgebung beschreibt im Wesentlichen den Zugang zu Energie sowie die Konnektivität zum Internet innerhalb der Umgebung, in der sich der Benutzer aufhält. Aber auch die Sitzbänke im Park gehören zur technischen Umgebung aus Sicht der Benutzergruppe »Parkbesucher«, da diese die Möbel in ihrer Umgebung vorfindet. Würden die Parkbesucher eigene Klappstühle mitbringen, so wären es »Ressourcen«. So hat der Benutzer, der mit der Terminvereinbarungs-App den Behandlungstermin zu Hause oder im Büro vereinbart, eine Steckdose und kann auch mit dem Mobiltelefon mit leerem Akku den Arzttermin vereinbaren. Zu Hause und im Büro hat der Benutzer typischerweise Internetzugang, im fahrenden Bus kann dieser Internetzugang in seiner Qualität schwanken bzw. nicht vorhanden sein.

Die Umgebung, innerhalb derer sich ein Benutzer bei der Aufgabenerledigung mit dem interaktiven System aufhält, ist eine weitere Quelle für das Herleiten von Nutzungsanforderungen.

5.3 Methoden zur Erhebung des Nutzungskontextes im Überblick

Um zutreffende Nutzungskontextinformationen zu erheben, ist es wichtig, mit den zukünftigen Benutzern des interaktiven Systems in Kontakt zu treten.

Es gibt eine Reihe von Methoden, die für eine Nutzungskontextanalyse sinnvoll verwendet werden können. Die folgenden drei Methoden werden in der Praxis vorrangig eingesetzt:

- Interviews (kontextuell und nicht kontextuell)
- Beobachtungen
- Fokusgruppen

In den folgenden Abschnitten werden die einzelnen Methoden und ihre Anwendung erläutert.

5.4 Interviews

5.4.1 Grundregeln für Interviews

In Interviews (zum Zwecke der Nutzungskontextanalyse) geht es immer darum, Informationen über den Nutzungskontext innerhalb einer Benutzergruppe zu erheben. Deshalb ist es zwingend erforderlich, dass die Gesprächsteilnehmer auch wirklich so ausgewählt werden, dass sie aus der Benutzergruppe kommen, über die im Rahmen des Interviews Nutzungskontextinformationen erhoben werden sollen.

Es gibt im CPUX-F-Curriculum keine Aussagen darüber, mit wie vielen Benutzern einer Benutzergruppe ein Interview geführt werden soll, um zu ausreichenden Nutzungskontextinformationen für das (spätere) Herleiten von Nutzungsanforderungen zu kommen. Die Autoren empfehlen aus ihrer langjährigen Projekterfahrung mit fünf Benutzern pro Benutzergruppe zu planen. Diese Zahl lässt sich gegenüber Projektleitern kommunizieren und in vielen Fällen reicht diese Anzahl aus. Stellt man jedoch in einer Interviewreihe fest, dass mit jedem Interview erhebliche neue Erkenntnisse hinzukommen, so kann es sein, dass man faktisch mit zwei (oder mehr) Benutzergruppen Interviews führt und die angenommenen Benutzergruppen als solche noch einmal überdenken muss.

Definition 5-11: Interview [zum Zweck der Nutzungskontextanalyse]

Eine Methode zur Datensammlung, die einige sorgfältig ausgewählte Personen eingehend befragt, um zu einem besseren Verständnis des Nutzungskontextes zu gelangen.

Durch die Befragung und Interpretation werden Gemeinsamkeiten und Unterschiede innerhalb der Benutzer eines interaktiven Systems aufgedeckt.

Für ein Interview mit einer Person über den Nutzungskontext dieser Person ist es zwingend erforderlich, dass im Rahmen der Vorbereitung eine Liste von Fragen erarbeitet wird, die zur Strukturierung des Interviews verwendet wird. Ein Interview ist ein Gespräch. In einem Gespräch kann sowohl der Interviewer als auch die interviewte Person den roten Faden verlieren. Eine Liste von vorbereiteten Fragen bewahrt hiervor und stellt sicher, dass das Interview den für die Gestaltung des interaktiven Systems relevanten Fokus behält. Die Fragen sollten allesamt auf den erlebten Nutzungskontext der interviewten Person abzielen, um so zu wirklichen empirischen Daten zu kommen.

Es ist oft sinnvoll, die Fragen, die in einer Interviewreihe mit Benutzern gestellt werden, im Vorfeld im gesamten Projektteam abzustimmen, sodass eine gemeinsame Erwartungshaltung in Hinblick auf die zu erzielenden Ergebnisse aus der Interviewreihe gegeben ist. Ansonsten besteht das Risiko, dass die erzielten Erkenntnisse infrage gestellt werden und beteiligte Personen im Entwicklungsprojekt z.B. sagen: »Ihr habt ja die falschen Fragen gestellt.«

Die Liste der Fragen, die in den Interviews gestellt werden, wird auch als Interview-Leitfaden bezeichnet.

Definition 5–12: Interview-Leitfaden

Eine schriftliche Liste geeigneter Fragen und Hinweise, die der Interviewer während eines Interviews verwendet, um sicherzustellen, dass alle relevanten Themen abgedeckt werden.

Ein häufiger Fehler von ungeübten Interviewern ist, den Interview-Leitfaden als feste Vorgabe für die Strukturierung des Interviews zu verstehen und »sklavisch« an der Reihenfolge und dem genauen Wortlaut der Fragen festzuhalten. Hierdurch wird oftmals der natürliche Denkprozess und Redefluss der interviewten Person behindert und der Erkenntnisgewinn aus dem Interview ist reduziert.

Grundsätzlich gilt, dass die Person, die das Interview führt, die interviewte Person als den Kompetenzträger für den Nutzungskontext respektieren sollte. Die Person, die das Interview führt, ist der »Schüler« und die Person, die interviewt wird, ist der »Meister«. Es ist also wichtig für ein erfolgreiches Interview, als Interviewer die Haltung des Lernenden einzunehmen, die die interviewte Person als »Lehrenden« betrachtet. Diese Haltung im Interview wird als Meister-Schüler-Modell bezeichnet.

Definition 5–13: Meister-Schüler-Modell

Eine Technik für ein erfolgreiches Interview [zum Zweck der Nutzungskontextanalyse]: Der Interviewer behandelt den Benutzer als den Meister, während der Interviewer selbst der Schüler ist. Ziel des Meister-Schüler-Modells ist es, die Ziele und Aufgaben des Benutzers im Detail zu verstehen, indem man als Schüler vom Benutzer als Meister lernt.

Um während des Interviews möglichst viele Nutzungskontextinformationen zu erhalten, ist es wichtig, dass man während des Interviews offene und neutrale Fragen stellt. Dies erscheint unmittelbar schlüssig, jedoch werden in Interviews immer wieder geschlossene Fragen eingesetzt, da diese leicht ausgewertet werden können. Auch besteht das Risiko, dass Suggestivfragen gestellt werden, da man glaubt, eine bestehende Hypothese hiermit schnell bestätigen zu können, was methodisch nicht sinnvoll ist.

Deshalb folgen nun Beispiele, die zeigen, wie man nicht fragen sollte, und erst anschließend Beispiele, die zeigen, wie man es richtig macht. Es wird bei allen Fragen davon ausgegangen, dass ein Repräsentant der Benutzergruppe »Patient« befragt wird, für den erhoben werden soll, wie sich der Nutzungskontext rund um »Arzttermine« darstellt.

Definition 5-14: Geschlossene Frage

Eine Interviewfrage, die eine Antwort aus einem vordefinierten Satz von Alternativen fordert, z.B. »ja« oder »nein«.

Beispiele für geschlossene Fragen, die in einem Interview zu vermeiden sind:

- Gehen Sie regelmäßig zum Arzt?
- Nutzen Sie immer das Telefon zur Vereinbarung eines Behandlungstermins?
- Wie alt sind Sie?
- Waren Sie eher zufrieden oder eher unzufrieden mit Ihrem letzten Restaurantbesuch?

Diese geschlossenen Fragen werden im schlimmsten Fall einfach mit »ja« oder »nein« beantwortet. Sie stimulieren keine Ausführungen der befragten Person, aus denen sich (durchaus unerwartete) weitere Erkenntnisse ergeben können.

Offene Fragen wiederum können nicht mit »ja« oder »nein« beantwortet werden. Sie führen immer zu textuellen Aussagen, die Informationen liefern. Jedoch können offene Fragen sowohl suggestiv als auch neutral sein.

Definition 5-15: Offene Frage

Eine Frage in einem Interview, die keinen Hinweis auf das erwartete Format oder den erwarteten Inhalt der Antwort gibt.

Suggestivfragen wiederum können sowohl geschlossen als auch offen gestellt werden. Suggestivfragen sind im Interview grundsätzlich zu vermeiden.

Definition 5-16: Suggestivfrage

Eine Frage in einem Interview, die eine Präferenz für bestimmte Antwortmöglichkeiten vorgibt oder versucht, die Antwort in eine bestimmte Richtung zu lenken.

Beispiele für offene Suggestivfragen, die in einem Interview zu vermeiden sind:

- Wieso nutzen Sie keine Software zur Vereinbarung von Arztterminen?
- Sie bevorzugen sicher das Telefon für die Vereinbarung von Arztterminen, warum eigentlich?
- Wahrscheinlich sind Sie meistens etwas knapp dran, wenn Sie beim Arzt ankommen, wie könnten Sie das mithilfe einer App besser hinkriegen?

Diese Suggestivfragen sind geprägt von Hypothesen der Person, die das Interview führt, und lenken die interviewte Person in Richtung der Bestätigung der Hypothesen (obgleich diese gar nicht zutreffen mögen).

Neutrale Fragen sind typischerweise offen und lassen nicht vorhersagen, was die mögliche Antwort der interviewten Person sein könnte. Offene neutrale Fragen sind im Interview grundsätzlich zu bevorzugen.

Definition 5-17: Neutrale Frage

Eine Frage in einem Interview, die keine impliziten Annahmen beinhaltet und auch keinen Ansatz bietet, irgendetwas auszuschließen oder die Antwort in eine bestimmte Richtung zu lenken.

Beispiele für offene neutrale Fragen, die in einem Interview zu bevorzugen sind.

- Welche Arzttermine hatten Sie bereits in diesem Jahr?
- Wie sind Sie vorgegangen, um einen Arzttermin zu bekommen?
- Wie entscheiden Sie, zu welchem Arzt Sie im Einzelfall gehen?

Zusammenfassend lassen sich folgende Erfolgsfaktoren für ein gutes Interview benennen:

- Auf der Ebene des Nutzungskontextes bleiben (häufiger Fehler: Wechseln auf die Ebene der Lösungsgestaltung)
- Wenn möglich an dem Ort durchführen, wo die zu betrachtenden Aufgaben erledigt werden (siehe nächsten Abschnitt 5.4.2 »Kontextuelle Interviews«)
- Die richtige Grundhaltung einnehmen (Meister-Schüler-Modell)
- »Handwerklich« gut durchführen: Stimulierende Fragen stellen (offen und neutral) und flexibel auf den Redefluss des Interviewpartners reagieren (nicht starr am Interview-Leitfaden hängen)

5.4.2 Kontextuelle Interviews

Der Begriff »kontextuelles Interview« bringt zum Ausdruck, dass das Interview an dem Ort stattfindet, an dem sich der Benutzer normalerweise befindet, wenn er die Aufgaben durchführt, die mit dem interaktiven System unterstützt werden oder unterstützt werden sollen. So würde man ein kontextuelles Interview mit einer medizinischen Fachangestellten (MFA) an ihrem Arbeitsplatz in der Arztpraxis durchführen. Auf diesem Weg erlebt man als Interviewer unmittelbar die physische und soziale Umgebung der interviewten Person.

Definition 5-18: Kontextuelles Interview

Ein Interview [zum Zweck der Nutzungskontextanalyse], das an dem Ort stattfindet, an dem die Benutzer normalerweise Aufgaben im Zusammenhang mit dem interaktiven System ausführen.

Die interviewte Person kann während ihrer Ausführungen zu den gestellten Fragen Bezug nehmen, z.B. auf Ressourcen, die sie während der Aufgabenerledigung verwendet, oder auch auf die Arbeitsteilung mit einer Kollegin, die gerade zugegen ist. Kontextuelle Interviews liefern mehr empirische Daten als Interviews z.B. in einem Besprechungsraum, sie sind jedoch nicht immer organisierbar/durchführbar, da man zunächst die Erlaubnis des Arbeitgebers für die Durchführung des Interviews benötigt, was in vielen Fällen eine unüberwindbare Hürde darstellt.

5.5 Beobachtungen

Die Methode der Beobachtung liefert im Gegensatz zu Interviews objektive Informationen über den Nutzungskontext. Bei der Beobachtung bleibt der Beobachter im Hintergrund und tritt so weit wie möglich nicht in Erscheinung. Naturgemäß findet die Beobachtung an dem Ort statt, wo die Benutzer die Aufgaben erledigen, die vom interaktiven System unterstützt werden sollen.

Definition 5-19: Beobachtung

Eine Methode zum Sammeln von Kontextinformationen zu den Erfordernissen des Nutzungskontextes, bei der ein User Experience Professional Benutzer beobachtet, die mit dem interaktiven System [in Beziehung stehende] Aufgaben ausführen.

Der Beobachter stellt nur dann eine Zwischenfrage, wenn ohne die Beantwortung der Frage Verständnisprobleme über die beobachteten Sachverhalte entstehen.

Beobachtungen sind immer dann besonders nützlich, wenn sich die Benutzer in ihrem Kontext bewegen (z.B. ein Arzt, der Hausbesuche durchführt, oder ein Krankenpfleger, der mehrere Patientenzimmer betreut) bzw. wenn die Benutzer Aufgaben ausführen, die »händische Arbeit« erfordern (z.B. eine Operation mit Operationswerkzeugen durchführen).

Auch für Beobachtungen wird eine Liste von Fragen für die Vorbereitung und Durchführung benötigt. Diese Fragen stellt jedoch der Beobachter nicht den beobachteten Personen, sie dienen dem Beobachter selbst lediglich als Hilfsmittel, um den Fokus der Beobachtung richtig zu setzen.

Viele Projektleiter scheuen Beobachtungen, da diese meist mehr Zeitaufwand zum Erheben von Nutzungskontextinformationen erfordern als Interviews. Eine Beobachtung bringt jedoch immer objektive Erkenntnisse, die Informationen aus durchgeführten Interviews vervollständigen bzw. bestätigen. Allzu oft ist man als User Experience Professional mit der Aussage konfrontiert: »Kannst du die nicht einfach interviewen?« Hier kann eine Kombination aus Interviews und Beobachtungen hilfreich sein. So kann man zunächst drei kontextuelle Interviews durchführen und anschließend eine Beobachtung zur Absicherung der Interviewdaten vornehmen. Dieses kombinierte Vorgehen findet ein höheres Verständnis bei denjenigen, die für kontextuelle Interviews und Beobachtungen budgetverantwortlich sind.

Beobachtungen zur Nutzungskontextanalyse können auch remote durchgeführt werden, z.B. indem die Interaktion von Benutzern mit einer Website mithilfe vom »Webtracking« nachverfolgt und aufgezeichnet wird. So lässt sich in einem gewissen Ausmaß nachvollziehen, welche Aufgaben auf der Website tatsächlich durchgeführt werden und wie der Benutzer hierbei vorgeht.

Im CPUX-UR-Curriculum [UXQB CPUX-UR 2023] und im Buch »Praxiswissen User Requirements« [Geis & Polkehn 2018] sind weiter gehende Informationen zur Methode der Beobachtung zu finden. Dort werden folgende Formen der Beobachtung unterschieden:

- strukturiert versus unstrukturiert
- teilnehmend versus nicht teilnehmend
- offen versus verdeckt
- im Feld versus im Labor
- Spezialfall Selbstbeobachtung

5.6 Fokusgruppen

Fokusgruppen sind die dritte Methode zur Erhebung von Nutzungskontextinformationen, die im CPUX-F-Curriculum benannt wird. Fokusgruppen sind Gruppendiskussionen, innerhalb derer ein Moderator die Teilnehmer durch Fragen leitet. Typischerweise ist neben dem Moderator noch ein Protokollant anwesend, der die Aussagen der Teilnehmer dokumentiert. In einer Fokusgruppe sollten vier bis maximal acht Teilnehmer sein, da bei mehr Teilnehmern keine Diskussion mit allen Teilnehmern mehr durchführbar ist.

Definition 5-20: Fokusgruppe

Eine moderierte Diskussion über vorgegebene Themen und Fragen zwischen Mitgliedern einer oder mehrerer Benutzergruppen.

Fokusgruppen eignen sich insbesondere dann, wenn ein tiefes Verständnis des Nutzungskontextes unter Berücksichtigung verschiedener Perspektiven hergestellt werden soll. Wenn ein Projektteam z.B. verstehen will, welche Faktoren insgesamt dazu führen, dass Patienten sich für den einen oder den anderen Arzt entscheiden, oder warum einige Patienten bei der Praxis bleiben und andere nicht und wie mit dieser Situation praktisch umgegangen wird, kann eine Fokusgruppe, in der mehrere Patienten, mehrere niedergelassene Ärzte und mehrere medizinische Fachangestellte vertreten sind, sinnvoll sein.

Fokusgruppen sind nicht »die« Methode der Wahl für die Erhebung von Nutzungskontextinformationen. Innerhalb einer Gruppendiskussion werden erlebte Fakten, Meinungen und Zukunftsvisionen von Teilnehmern nicht wirklich getrennt kommuniziert. Es bilden sich auch Meinungen bei Teilnehmern im Verlauf der Diskussion aufgrund von Aussagen anderer Teilnehmer, die dann wiederum dazu führen können, dass Teilnehmer nicht mehr authentisch ihren erlebten Nutzungskontext schildern.

Kontextuelle Interviews und Beobachtungen sind für den User Experience Professional schlichtweg leichter planbar, durchführbar, dokumentierbar und auswertbar als Fokusgruppen. Fokusgruppen können im Anschluss an durchgeführte kontextuelle Interviews und/oder Beobachtungen, bei der mehrere Benutzergruppen betrachtet wurden, zwischen denen im Nutzungskontext ein Zusammenhang besteht, wiederum helfen, diesen Zusammenhang noch einmal in Gegenwart aller Perspektiven zu beleuchten.

Im CPUX-UR-Curriculum [UXQB CPUX-UR 2023] und im Buch »Praxiswissen User Requirements« [Geis & Polkehn 2018] sind weiter gehende Informationen zur Methode der Beobachtung zu finden.

5.7 Benutzerbefragungen

Definition 5-21: Benutzerbefragung

Eine Methode, bei der Benutzer einen Fragebogen ausfüllen, um so Daten, Fakten und Meinungen zu sammeln.

Benutzerbefragungen werden sowohl zum Zweck des Verstehens und Festlegens des Nutzungskontextes als auch zum Zweck des Evaluierens von Gestaltungslösungen (siehe Abschnitt 8.6) eingesetzt.

Die Ausführungen zu Benutzerbefragungen im Abschnitt 8.6 sind detaillierter als in diesem Abschnitt, da Benutzerbefragungen vorrangig bei der Evaluierung von Lösungen eine Rolle spielen.

Das CPUX-F-Curriculum sagt lediglich, dass bei Benutzerbefragungen zum Verstehen und Festlegen des Nutzungskontextes offene neutrale Fragen gestellt werden und dass zu statistischen Zwecken »mehrere Hundert oder mehr« Benutzer befragt werden müssen.

Aus der Erfahrung der Autoren beim Einsatz von Benutzerbefragungen zum Verstehen und Festlegen des Nutzungskontextes geht es im Gegensatz zu kontextuellen Interviews typisch nicht um den Nutzungskontext insgesamt, sondern um Detailaspekte im Nachgang zu durchgeführten kontextuellen Interviews.

Beispiele:

- Bei kontextuellen Interviews zum Thema »Frühstückseier kochen« wurde erkannt, dass es Benutzer gibt, die die Eier immer in kaltes Wasser legen und dann das Wasser zum Kochen bringen, während andere Benutzer zunächst das Wasser zum Kochen bringen und erst dann die Eier in das kochende Wasser legen. Im Rahmen von nachgelagerten Benutzerbefragungen kann dieser Aspekt dann mit wenigen offenen Fragen vertieft werden, um festzustellen, welche Beweggründe es für das eine Herangehen hat und welche Beweggründe für das andere Vorgehen. Wenn diese Benutzerbefragung mit vielen Benutzern durchgeführt wird, können Vorlieben von Benutzern quantifiziert werden und bei der Gestaltung neuer automatischer Eierkocher berücksichtigt werden.
- Für die Entwicklung einer neuen App zum Führen von Einkaufslisten für das Einkaufen des täglichen Bedarfs wird im Rahmen von Interviews festgestellt, dass manche Benutzer regelmäßig hintereinander in mehreren Lebensmittel-Supermärkten einkaufen und im Interview berichten: »Alles, was ich im ersten Geschäft nicht bekomme, versuche ich dann auf die Einkaufsliste für den zweiten Supermarkt zu integrieren.« Das Entwicklungsteam ist sich uneins, ob das viele Benutzer so machen oder ob das eher die Ausnahme ist. Die Antwort darauf wird als kritisch für den Erfolg der App angesehen. In einer Benutzerbefragung mit vielen Benutzern wird gezielt danach gefragt und die Ergebnisse werden statistisch ausgewertet.

5.8 Darlegungsformen zur Beschreibung des Nutzungskontextes

Nutzungskontextinformationen, die im Rahmen von kontextuellen Interviews, Beobachtungen und ggf. Fokusgruppen erhoben wurden, müssen in einer Nutzungskontextbeschreibung dokumentiert werden. Nur so können die Erkenntnisse im Entwicklungsprojekt systematisch weiterverarbeitet werden.

Der Begriff Nutzungskontextbeschreibung ist ein Sammelbegriff für unterschiedliche Darlegungsformen, die im CPUX-F-Curriculum enthalten sind.

Definition 5-22: Nutzungskontextbeschreibung

Alle Arten von Darlegungen, die die Benutzer, Ziele, Aufgaben, Ressourcen und Umgebungen beschreiben, die durch die Analyse von Beobachtungen, kontextuellen Interviews, Fokusgruppen und Benutzerbefragungen ermittelt wurden.

Das CPUX-F-Curriculum enthält die folgenden fünf Darlegungsformen für Nutzungskontextbeschreibungen:

- Benutzergruppenprofil
- Ist-Szenario
- Aufgabenmodell
- Persona
- User Journey Map

Bei den zahlreichen Darlegungsformen für Nutzungskontextinformationen stellt sich immer wieder die Frage: »Muss man alle Darlegungsformen im Projekt verwenden?« Die Antwort ist ganz klar nein. Nutzungskontextbeschreibungen dienen immer vorrangig einem von zwei Zwecken:

1. Als Basis für weitere menschzentrierte Aktivitäten im Projekt, z.B.:
   - Herleitung von Nutzungsanforderungen an das interaktive System
   - Erstellung von Nutzungsszenarien und Low-Fidelity-Prototypen
   - Erstellung von Usability-Testaufgaben
   - Rekrutierung von Usability-Testteilnehmern
2. Zur Kommunikation von relevanten Fakten an Stakeholder

So gibt es Projekte mit vielen Stakeholdern und/oder verteilten Projektstandorten, in denen es wichtig ist, neue Projektmitglieder möglichst schnell in Bezug auf die HCD-Aktivitäten zu sensibilisieren. Hierbei helfen insbesondere Personas und User Journey Maps. Ist-Szenarien wiederum sind die zentrale Quelle für das Erkennen von Erfordernissen und das Ableiten von Nutzungsanforderungen.

Abbildung 5–3 verdeutlicht den vorrangigen Verwendungszweck der fünf Darlegungsformen der Nutzungskontextbeschreibung. Diese fünf Darlegungsformen werden in den folgenden Abschnitten erläutert.

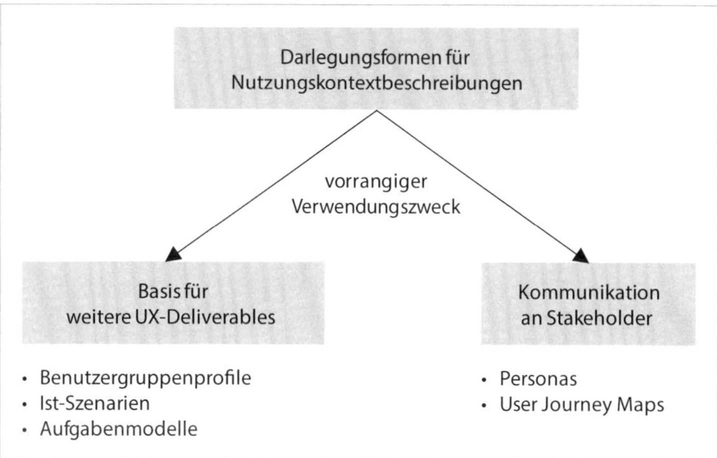

Abb. 5–3 *Nutzungskontextbeschreibungen und ihr Verwendungszweck*

Eine weitere Darlegungsform, die leider nicht im CPUX-F-Curriculum enthalten ist, jedoch im CPUX-UR-Curriculum [UXQB CPUX-UR 2023], ist die Überblicks-Nutzungskontextbeschreibung. Diese Darlegungsform ist ausgesprochen nützlich für Entwicklungsprojekte.

Ihre zentralen Merkmale sind (entnommen aus dem CPUX-UR-Curriculum):

- Überblicks-Nutzungskontextbeschreibungen benennen stichwortartig die Benutzergruppen für ein interaktives System, ihre Aufgaben, ihre Ressourcen sowie ihre physische und soziale Umgebung.
- Überblicks-Nutzungskontextbeschreibungen benennen typischerweise zu Projektbeginn, was über die Benutzer und deren Aufgaben bekannt ist (ohne dass Nutzungskontextanalysen durchgeführt wurden).
- Überblicks-Nutzungskontextbeschreibungen sind besonders hilfreich während der Planung von Nutzungskontextanalysen. Sie sind aber kein Ersatz für detaillierte Nutzungskontextbeschreibungen.
- Überblicks-Nutzungskontextbeschreibungen können auch nach der Durchführung von Nutzungskontextanalysen zur zusammenfassenden Kommunikation der Ergebnisse an Stakeholder verwendet werden.

Es gibt über die Überblicks-Nutzungskontextbeschreibung hinaus weitere Darlegungsformen für Nutzungskontextbeschreibungen. Einige von ihnen sind im CPUX-UR-Curriculum zu finden und werden darüber hinaus im Buch »Praxiswissen User Requirements« [Geis & Polkehn 2018] detailliert erläutert.

In Tabelle 5–2 ist ein Beispiel für eine Überblicks-Nutzungskontextbeschreibung dargestellt, das dem Buch »Praxiswissen User Requirements« [Geis & Polkehn 2018] entnommen wurde. Das Wissen über die Überblicks-Nutzungskontextbeschreibung sowie der Begriff selbst sind für die CPUX-F-Zertifizierungsprüfung nicht relevant.

Bezeichnung der Benutzergruppe	Bekannte Personenmerkmale (demografisch, sozial, physisch)	Bekannte Aufgaben rund um Arzttermine	Soziale Umgebung bei der Aufgabenerledigung	Physische und technische Umgebung bei der Aufgabenerledigung	Verwendete Ressourcen bei der Aufgabenerledigung
Medizinische Fachangestellte (MFA)	■ 19–65 Jahre alt, meist weiblich (98%) ■ Ausbildung zur medizinischen Fachangestellten (Arzthelferin)	■ Behandlungstermine vereinbaren ■ Für den Arzt notwendige Ressourcen für den nächsten Behandlungstermin bereitstellen ■ Behandlungstermine verschieben ■ Behandlungstermine stornieren	■ Andere MFA in derselben Praxis ■ Anwesende Patienten in der Praxis ■ Arzt	■ Empfangstheke in der Praxis (Bildschirmarbeitsplatz)	■ Arbeitsplatzrechner ■ Telefon ■ Terminkalender • in Papierform • elektronisch
Arzt	■ 30–65 Jahre alt ■ Zulassung als Allgemeinmediziner oder Facharzt	■ Praxisauslastung steuern ■ Einen Patienten behandeln ■ Rahmenbedingungen für die Behandlungsterminvergabe festlegen	■ MFA in derselben Praxis ■ Anwesende Patienten in der Praxis	■ Behandlungszimmer in der Praxis (Bildschirmarbeitsplatz)	■ Arbeitsplatzrechner ■ Tablet ■ Patientenakte in Papierform ■ Patientenakte elektronisch
Patient	■ Keine Alterseingrenzung ■ Hat Beschwerden oder Vorsorgeziele	■ Behandlungstermine vereinbaren ■ Behandlungstermine stornieren ■ Behandlungstermine verschieben ■ Einen Behandlungstermin wahrnehmen	■ Lebenspartner ■ Kinder	■ Meist zu Hause (Privatsphäre), evtl. auch unterwegs, am Arbeitsplatz eher nicht ■ Empfangstheke in der Praxis	■ PC ■ Notebook ■ Tablet ■ Smartphone ■ Terminkalender ■ in Papierform ■ elektronisch

Tab. 5–2 *Beispiel für eine Überblicks-Nutzungskontextbeschreibung*

5.8.1 Benutzergruppenprofile

Benutzergruppenprofile sind verallgemeinerte Beschreibungen von Benutzergruppen. Zur Erinnerung: Benutzergruppen sind Benutzer mit gleichen oder ähnlichen persönlichen Merkmalen und Nutzungskontexten bezogen auf das interaktive System (siehe Definition 5–3 auf Seite 56).

Definition 5–23: Benutzergruppenprofil

Eine verallgemeinerte Beschreibung einer Benutzergruppe.

Häufig wird in Projekten als Benutzergruppenprofil die in Tabelle 5–2 dargestellte Überblicks-Nutzungskontextbeschreibung verwendet. Ihr Vorteil ist, dass sie sowohl die Personenmerkmale eingrenzt als auch die gemeinsamen Merkmale der Aufgaben, Umgebungen und Ressourcen.

Wichtig ist, dass im Benutzergruppenprofil die relevanten Personenmerkmale der Benutzergruppe enthalten sind. Es geht nicht darum, möglichst viele Personenmerkmale zu finden, es geht um die relevanten für die Herleitung von Nutzungsanforderungen an das interaktive System. So ist eine hohe »Fingerfertigkeit« bei Chirurgen ein relevantes Merkmal, das Erinnerungsvermögen wiederum ist ein relevantes Merkmal beim Servicepersonal in der Gastronomie.

Die folgende Liste ist der ISO/IEC 25063 (»Context of use description«) [ISO/IEC 25063] entnommen und dient bei der Beschreibung von relevanten Personenmerkmalen innerhalb eines Benutzergruppenprofils als hilfreiche Checkliste.

- Bezeichnung der Benutzergruppe
- Demografische Merkmale
  - Altersbereich
  - Geschlecht
- Aufgabenbezogene Merkmale
  - Wissen über die ausgeführten Aufgaben
  - Fähigkeiten bei der Ausführung der Aufgaben
  - Motivation bei der Ausführung der Aufgaben
- Arbeitsorganisatorische Merkmale
  - Bereitschaft zu Veränderung
  - Risikofreudigkeit
  - Ebene und Rolle innerhalb einer Organisationshierarchie
  - Anweisungsorientiertheit versus Selbstbestimmtheit
- Psychologische und soziale Merkmale
  - Kognitive Fähigkeiten, einschließlich Kurzzeitgedächtnis und Reaktionszeiten
  - Kultureller Hintergrund, einschließlich Verhaltensregeln, Denkweisen und Mentalität
  - Sprache(n)
  - Lesefähigkeit
- Physische und sensorische Merkmale
  - Körpergröße
  - Beweglichkeit
  - Haptische Fähigkeiten (z.B. bei der Nutzung von »Touchscreens«)
  - Seh- und Hörfähigkeit
  - Fingerfertigkeit

5.8.2 Ist-Szenarien

Ein Ist-Szenario ist eine Freitextbeschreibung, die auf der Basis eines (kontextuellen) Interviews oder einer Beobachtung angefertigt wird. Das Ist-Szenario beschreibt alle Komponenten des Nutzungskontextes im Zusammenspiel aus der Perspektive der interviewten oder beobachteten Person:

- Merkmale des Benutzers
- Ziele und Aufgaben des Benutzers
- Ressourcen, die der Benutzer verwendet
- Umgebung, in der sich der Benutzer befindet (physisch, technisch, sozial)

Im Fokus des Ist-Szenarios steht also der eigentliche Nutzungskontext, nicht die Erledigung von Aufgaben am interaktiven System. Die Beschreibung der Erledigung einer Aufgabe am interaktiven System ist Teil der Gestaltung des interaktiven Systems und wird mithilfe eines Nutzungsszenarios (siehe Abschnitt 7.2.1) beschrieben.

Wesentlich ist der Freitextcharakter des Ist-Szenarios, der viele Details über den Nutzungskontext enthält, die beim Erkennen insbesondere nicht offensichtlicher (impliziter) Erfordernisse helfen. So wird der Zusammenhang zwischen einzelnen Aufgaben klar und die Relevanz einzelner Ressourcen verdeutlicht. Auch das Zusammenspiel zwischen verschiedenen Benutzergruppen und anderen Personen (soziale Umgebung) wird transparent.

Definition 5-24: Ist-Szenario

Eine erzählende, textuelle Beschreibung, wie ein Benutzer derzeit eine oder mehrere Aufgaben im aktuellen Nutzungskontext erledigt.

Ist-Szenarien sind die zentrale Quelle für das Entdecken von Erfordernissen und das Herleiten von Nutzungsanforderungen [Dzida & Freitag 1998].

Die Qualität eines Ist-Szenarios ist unter anderem dadurch gekennzeichnet, dass Projektbeteiligte, die nicht beim Interview oder der Beobachtung dabei waren, den jeweiligen Nutzungskontext eindeutig nachvollziehen können und keine unnötigen Rückfragen bei der Person stellen müssen, die das Interview oder die Beobachtung durchgeführt hat. Ist-Szenarien werden nicht »konsolidiert« über Personen hinweg, da hierdurch der tatsächliche Nutzungskontext realer Personen verfälscht würde. Die eigentliche Konsolidierung erfolgt bei der Herleitung der Nutzungsanforderungen, bei der über alle stattgefundenen Interviews und Beobachtungen eine (genau eine) Spezifikation von Nutzungsanforderungen entsteht. So kann z.B. auch für die Priorisierung von Nutzungsanforderungen nachvollzogen werden, in wie vielen Quellen (sprich Interviews und Beobachtungen) die jeweilige Anforderung hergeleitet wurde.

Als Daumenregel lässt sich sagen, dass jede (offene und neutrale) Frage in einem (kontextuellen) Interview etwa eine halbe Seite Freitext ergibt. So kann ein Ist-Szenario bei einem Interview-Leitfaden mit 10 Fragen durchaus fünf DIN-A4-Seiten lang sein.

Es ist nicht wichtig, dass die Ausführungen des Interviewteilnehmers in der zeitlichen Reihenfolge ihres Auftretens aufgeschrieben werden. Sie können einfach bei der jeweiligen Interviewfrage, zu der sie passen, eingeordnet werden. Wichtig ist, dass das Ist-Szenario den Nutzungskontext für den Leser logisch und transparent darstellt, unabhängig davon, in welcher Reihenfolge die Fragen gestellt bzw. beantwortet werden. Ein Ist-Szenario ist insofern kein Transkript. Aussagen wie »Wollen Sie noch eine Tasse Kaffee?«, die der Interviewteilnehmer während des Interviews gemacht haben mag, stehen nicht im Ist-Szenario.

Merksatz

Ein Ist-Szenario ist kein Transkript eines Interviews. Es beschreibt die Ausführungen der interviewten Person mit Bezug zum Nutzungskontext, die im Interview gemacht wurden, in einem logischen Zusammenhang, unabhängig von der Reihenfolge, in der die Aussagen gemacht wurden oder die Fragen gestellt wurden.

Die Namen der Personen in Ist-Szenarien werden aus Datenschutzgründen immer geändert. Auch sollte die Organisation selbst anonymisiert werden.

Die folgende Tabelle 5–3 enthält ein ausführliches Beispiel für ein Ist-Szenario, das dem Buch »Praxiswissen User Requirements« [Geis & Polkehn 2018] entstammt.

Interviewfrage	Ist-Szenario
Welche Rolle nehmen Sie in der Arztpraxis wahr?	Frau Paulsen ist medizinische Fachangestellte (MFA) in einer Arztpraxis für Allgemeinmedizin.
Welche Kolleginnen und Kollegen haben Sie?	Die Praxis ist eine Gemeinschaftspraxis von Herrn Dr. Schlegel (Allgemeinmediziner) und Frau Dr. Schlegel (Frauenärztin). Frau Paulsen arbeitet mit einer Kollegin zusammen. Frau Paulsen arbeitet für Herrn Dr. Schlegel, ihre Kollegin arbeitet für Frau Dr. Schlegel.
Wie ist die Praxis räumlich organisiert?	Die Praxis hat einen Empfangsbereich und direkt dahinter das Wartezimmer, das ca. 40 Quadratmeter groß ist. Die Praxis hat nur ein Wartezimmer für beide Ärzte. Es gibt zwei Behandlungszimmer. Das Behandlungszimmer 1 ist das von Herrn Dr. Schlegel, das Behandlungszimmer 2 ist das von Frau Dr. Schlegel. Beide Behandlungszimmer sind ca. 25 Quadratmeter groß. Sie bestehen beide aus einem Beratungsbereich und einem Behandlungsbereich.
Was sind Ihre typischen Aufgaben?	Die wiederkehrenden Aufgaben von Frau Paulsen sind: 1. Behandlungstermine mit Patienten vereinbaren 2. Ankommende Patienten begrüßen, aufnehmen und ins Wartezimmer bitten 3. Patienten im Wartezimmer zur Behandlung aufrufen 4. Für den Arzt die Patientenakte für die nächste Behandlung an der Theke zur Abholung durch den Arzt bereitstellen 5. Rezepte und Überweisungen auf Anweisung des Arztes dem Patienten bei Verlassen der Praxis mitgeben 6. Anrufe von Patienten entgegennehmen 7. Durchgeführte Behandlungen abrechnen
Wie teilen Sie sich die Arbeit mit Ihren Kolleginnen?	Frau Paulsen und ihre Kollegin haben identische Aufgaben. Es gibt kaum Überschneidungen, nur dass beide Kolleginnen sich Anrufe durchstellen, die auf der zentralen Rufnummer eingegangen sind. Beide Damen sitzen nebeneinander im Empfangsbereich.
Auf welchen Wegen vereinbaren Patienten Behandlungstermine mit Ihnen?	Die meisten Patienten rufen einfach in der Praxis an. Beide MFA haben ein Telefon. Auf beiden Telefonen kommen Anrufe an die Nummer der Zentrale an. Auf dem Telefon von Frau Paulsen kommen auch die Anrufe an die Nummer von Herrn Dr. Schlegel an. Auf dem Telefon der Kollegin kommen auch die Anrufe von Frau Dr. Schlegel an. Wenn ein Anrufer die zentrale Rufnummer anruft, versucht die jeweilige Kollegin zunächst zu klären, ob Herr Dr. Schlegel oder Frau Dr. Schlegel zuständig ist. Die meisten Anrufe auf der zentralen Nummer kommen von neuen Patienten.
	Die beiden Telefone am Empfang klingeln sehr häufig. Deswegen kommen Patienten nicht immer durch. Frau Paulsen sieht jedoch die Telefonnummer jedes entgangenen Anrufs und ruft schnellstmöglich zurück. Die Patienten schätzen das sehr.
	Es gibt zunehmend Patienten, die per E-Mail eine Terminanfrage stellen. Das sind in der Regel Privatpatienten, häufig Geschäftsleute, bei denen man sieht, dass sie spät abends die Anfrage geschrieben haben.
	Diese Patienten haben dann typischerweise konkrete Terminvorschläge. Wann immer es möglich ist, versucht Frau Paulsen diese Terminwünsche möglich zu machen. Am besten ruft man diese Personen nicht zurück. Einerseits geht dort meist der Anrufbeantworter an, andererseits sind sie schnell genervt. Diese Patienten wollen gar nicht zurückgerufen werden.

→

Interviewfrage	Ist-Szenario
Welche Informationen erfragen Sie genau bei einer Anfrage zu einem Behandlungstermin?	Frau Paulsen fragt bei jedem Patienten nach, was der Anlass für den Behandlungstermin ist. Meist sind es Patienten, die bereits in der Praxis behandelt wurden. Sie notiert diese Information, sodass der Arzt sich bei Ankunft des Patienten auf die Situation einstellen kann. Typische Anlässe sind eine Erkältung, die nicht abklingen will, Rückenschmerzen, eine spezifische Routineuntersuchung oder ein bestimmter Schmerz, den sich der Patient nicht erklären kann. Es ist nicht immer leicht abzusehen, wie viel Zeit sich der Arzt nehmen muss. Andererseits kann Frau Paulsen beim Anlass bereits abschätzen, ob die Behandlung eher 15 Minuten, 30 Minuten oder 60 Minuten beansprucht. Das sind die typischen Zeiträume, die sie für Behandlungen einplant.
	Es gibt Patienten, bei denen man sich viel Zeit lassen muss, und andere, bei denen es »fluppt«. Zum einen hängt die Dauer von der durchzuführenden Behandlung ab, zum anderen gibt es Patienten, bei denen man erfahrungsgemäß lange braucht. Die einen haben immer viel Beratungsbedarf, die anderen lassen es einfach über sich ergehen.
	Bei neuen Patienten, die telefonisch einen Behandlungstermin vereinbaren, sagt Frau Paulsen, dass sie unbedingt ihre Versicherungskarte mitbringen sollen, da sie so die Patientendaten schnell in ihr Praxissystem importieren kann. Nur so kann Frau Paulsen dann bei der späteren Abrechnung zügig vorgehen und muss nicht mühsam »dem Patienten hinterherlaufen«.
Wie dokumentieren Sie Behandlungstermine?	Jeder Behandlungstermin wird von Frau Paulsen in den elektronischen Kalender der Praxissoftware eingetragen. Frau Paulsen sagt, sie arbeitet lieber mit Papierkalendern, da man da viel schneller blättern kann. Jedoch wollen die Schlegels das nicht, da beide ihren Terminkalender von ihrem Arbeitsplatz aus einsehen wollen, um ggf. kurzfristig entscheiden zu können, welcher Arzt wann da ist.
Welche Schwierigkeiten gibt es bei der Terminvereinbarung aus Ihrer Sicht?	Bei der Terminvereinbarung selbst gibt es keine Probleme, außer dass die verfügbaren Behandlungstermine aus Patientensicht zu weit hinten liegen. Patienten wünschen sich am liebsten einen Behandlungstermin in derselben Woche. Manche drängeln, da sie oft in nächster Nähe wohnen oder ihren Arbeitsplatz in nächster Nähe haben. In solchen Fällen bietet Frau Paulsen an, dass sie bei einem ausgefallenen Behandlungstermin sofort anruft.
	Patienten kommen jedoch vermehrt gar nicht zu vereinbarten Terminen. Das sind die eher jüngere Leute. Sie sagen auch nicht ab. Denen ist es oft zu peinlich, abzusagen, dann spielen die lieber »Ach herrje, das habe ich ganz vergessen«. Alle Patienten werden bei Terminvereinbarungen informiert, dass sie sich spätestens 24h vor dem Behandlungstermin melden sollen, wenn sie den Behandlungstermin nicht wahrnehmen können. Herr Dr. Schlegel hat hierfür eigens ein Poster von einer Designagentur gestalten lassen, das im Wartezimmer hängt und hierauf hinweist.

→

Interviewfrage	Ist-Szenario
Welche Schwierigkeiten gibt es bei der Terminvereinbarung aus Ihrer Sicht? (Fortsetzung)	Man kann eine nicht erfolgte Absage als Arztpraxis zwar in Rechnung stellen, aber damit vergrault man dann auch den ein oder anderen Patienten. Herr Dr. Schlegel hat angewiesen, dass bei Patienten, die zum zweiten Mal einen Behandlungstermin vergessen, dieser in Rechnung gestellt wird. Bei Privatpatienten ist das problematisch, da die sich jede Rechnung ansehen. Aber auch hier »sind sich Wiederholungstäter ihrer Schuld bewusst«. Unabhängig davon, muss ohnehin ein Ersatztermin durch die medizinische Fachangestellte mit dem Patienten vereinbart werden, es sei denn, der Anlass für den Behandlungstermin hat sich erübrigt.
	Die für den Patienten zuständige MFA ruft meistens beim Patienten an, wenn dieser nicht eingetroffen ist, es sei denn, es ist ohnehin gerade sehr voll, was leider nicht immer der Fall ist. Dumm ist, dass die Arztpraxis so echten Umsatz verliert, wenn »Totzeiten« in der Praxis entstehen. Das kommt gelegentlich tatsächlich vor.
Welche weiteren Schwierigkeiten haben Sie rund um vereinbarte Behandlungstermine?	Patienten kommen häufig nicht zur der vereinbarten Zeit beim Arzt dran. Das ist für die Patienten sehr ärgerlich. Sie sitzen dann zum Teil 90 Minuten im Wartezimmer und wissen nicht, wie es weitergeht. Das führt durchaus zu Missstimmungen. Es gibt dann Patienten, die sagen: »Dann mache ich jetzt noch Besorgungen um die Ecke. Bitte rufen Sie mich auf dem Handy an, wenn Sie absehen können, wann ich drankomme.« Das erzeugt Stress für Frau Paulsen, wobei sie volles Verständnis für die Sicht der Patienten hat.

Tab. 5–3 *Beispiel für ein Ist-Szenario (medizinische Fachangestellte)*

5.8.3 Aufgabenmodelle

Die Beschreibung einer Aufgabe inklusive der Gesamtheit der Teilaufgaben nennt man auch »Aufgabenmodell«.

Definition 5–25: Aufgabenmodell

Eine Beschreibung einer Aufgabe, die aus dem Grund für das Beginnen der Aufgabe, dem Ziel, das sie unterstützt, und den Teilaufgaben besteht, die ausgeführt werden müssen, um die Aufgabe zu erledigen.

Aus der Definition des Begriffs Aufgabenmodell wird klar, dass Aufgabenmodelle nicht »willkürlich« spezifiziert werden dürfen, sondern sie müssen sich an den Zielen der Benutzer bei der Aufgabenerledigung ausrichten. Die Stärke von Aufgabenmodellen ist ihre Strukturiertheit, die leicht lesbar ist. Meist ist man jedoch erst in der Lage, ein widerspruchsfreies Aufgabenmodell für jede Aufgabe, die in einer (oder mehreren) Benutzergruppen vorkommt, zu entwickeln, nachdem man mehrere Ist-Szenarien formuliert hat.

Aufgabenmodelle sind die Basis für die modellhafte Beschreibung von Aufgaben, so wie man sie über Interviews und Beobachtungen hinweg identifiziert hat. Jede Aufgabe lässt sich mithilfe der folgenden Elemente beschreiben:

- Benutzergruppe(n), die die Aufgabe durchführen
- Titel der Aufgabe
- Ziel (beabsichtigtes Ergebnis)
- Eine oder mehrere Auslöser oder Gründe, die das Beginnen der Aufgabe »triggern« (auch kontextuelle Vorbedingungen genannt), die typischerweise vorliegen oder vorliegen müssen, bevor die Aufgabe beginnt
- Teilaufgaben, die zwischen den kontextuellen Vorbedingung(en) und dem beabsichtigten Ergebnis stattfinden

Tabelle 5–4 zeigt ein Beispiel für die Aufgabe »Behandlungstermin vereinbaren« aus der Perspektive der Benutzergruppe »Patient«.

Benutzergruppe	**Patient**
Titel der Aufgabe	Behandlungstermin vereinbaren
Kontextuelle Vorbedingung(en)	Ein Patient hat einen Anlass für einen Behandlungstermin beim Arzt (z.B. Beschwerden, Routineuntersuchung, …).
Beabsichtigtes Ergebnis	Der Patient hat einen Behandlungstermin, der für ihn zeitlich passend ist.
Teilaufgaben (Entscheidungen und Handlungen)	1. Sich für eine Arztpraxis entscheiden 2. Die Praxis kontaktieren 3. Eigene(n) Wunschtermin(e) äußern 4. Verfügbare Behandlungstermine in Hinblick auf eigene Verfügbarkeit prüfen 5. Sich für einen verfügbaren Behandlungstermin entscheiden 6. Den Behandlungstermin verbindlich vereinbaren 7. Den vereinbarten Behandlungstermin notieren

Tab. 5–4 *Beispiel für eine Aufgabe und ein Aufgabenmodell*

Merksatz

Aufgabenmodelle kommen sowohl bei der Analyse des Nutzungskontextes als auch beim Entwickeln von Gestaltungslösungen vor.

Mit Aufgabenmodellen lassen sich Aufgaben, so wie sie gegenwärtig stattfinden, als »Aufgabenmodell des gegenwärtigen Nutzungskontextes« beschreiben [UXQB CPUX-UR 2023]. Man kann jedoch mit Aufgabenmodellen auch beschreiben, wie Aufgaben zukünftig ablaufen sollen als »Aufgabenmodell für die Gestaltung« [UXQB CPUX-DS 2021]. Zur Beschreibung eines Aufgabenmodells für die Gestaltung ist es in der Regel erforderlich, dass man zunächst die Nutzungsanforderungen an das interaktive System abgeleitet hat, da deren Umsetzung sich auf die Erledigung der Aufgaben auswirkt (da Teilaufgaben durch den Einsatz des interaktiven Systems ggf. vereinfacht werden oder gar entfallen).

5.8.4 Personas

Personas sind eine populäre Darlegungsform für Nutzungskontextbeschreibungen.

Personas geben den Benutzern ein Gesicht, sodass alle Projektbeteiligten eine Vorstellung darüber entwickeln können, wer die späteren Benutzer eines interaktiven Systems sind, welche Eigenschaften sie haben, was sie motiviert und welche Ziele sie haben [Geis & Polkehn 2018].

Pro Benutzergruppe lässt sich auf Basis von z.B. drei durchgeführten (kontextuellen) Interviews und zwei darauffolgenden Beobachtungen recht gut eine (oder auch mehrere) Personas erstellen. Diese sind dann jedoch kein »Ersatz« für die vorliegenden Ist-Szenarien und Benutzergruppenprofile, sondern sie repräsentieren plakativ, wie man sich die Menschen vorstellen muss, für die entwickelt wird.

Definition 5-26: Persona

Eine Beschreibung eines konstruierten, aber realistischen Benutzers und was dieser bei der Benutzung eines interaktiven Systems beabsichtigt.

Anmerkungen:

1. Personas sind nicht Beschreibungen existierender Personen, sondern repräsentieren erfundene Beispiele eines realen Benutzers auf der Basis empirisch ermittelter Daten, z.B. durch Beobachtungen oder Interviews.
2. Personas verfügen typischerweise über einen Namen, Alter, einige Hintergrundinformationen, Ziele und Wünsche. Eine Persona-Beschreibung sollte Informationen über wesentliches Wissen im Themenfeld des interaktiven Systems und die entsprechenden Interessen der Persona im Themenfeld beinhalten. Die Aufnahme eines Fotos in eine Persona-Beschreibung hilft dabei, die Vorstellung einer realen Person zu erzeugen.

Abbildung 5–4 zeigt ein Beispiel einer Persona für eine medizinische Fachangestellte (MFA) in einer Arztpraxis.

Andrea Paulsen,
medizinische Fachangestellte

»Unsere Patienten sollen gerne zu uns kommen.«

Andrea ist ausgebildete medizinische Fachangestellte. Sie ist verheiratet. Ihre beiden Töchter sind bereits in der Berufsausbildung. Andrea ist seit 23 Jahren als »Arzthelferin« in niedergelassenen Praxen tätig. Sie hat schon in mehreren Praxen gearbeitet und weiß, wie man den Praxisalltag effizient organisiert. Ihr Arbeitsplatz ist am Empfang der Praxis. Sie ist routiniert im Umgang mit Praxissoftware und dem Telefon. Patienten, die beim Anruf nicht durchkommen, ruft sie immer zeitnah zurück.

Aufgaben:

- Behandlungstermine vereinbaren
- Patienten empfangen
- Dem Arzt alle Unterlagen für die nächste Behandlung im Behandlungszimmer bereitstellen
- Erfolgte Behandlungen abrechnen

Ziele:

- Die Patienten sollen einen Termin bekommen, der für sie passend ist
- Jeder Patient soll beim Verlassen der Praxis das gute Gefühl haben, dass ihm geholfen wurde

Wünsche:

- Einfachere Praxissoftware
- Eine Praxis, die weder zu voll ist mit wartenden Patienten noch zu leer

Hindernisse (»Pain Points«):

- Patienten, die lange im Wartezimmer warten müssen
- Terminverschiebungen im Praxiskalender durchführen ist umständlich
- Stoßzeiten, bei denen viele Patienten da sind und das Telefon ständig klingelt

Abb. 5–4 *Persona für Benutzergruppe »Medizinische Fachangestellte«*

Merksatz

Personas ersetzen keine Ist-Szenarien, sie entstehen aber oft parallel zu Ist-Szenarien.

Personas sind keine Benutzergruppenprofile (siehe Abschnitt 5.8.1). Sie illustrieren beispielhaft, wie man sich die im Benutzergruppenprofil spezifizierten Benutzer vorstellen kann.

5.8.5 User Journey Maps

User Journey Maps sind Übersichten über die Aufgaben der Benutzer und der Kontaktpunkte/Kommunikationsschnittstellen (»Touchpoints«), die sie im gegebenen Nutzungskontext bei der Erledigung ihrer Aufgaben nutzen (»As-is« User Journey Map) oder die sie nutzen werden, sobald das interaktive System entwickelt und im Nutzungskontext vorhanden ist (»To-be« User Journey Map).

Definition 5–27: User Journey Map

Eine lineare Darstellung der Interaktion eines Benutzers mit dem interaktiven System und der betreibenden Organisation, die alle Berührungspunkte (Touchpoints) abdeckt, die die User Experience beeinflussen.

Die Begriffe »As-is User Journey Map« und »To-be User Journey Map« sind beim Erstellen einer User Journey Map wichtig, weil man sich klarmachen muss, ob man den Istzustand oder einen angestrebten Sollzustand beschreibt. Das CPUX-F-Curriculum verwendet diese Begriffe nicht, sie sind jedoch in Projekten verbreitet. In einer User Journey Map können nicht Istzustand und Sollzustand gleichzeitig betrachtet werden, da dies zu Verwirrung beim Leser der User Journey Map führt. User Journey Maps beschreiben die »Reise« des Benutzers durch seine Aufgaben. Sie werden in der Regel eingesetzt, wenn der Benutzer während seiner Aufgaben mit einer Organisation interagiert. Der Patient als Benutzer einer (zukünftigen) Terminvereinbarungs-App, der heute per Telefon oder E-Mail mit der Arztpraxis kommuniziert, ist ein solches Beispiel. Hier kann man gut anhand einer User Journey Map beschreiben, wie die Aufgabenerledigung und die Kommunikation mit der Praxis stattfindet.

Tabelle 5–5 enthält ein Beispiel einer »As-is User Journey Map« für die Benutzergruppe »Patient«, die zeigt, wie der Patient seine Aufgaben heute mit gegebenen Ressourcen rund um Behandlungstermine erledigt und welche Touchpoints er hierbei nutzt. Die Abbildung zeigt den aktuellen Istzustand, in dem es die Terminvereinbarungs-App noch nicht gibt (»As is«).

Tabelle 5–6 zeigt ein Beispiel einer »To-be User Journey Map« für die Benutzergruppe »Patient«, die angibt, wie der Patient seine Aufgaben zukünftig rund um Behandlungstermine mithilfe der Terminvereinbarungs-App erledigt und welche Touchpoints er hierbei nutzt. Die Abbildung zeigt den Sollzustand, in dem der Patient die Terminvereinbarungs-App bereits nutzt (»To be«). Es werden auch hier die zukünftig zu erwartenden neuen Hindernisse (»Pain Points«) dargestellt.

Es gibt keine Vorgaben für die Form einer User Journey Map, sie muss jedoch mindestens die Aufgaben der Benutzer und die Touchpoints enthalten, die während der Erledigung der Aufgabe zu Erreichung des mit der Aufgabe verbundenen Ziels (beabsichtigten Ergebnisses) genutzt werden. Häufig findet man in User Journey Maps die folgenden Elemente:

- Benutzergruppe, für die die User Journey gilt
- Foto aus einer Persona-Beschreibung für die Benutzergruppe
- Aufgaben der Benutzer, die aufeinanderfolgend dargestellt sind
- Ziele der Benutzer für jede Aufgabe
- Touchpoints für jede Aufgabe
- Emotionen der Benutzer bei jeder Aufgabe, die in (kontextuellen) Interviews und/oder Beobachtungen sichtbar wurden
- Hindernisse (»Pain Points«), die in (kontextuellen) Interviews und/oder Beobachtungen sichtbar wurden
- Eine Einschätzung der Zufriedenstellung der Benutzer mit der Situation, z.B. durch Smiley
- Verbesserungsvorschläge für die Unterstützung jeder Aufgabe, die sich aus den (kontextuellen) Interviews und/oder Beobachtungen »aufgedrängt« haben

User Journey Maps sind ähnlich wie Personas vorrangig für die Kommunikation von Erkenntnissen aus (kontextuellen) Interviews und/oder Beobachtungen an relevante Personen im Entwicklungsprojekt oder rund um das Entwicklungsprojekt (»Stakeholder«) gedacht. Sie lassen sich aus Ist-Szenarien gut herleiten.

Aufgaben der Benutzergruppe »Patient«:	Den nächsten Behandlungstermin vereinbaren →	Den Behandlungstermin wahrnehmen →	Folgeaktivitäten durchführen →
Beabsichtigte Ergebnisse (Ziele)	■ Passende Termine der Praxis kennen ■ Passende Termine sind schnell vereinbart	■ Den tatsächlichen Beginn des Termins kennen, bevor die Praxis erreicht wird ■ Erst zum tatsächlichen Beginn eintreffen	■ Alle Folgeaktivitäten (z.B. Medikament abholen) sind bekannt ■ Rezepte, Arztbriefe und Überweisungen sind verfügbar
Kontaktpunkte »Touchpoints« ■ **Benutzer <> Soziale Umgebung** ■ **Benutzer <> Ressourcen**	■ Telefonbuch ■ Telefon der Praxis ■ Website der Praxis ■ E-Mail	■ Telefonbuch ■ Telefon der Praxis ■ MFA am Empfangsschalter	■ MFA am Empfangsschalter ■ Apotheker in der Apotheke
Emotionen (Gedanken, Wahrnehmungen, Erwartungen, Hoffnungen, Fragen)	■ Hoffentlich haben die einen Termin in dieser Woche ■ Ich kann nur am frühen Morgen und am späten Nachmittag	■ Ich weiß nie, wann ich drankomme ■ Im Wartezimmer ist immer schlechte Luft	■ Ich muss mir immer merken, was alles zu tun ist ■ Mal sehen, was ich dieses Mal wieder vergesse
Hindernisse (»Pain Points«)	Arzttermine sind im persönlichen Kalender schwer zu finden	■ Der Hinweis auf die Verzögerung kommt erst bei Ankunft ■ Die Angabe zur Verzögerung ändert sich jedes Mal bei Rückfrage am Schalter	Die Folgeaktivitäten sind nirgendwo zusammenhängend notiert
Zufriedenstellung in der Situation	😐	😐	😐
Verbesserungsvorschläge	Verfügbare Praxistermine können im persönlichen Kalender angezeigt und gebucht werden	Verlässliche Angabe des tatsächlichen Behandlungsbeginns	Zuverlässige und vollständige Anzeige von Folgeaktivitäten

Tab. 5–5 *User Journey Map für Benutzergruppe »Patient« (»As is«)*

Aufgaben der Benutzergruppe »Patient«:	Den nächsten Behandlungstermin vereinbaren →	Den Behandlungstermin wahrnehmen →	Folgeaktivitäten durchführen →
Beabsichtigte Ergebnisse (Ziele)	▪ Passende Termine in der Praxis und im eigenen Kalender überblicken ▪ Passende Termine sind effizient vereinbart	▪ Der tatsächliche Beginn des Termins ist sichtbar, bevor die Praxis erreicht wird ▪ Der Patient muss erst zum tatsächlichen Beginn eintreffen	▪ Alle Folgeaktivitäten (z.B. Medikament abholen) sind sichtbar ▪ Rezepte, Arztbriefe und Überweisungen sind einsehbar
Kontaktpunkte »Touchpoints« ▪ **Benutzer <> Soziale Umgebung** ▪ **Benutzer <> Ressourcen**	▪ Terminvereinbarungs-App ▪ Telefonbuch ▪ Telefon der Praxis ▪ Website der Praxis ▪ E-Mail	▪ Terminvereinbarungs-App ▪ Telefon der Praxis ▪ MFA am Empfangsschalter	▪ Terminvereinbarungs-App ▪ MFA am Empfangsschalter ▪ Apotheker in der Apotheke
Emotionen (Gedanken, Wahrnehmungen, Erwartungen, Hoffnungen, Fragen)	▪ Mit der App funktioniert das kinderleicht ▪ Sind diese Termine wirklich verfügbar?	▪ Endlich weiß ich, wann ich drankomme ▪ Nie mehr im Wartezimmer sitzen	▪ Jetzt muss ich mir nicht mehr merken, was alles zu tun ist ▪ Es kann nichts mehr vergessen werden
Hindernisse (»Pain Points«)	Praxiskalender und persönlicher Kalender können noch nicht gleichzeitig zusammen angezeigt werden	Der Patient merkt nicht, dass die Terminvereinbarungs-App einen verzögerten Terminbeginn signalisiert hat	▪ Die Folgeaktivitäten können nicht vollständig hinterlegt werden ▪ Viele Apotheken haben keinen QR-Code-Scanner zum digitalen Einlesen der Rezeptinformationen
Zufriedenstellung in der Situation	☺	😐	😐
Verbesserungsvorschläge	Verfügbare Praxistermine können im persönlichen Kalender angezeigt und gebucht werden	Signalisierung eines verzögerten Behandlungstermins durch Anruf mit Ansage	Zuverlässige und vollständige Anzeige von Folgeaktivitäten

Tab. 5–6 *User Journey Map für Benutzergruppe »Patient« (»To be«)*

5.9 Prüfungsfragen zu diesem Kapitel

Die folgenden Fragen dienen zur Vertiefung der Inhalte des Kapitels und zur Vorbereitung auf die CPUX-F-Zertifizierungsprüfung. Die Fragen entsprechen in ihrer Form und Schwere den Prüfungsfragen für die CPUX-F-Zertifizierungsprüfung. Es handelt sich aber nicht um tatsächliche Prüfungsfragen, sondern die Fragen wurden von den Autoren speziell für dieses Buch erstellt.

Die Lösungen zu den Fragen befinden sich in Anhang A »Lösungen zu den Prüfungsfragen«.

Frage 38	**3 richtige Antworten**	**LZ 4.18**
Es soll ein kontextuelles Interview zur Analyse des Nutzungskontextes einer Verkehrsampel durchgeführt werden. Im Folgenden werden Fragen formuliert, die im Interview gestellt werden sollen. Welche drei der folgenden Fragen sind Suggestivfragen?		
A	»Was geht Ihnen so durch den Kopf, wenn Sie an einer roten Fußgängerampel warten?«	
B	»Wissen Sie, was ein Vibrationsknopf für Fußgänger ist und wo dieser an der Ampel zu finden ist?«	
C	»Wie oft passiert es, dass Sie den Fußgängerknopf drücken und sich fragen, ob die Ampel das Drücken des Knopfes realisiert hat oder nicht?«	
D	»Gefällt Ihnen die moderne Gestaltung des neuen Fußgängerknopfs?«	
E	»Beschreiben Sie bitte im Detail, was Sie tun, wenn Sie zu einer Fußgängerampel kommen und die Straße überqueren möchten.«	
F	»Was für eine Art von Melodie möchten Sie am liebsten hören, wenn die Fußgängerampel auf Grün springt?«	

Frage 39	**3 richtige Antworten**	**LZ 4.13**
Welche drei der folgenden Aussagen sind korrekt in Bezug auf den Begriff »Beobachtung« im Kontext der menschzentrierten Gestaltung?		
A	Das Ziel einer Beobachtung ist das Sammeln von Informationen über den Nutzungskontext.	
B	Bei einer Beobachtung wird immer die Benutzung des zu betrachtenden interaktiven Systems beobachtet.	
C	Bei einer Beobachtung darf der Beobachter auf keinen Fall in irgendeiner Form aktiv werden, er darf nur still beobachten.	
D	Der Fokus einer Beobachtung liegt auf der Erledigung von Aufgaben durch einen Benutzer.	

→

Frage 39	Fortsetzung	LZ 4.13
E	Eine Beobachtung kann auch dann sinnvoll sein, wenn das infrage kommende interaktive System nicht verfügbar ist oder nicht benutzt wird.	
F	Eine Beobachtung sollte je nach Fragestellung in einem Usability-Labor durchgeführt werden, um störende Einflüsse zu vermeiden.	

Frage 40	**1 richtige Antwort**	**LZ 4.3**
Bianca ist Besitzerin und Managerin von mehreren Pizzerien, die jeweils auch einen Lieferservice anbieten. Vor einiger Zeit hat sie ein IT-System angeschafft, in dem alle Bestellungen von Kunden erfasst und die Lieferungen gesteuert werden. Leider gab es kein Kaufprodukt, das Bianca zufriedenstellen konnte, sodass sie mühsam alle Nutzungsanforderungen spezifiziert hat und ein IT-System maßgeschneidert anfertigen ließ. Nun läuft das System perfekt und alle Benutzer sind hochzufrieden damit. Welche eine der folgenden Aussagen beschreibt Bianca am besten?		
A	Bianca ist eine primäre Benutzerin des IT-Systems.	
B	Bianca ist eine sekundäre Benutzerin des IT-Systems.	
C	Bianca ist eine indirekte Benutzerin des IT-Systems.	
D	Bianca ist eine Nachfolgebenutzerin des IT-Systems.	
E	Bianca ist eine Interessenvertreterin für das IT-System.	
F	Bianca ist die Auftraggeberin für das IT-System.	

Frage 41	**2 richtige Antworten**	**LZ 4.12**
Welche zwei der folgenden Punkte beschreiben Situationen, in denen die Durchführung einer Fokusgruppe sinnvoll sein kann?		
A	Es ist unklar, wer genau die Interessenvertreter für ein zu entwickelndes interaktives System sind.	
B	Es ist unklar, welche Grundhaltung und welche Befürchtungen die Interessenvertreter gegenüber der Entwicklung des interaktiven Systems haben.	
C	Die Usability einer Gestaltungslösung soll evaluiert werden.	
D	Erkenntnisse aus Beobachtungen oder Interviews sollen bezüglich ihrer Vollständigkeit und Richtigkeit bewertet werden.	
E	Interessenvertreter sollen gemeinsam entscheiden, ob ihre Anforderungen ausreichend gut umgesetzt worden sind.	
F	Die Nutzungsanforderungen an das zu entwickelnde interaktive System sollen ermittelt werden.	

Frage 42	**2 richtige Antworten**	**LZ 4.14**
Welche zwei der folgenden Aktivitäten sind NICHT dazu geeignet, den Nutzungskontext für ein interaktives System zu verstehen?		
A	Existierende interaktive Systeme analysieren, die mit dem zu gestaltenden System vergleichbar sind	
B	Personen interviewen, die indirekte Benutzer des interaktiven Systems sind	
C	Eine Fokusgruppe mit Interessenvertretern des zu gestaltenden interaktiven Systems durchführen	
D	Eine Persona erstellen für eine betroffene Benutzergruppe	
E	Das Verhalten von Benutzern während der Durchführung von Aufgaben beobachten, die durch das zu gestaltende interaktive System unterstützt werden sollen	
F	Lösungsideen für das zu gestaltende interaktive System mit Benutzern diskutieren	

Frage 43	**3 richtige Antworten**	**LZ 4.22**
Welche drei der folgenden Eigenschaften sind NICHT ausschlaggebend für eine korrekte User Journey Map?		
A	Eine User Journey Map umfasst alle Touchpoints, die für die User Experience des interaktiven Systems relevant sind.	
B	Eine User Journey Map ist eine Beschreibung von Touchpoints der Benutzer mit dem interaktiven System in Form eines Diagramms.	
C	User Journey Maps beschreiben entweder aktuell existierende Touchpoints des Benutzers mit dem interaktiven System oder geplante Touchpoints für das zukünftige interaktive System.	
D	Eine User Journey Map ist die Beschreibung der Touchpoints eines bestimmten Benutzers mit dem interaktiven System.	
E	Eine User Journey Map ist so gestaltet, dass die gesamte User Experience der Benutzer über alle relevanten Touchpoints hinweg greifbar wird.	
F	In einer User Journey Map muss pro Touchpoint angegeben werden, was die Aufgaben der Benutzer an diesem Touchpoint sind und mit welchen interaktiven Systemen die Benutzer hier interagieren.	

Frage 44	**3 richtige Antworten**	**LZ 4.18**
Welche drei der folgenden Punkte sind Hauptgründe, warum man in Interviews möglichst immer offene, neutrale Fragen stellen soll?		
A	Bei offenen Fragen enthalten die Antworten mehr Informationen, was den Ertrag des Interviews steigert.	
B	Offene Fragen sind in der Regel leichter zu verstehen als geschlossene Fragen.	
C	Offene Fragen motivieren die interviewte Person eher dazu, ins Reden zu kommen und dadurch eine eventuelle Schüchternheit zu überwinden.	
D	Neutrale Fragen sind in der Regel leichter zu verstehen.	
E	Neutrale Fragen geben keinen Hinweis auf erwünschte Antworten und beeinflussen deshalb die interviewte Person in ihrer Antwort nicht.	
F	Neutrale Fragen sind eher relevant für die interviewte Person und führen deshalb eher dazu, dass sie auch beantwortet werden können.	

Frage 45	**1 richtige Antwort**	**LZ 4.1**
Welcher eine der folgenden Punkte ist NICHT eine Komponente eines Nutzungskontextes?		
A	Benutzer	
B	Ziele der Benutzer	
C	Aufgaben, die die Benutzer durchführen	
D	Gesetzliche Vorgaben, die bei der Durchführung der Aufgaben zu beachten sind	
E	Ressourcen, die bei der Benutzung genutzt werden	
F	Umgebungen, in denen die Benutzung erfolgt	

Frage 46	**2 richtige Antworten**	**LZ 4.19**
Welche zwei der folgenden Punkte sind Ausschnitte von validen Ist-Szenarien für die Website eines Pizza-Lieferservice?		
A	Thomas bestellt mindestens zweimal pro Woche eine selbst zusammengestellte Pizza bei seinem bevorzugten Pizza-Lieferservice. Hier kann er die Pizza dann 15 Minuten später abholen. Das geht schneller, als sich die Pizza liefern zu lassen. Seine Kombinationen von Zutaten sind im Pizzamenü der Pizzeria nicht als Standardpizza enthalten. Manchmal kommt er beim Anruf durcheinander und vergisst eine Zutat zu nennen, die er eigentlich haben wollte. Das ärgert ihn dann, wenn er später zu Hause die Pizza genießen will.	
B	1. Pizza-Art auswählen (italienisch oder amerikanisch) 2. Pizzagröße auswählen 3. Auswählen, ob die Pizza hälftig belegt werden soll oder die ganze Pizza gleich 4. Zutaten auswählen (entweder pro Hälfte oder für die ganze Pizza) 5. Zusammengestellte Pizza in den Warenkorb legen	

→

Frage 46	Fortsetzung LZ 4.19
C	Thomas bestellt oft eine selbst zusammengestellte Pizza beim Pizza-Lieferservice. Die Website, die er dafür nutzt, ist für ihn leicht zu bedienen, auch wenn er die visuelle Gestaltung ziemlich hässlich findet. Einzig bei der Auswahl der Pizza-Art macht er oft einen Fehler. Dass er sich einloggen kann und seine persönlichen Daten wie Adresse und Zahlweise dann schon voreingestellt sind, findet Thomas sehr praktisch.
D	Thomas bestellt oft eine selbst zusammengestellte Pizza beim Pizza-Lieferservice. Manchmal benutzt er Lieferant A, manchmal Lieferant B. Bei Lieferant A ruft er immer an und muss dann alle Details durchgeben, wobei oft Missverständnisse entstehen, die das Gespräch in die Länge ziehen und es nervig werden lassen. Bei Lieferant B nutzt er gerne die Website zum Bestellen, weil es dann keine Missverständnisse gibt und er in Ruhe aussuchen kann, ohne das Gefühl zu haben, jemandem die Zeit zu stehlen.
E	Zunächst muss man die Pizza-Art (italienisch oder amerikanisch) und die Pizzagröße auswählen. Dann gibt es die Möglichkeit, auszuwählen, ob die Pizza hälftig belegt werden soll. Anschließend wählt man die Zutaten aus (pro Hälfte oder für die ganze Pizza) und legt die zusammengestellte Pizza in den Warenkorb.
F	Die Website des Pizza-Lieferservice ist für das Bestellen einer selbst zusammengestellten Pizza als ein großes Formular aufgebaut. Das Formular bietet die Möglichkeit, anzugeben, ob die Pizza hälftig belegt werden soll. Je nach Auswahl an dieser Stelle muss anschließend bei jeder ausgewählten Zutat angegeben werden, ob diese auf Hälfte 1, Hälfte 2 oder auf beide Hälften kommen soll. Abschließend wird der Preis für die Pizza angezeigt und der Benutzer kann sie in den Warenkorb legen.

Frage 47	**1 richtige Antwort LZ 4.20**
	Welcher eine der folgenden Punkte beschreibt am besten den Zweck von Personas?
A	Personas dienen der Spezifikation von Nutzungsanforderungen.
B	Personas werden vom Marketing und vom Management genutzt, um die Wichtigkeit von Marktanforderungen und organisatorischen Anforderungen zu verdeutlichen.
C	Personas sind ein wichtiges Hilfsmittel zur Formulierung von Ist-Szenarien und User Journey Maps.
D	Personas werden genutzt, um geeignete Teilnehmer für Usability-Tests zu rekrutieren.
E	Personas erleichtern es Interessenvertretern, zu verstehen, wer die Benutzer sind, und über ihre Merkmale und Aufgaben zu kommunizieren.
F	Personas dienen der Identifikation von Erfordernissen der Benutzer, um daraus Nutzungsanforderungen abzuleiten.

Frage 48	**2 richtige Antworten**	**LZ 4.15**
Welche zwei der folgenden Eigenschaften definieren ein kontextuelles Interview im Kontrast zu einem allgemeinen Interview?		
A	Das Interview fokussiert sowohl auf den Nutzungskontext als auch auf das zu entwickelnde interaktive System selbst.	
B	Das Interview findet dort statt, wo der Benutzer normalerweise Aufgaben im Zusammenhang mit dem betrachteten interaktiven System ausführt.	
C	Die interviewte Person soll sich in den Kontext der Benutzung des interaktiven Systems versetzen, um die Fragen des Interviewers besser beantworten zu können.	
D	Das Interview fokussiert ausschließlich auf den Nutzungskontext des interviewten Benutzers.	
E	Das Interview wird immer im Kontext einer ganzen Interviewreihe durchgeführt.	
F	Das Interview wird mit mehreren Benutzern durchgeführt, damit diese sich im Kontext gegenseitig anregen und dadurch mehr und bessere Ergebnisse erzielt werden.	

Frage 49	**2 richtige Antworten**	**LZ 4.16**
Eine Pizzeria mit Lieferservice möchte ein IT-System zur Erfassung und Verwaltung aller Bestellungen von Kunden anschaffen, egal ob diese via Website, per Telefon oder in der Pizzeria aufgegeben werden. Sie führen eine Reihe von kontextuellen Interviews durch, um Informationen über den Nutzungskontext der Kunden zu sammeln. Welche zwei der folgenden Aussagen des Interviewers während eines Interviews folgen dem Meister-Schüler-Modell?		
A	Interviewte Person: »Ich finde es schön, wenn ich beim Lieferservice anrufe und die schon an der Nummer erkennen, dass ich es bin.« Interviewer: »Das ist interessant. Warum finden Sie das schön?«	
B	Interviewte Person: »Wenn ich Pizza bestelle, möchte ich oft keine Standardpizza, sondern stelle mir den Belag selbst zusammen.« Interviewer: »Das ist doch bestimmt sehr umständlich, oder? Wäre es nicht hilfreich, wenn der Lieferservice eine ausreichend große Auswahl an Pizzavarianten anbietet?«	
C	Interviewte Person: »Und wenn die Pizza geliefert wird, ist sie meistens schon kalt.« Interviewer: »Das ist interessant, aber erst mal würde ich gerne wissen, wie lange die Lieferzeit denn maximal sein darf.«	
D	Interviewte Person: »Meistens rufe ich, so etwa eine Stunde bevor ich essen möchte, beim Lieferservice an, damit ...« Interviewer fragt dazwischen: »Wie oft bestellen Sie eigentlich bei einem Lieferservice?«	

→

Frage 49	Fortsetzung LZ 4.16
E	Interviewte Person: »Besonders wichtig ist mir, dass ich Mozzarella und Rucola als Zutat bestellen kann.« Interviewer: »Was hatten Sie auf den letzten drei selbst zusammengestellten Pizzen als Belag drauf?«
F	Interviewte Person: »Wenn ich länger als 45 Minuten auf die Lieferung warten muss, ist mir das zu lang.« Interviewer: »Wirklich? Die meisten Lieferservices in der Umgebung schaffen es ja nicht mal, innerhalb von 60 Minuten zu liefern.«

Frage 50	**1 richtige Antwort LZ 4.1**
	Welche eine der folgenden Methoden ist NICHT geeignet, um etwas über den Nutzungskontext eines Geldautomaten zu erfahren?
A	Bankangestellte befragen
B	Benutzer eines existierenden Geldautomaten befragen
C	Benutzer während der Bedienung eines existierenden Geldautomaten beobachten
D	Usability-Tests mit Geldautomaten von Wettbewerbern durchführen
E	Usability-Tests mit einem Prototyp eines neuen Geldautomaten durchführen
F	Den neuen Geldautomaten den Bankkunden mit Hilfe eines Videos demonstrieren

Frage 51	**2 richtige Antworten LZ 4.7**
	Welche zwei der folgenden Aussagen sind Aufgaben?
A	Eine Reise buchen
B	Urlaubsantrag ausfüllen
C	Dienstreise umbuchen
D	Diensthandy verloren
E	Dienstreiseabrechnung
F	Dienstreiserichtlinie beachten

Frage 52	**1 richtige Antwort**	**LZ 4.20**

Welcher eine Ausdruck charakterisiert die folgende Beschreibung richtig?

Elena Montgomery, Human Resources Coordinator, Amino Pharmaceuticals

Elena ist 35 Jahre alt. Sie hat keine Kinder und ist unverheiratet, aber hat seit 4 Jahren einen Freund. Ihre Lieblingsbeschäftigungen sind Tango tanzen und herrliche Tapas zubereiten. Sie spricht annehmbar Spanisch.

Elena verbringt den größten Teil ihres Tags mit der Bearbeitung aller Formulare, die nötig sind, um Mitarbeiter in der F&E-Abteilung von Amino Pharmaceuticals anzustellen, zu versetzen und zu kündigen. Wenn etwas unvollständig oder unklar ist, nimmt sie sich die Zeit, die Antwort herauszufinden. Sie ist eine Expertin für alle nötigen Formulare und Verfahren.

Elenas Ziele: Aufstieg in HR; Exzellenz durch Genauigkeit; helfen; nicht in Rückstand geraten.

A	Aufgabenmodell
B	Persona
C	Prototyp
D	Ist-Szenario
E	Benutzergruppenprofil
F	Erfordernis

Frage 53	**1 richtige Antwort**	**LZ 4.5**

Welche eine der folgenden Aussagen beschreibt am genauesten, was eine Benutzergruppe ist?

A	Eine Gruppe von Benutzern, von denen jeder das interaktive System auf die gleiche Weise verwendet
B	Eine Gruppe von Benutzern mit gleichen oder ähnlichen persönlichen Merkmalen und den gleichen Zielen bezogen auf das interaktive System
C	Eine Gruppe von Benutzern, die das interaktive System in gleichen Nutzungskontext verwenden
D	Eine Sammlung von Personas mit gleichen oder ähnlichen persönlichen Merkmalen und Nutzungskontexten bezogen auf das interaktive System
E	Eine Gruppe von Benutzern mit gleichen oder ähnlichen persönlichen Merkmalen und Nutzungskontexten bezogen auf das interaktive System
F	Eine Gruppe von Benutzern, die in einer Fokusgruppe oder einem Usability-Test gemeinsam das interaktive System diskutieren bzw. testen

Frage 54	**3 richtige Antworten**	**LZ 4.8**
Welche drei der folgenden Punkte sind Teilaufgaben und keine Aufgaben?		
A	Dienstreise buchen	
B	Dienstreise umbuchen	
C	Dienstreiseantrag ausfüllen	
D	Dienstreiseantrag zur Genehmigung an den Vorgesetzten schicken	
E	Dienstreise stornieren	
F	Kosten der geplanten Dienstreise abschätzen	

Frage 55	**2 richtige Antworten**	**LZ 4.10**
Welche zwei der folgenden Punkte sind KEINE Ressourcen, die von einem Koch beim Kochen in der Küche verwendet werden?		
A	Die Arbeitsfläche der Küche	
B	Die Pfanne	
C	Das Rezept	
D	Der Strom zum Betreiben des Herdes	
E	Salz und Pfeffer	
F	Weingläser	

Frage 56	**1 richtige Antwort**	**LZ 4.12**
Welche eine der folgenden Aussagen beschreibt den Zweck einer Fokusgruppe am besten? (Quelle der Frage: [UXQB CPUX-F 2023b])		
A	Fokussierte Informationen von einer Gruppe von Benutzern in einer Usability-Testsitzung sammeln	
B	Kontextuelle Informationen über die Erfordernisse der Benutzer sammeln, ohne deren Arbeit zu beeinträchtigen	
C	Kontextuelle Informationen über die Erfordernisse der Benutzer sammeln, indem man mit Benutzern spricht und dabei den Fokus auf eine besondere Benutzergruppe legt	
D	Ideen für fokussierte Personas und Szenarien durch Befragung von Mitgliedern einer Benutzergruppe sammeln	
E	Ein tieferes Verständnis ausgewählter Themen und wichtiger Fragen des Nutzungskontexts aus verschiedenen Blickwinkeln gewinnen	
F	Ein interaktives System evaluieren	

Frage 57	3 richtige Antworten LZ 4.7
Welche drei der folgenden Beschreibungen sind KEINE Aufgaben?	
A	Eine Hotelreservierung stornieren
B	Urlaub nehmen
C	Diensthandy und Mobilfunktarif bestellen
D	Die Anzahl der angekommenen Waren prüfen
E	Rechnung zur Lieferung auf Richtigkeit geprüft
F	Warenlieferung

Frage 58	2 richtige Antworten LZ 4.8
Welche zwei der folgenden Aussagen beschreiben am besten, warum es wichtig ist, zwischen Aufgaben und Teilaufgaben zu unterscheiden? (Quelle der Frage: [UXQB CPUX-F 2023b])	
A	Aufgaben sind für primäre Benutzer und Teilaufgaben sind für sekundäre und indirekte Benutzer.
B	Dem Meister-Schüler-Modell zufolge sind Aufgaben für den Meister und Teilaufgaben für den Schüler.
C	Aufgaben können zur Erstellung von Usability-Testaufgaben verwendet werden; Teilaufgaben sollten als Grundlage für Usability-Testaufgaben vermieden werden, da sie für sich genommen keinen Wert besitzen.
D	Aufgaben bilden die Grundlage für Nutzungsszenarien, während Teilaufgaben die Aktionen des Benutzers am interaktiven System darstellen.
E	Aufgaben werden verwendet, um Erfordernisse zu identifizieren. Sowohl Aufgaben als auch Teilaufgaben werden zur Ableitung von Nutzungsanforderungen verwendet.
F	Beim Festlegen der Interaktion zwischen Benutzer und interaktivem System im Rahmen der Erledigung einer Aufgabe müssen alle Teilaufgaben, die für die Erledigung dieser Aufgabe erforderlich sind, berücksichtigt werden.

Frage 59	2 richtige Antworten	LZ 4.19
Welche zwei der folgenden Aussagen sind gültige Ist-Szenarien für eine bestehende Autovermietungs-Website? (Quelle der Frage: [UXQB CPUX-F 2023])		
A	Rita besucht die Autovermietungs-Website, um einen Kleinwagen zu mieten. Sie vergleicht die Autos, die an ihren Reisedaten verfügbar sind, und wählt das Auto aus, das ihr am besten gefällt. Sie reserviert das Auto für die Abholung am Tag vor ihrer Reise.	
B	Rita besucht die Autovermietungs-Website, um einen Kleinwagen zu mieten. Ihr ist nicht klar, ob die Autos, die ihr gefallen, an ihren Reisedaten verfügbar sind. Rita sucht nach einer Telefonnummer, um mit jemandem von der Autovermietung zu sprechen, aber sie kann nur einen Chat-Dienst finden, der momentan offline ist.	
C	1. Ermitteln Sie die gewünschte Abfahrtszeit. 2. Ermitteln Sie die Kosten für jedes verfügbare Fahrzeug. 3. Wählen Sie ein Fahrzeug (basierend auf Kosten, Größe, persönlichen Vorlieben). 4. Reservieren Sie das Auto. 5. Holen Sie das Auto ab.	
D	Bei der Anmietung eines Autos müssen die Kunden wissen, welche Fahrzeuge zu den von ihnen ausgewählten Terminen verfügbar sind, damit sie eine gezielte Entscheidung treffen können.	
E	Bei der Anmietung eines Autos müssen die Kunden das gewünschte Datum auswählen können, damit die Website die verfügbaren Fahrzeuge anzeigen kann.	
F	Rita kann Auto fahren, besitzt aber kein Auto. Rita besucht am Wochenende gelegentlich ihren Bruder in Lübeck. Diese Reise mit dem Zug zu machen, ist ihr zu teuer und die Busfahrt dauert ihr zu lange. Daher mietet sie normalerweise ein Auto.	

Frage 60	2 richtige Antworten	LZ 4.14
Welche zwei der folgenden Situationen sind gut geeignet, um ein kontextuelles Interview durchzuführen bezüglich des Geldabhebens bei einer Bank?		
A	Ein ruhiger Besprechungsraum, wo ein Geldautomat aufgestellt ist	
B	Ein ruhiger Besprechungsraum, wo der Prototyp eines infrage kommenden neuen Geldautomaten aufgestellt ist	
C	In der Bank an der Kasse, wo der Kunde Bargeld erhält, wenn er den Geldautomaten nicht verwendet	
D	Im Vorraum der Bank, wo der Geldautomat steht	
E	Bei der interviewten Person zu Hause, in ihrer vertrauten Umgebung	
F	Ein ruhiger Besprechungsraum, es gibt darüber hinaus keine weiteren Anforderungen an den Ort eines kontextuellen Interviews	

Frage 61	**1 richtige Antwort**	**LZ 4.22**
Welcher eine der folgenden Punkte beschreibt am besten den Zweck einer User Journey Map?		
A	Eine User Journey Map dient der Spezifikation von Nutzungsanforderungen.	
B	Eine User Journey Map wird vom Marketing und vom Management genutzt, um die Wichtigkeit von Marktanforderungen und organisatorischen Anforderungen zu verdeutlichen.	
C	Eine User Journey Map erleichtert es Interessenvertretern, zu verstehen, welche Touchpoints es für einen Benutzer in Bezug auf ein interaktives System gibt und wie diese die User Experience beeinflussen.	
D	Eine User Journey Map ist ein Hilfsmittel zur Verdeutlichung von Ist-Szenarien.	
E	Eine User Journey Map wird für die Vorbereitung von Interviews benutzt, sodass keine relevanten Themen vergessen werden.	
F	Eine User Journey Map dient der Identifikation aller interaktiven Systeme, die betrachtet und eventuell neu gestaltet werden müssen, um die User Experience umfassend verbessern zu können.	

Frage 62	**1 richtige Antwort**	**LZ 4.3**
Thomas arbeitet in einer Bank. Eine seiner Aufgaben ist es, die Bargeldmenge im Geldautomaten zu kontrollieren und ggf. bis zum erforderlichen Stand aufzufüllen. Das macht er jeden Morgen und freitagnachmittags in Vorbereitung auf das Wochenende. Welche eine der folgenden Aussagen beschreibt Thomas am besten? (Quelle der Frage: [UXQB CPUX-F 2023b])		
A	Thomas ist kein Benutzer des Geldautomaten, da er kein Geld abhebt.	
B	Thomas ist primärer Benutzer des Geldautomaten.	
C	Thomas ist sekundärer Benutzer des Geldautomaten.	
D	Thomas ist ein indirekter Benutzer des Geldautomaten.	
E	Thomas ist ein Interessenvertreter für den Geldautomaten, aber kein Benutzer.	
F	Thomas ist Benutzer des Geldautomaten, aber kein Interessenvertreter.	

Frage 63	3 richtige Antworten LZ 4.8
	Welche drei der folgenden Aussagen sind korrekt in Bezug auf die Begriffe »Aufgabe« und »Teilaufgabe«?
A	Teilaufgaben sind Aufgaben, mit denen kleinere Ziele erreicht werden als bei (Primär) Aufgaben.
B	Teilaufgaben können delegiert werden, Aufgaben nicht.
C	Teilaufgaben sind Aktivitäten, die dazu beitragen, ein bestimmtes Ziel zu erreichen.
D	Aufgaben sind die Gesamtheit der Bedienfunktionen eines interaktiven Systems.
E	Durch Erledigung einer Teilaufgabe allein kann man noch kein Ziel erreichen.
F	Teilaufgaben sind als Usability-Testaufgaben ungeeignet.

Frage 64	2 richtige Antworten LZ 4.17
	Welche zwei der folgenden Punkte beschreiben korrekt den Zweck eines Interview-Leitfadens?
A	Sicherstellen, dass keine wichtigen Fragen vergessen werden
B	Während des Interviews nicht den Fokus verlieren, worum es in dem Interview gehen soll
C	Die Formulierung der Fragen immer gleich halten, um eine Vergleichbarkeit aller Interviews in einer Interviewreihe zu erreichen
D	Die Reihenfolge der Fragen immer gleich halten, um eine Vergleichbarkeit aller Interviews in einer Interviewreihe zu erreichen
E	Sicherstellen, dass das Meister-Schüler-Modell immer korrekt berücksichtigt wird
F	Sicherstellen, dass nur offene und neutrale Fragen gestellt werden

Frage 65	2 richtige Antworten LZ 4.18
	Ein Kollege plant Interviews mit Benutzern eines Restaurantbewertungssystems. Sein Interview-Leitfaden enthält unter anderem die Frage: Wie wählen Sie ein Restaurant aus? Welche zwei der folgenden Begriffe charakterisieren diese Interviewfrage am besten? (Quelle der Frage: [UXQB CPUX-F 2023b])
A	Geschlossen
B	Formativ
C	Suggestiv
D	Neutral
E	Offen
F	Summativ

Frage 66	3 richtige Antworten LZ 4.9
	Welche drei der folgenden Punkte sind Beobachtungen, die sich im Kontext der Benutzung einer Verkehrsampel auf die Umgebung beziehen?
A	Verkehrsampeln stehen oft, aber nicht immer, an Straßenkreuzungen.
B	Verkehrsampeln werden von Kraftwagenfahrern, Motorradfahrern, Fahrradfahrern sowie von Fußgängern und Rollstuhlfahrern benutzt.
C	Der Knopf an einer Verkehrsampel wird von Fußgängern oft mehrfach gedrückt.
D	Je nach Sonnenstand ist die aufleuchtende Farbe der Verkehrsampel schwer zu erkennen.
E	Ein schreiendes Kind im Kinderwagen lenkt die Mutter ab, wodurch sie eventuell nicht mitbekommt, dass die Fußgängerampel bereits auf Grün gesprungen ist.
F	Die meisten Kraftwagenfahrer geben nicht Gas, wenn die Verkehrsampel von Grün auf Gelb springt, sondern bremsen ab.

Frage 67	1 richtige Antwort LZ 4.3
	Emilio ist Auslieferer für Pizzen eines Pizzaservice. Der Pizzaservice hat ein IT-System, in dem Bestellungen von Kunden erfasst werden und Lieferscheine ausgedruckt werden. Diese Lieferscheine benutzt Emilio dann, um die bestellte Ware auszuliefern. Welche eine der folgenden Aussagen beschreibt Emilio am besten?
A	Emilio ist kein Benutzer des IT-Systems, da er nicht damit interagiert.
B	Emilio ist ein primärer Benutzer des IT-Systems.
C	Emilio ist ein sekundärer Benutzer des IT-Systems.
D	Emilio ist ein indirekter Benutzer des IT-Systems.
E	Emilio ist ein Interessenvertreter für das IT-System, aber kein Benutzer.
F	Emilio ist ein Nachfolgebenutzer des IT-Systems.

Frage 68	2 richtige Antworten LZ 4.7
	Welche zwei der folgenden Aussagen sind Aufgaben?
A	Ein Auto mieten
B	Sich auf der Website einer Autoverleihfirma registrieren
C	Eine Reservierung stornieren
D	Versicherungsbedingungen beachten
E	Den Wagentyp für eine Automiete auswählen
F	Den täglichen Mietpreis für ein Navigationssystem ermitteln

Frage 69	**3 richtige Antworten**	**LZ 4.14**
Welche drei der folgenden Richtlinien sind wichtig für ein erfolgreiches Interview zur Nutzungskontextanalyse mit einem Benutzer?		
A	Das Interview sollte im Nutzungskontext erfolgen.	
B	Das Interview sollte an einem neutralen Ort stattfinden.	
C	Der Interviewer ist der Meister – der Benutzer ist der Schüler.	
D	Der Benutzer ist der Meister – der Interviewer ist der Schüler.	
E	Stellen Sie neutrale Fragen.	
F	Stellen Sie geschlossene Fragen.	

Frage 70	**1 richtige Antwort**	**LZ 4.21**
Welche eine der folgenden Aussagen beschreibt am besten, was ein Aufgabenmodell ist?		
A	Eine Auflistung der Aktivitäten innerhalb einer Aufgabe, die ausgeführt werden müssen, um die Ziele des Benutzers zu erreichen.	
B	Eine Beschreibung der Teilaufgaben, die ein Benutzer während einer Beobachtung durchgeführt hat, um ein bestimmtes Ziel zu erreichen.	
C	Eine strukturierte Auflistung aller Aufgaben, die Benutzer mit dem interaktiven System durchführen können sollen.	
D	Eine strukturierte Auflistung aller Aufgaben, die ein bestimmter Benutzer während einer Beobachtung mit dem interaktiven System durchgeführt hat.	
E	Eine modellhafte Beschreibung der Interaktion des Benutzers mit dem interaktiven System, durch die er ein bestimmtes Ziel erreicht.	
F	Eine Beschreibung der Vorbedingung und des zu erreichenden Zieles für eine Aufgabe.	

Frage 71	**3 richtige Antworten**	**LZ 4.9**
Welche drei der folgenden Punkte sind Arten von Umgebungen, die im Rahmen der Betrachtung des Nutzungskontexts relevant sind?		
A	Physische Umgebung	
B	Soziale Umgebung	
C	Historische / geschichtliche Umgebung	
D	Technische Umgebung	
E	Politische Umgebung	
F	Emotional-psychologische Umgebung	

Frage 72	2 richtige Antworten	LZ 4.1
Welche zwei der folgenden Dinge werden NICHT bei der Erhebung des Nutzungskontextes identifiziert, um sie für die weitere menschzentrierte Gestaltung verwenden zu können?		
A	Ziele der Benutzer	
B	Aufgaben der Benutzer	
C	Arbeitsmittel, die Benutzer bei der Erledigung von Aufgaben verwenden	
D	Nutzungsanforderungen	
E	Beschreibung der physischen Umgebung, in der die Benutzer sich befinden	

Frage 73	3 richtige Antworten	LZ 4.14
Welche drei der folgenden Fragestellungen sind geeignet, um sie in einem kontextuellen Interview mit einem Benutzer zu besprechen bezüglich der Benutzung eines Geldautomaten einer Bank?		
A	Welche Anforderungen hat der Benutzer an einen Geldautomaten?	
B	Was für verschiedene Orte gibt es, an denen der Benutzer einen Geldautomaten benutzt?	
C	Welche Ziele hat der Benutzer genau, wenn er einen Geldautomaten benutzt?	
D	Welche Anmerkungen möchte der Benutzer machen bezüglich eines präsentierten Prototyps eines neuen Geldautomaten?	
E	Welche Erwartungen hat der Benutzer gegenüber der Bank und seinen Finanzprodukten?	
F	Welche Aufgaben hat der Benutzer, die mit einem Geldautomaten in Zusammenhang stehen könnten?	

Frage 74	3 richtige Antworten	LZ 4.20
Welche drei der folgenden Eigenschaften sind ausschlaggebend für eine korrekte Persona?		
A	Es muss ein konstruierter und realistischer Benutzer beschrieben werden, der aber nicht real existieren darf.	
B	Die Grundlage der Persona müssen immer empirisch ermittelte Daten sein.	
C	Die Persona-Beschreibung muss immer aussagen, welche Ziele der Benutzer bei der Benutzung des betrachteten interaktiven Systems verfolgt.	
D	Es müssen immer enthalten sein: Ein Foto, Vor- und Nachname, Alter, Ziele und Wünsche, aktuelle Probleme, Informationen über wesentliches Wissen im Themenfeld des interaktiven Systems und die Benennung des interaktiven Systems selbst.	
E	Pro Benutzergruppe wird immer nur eine Persona erstellt.	
F	Die Persona muss erstellt werden auf Basis empirisch ermittelter Daten über mindestens fünf verschiedene reale Benutzer.	

Frage 75	2 richtige Antworten LZ 4.18
	Folgende Frage soll in einem kontextuellen Interview zur Analyse des Nutzungskontextes einer Verkehrsampel gestellt werden: »Möchten Sie eine visuelle Rückmeldung von der Verkehrsampel erhalten, ob der Fußgängerknopf bereits gedrückt wurde?« Welche zwei der folgenden Ausdrücke charakterisieren die Interviewfrage am besten?
A	Neutral
B	Geschlossen
C	Suggestiv
D	Implizit
E	Offen
F	Explizit

Frage 76	1 richtige Antwort LZ 4.2
	Welche eine der folgenden Punkte ist die korrekte Definition des Begriffs »Benutzer« im Kontext der menschzentrierten Gestaltung?
A	Eine Person, die ein interaktives System benutzt oder benutzen könnte
B	Eine Person, die ein interaktives System benutzt oder die etwas bereitstellt, was im Rahmen der Interaktion mit dem System verwendet wird
C	Eine Person, die mit einem interaktiven System interagiert oder die Ergebnisse benutzt, die von dem interaktiven System erzeugt werden
D	Eine Person mit einem aktiven Interesse an einem interaktiven System
E	Ein Mensch, der ein interaktives System benutzt oder von der Benutzung des interaktiven Systems beeinflusst wird
F	Ein Mensch, der einen direkten Einfluss auf die Benutzung eines interaktiven Systems hat

Frage 77	2 richtige Antworten LZ 4.11
	Welche zwei der folgenden Fragen sind am besten geeignet, den Nutzungskontext einer Hotelbuchungs-Website zu verstehen, wenn eine Benutzerbefragung verwendet wird? (Quelle der Frage: [UXQB CPUX-F 2023b])
A	Was erwarten Sie von einer Hotelbuchungs-Website?
B	Wie zufrieden sind Sie mit der neuen Buchungswebsite für das Hotel Zeta in Brüssel?
C	Wie beurteilen Sie die Aussage: »Die neue Hotelbuchungs-Website sieht gut aus«?
D	Aus welchem Grund haben Sie zuletzt eine Hotelbuchungs-Website genutzt?
E	Wie sind derzeit die finanziellen Aussichten für neue Hotels?
F	Wie beurteilen Sie die Aussage: »Die neue Hotelbuchungs-Website entspricht meinen Erwartungen«?

6 Nutzungsanforderungen festlegen

Lernziele in diesem Kapitel (die Nummerierung entspricht den Lernziel-Nummern im CPUX-F-Curriculum, Lernziele ohne Nummern wurden zusätzlich zum CPUX-F-Curriculum aufgenommen):

- 4.4 Verstehen des Konzepts: Interessenvertreter
- 5.4 Verstehen des Unterschieds zwischen Marktanforderung, organisatorischer Anforderung und Nutzungsanforderung
- 5.3 Verstehen des Konzepts: Nutzungsanforderung
- Verstehen, warum die Ermittlung von validen und hilfreichen Nutzungsanforderungen schwierig ist
- 5.5 Verstehen des Unterschieds zwischen qualitativen und quantitativen Nutzungsanforderungen
- 5.1 Verstehen des Konzepts: Erfordernis
- 5.2 Verstehen der Beziehung und des Unterschieds zwischen einem Erfordernis und einer Nutzungsanforderung

In diesem Kapitel befinden sich alle Inhalte über die menschzentrierte Gestaltungsaktivität »Nutzungsanforderungen festlegen«, die für die CPUX-F-Zertifizierungsprüfung relevant sind (siehe Abb. 6–1). Nutzungsanforderungen sind nicht gleichzusetzen mit Benutzerwünschen oder Forderungen von Stakeholdern [UXQB CPUX-UR 2023; Geis & Polkehn 2018]. Nutzungsanforderungen lassen sich systematisch aus dem Nutzungskontext der Benutzer des zukünftigen interaktiven Systems herleiten (siehe Abb. 5–2 auf Seite 55. Ohne eine Nutzungskontextbeschreibung der zu unterstützenden Benutzergruppen ist es also schwierig, Nutzungsanforderungen zutreffend und so vollständig wie nötig festzulegen. In den folgenden Unterkapiteln wird erläutert, wie Nutzungsanforderungen sich von anderen Anforderungen abgrenzen, es wird gezeigt, wie sich Nutzungsanforderungen aus sogenannten Erfordernissen ableiten lassen und welche unterschiedlichen Arten von Nutzungsanforderungen es gibt.

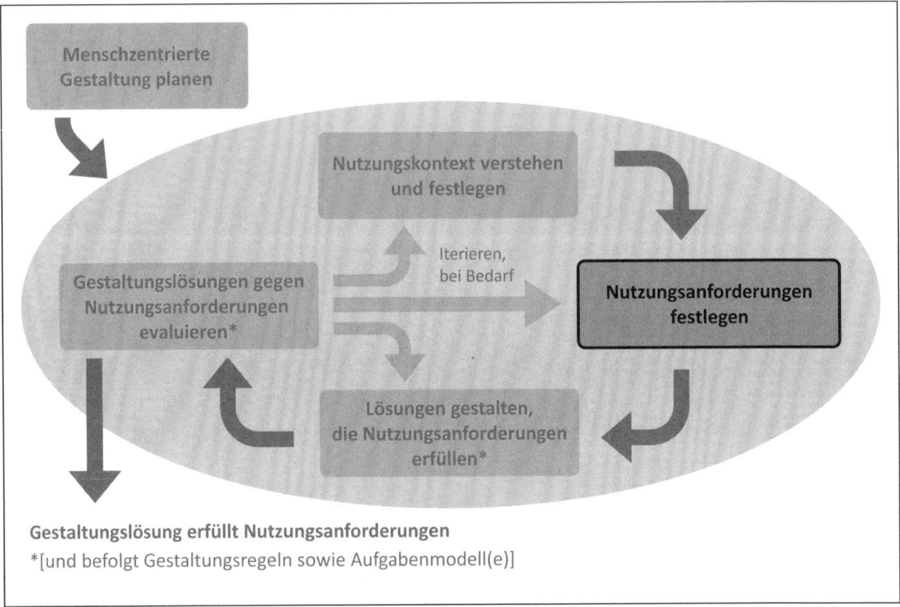

Abb. 6–1 *Menschzentrierte Gestaltungsaktivität »Nutzungsanforderungen festlegen«*

6.1 Nutzungsanforderungen als Teilmenge der Stakeholder-Anforderungen

Das CPUX-F-Curriculum verwendet den sperrigen Begriff »Interessenvertreter«, der im Englischen als »Stakeholder« bezeichnet wird. In diesem Buch wird aus praktischen Gründen der Begriff Stakeholder benutzt. In der CPUX-F-Zertifizierungsprüfung wiederum wird der Begriff »Interessenvertreter« verwendet.

Definition 6–1: Interessenvertreter (englisch »Stakeholder«)

Eine Person oder Organisation mit einem aktiven Interesse an einem interaktiven System.

Stakeholder sind Personen oder Organisationen, die ein aktives Interesse an einem interaktiven System haben. Es ist wichtig, die Perspektiven aller relevanten Stakeholder für ein Entwicklungsprojekt zu kennen, ansonsten kann es sein, dass man zwar ein Produkt mit hoher Usability und positiver User Experience entwickelt, jedoch wird es ggf. anschließend nicht gekauft, weil beispielsweise der Preis zu hoch ist oder ein Konflikt mit gesetzlichen Regelungen vorliegt. Je mehr man über die Stakeholder und deren Anforderungen weiß, umso geringer ist das Risiko für eine Fehlentwicklung oder teure Nacharbeiten nach Fertigstellung des interaktiven Systems.

Beispiele für Stakeholder in Form von Personen sind:

- Kaufentscheider/Beschaffer für ein interaktives System in Organisationen, die infrage kommenden Systeme vergleichen bezüglich ihrer Merkmale und Kosten
- Organisationsverantwortliche, die mithilfe einer betriebswirtschaftlichen Software die Effizienz bei der Aufgabenerledigung erhöhen wollen
- Fachleute, die sicherstellen müssen, dass das Abrechnungssystem in einer Arztpraxis immer nach den aktuellen Berechnungsregeln der Krankenkassen die Rechnungsbeträge errechnet
- Benutzer des interaktiven Systems (primäre, sekundäre, indirekte)

Beispiele für Stakeholder in Form von Organisationen sind:

- Verbraucherschutzverbände, die sich dafür einsetzen, dass Medikamente für chronisch Kranke nicht zu teuer sind
- Die EU-Kommission, die mithilfe von gesetzlichen Regelungen in der »EU-Medizinprodukte-Verordnung (MDR)« sicherstellen will, dass Medizinprodukte für die Behandlung von Patienten in ganz Europa sicher sind

Anforderungen beschreiben entweder, was aus der Perspektive eines Stakeholders mithilfe des interaktiven Systems ermöglicht werden muss, oder, was das interaktive System leisten können muss, damit eine oder mehrere Stakeholder-Anforderungen umgesetzt werden.

Die Kontexte von Stakeholdern, die keine Benutzer sind, führen typisch zu Marktanforderungen an das interaktive System sowie zu organisatorischen Anforderungen, die die eigentlichen Benutzer des interaktiven Systems befolgen müssen. Die Begriffe »Marktanforderung« und »organisatorische Anforderung« werden im Folgenden vertieft.

Definition 6–2: Anforderung

Eine Bedingung oder Fähigkeit, die ein interaktives System erfüllen oder besitzen muss, um eine Vereinbarung, eine Norm, eine Spezifikation oder andere formal auferlegte Dokumente zu erfüllen.

Deshalb lassen sich Anforderungen grundsätzlich in Stakeholder-Anforderungen und Systemanforderungen unterscheiden. Systemanforderungen sind technische Anforderungen, die sich aus Stakeholder-Anforderungen herleiten lassen.

Das folgende Beispiel illustriert den Zusammenhang zwischen Stakeholder-Anforderung und Systemanforderung:

Eine Stakeholder-Anforderung für die Nutzung eines neuen Weckers kann lauten: »Der Benutzer (als Stakeholder) muss am Wecker (interaktives System) erkennen können, wie viel Zeit noch verfügbar ist, bis das Wecksignal erscheint.«

Hieraus lässt sich die folgende (technische) Systemanforderung ableiten: »Der Wecker (interaktives System) muss die Differenz zwischen aktueller Zeit und ausgewählter Weckzeit berechnen (sodass sie angezeigt werden kann).«

Hinweis: Die Begriffe Stakeholder-Anforderung und Systemanforderung sind nicht im CPUX-F-Curriculum enthalten und nicht für die CPUX-F-Zertifizierungsprüfung relevant. Die im Curriculum verwendeten Typen von Anforderungen gehören jedoch alle zu den Stakeholder-Anforderungen [UXQB CPUX-UR 2023].

Merksatz

Eine Anforderung beschreibt nicht die Merkmale der Lösung. Eine Anforderung beschreibt immer, was mit einer Lösung ermöglicht werden muss aus Sicht der Stakeholder oder aus Sicht des Systems selbst.

Im CPUX-F-Curriculum werden die folgenden Arten von (Stakeholder-) Anforderungen unterschieden:

- Marktanforderungen
- Organisatorische Anforderungen
- Nutzungsanforderungen

Nur diese drei Arten von Stakeholder-Anforderungen sind für die CPUX-F-Zertifizierungsprüfung relevant. In der Projektpraxis gibt es jedoch weitere Stakeholder-Anforderungen, unter anderem die sogenannte »Fachliche Anforderung«, die im CPUX-UR-Curriculum [Geis & Polkehn 2018] definiert ist und sich auf die Vollständigkeit und Genauigkeit eines Arbeitsergebnisses bezieht.

Abbildung 6–2 zeigt die verschiedenen Stakeholder-Anforderungen, die zu Systemanforderungen führen, im Zusammenhang sowie die jeweiligen Stakeholder-Gruppen.

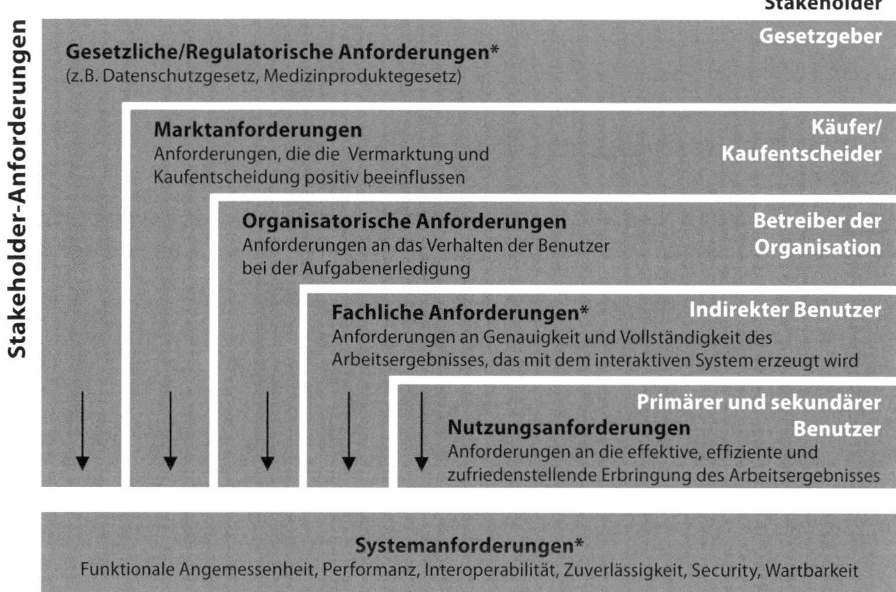

Abb. 6–2 *Arten von Stakeholder-Anforderungen, die zu Systemanforderungen führen [Geis & Polkehn 2018]*

Marktanforderungen sind solche Anforderungen, die umgesetzt werden müssen, damit möglichst viele Kaufentscheider und Käufer auf das interaktive System aufmerksam werden und sich für das interaktive System entscheiden.

Definition 6–3: Marktanforderung

Eine Anforderung an ein interaktives System basierend auf einer Marketingpolitik, die darauf abzielt, Geschäftschancen, Absatz und Nutzen [für das Unternehmen] zu maximieren.

Beispiele für Marktanforderungen sind:

- Für Betrachter des Küchenherds (interaktives System) muss nach Einbau in der Küchenzeile das Logo des Herstellers auch von der Seite erkennbar sein.
- Der LCD-Bildschirm muss Werte für den Kontrast haben, die höher als die aller Wettbewerber sind.
- Die Terminvereinbarungs-App für das Smartphone muss im App-Store von Apple und Google die höchste Bewertung aller Apps dieser Gattung haben.

Organisatorische Anforderungen sind Verhaltensregeln für Menschen. Sie beschreiben, an welche Regeln sich Menschen bei der Durchführung von Aufgaben zu halten haben.

Definition 6-4: Organisatorische Anforderung

Eine organisatorische Regel, die Benutzer bei der Ausführung ihrer Aufgaben befolgen müssen.

Beispiele für organisatorische Anforderungen sind:

- Die Vertriebsmitarbeiterin muss Angebote, die eine Angebotssumme größer 250.000 € enthalten, vom Vertriebsleiter unterschreiben lassen.
- Der Arzt muss während der Behandlung des Patienten Gummihandschuhe tragen.
- Der Patient muss vereinbarte Behandlungstermine, die nicht wahrgenommen werden können, spätestens zwei Tage vor der Behandlung absagen.

Nutzungsanforderungen wiederum beschreiben, was aus Sicht der Benutzer eines interaktiven Systems während der Erledigung der jeweiligen Aufgabe am interaktiven System ermöglicht werden muss.

Definition 6-5: Nutzungsanforderung

Eine Anforderung an die Nutzung, die die Grundlage für die Gestaltung und die Evaluierung eines interaktiven Systems bildet, um Erfordernisse zu erfüllen.

Man unterscheidet zwei Arten von Nutzungsanforderungen:

- Qualitative Nutzungsanforderungen
- Quantitative Nutzungsanforderungen

Hinweis: In der ISO-Norm ISO/IEC 25065 »User Requirements Specification« [ISO/IEC 25065] heißen die qualitativen Nutzungsanforderungen »User-system interaction requirements« und die quantitativen Nutzungsanforderungen »Use-related quality requirements«.

Qualitative Nutzungsanforderungen beschreiben, was ein Benutzer während der Erledigung einer Aufgabe am interaktiven System erkennen, auswählen oder eingeben können muss. Diese Taxonomie wurde von Wolfgang Dzida hergeleitet und im Rahmen seines öffentlichen Seminars »User Interfaces für Anwendungssoftware« in den Jahren 2006–2008 unterrichtet.

Definition 6–6: Qualitative Nutzungsanforderung

Eine Aussage darüber, was die Benutzer im Rahmen der Durchführung einer Aufgabe mit dem interaktiven System erkennen, auswählen oder eingeben können müssen, um den identifizierten Erfordernissen des Nutzungskontextes zu genügen.

Beispiele für qualitative Nutzungsanforderungen sind:

- Der Benutzer muss am Flugbuchungssystem (interaktives System) für eine Flugbuchung einen Zielort eingeben können (nicht nur Orte, an denen sich ein Flughafen befindet).
- Der Benutzer muss am Flugbuchungssystem (interaktives System) erkennen können, welche Flughäfen sich in der Nähe eines eingegebenen Reiseziels befinden.
- Der Benutzer muss an der Terminvereinbarungs-App (interaktives System) auswählen können, dass er an einem vereinbarten Behandlungstermin verhindert ist.
- Der Benutzer muss an der Terminvereinbarungs-App (interaktives System) erkennen können, welche Alternativtermine für einen bereits vereinbarten Behandlungstermin verfügbar sind.

Merksatz

Qualitative Nutzungsanforderungen beschreiben nicht die Umsetzung von Steuerelementen und Informationen, die an der Benutzungsschnittstelle verfügbar sein müssen, sondern bilden die Basis für Steuerelemente und Informationen an der Benutzungsschnittstelle. In qualitativen Nutzungsanforderungen stehen nie konkrete Merkmale der Gestaltungslösung.

Quantitative Nutzungsanforderungen beschreiben Zahlenwerte bezüglich der Effektivität, Effizienz oder Zufriedenstellung, die für Benutzer bei der Erledigung der jeweiligen Aufgabe am System erreicht werden müssen.

Definition 6–7: Quantitative Nutzungsanforderung

Ein erforderliches Maß an menschzentrierter Qualität, um identifizierte Erfordernisse in einem bestimmten Nutzungskontext zu erfüllen, ausgedrückt in Maßen für die Usability, User Experience, Barrierefreiheit und Vermeidung von Schäden durch die Benutzung.

Beispiele für quantitative Nutzungsanforderungen sind:

- 95 % der Benutzer der Terminvereinbarungs-App müssen einen für sie passenden Behandlungstermin auswählen können (Usability/Effektivität).
- 85 % der Benutzer der Terminvereinbarungs-App müssen in weniger als 2 Minuten einen verfügbaren Ersatztermin vereinbaren können (Usability/Effizienz).
- 80 % der Benutzer der Terminvereinbarungs-App, die an einer durch die App initiierten Befragung teilgenommen haben, müssen für die App 4 oder 5 von 5 Sternen (1 Stern »sehr unzufrieden«, 5 Sterne »sehr zufrieden) ausgewählt haben (Usability/Zufriedenstellung).
- 80 % der blinden Benutzer der Terminvereinbarungs-App müssen in weniger als 5 Minuten einen verfügbaren Ersatztermin mittels Sprachein-/-ausgabe vereinbaren können (Accessibility/Effizienz).
- 60 % der Benutzer der Terminvereinbarungs-App müssen die App mithilfe der hierfür vorgesehenen Funktionalität an andere Personen aus ihrer Kontaktliste weiterempfehlen (User Experience/verarbeitete Nutzung).
- 100 % der Benutzer des Smartphones müssen bei Grenzübertritt zu einem Nicht-EU-Land erkannt haben, dass hier Roaming-Gebühren für die Internetnutzung entstehen, und die Nutzung des Internets deaktiviert haben (Vermeidung von Schäden durch die Benutzung/Effektivität).

Quantitative Nutzungsanforderungen sind eine geeignete Basis für das Spezifizieren von Akzeptanzkriterien im Rahmen von Usability-Evaluierungen.

So kann z.B. die quantitative Nutzungsanforderung »85 % der Benutzer der Terminvereinbarungs-App müssen in weniger als 2 Minuten einen verfügbaren Ersatztermin vereinbaren können« für einen Usability-Test in folgendes Akzeptanzkriterium überführt werden:

85 % von 25 Benutzern, die einen Behandlungstermin, der übermorgen stattfindet, nicht wahrnehmen können, müssen erkennen können, dass Ersatztermine verfügbar sind, und einen dieser Ersatztermine als neuen Behandlungstermin auswählen.

Nicht in allen Entwicklungsprojekten werden sowohl qualitative als auch quantitative Nutzungsanforderungen spezifiziert. Es gibt Projekte, die ausschließlich qualitative Nutzungsanforderungen verwenden und mit deren Hilfe die Gestaltung der Benutzungsschnittstelle steuern. Andererseits gibt es Projekte mit ausschließlich quantitativen Nutzungsanforderungen, die z.B. auf dieser Basis die Gestaltungsfreiheit für die Benutzungsschnittstelle einem externen Dienstleister überlassen.

Die Erfahrung der Autoren aus zahlreichen Entwicklungsprojekten zeigt, dass die Herleitung und Spezifikation von qualitativen Nutzungsanforderungen den Kommunikationsaufwand zwischen denjenigen, die das interaktive System beauftragen, und denjenigen, die das interaktive System gestalten – insbesondere in Hinblick auf Missverständnisse –, auf ein wünschenswertes Maß reduzieren.

Merksatz

- Qualitative Nutzungsanforderungen dienen vorrangig als Basis für die Gestaltung der Benutzungsschnittstelle.
- Quantitative Nutzungsanforderungen dienen vorrangig als Basis für die Spezifikation von Akzeptanzkriterien, deren Einhaltung im Rahmen von Usability-Evaluierungen überprüft wird.
- Je klarer und vollständiger qualitative Nutzungsanforderungen vor der Konzeption und Gestaltung der Benutzungsschnittstelle vorliegen, umso geringer ist das Risiko, dass nach Realisierung der Benutzungsschnittstelle Akzeptanzkriterien im Rahmen von Usability-Evaluierungen nicht erreicht werden.

6.2 Erfordernisse als Grundlage für Nutzungsanforderungen

In der Praxis zeigt sich, dass das Erkennen von validen und wichtigen Nutzungsanforderungen oftmals schwieriger ist als das Erkennen von anderen Anforderungsarten wie Marktanforderungen oder organisatorischen Anforderungen. Um Nutzungsanforderungen (insbesondere qualitative) vor der Gestaltung der Benutzungsschnittstelle möglichst umfassend und zutreffend festlegen zu können, ist es empfehlenswert, zunächst die Erfordernisse (englisch »user needs«) innerhalb des Nutzungskontextes jeder Benutzergruppe zu identifizieren, die für alle Benutzer der Benutzergruppe zutreffen. So können im weiteren Verlauf des Entwicklungsprojektes Iterationen vermieden werden, bei denen auf der Basis einer Usability-Evaluierung Nutzungsanforderungen identifiziert werden, die bereits zu Projektbeginn hätten bekannt sein können.

Auch spürt man durch das konsequente Identifizieren von Erfordernissen Nutzungsanforderungen auf, die ansonsten gar nicht klar geworden wären und die zu innovativen Lösungen führen, auf die das Projektteam anderenfalls nicht gestoßen wäre.

Definition 6-8: Erfordernis

Eine Voraussetzung, die für einen Benutzer oder eine Benutzergruppe als notwendig erachtet wird, um ein implizites oder im Rahmen eines bestimmten Nutzungskontextes vorgegebenes Ziel zu erreichen.

Anmerkung:

Erfordernisse haben den Zweck, als ein hilfreicher Zwischenschritt bei der Überführung von Informationen aus dem Nutzungskontext in umfassende Nutzungsanforderungen zu dienen.

Erfordernisse sind immer »notwendige Voraussetzungen« in Form eines Zustands (»etwas haben/etwas wissen/etwas können«) und des Ziels, das hiermit erreicht wird (»etwas entscheiden oder etwas erreichen«).

Im CPUX-UR-Curriculum [UXQB CPUX-UR 2023] werden Satzschablonen und Gütekriterien für das Formulieren von Erfordernissen aufgeführt. Deren Kenntnis ist für die CPUX-F-Zertifizierungsprüfung nicht erforderlich, sie helfen jedoch bei Prüfungsfragen rund um Erfordernisse, richtige bzw. falsche Antworten zu identifizieren. Aus diesem Grund werden einige der Syntaxregeln und Gütekriterien im Folgenden erläutert.

Erfordernisse lassen sich in den meisten Fällen mit folgenden zwei Satzschablonen formulieren:

- Die <Benutzergruppe> muss <Ressource> verfügbar haben, um <Entscheidung treffen> oder <Handlung ausführen> zu können.
- Die <Benutzergruppe> muss <Information> wissen, um <Entscheidung treffen> oder <Handlung ausführen> zu können.

Beispiele für Erfordernisse sind:

- Der Patient (Benutzergruppe) muss einen vereinbarten Behandlungstermin (Ressource) haben, um zum festgelegten Zeitpunkt behandelt werden zu können (Ziel).
- Der Patient (Benutzergruppe) muss wissen, wann sein vereinbarter Behandlungstermin stattfindet (Information), um zum festgelegten Zeitpunkt am Behandlungsort zu sein (Ziel).

Wichtige Gütekriterien für Erfordernisse sind:

- Das interaktive System selbst darf im Erfordernis nicht vorkommen.
- Das Erfordernis besteht immer aus einer Voraussetzung in Form eines Zustands (etwas haben oder etwas wissen).
- Das Erfordernis besteht des Weiteren aus dem Ziel, das erreicht werden muss (etwas entscheiden oder etwas erreichen).

Aus diesen Erfordernissen lässt sich jetzt systematisch ableiten, was der Benutzer am interaktiven System erkennen, auswählen oder eingeben können muss, sprich die Nutzungsanforderungen. Grundsätzlich werden interaktive Systeme in Hinblick auf die Einhaltung von Nutzungsanforderungen evaluiert, nicht in Hinblick auf die Befriedigung der Erfordernisse. Die Erfordernisse bilden die Basis bzw. die Begründung für die Nutzungsanforderungen.

Um systematisch Erfordernisse im Nutzungskontext zu identifizieren, lohnt es sich, alle vorliegenden Nutzungskontextinformationen dahingehend zu analysieren, welche konkreten Ziele der Benutzer erreichen muss und welche Voraussetzungen hierzu gegeben sein müssen. Dies gelingt besonders einfach durch das Analysieren von Ist-Szenarien.

In Tabelle 6–1 wird beispielhaft gezeigt, wie man in bestimmten Aussagen aus dem Ist-Szenario in Abschnitt 5.8.2 gezielt Erfordernisse erkennen kann und daraus Nutzungsanforderungen ableiten kann.

Auszug aus dem Ist-Szenario für Benutzergruppe »Medizinische Fachangestellte« (MFA)	Identifizierte Erfordernisse (E)	Ableitbare Nutzungsanforderungen (NA)
…	…	…
Patienten kommen häufig nicht zur der vereinbarten Zeit beim Arzt dran. Das ist für die Patienten sehr ärgerlich. Die sitzen dann zum Teil 90 Minuten im Wartezimmer und wissen nicht, wie es weitergeht. Das führt durchaus zu Missstimmungen.	E1 Der Patient muss vor Ankunft in der Praxis wissen, ob sich sein Behandlungstermin verzögert, um entscheiden zu können, wann er sich von seinem aktuellen Aufenthaltsort zur Arztpraxis begibt.	NA1 Der Benutzer muss an der Terminvereinbarungs-App erkennen können, ob sich sein Behandlungstermin verzögert. NA2 Der Benutzer muss an der Terminvereinbarungs-App erkennen können, wann sein verzögerter Behandlungstermin beginnt. NA3 Der Benutzer muss an der Terminvereinbarungs-App erkennen können, dass er sich jetzt auf den Weg machen muss zu seinem Behandlungstermin.
…	…	…

Tab. 6–1 *Identifikation von Erfordernissen und Herleitung von Nutzungsanforderungen im Nutzungskontext*

Die vollständige Auswertung des Ist-Szenarios aus Abschnitt 5.8.2 befindet sich im Buch »Praxiswissen User Requirements« [Geis & Polkehn 2018]. Dort wird auch gezeigt, wie man die Nutzungsanforderungen nach Aufgaben und Teilaufgaben strukturiert und so zu einer »User Requirements Specification« kommt, die umfassend die Gestaltung des interaktiven Systems informiert.

6.3 Prüfungsfragen zu diesem Kapitel

Die folgenden Fragen dienen zur Vertiefung der Inhalte dieses Kapitels und zur Vorbereitung auf die CPUX-F-Zertifizierungsprüfung. Die Fragen entsprechen in ihrer Form und Schwere den Prüfungsfragen für die CPUX-F-Zertifizierungsprüfung. Es handelt sich aber nicht um tatsächliche Prüfungsfragen, sondern die Fragen wurden von den Autoren speziell für dieses Buch erstellt.

Die Lösungen zu den Fragen befinden sich in Anhang A »Lösungen zu den Prüfungsfragen«.

Frage 78	3 richtige Antworten	LZ 5.1
Welche drei der folgenden Aussagen sind korrekt formulierte Erfordernisse in Bezug auf das interaktive System Verkehrsampel?		
A	Der Fußgänger muss wissen, ob die Fußgängerampel grün ist, um gefahrlos über die Straße gehen zu können.	
B	Die Fußgängerin muss wissen, ob heraneilende Fahrzeuge anhalten werden, um entscheiden zu können, ob sie die Straße überquert oder stehen bleibt.	
C	Der Autofahrer muss wissen, wie lange er noch legal die Kreuzung passieren darf, um entscheiden zu können, ob er seine Geschwindigkeit erhöhen und schnell noch über die Kreuzung fahren soll oder abbremsen soll.	
D	Die Autofahrerin muss wissen, ob sie beim Abbiegen nach links mit Gegenverkehr oder mit Fußgängern auf der Zielstraße rechnen muss.	
E	Der Fußgänger muss vor Betreten der Straße wissen, wie lange er noch Zeit hat, die Straße gefahrlos zu überqueren, um zu entscheiden, ob er die Straße überquert oder stehen bleibt.	
F	Der Autofahrer muss in der Lage sein, bei jeder Art der Sonneneinstrahlung die legale Überquerbarkeit der Kreuzung zu erkennen.	

Frage 79	2 richtige Antworten	LZ 5.3
Welche zwei der folgenden Aussagen sind NICHT korrekt in Bezug auf qualitative Nutzungsanforderungen?		
A	Nutzungsanforderungen werden aus Erfordernissen abgeleitet.	
B	Nutzungsanforderungen beschreiben die Gestaltung der Benutzungsschnittstelle so wie sie vom Benutzer gebraucht wird.	
C	In der Formulierung einer Nutzungsanforderung sollte immer die erforderliche Interaktion mit einem interaktiven System spezifiziert sein.	
D	Eine Nutzungsanforderung muss immer so formuliert sein, dass objektiv überprüft werden kann, ob sie eingehalten wird oder nicht.	
E	Nutzungsanforderungen können basierend auf Usability-Tests mit dem neu gestalteten interaktiven System angepasst oder ergänzt werden.	
F	Die Grundlage der Formulierung von Nutzungsanforderungen ist immer eine Nutzungskontextanalyse.	

Frage 80	**3 richtige Antworten**	**LZ 5.2**
Welche drei der folgenden Aussagen über Erfordernisse und Nutzungsanforderungen sind korrekt?		
A	Erfordernisse werden aus Nutzungsanforderungen abgeleitet.	
B	Nutzungsanforderungen werden aus Erfordernissen abgeleitet.	
C	Erfordernisse sind eine spezifische Form von Nutzungsanforderungen, die sich direkt aus den Zielen der Benutzer ableiten lassen.	
D	Erfordernisse sind immer unabhängig von irgendeiner Lösung, wogegen Nutzungsanforderungen die Basis für eine Lösung sind.	
E	Erfordernisse und Nutzungsanforderungen haben keine Beziehung zueinander, sie dienen parallel als Maßgabe für die Entwicklung erfolgreicher Lösungen.	
F	Erfordernisse beziehen sich primär auf das, was im Nutzungskontext erforderlich ist, wogegen Nutzungsanforderungen sich primär auf die notwendige Interaktion des Benutzers mit einem interaktiven System beziehen.	

Frage 81	**3 richtige Antworten**	**LZ 4.4**
Im Folgenden werden Aussagen zu Interessenvertretern einer Verkehrsampel gemacht. Welche drei der folgenden Aussagen sind korrekt?		
A	Eine Produktentwicklerin, die den Fußgängerknopf der Verkehrsampel technisch umsetzt, hat vorrangig Marktanforderungen an die Gestaltung der Verkehrsampel.	
B	Ein Bürger, der an der Verkehrsampel die Straße überqueren will, hat vorrangig organisatorische Anforderungen an die Gestaltung der Verkehrsampel.	
C	Der Gesetzgeber hat vorrangig Marktanforderungen für den Einsatz von Verkehrsampeln.	
D	Für ein Baby in einem Kinderwagen, das von einem Erwachsenen bei einer Fußgängerampel über die Straße geschoben wird, können sich Nutzungsanforderungen an die Gestaltung der Verkehrsampel ergeben.	
E	Ein Wartungsmitarbeiter, der defekte Verkehrsampeln repariert, hat vor allem organisatorische Anforderungen bei der Durchführung der Wartung zu beachten.	
F	Die Amtsperson, die die Finanzierung von Verkehrsampeln verantwortet, stellt Anforderungen hinsichtlich der zulässigen Kosten der Verkehrsampel.	

Frage 82	3 richtige Antworten LZ 5.2
	Bei welchen drei der folgenden Aussagen handelt es sich um eine Kombination von einem Erfordernis und einer Nutzungsanforderung, bei der die Nutzungsanforderung aus dem Erfordernis ableitbar ist?
A	**Erfordernis:** Der Kunde muss wissen, welche Zutaten zum Belegen einer selbst zusammengestellten Pizza verfügbar sind, um sich seine Pizza zusammenstellen zu können. **Nutzungsanforderung:** Der Kunde muss auf der Website des Pizza-Lieferservice die verfügbaren Zutaten überblicken können.
B	**Erfordernis:** Der Kunde muss wissen, wann die Pizzabestellung bei ihm eintreffen wird, um entscheiden zu können, ob er die Bestellung durchführen möchte oder nicht. **Nutzungsanforderung:** Der Kunde muss auf der Website des Pizza-Lieferservice den voraussichtlichen Lieferzeitpunkt seiner Bestellung erkennen können.
C	**Erfordernis:** Der Kunde muss wissen, welche Zahlungsmöglichkeiten verfügbar sind, um entscheiden zu können, ob er die Bestellung mit einem der angebotenen Zahlungsmittel durchführen möchte oder nicht. **Nutzungsanforderung:** Der Kunde muss auf der Website als Zahlungsmittel die Details seiner Kreditkarte eingeben können.
D	**Erfordernis:** Der Kunde muss die Bestellung im Überblick prüfen können, bevor er die Bestellung abschließend auslöst. **Nutzungsanforderung:** Der Kunde muss auf der Webseite vor dem Kauf die Zutaten für jede bestellte Pizza überblicken können.
E	**Erfordernis:** Der Kunde muss wissen, bei welchem Pizza-Lieferservice er gerade bestellt, um sicherzustellen, dass der Pizza-Lieferservice die Pizza in der erwarteten Qualität liefert. **Nutzungsanforderung:** Der Kunde muss auf jeder Seite der Website des Pizza-Lieferservice das Logo und den Namen des Pizza-Lieferservice erkennen können.
F	**Erfordernis:** Der Kunde muss vor dem Kauf wissen, welche Zahlungsmöglichkeiten verfügbar sind, um entscheiden zu können, ob er die Bestellung durchführen möchte oder nicht. **Nutzungsanforderung:** Als Zahlungsmittel müssen »Barzahlung bei Lieferung«, »PayPal« und »Kreditkarte« angeboten werden.

Frage 83	3 richtige Antworten LZ 5.4
	Welche drei der folgenden Aussagen sind korrekt in Bezug auf die Unterschiede zwischen Marktanforderungen, organisatorischen Anforderungen und Nutzungsanforderungen?
A	Die Zielsetzung von Marktanforderungen ist, Geschäftschancen, Absatz und Nutzen für das Unternehmen zu maximieren. Damit können Marktanforderungen durchaus organisatorischen Anforderungen oder Nutzungsanforderungen entgegenstehen.
B	Organisatorische Anforderungen sowie Marktanforderungen können sich aus gesetzlichen Anforderungen ergeben, Nutzungsanforderungen hingegen nicht.

→

Frage 83	Fortsetzung	LZ 5.4
C	Organisatorische Anforderungen sind immer Anforderungen an die Benutzer, aus denen sich dann Anforderungen an das interaktive System ergeben können.	
D	Nutzungsanforderungen sind immer Anforderungen an die Nutzung des interaktiven Systems.	
E	Marktanforderungen werden oft auch »kaufentscheidende Nutzungsanforderungen« genannt.	
F	Organisatorische Anforderungen ergeben sich immer aus Marktanforderungen.	

Frage 84	**3 richtige Antworten**	**LZ 5.5**
Welche drei der folgenden Aussagen über qualitative und quantitative Nutzungsanforderungen sind korrekt?		
A	Quantitative Nutzungsanforderungen können für eine Usability-Evaluierung genutzt werden, qualitative Nutzungsanforderungen dagegen nicht, diese werden nur für die Steuerung der Lösungsgestaltung genutzt.	
B	Sowohl qualitative als auch quantitative Nutzungsanforderungen beziehen sich auf die Interaktion des Benutzers mit dem interaktiven System.	
C	Qualitative Nutzungsanforderungen werden aus Erfordernissen abgeleitet, quantitative Nutzungsanforderungen führen zu Erfordernissen.	
D	In einem Usability-Test kann nur die Erfüllung von qualitativen Nutzungsanforderungen geprüft werden, die Erfüllung von quantitativen Nutzungsanforderungen wird durch Benutzerbefragungen geprüft.	
E	Sowohl qualitative als auch quantitative Nutzungsanforderungen bilden die Grundlage für die Gestaltung des interaktiven Systems.	
F	Qualitative Nutzungsanforderungen werden in erster Linie zur Steuerung der Lösungsgestaltung genutzt, quantitative Nutzungsanforderungen in erster Linie als Akzeptanzkriterien.	

Frage 85	**3 richtige Antworten**	**LZ 5.1**
Welche drei der folgenden Aussagen stellen Erfordernisse dar?		
A	Der Account Manager muss das tägliche Abrechnungsprotokoll erstellen können, basierend auf der Anzahl der erhaltenen Rechnungen und deren Beträgen.	
B	Der Autofahrer muss wissen, was die aktuelle Höchstgeschwindigkeit ist, um sicher und regelgerecht zu fahren.	
C	Die Laborantin muss die Reihenfolge der Messaufträge in einer Arbeitsliste frei bestimmen können, um die Messaufträge abarbeiten zu können.	

→

Frage 85	Fortsetzung LZ 5.1
D	Der Account Manager muss wissen, wie viele Rechnungen erhalten wurden und in welcher Höhe, um das tägliche Abrechnungsprotokoll erstellen zu können.
E	Der Koch muss einen hitzebeständigen Behälter (z.B. eine Pfanne) verfügbar haben, um auf dem Herd ein Steak braten zu können.
F	Die Fußgängerin muss wissen, ob die Fußgängerampel grün ist, um gefahrlos über die Straße gehen zu können.

Frage 86	**1 richtige Antwort** **LZ 5.3**
	Welcher eine der unten stehenden Begriffe beschreibt die folgende Aussage am besten? 80 % der Benutzer, die die Autovermietungs-Website schon mindestens zweimal genutzt haben, müssen in der Lage sein, am Flughafen Frankfurt ein Auto für zwei Tage ab morgen 09.00 Uhr zu mieten. Benutzer müssen die Aufgabe in weniger als 5 Minuten erledigen können. (Quelle der Frage: [UXQB CPUX-F 2023b])
A	Low-Fidelity-Prototyp-Anforderung
B	Nutzungsszenario
C	Usability-Testaufgabe
D	Erfordernis
E	Quantitative Nutzungsanforderung
F	Qualitative Nutzungsanforderung

Frage 87	**2 richtige Antworten** **LZ 5.4**
	Welche zwei der folgenden Aussagen sind gültige Nutzungsanforderungen für eine Autovermietungs-Website (im Gegensatz zu organisatorischen Anforderungen und Marktanforderungen)?
A	Benutzer, die das System zum ersten Mal benutzen, müssen im Durchschnitt in der Lage sein, ein Auto innerhalb von 10 Minuten zu mieten.
B	Das Firmenlogo muss in der oberen linken Ecke jeder Webseite erscheinen.
C	Die Website muss mindestens so benutzbar sein wie die der zwei stärksten Wettbewerber.
D	Der Benutzer muss ein Hilfesystem verfügbar haben.
E	Wenn der Benutzer beruflich ein Auto mietet, muss er das Unternehmen angeben, in dessen Namen er mietet.
F	Benutzer müssen auswählen können, dass die Reservierung storniert wird.

Frage 88	**2 richtige Antworten**	**LZ 5.1**
Welche zwei der folgenden Aussagen über Erfordernisse sind richtig?		
A	Erfordernisse werden immer aus Sicht des Benutzers formuliert.	
B	Erfordernisse sind Teil der Informationsarchitektur.	
C	Erfordernisse sind immer quantifiziert.	
D	Die Erfordernisse für eine Benutzergruppe können sich von den Erfordernissen für eine andere Benutzergruppe im gleichen Nutzungskontext unterscheiden.	
E	Erfordernisse sind identisch mit Benutzerzielen.	
F	Erfordernisse werden verwendet, um gute Fehlermeldungen zu formulieren.	

Frage 89	**3 richtige Antworten**	**LZ 5.3**
Welche drei der folgenden Aussagen sind Nutzungsanforderungen an die Website eines Pizza-Lieferservice?		
A	Der Benutzer muss auf der Website auswählen können, ob er eine italienische Pizza oder eine amerikanische Pizza bestellen möchte.	
B	Die Website muss in der Lage sein, bis zu 30 Benutzer gleichzeitig eine Bestellung zusammenstellen zu lassen.	
C	Falls der Benutzer auf der Website ausgewählt hat, dass seine Pizza aus zwei unterschiedlich belegten Hälften bestehen soll, muss er anschließend für jede Zutat auswählen können, ob sie auf Hälfte 1 oder auf Hälfte 2 oder auf beide Hälften kommen soll.	
D	Der Benutzer muss wissen, wie viele Zutaten er maximal für eine selbst zusammengestellte Pizza auswählen darf, um eine bestellbare Pizza zusammenstellen zu können.	
E	Die Website muss von Benutzern als »einfach zu benutzen« bewertet werden.	
F	95 % der Benutzer der Website müssen eine selbst zusammengestellte Pizza ohne Fehler bestellen können.	

Frage 90	**3 richtige Antworten**	**LZ 5.4**
Welche drei der folgenden Aussagen sind Marktanforderungen oder organisatorische Anforderungen, im Gegensatz zu Nutzungsanforderungen?		
A	Die Benutzer müssen im Laden vor der Kaufentscheidung ohne Konsultation eines Verkäufers verstanden haben, wie das Produkt funktioniert.	
B	Bevor der Benutzer auf Rechnung bestellen kann, muss er in den fünf vorherigen Bestellungen immer korrekt bezahlt haben.	
C	Der Benutzer muss vor Auslösen einer Bestellung auswählen können, dass er mindestens 18 Jahre alt ist.	

→

Frage 90	Fortsetzung LZ 5.4
D	Der Benutzer muss mindestens 18 Jahre alt sein, damit er bestellen darf.
E	Der Benutzer muss auf der Website jederzeit erkennen können, zu welchem Unternehmen die Website gehört.
F	Der Benutzer muss vor der Anzeige des Gesamtbetrags seiner Bestellung seine Adresse eingeben können, damit ihm die Versandkosten korrekt angezeigt werden.

Frage 91	**3 richtige Antworten** **LZ 5.1**
	Welche drei der folgenden Aussagen über Erfordernisse sind korrekt?
A	Erfordernisse sind Voraussetzungen, die gegeben sein müssen, damit der Benutzer ein bestimmtes Ziel erreichen kann.
B	Erfordernisse sind Voraussetzungen, die hilfreich sind, damit der Benutzer sein Ziel erreichen kann.
C	Erfordernisse werden ausschließlich mittels Interviews, Beobachtungen oder Benutzerbefragungen identifiziert.
D	Erfordernisse werden aus Nutzungsanforderungen abgeleitet.
E	Erfordernisse sind immer unabhängig von irgendeiner Lösung.
F	Erfordernisse dienen dazu, Nutzungsanforderungen korrekt und umfassend spezifizieren zu können.

Frage 92	**2 richtige Antworten** **LZ 4.4**
	Welche zwei der folgenden Personen sind Interessenvertreter, aber KEINE Benutzer einer Autovermietungs-Website? (Quelle der Frage: [UXQB CPUX-F 2023b])
A	Ein Trainer, der den Mitarbeitern eines Callcenters beibringt, wie man die Autovermietungs-Website benutzt
B	Ein Mitarbeiter des Callcenters, der auf der Autovermietungs-Website für einen Kunden eine Reservierung vornimmt
C	Ein Designer, der die Benutzungsschnittstelle der Autovermietungs-Website gestaltet
D	Ein Kontoadministrator, der eine E-Mail-Rechnung für eine Reservierung auf der Autovermietungs-Website bekommt
E	Ein Kunde, der über einen Mitarbeiter im Callcenter eine Reservierung auf der Autovermietungs-Website vornehmen lässt
F	Ein Mitarbeiter im Marketing, der über die Autovermietungs-Website eine Werbeaktion mit »10% Rabatt auf die Kfz-Versicherung« laufen lässt, die für alle Benutzer gilt, die direkt über die Website ein Auto reservieren

7 Lösungen gestalten, die Nutzungsanforderungen erfüllen

In diesem Kapitel befinden sich alle Inhalte über die menschzentrierte Gestaltungsaktivität »Lösungen gestalten, die Nutzungsanforderungen erfüllen«, die für die CPUX-F-Zertifizierungsprüfung relevant sind (siehe Abb. 7–1). Soweit Inhalte über die – für die Prüfung relevanten – Inhalte hinausgehen, wird explizit darauf hingewiesen.

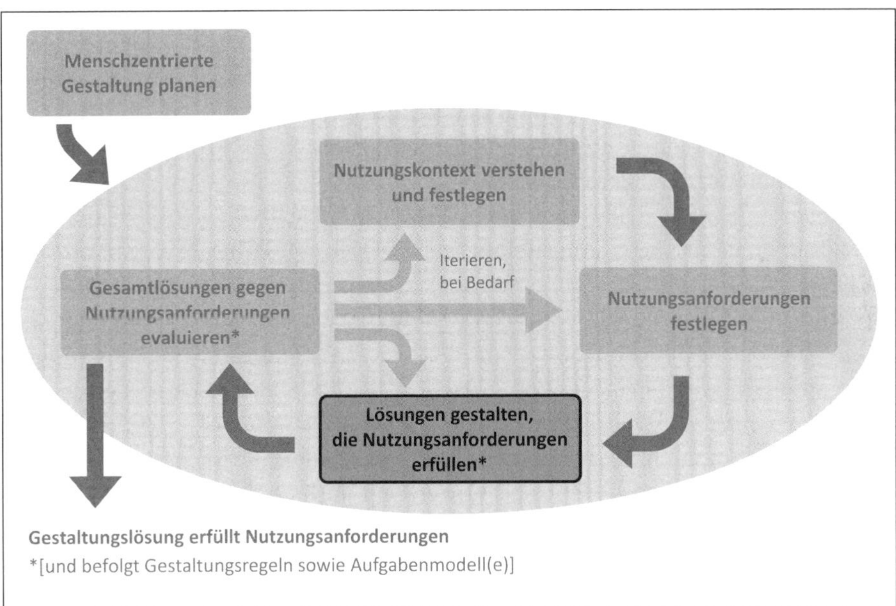

Abb. 7–1 *Menschzentrierte Gestaltungsaktivität »Lösungen gestalten, die Nutzungsanforderungen erfüllen«*

7.1 Komponenten der Benutzungsschnittstelle

Lernziele in diesem Abschnitt (die Nummerierung entspricht den Lernziel-Nummern im CPUX-F-Curriculum, Lernziele ohne Nummern wurden zusätzlich zum CPUX-F-Curriculum aufgenommen).

- 2.5 Verstehen der Konzepte: interaktives System, Benutzer-System-Interaktion, Benutzungsschnittstelle und User-Interface-Element [nur User-Interface-Element]
- Wissen, was Bedienfunktionen sind
- Wissen, was Aufgabenobjekte sind
- 6.1.7 Verstehen des Konzepts: Benutzerunterstützung
- 6.1.3 Verstehen der Konzepte: Informationsarchitektur und Navigationsstruktur

In Abschnitt 2.4 »Benutzungsschnittstelle (User Interface)« auf Seite 15 wurde bereits erläutert, dass die Benutzungsschnittstelle die Gesamtheit der Steuerelemente und Informationen beinhaltet, die der Benutzer zum Erledigen der jeweiligen Aufgabe am interaktiven System benötigt. Die Benutzungsschnittstelle erstreckt sich über das gesamte interaktive System. Wenn z.B. als interaktives System ein Notebook in Verbindung mit einem Projektor während einer Präsentation verwendet wird, setzt sich für den Benutzer die Benutzungsschnittstelle aus den Steuerelementen und Informationen am Notebook, am Projektor und an der Fernbedienung des Projektors zusammen.

Es steht dem Hersteller eines interaktiven Systems frei, zu entscheiden, welche Bestandteile der Benutzungsschnittstelle er selbst gestaltet bzw. verantwortet und bei welchen er sich auf andere Produkte »verlässt«.

So gibt es beispielsweise Projektoren, bei denen die Bildübertragung überraschend endet, wenn der Benutzer am PC von einer PowerPoint-Präsentation im Präsentationsmodus zu einem Worddokument wechselt, da der Hersteller des Projektors zum einen nicht bedacht hat, dass der Benutzer während einer Präsentation verschiedene Programme verwendet, und zum anderen nicht berücksichtigt hat, dass die »Ressource« Microsoft Office bei PowerPoint im Präsentationsmodus eine Auflösung von 800 × 600 Bildpunkten hat und bei anderen Programmen die Auflösung des Notebooks/PC aufweist, mit dem der Benutzer präsentiert.

Aus Sicht des Herstellers eines interaktiven Systems sind (im Gegensatz zur Sicht des Benutzers) diejenigen Bestandteile der Benutzungsschnittstelle, die dieser nicht selbst als Bestandteil des interaktiven Systems ausliefert, gegebene Ressourcen im Nutzungskontext. Dementsprechend muss er diese bei der Gestaltung berücksichtigen, um hieraus resultierende Nutzungsanforderungen für »sein« System nicht zu übersehen. So haben einige Hersteller von Projektoren sichergestellt, dass der Projektor beim Wechsel zwischen PowerPoint-Präsentation und Microsoft Worddokument die Projektion aufrechterhält.

Wie bereits in Abschnitt 5.2.1 erläutert, findet bei der Erledigung einer Aufgabe am interaktiven System eine Benutzer-System-Interaktion statt, bei der der Benutzer

- Auswahlen trifft,
- Eingaben tätigt oder
- Informationen sichtet.

Jede Auswahl oder Eingabe des Benutzers und die hieraus folgende Reaktion an der Benutzungsschnittstelle wird auch als »Dialogschritt« [UXQB CPUX-DS 2021] bezeichnet. Der Begriff Dialogschritt ist nicht im CPUX-F-Curriculum enthalten und nicht relevant für die CPUX-F-Zertifizierungsprüfung.

Im Folgenden werden vier Begriffe aus dem CPUX-F-Curriculum sowie weitere Konzepte erläutert, die für das Gestalten von Benutzungsschnittstellen in der Projektpraxis hilfreich sind:

- User-Interface-Element
- Bedienfunktion (nicht relevant für die CPUX-F-Zertifizierungsprüfung)
- Aufgabenobjekt (nicht relevant für die CPUX-F-Zertifizierungsprüfung)
- Ausführbare Funktion (nicht relevant für die CPUX-F-Zertifizierungsprüfung)
- Benutzerunterstützung
- Informationsarchitektur
- Navigationsstruktur

7.1.1 User-Interface-Elemente

Definition 7–1: User-Interface-Element

Eine Grundkomponente einer Benutzungsschnittstelle, die dem Benutzer durch das interaktive System präsentiert wird.

User-Interface-Elemente sind die Basis für das Gestalten der Funktionen und Anzeigen, die Benutzer benötigen, um Aufgaben mit dem interaktiven System zu erledigen. Sie können interaktiv oder auch nicht interaktiv sein, wie etwa eine Instruktion oder eine Überschrift.

Beispiele für User-Interface-Elemente sind [Geis & Johner 2020]:

Bei Software	Bei Hardware
■ Hyperlink ■ Schaltfläche (Push Button) ■ Drop-down-Listenfeld ■ Kontrollkästchen (Checkbox) ■ Optionsfeld (Radio Button) ■ Thumbnail ■ Slider	■ Kippschalter ■ Potentiometer (Drehregler) ■ Schieberegler ■ Drucktaster ■ 7-Segment-Anzeige ■ Analoganzeige ■ Schlauchkupplung ■ Kaltgerätestecker

Viele User-Interface-Elemente für Software sind in der DIN EN ISO 9241-161 [DIN EN ISO 9241-161] genormt.

7.1.2 Exkurs: Bedienfunktionen: Aufgabenobjekte und ausführbare Funktionen

Hinweis: Der Inhalt dieses Abschnitts ist nicht prüfungsrelevant, ist aber als Vertiefung oder Ergänzung hilfreich.

Bedienfunktionen sind primär sogenannte Aufgabenobjekte und ausführbare Funktionen (auch »Werkzeuge« oder »Tools« genannt), mit denen der Benutzer während der Erledigung einer Aufgabe am interaktiven System interagiert.

Der Begriff der Bedienfunktion (»Operating Function«) wird insbesondere bei Medizinprodukteherstellern verwendet, die systematisch sicherstellen müssen, dass die »Hauptbedienfunktionen« ihrer Medizinprodukte robust sind gegen Benutzungsfehler, sodass von diesen Hauptbedienfunktionen keine Schäden für Benutzer oder Patient ausgehen können [DIN EN 62366-1]. Vor diesem Hintergrund sind zunehmend User Experience Professionals an der Entwicklung von Medizinprodukten beteiligt.

Die Konzepte »Aufgabenobjekt« und »ausführbaren Funktionen« wurden von Wolfgang Dzida geprägt und für die Gestaltung von Benutzungsschnittstellen operationalisiert. Aufgabenobjekte und ausführbare Funktionen sind nach Dzida der primäre Gegenstand der Gestaltung der Benutzungsschnittstelle.

Die Autoren des vorliegenden Buches verwenden hier keine formalen Definitionen für Aufgabenobjekte und ausführbare Funktionen, sondern illustrieren einführend beide Begriffe. Das Curriculum »Designing Solutions« [UXQB CPUX-DS 2021] erläutert tiefgehend die Identifikation und Anwendung dieses Konzepts.

Abbildung 7–2 zeigt, dass die Benutzungsschnittstelle aus aufgabenbezogenen Bedienfunktionen einerseits und aus Benutzerunterstützung andererseits besteht. In diesem Abschnitt geht es zunächst nur um die aufgabenbezogenen Bedienfunktionen. Das Konzept »Benutzerunterstützung« wird in Abschnitt 7.1.4 detailliert erklärt.

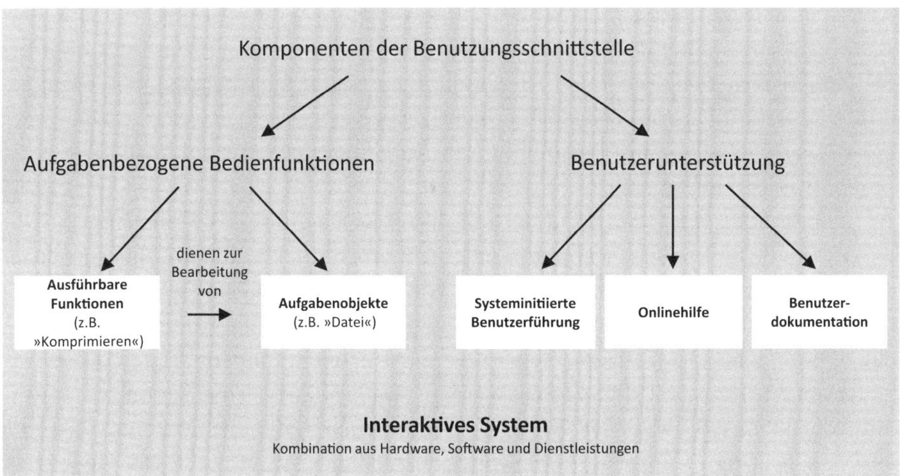

Abb. 7–2 *Aufgabenbezogene Bedienfunktionen und Benutzerunterstützung*

Aufgabenobjekte sind die Gegenstände an der Benutzungsschnittstelle, die der Benutzer bei der Aufgabenerledigung mithilfe des interaktiven Systems erstellt oder verändert oder über die er sich informiert.

Beispiele für Aufgabenobjekte bei einem Dateikomprimierungsprogramm sind:

- Eine Datei, die komprimiert werden soll
- Eine Liste von Dateien, die komprimiert werden sollen
- Eine komprimierte Datei, die dekomprimiert werden soll

Ausführbare Funktionen wiederum sind die Hilfsmittel, mit denen der Benutzer Aufgabenobjekte erstellt, verändert oder sie anzeigen lässt.

Beispiele für ausführbare Funktionen bei einem Dateikomprimierungsprogramm sind:

- Datei(en) auswählen
- Komprimieren
- Dekomprimieren

Will man also die Benutzungsschnittstelle eines Komprimierungsprogramms konzipieren und visualisieren, so muss man zunächst Klarheit haben, welche Aufgabenobjekte der Benutzer an der Benutzungsschnittstelle erstellt, verändert oder betrachtet und welche ausführbaren Funktionen der Benutzer benötigt, um diese Aufgabenobjekte zu erstellen, zu verändern oder betrachten zu können. Diese werden dann auch Teil der Informationsarchitektur.

Eine formale Definition des Begriffs Aufgabenobjekt findet sich im CPUX-UR-Curriculum [UXQB CPUX-UR 2023]. Eine formale Definition des Begriffs »ausführbare Funktion« steht im CPUX-DS-Curriculum [UXQB CPUX-DS 2021].

Beide Begriffe sind für die CPUX-F-Zertifizierungsprüfung nicht relevant.

Aufgabenobjekte sind gemäß CPUX-UR-Curriculum »die Objekte, die eine Person als Ergebnis einer Aufgabe entweder erstellt oder verändert hat oder über die die Person etwas gelernt hat«. Aufgabenobjekte sind also bereits im Nutzungskontext vorhanden, ohne dass der Benutzer sie notwendigerweise in »digitaler Form« verfügbar hat. Ein Beispiel für ein Aufgabenobjekt ist die Bordkarte eines Flugpassagiers in Papierform.

Insbesondere im Zeitalter der Digitalisierung gewinnt das Konstrukt Aufgabenobjekt an Bedeutung, weil »analoge« Aufgabenobjekte, die im Nutzungskontext bereits vorhanden sind, im Rahmen von Digitalisierungsprojekten durch neu entwickelte interaktive Systeme an Benutzungsschnittstellen »digitalisiert« werden. Die eigentliche Effizienzsteigerung wird erreicht, indem bestehende Aufgabenobjekte nicht 1:1 digitalisiert werden, sondern auf der Basis von Nutzungsanforderungen so erweitert, verändert oder auch reduziert werden, dass die wirklich benötigten Informationen in der jeweiligen Situation des Benutzers an seinem jeweiligen Aufenthaltsort verfügbar sind. Hierzu gehören z.B. beim »digitalisierten« Boardingpass die unmittelbare Anzeige von Änderungen des Flugsteigs oder bei Verspätungen die aktuelle Zeit, zu der sich der Fluggast am Flugsteig befinden muss.

7.1.3 Exkurs: Bedienfunktionen versus User-Interface-Elemente

Hinweis: Der Inhalt dieses Abschnitts ist nicht prüfungsrelevant, ist aber als Vertiefung oder Ergänzung hilfreich.

In Abschnitt 7.1.1 wurde bereits der Begriff »User-Interface-Element« erläutert.

User-Interface-Elemente sind die Basis für die Realisierung von Bedienfunktionen an der Benutzungsschnittstelle, die für die Aufgabenerledigung mithilfe des interaktiven Systems benötigt werden.

Abbildung 7–3 illustriert den Unterschied zwischen User-Interface-Elementen und Bedienfunktionen.

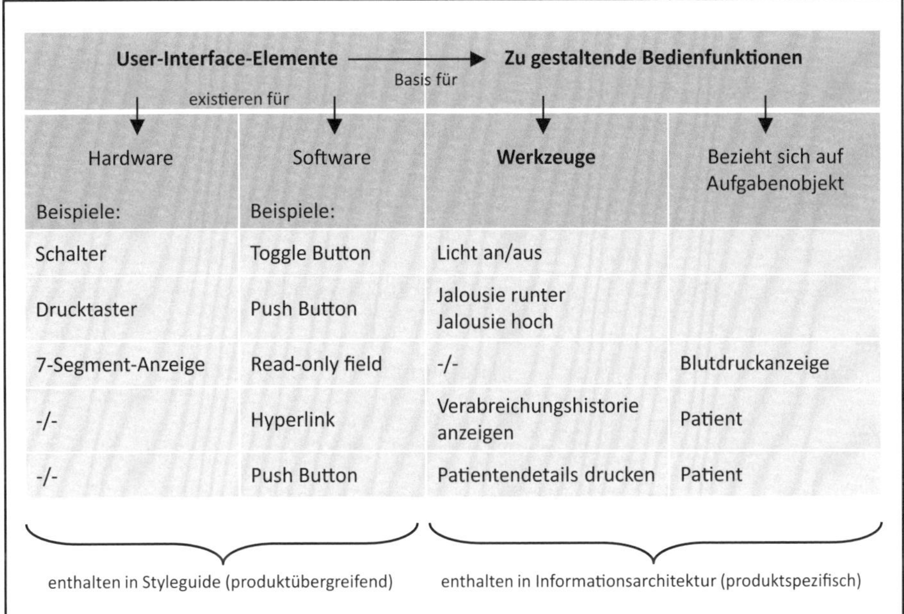

Abb. 7–3 *User-Interface-Elemente versus Bedienfunktionen*

User-Interface-Elemente haben als solche zunächst noch keine inhaltliche Bedeutung (»Semantik«). So ist eine Drucktaste zunächst nur ein graues Rechteck, das verschiedene Zustände haben kann (im Fokus/gedrückt/nicht gedrückt) mit einem – noch inhaltlich festzulegenden – Textlabel. Das heißt, die Drucktaste ist zunächst nur ein Element, das eine elementare Form hat, ein elementares Verhalten und elementare Zustände. Diese Merkmale werden auch als »Syntax« bezeichnet. Erst wenn die Drucktaste ein Textlabel bekommt (z.B. »Komprimieren«) und festgelegt wird, genau auf welche Weise sich die Drucktaste auf welches »Aufgabenobjekt« (z.B. Datei) auswirkt, wird aus der Drucktaste eine für den Benutzer verfügbare Bedienfunktion mit einer spezifischen Bedeutung (»Semantik«).

Die User-Interface-Elemente sind in Gestaltungsregeln zu spezifizieren, die Bedienfunktionen sollten in der projektbezogenen Informationsarchitektur enthalten sein.

7.1.4 Benutzerunterstützung

Benutzerunterstützung beinhaltet alle Informationen, die das interaktive System dem Benutzer zusätzlich zu den Aufgabenobjekten und ausführbaren Funktionen anzeigt, um die jeweilige Aufgabenerledigung zu unterstützen.

Definition 7-2: Benutzerunterstützung

Informationen, die zusätzlich zu Affordance[1] und Anweisungen den Benutzer bei der Interaktion mit einem interaktiven System unterstützen oder leiten.

Abbildung 7–4 illustriert, was mit Benutzerunterstützung gemeint ist.

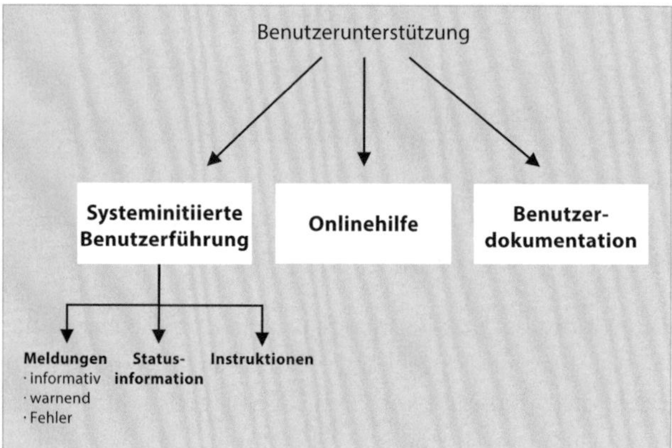

Abb. 7–4 *Benutzerunterstützung und ihre Bestandteile*

Jede Benutzerunterstützung gehört typisch zu einer der folgenden Kategorien:

- Systeminitiierte Benutzerführung
  - Meldungen (die bestätigt werden müssen)
    - informativ
    - warnend
    - Fehler
  - Statusinformationen (die nicht bestätigt werden müssen)
  - Instruktionen/Anweisungen, die erläutern, wie etwas zu tun ist
- Onlinehilfe, mit demselben Zweck wie die Benutzerdokumentation, oftmals realisiert als in das interaktive System eingebettete, kontextspezifische Hilfeanzeige, die auf Initiative des Benutzers (»benutzerinitiiert«) angezeigt wird.
- Benutzerdokumentation (z.B. als ausgedrucktes Dokument oder PDF-Datei), um dem Benutzer die Einarbeitung in das interaktive System zu erleichtern oder auch die Fehlerbehebung zu unterstützen.

---

1. Affordance = Aufforderungscharakter, siehe Näheres in Abschnitt 7.3.6.

Zur systeminitiierten Benutzerführung gehören alle Meldungen, die der Benutzer bestätigen muss. Diese lassen sich folgendermaßen klassifizieren:

- Informative Meldungen, die z.B. eingesetzt werden, um den erfolgreichen Abschluss einer systemseitigen Verarbeitung anzuzeigen, oder einfach nur eine Information wie »Nächstes Meeting startet in 15 Minuten« beinhalten. Informative Meldung sind bereits am Infosymbol als »harmlos« zu erkennen. Abbildung 7–5 zeigt ein Beispiel für eine informative Meldung.

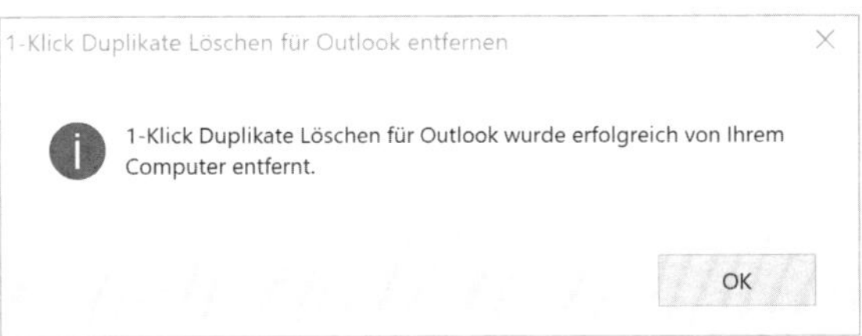

Abb. 7–5 *Beispiel für eine informative Meldung*[2]

- Warnmeldungen, die typischerweise eingesetzt werden, wenn eine Situation eingetreten ist, die eine sofortige Entscheidung des Benutzers erfordert, oder das weitere Fortfahren der Benutzer-System-Interaktion potenziell gefährlich ist. Abbildung 7–6 zeigt ein Beispiel für eine Warnmeldung. Warnmeldungen sind immer an einem warnenden Symbol erkennbar. Sowohl das Speichern als auch das Nichtspeichern eines Dokuments können gefährliche Konsequenzen haben.

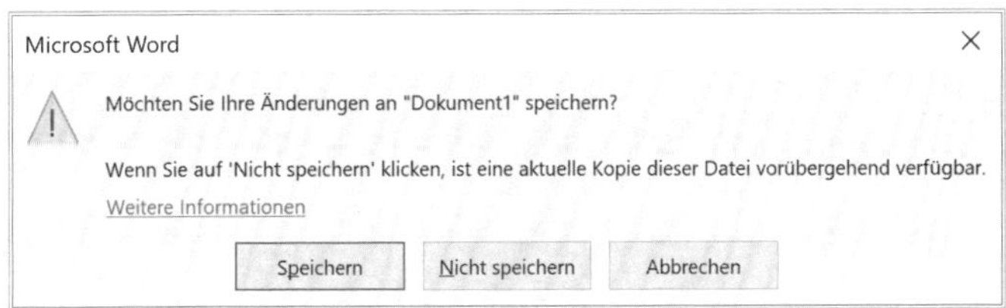

Abb. 7–6 *Beispiel für eine Warnmeldung*[3]

- Fehlermeldungen, die in der Regel anzeigen, dass eine systemseitige Verarbeitung nicht funktioniert hat oder dass ein Hardwareproblem vorliegt. Abbildung 7–7 zeigt ein Beispiel für eine Fehlermeldung. Fehlermeldungen sind auch an einem eigens für die Fehlermeldung reservierten Symbol zu erkennen, das signalisiert: »So geht es nicht weiter.«

2. Quelle: Softwareprodukt »1 Click Duplicate Delete for Outlook«, *www.itsth.de*.
3. Quelle: Softwareprodukt »Microsoft Word«, *www.microsoft.de*.

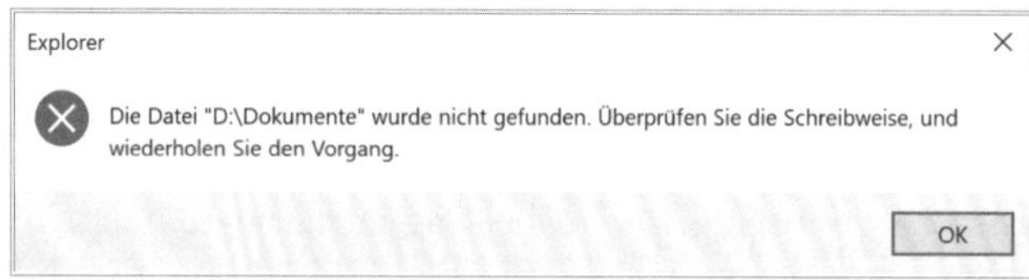

Abb. 7–7 *Beispiel für eine Fehlermeldung*[4]

Des Weiteren gehören zur systeminitiierten Benutzerführung auch Statusinformationen. Statusinformationen unterscheiden sich von Meldungen dahingehend, dass sie nicht vom Benutzer bestätigt werden müssen. Statusinformationen werden so lange vom interaktiven System angezeigt, solange sie gültig sind oder solange sie als für den Benutzer relevant angesehen werden. Abbildung 7–8 und 7–9 zeigen Beispiele für Statusinformationen.

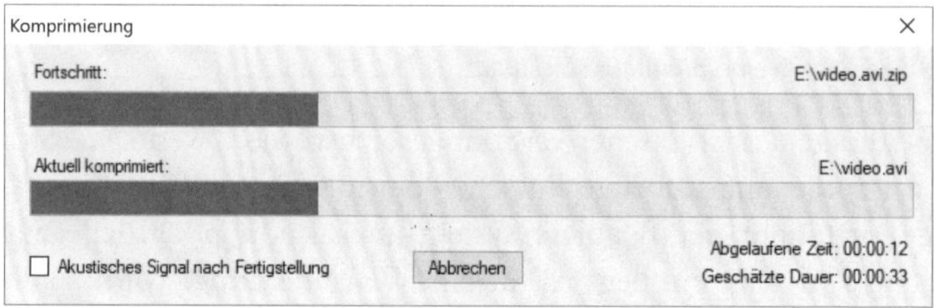

Abb. 7–8 *Beispiel für eine Statusinformation in Form einer Fortschrittsanzeige*[5]

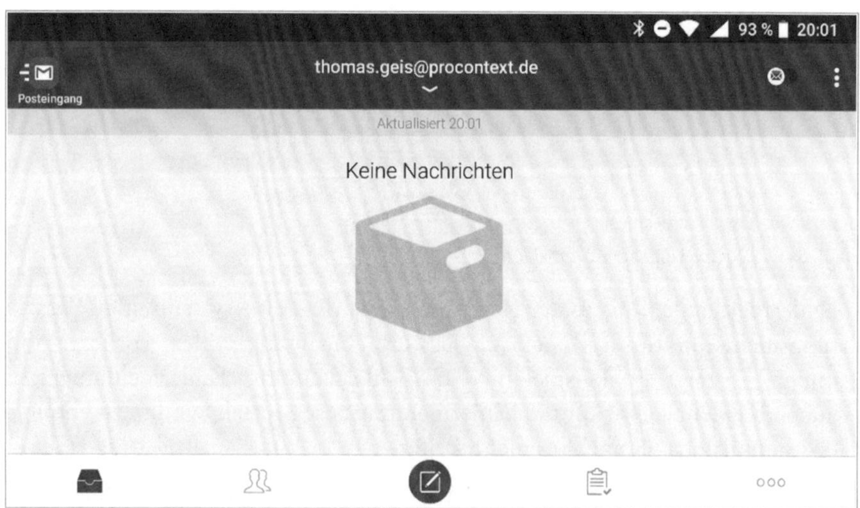

Abb. 7–9 *Beispiel für eine Statusinformation in Textform*[6]

4. Quelle: Softwareprodukt »Microsoft Windows«, *www.microsoft.de.*
5. Quelle: Softwareprodukt »FileCompressor«, *www.filecompressor.com.*
6. Quelle: Mobile App »BlueMail«, *www.bluemail.me.*

Instruktionen oder Anweisungen gehören ebenfalls zur systeminitiierten Benutzerführung, da diese unaufgefordert dem Benutzer präsentiert werden. Instruktionen sind im Gegensatz zu Statusinformationen aktive Anleitungen, wie etwas zu tun ist. Abbildung 7–10 zeigt ein Beispiel für eine Instruktion.

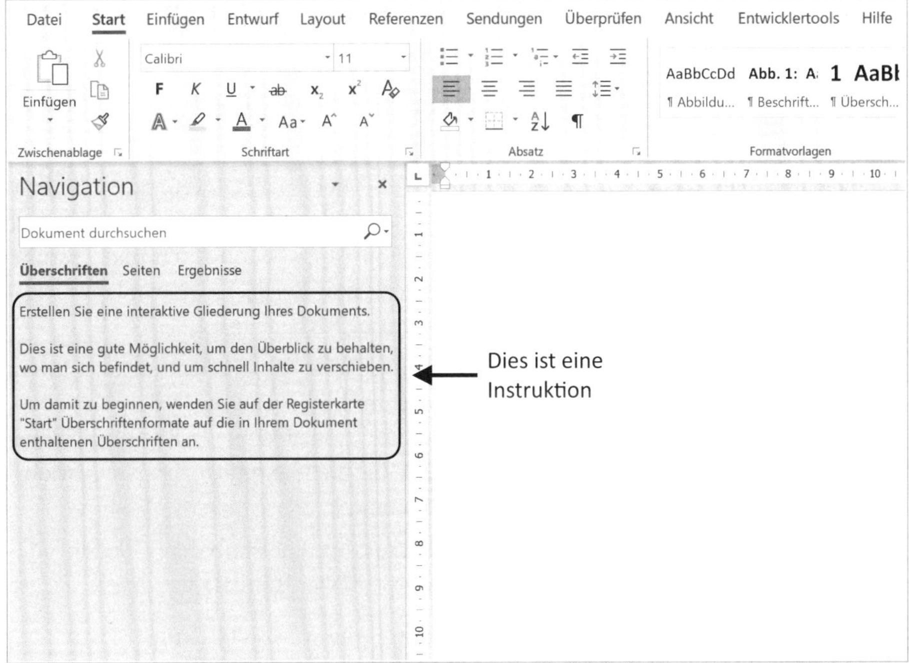

Abb. 7–10 *Beispiel für eine Instruktion*[7]

7.1.5 Informationsarchitektur und Navigationsstruktur

Die Informationsarchitektur umfasst gemäß CPUX-F-Curriculum die »Benennung und Strukturierung der Information, die für den Benutzer zugänglich sein muss«.

Definition 7–3: Informationsarchitektur

Die Benennung und Strukturierung der Information, die für den Benutzer zugänglich sein muss.

7. Quelle: Softwareprodukt »Microsoft Word«, *www.microsoft.de*.

Der Zweck der Informationsarchitektur ist eine aus Benutzersicht logische Strukturierung der Information, um diese als Basis für die Benutzungsschnittstelle verfügbar zu haben. Hierzu gehören sowohl die Inventarisierung der notwendigen Bedienfunktionen und die »Wegweiser« zum Auffinden der Bedienfunktionen als auch die »Wegweiser« innerhalb komplexer Aufgabenobjekte wie z.B. einer Einkommenssteuererklärung. Das CPUX-DS-Curriculum [UXQB CPUX-DS 2021] liefert zu dieser Strukturierung umfangreiche weitere Details und Empfehlungen.

Die Informationsarchitektur sollte folgende Bestandteile enthalten:

- Das »Datenmodell aus Benutzersicht«. Die Daten aus Benutzersicht sind die Gegenstände (»Daten«), die in Abschnitt 7.1.2 bei der Erläuterung von Bedienfunktionen benannt wurden (vorrangig Aufgabenobjekte und ausführbare Funktionen). Auch die Beziehungen zwischen Aufgabenobjekten und ausführbaren Funktionen sollten dargestellt werden, zum Beispiel in Form eines sogenannten »Entity-Relationship-Modells« (kurz ERM genannt).
- Die Ausdrücke, die in der Benutzungsschnittstelle für Navigation und Inhalt verwendet werden. Hierzu gehören wiederum die Benennungen der Aufgabenobjekte (z.B. »Datei«) und ausführbaren Funktionen selbst (z.B. »Komprimieren« und »Dekomprimieren«), aber auch die Benennungen für Navigationspunkte wie z.B. »Bearbeiten« und »Optionen«.
- Die Navigationsstruktur selbst, d.h. die Struktur, innerhalb derer Bedienfunktionen gezielt für den Benutzer durch Wegweiser auffindbar werden.

Die Navigationsstruktur ist Bestandteil der Informationsarchitektur.

Definition 7–4: Navigationsstruktur

Die logische Organisation der Einheiten angezeigter Information, die die Benutzungsschnittstelle umfasst.

Die Navigationsstruktur hilft dem Benutzer, benötigte Informationen während der Aufgabenerledigung gezielt aufzufinden. Sie ist die konkrete Realisierung des Teils der Informationsarchitektur, in der das strukturierte Auffinden von Bedienfunktionen und Benutzerunterstützung festgelegt ist. Eine Navigationsstruktur ist bei den meisten interaktiven Systemen notwendig, weil schlichtweg mehr Informationen für den Benutzer bereitgestellt werden, als sinnvoll gleichzeitig angezeigt werden können.

Abbildung 7–11 zeigt die Navigationsstruktur innerhalb des Dateikomprimierungsprogramms »FileCompressor«. Jeder Eintrag in der Navigationsstruktur stellt einen Wegweiser für den Benutzer dar, der hilft, eine Bedienfunktion oder Benutzerunterstützung gezielt aufzufinden. Der Wegweiser »Komprimieren« führt zur ausführbaren Funktion »Komprimieren«. Der Wegweiser »?« führt zur Onlinehilfe.

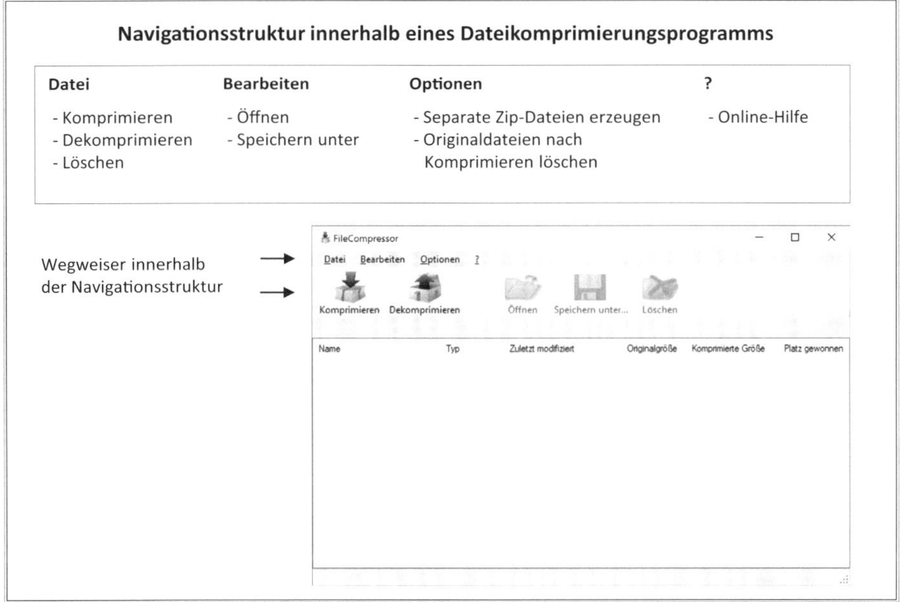

Abb. 7–11 *Navigationsstruktur innerhalb des Dateikomprimierungsprogramms »FileCompressor«*

In Abbildung 7–12 wird die Navigationsstruktur als Bestandteil der Informationsarchitektur dargestellt, die dem Benutzer hilft, in strukturierter Art und Weise benötigte Bedienfunktionen (Aufgabenobjekte und ausführbare Funktionen) sowie Onlinehilfe und ggf. Benutzerdokumentation während der Aufgabenerledigung zu finden.

In der Informationsarchitektur werden darüber hinaus sowohl die Bedienfunktionen (Aufgabenobjekte und ausführbare Funktionen) als auch systeminitiierte Benutzerführung systematisch inventarisiert und so strukturell und begrifflich durchdekliniert, dass die Benutzungsschnittstelle den Benutzer bei der Erledigung seiner Aufgaben effektiv, effizient und zufriedenstellend unterstützt.

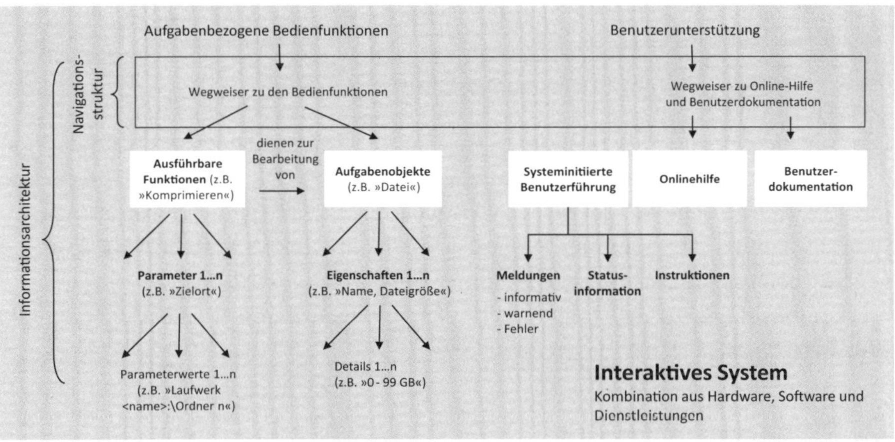

Abb. 7–12 *Strukturierung der Informationsarchitektur mit Beispielen für ein Programm zum Komprimieren von Dateien*

Das in Abbildung 7–12 angedeutete Strukturierungsschema für ausführbare Funktionen und Aufgabenobjekte ist nicht relevant für die CPUX-F-Zertifizierungsprüfung. Das Schema ist aber sehr nützlich für die Spezifikation von Bedienfunktionen. Ausführbare Funktionen werden mit ihren Parametern und Parameterwerten durchdekliniert und Aufgabenobjekte mit ihren Merkmalen und Details zu jedem Merkmal. Das Schema wurde von Wolfgang Dzida entwickelt und im Rahmen seines öffentlichen Seminars »User Interfaces für Anwendungssoftware« in den Jahren 2006–2008 unterrichtet.

Merksatz

Für den Benutzer muss immer klar sein, welche Information an der Benutzungsschnittstelle welche Bedeutung hat. Bei der Gestaltung der Benutzungsschnittstelle muss jede gestaltete Information für den Benutzer eindeutig einer der folgenden Kategorien zugeordnet werden können:

- Bedienfunktionen:
  - Aufgabenobjekte
  - Ausführbare Funktionen
- Benutzerunterstützung:
  - Systeminitiierte Benutzerführung
    - Meldungen (die bestätigt werden müssen)
      - informativ
      - warnend
      - Fehler
    - Statusinformationen (die nicht bestätigt werden müssen)
    - Instruktionen/Anweisungen, die erläutern, wie etwas zu tun ist
  - Onlinehilfe
  - Benutzerdokumentation
- Wegweiser zum Auffinden einer gesuchten Information

7.1.6 Prüfungsfragen zu diesem Abschnitt

Die folgenden Fragen dienen zur Vertiefung der Inhalte des Abschnitts und zur Vorbereitung auf die CPUX-F-Zertifizierungsprüfung. Die Fragen entsprechen in ihrer Form und Schwere den Prüfungsfragen für die CPUX-F-Zertifizierungsprüfung. Es handelt sich aber nicht um tatsächliche Prüfungsfragen, sondern die Fragen wurden von den Autoren speziell für dieses Buch erstellt.

Die Lösungen zu den Fragen befinden sich in Anhang A »Lösungen zu den Prüfungsfragen«.

Frage 93	3 richtige Antworten	LZ 6.1.3
Welche drei der folgenden Punkte sind Beispiele für UX-bezogene Ergebnisse der Informationsarchitektur?		
A	Die Festlegung der erlaubten Verwendung von Farben in der Benutzungsschnittstelle	
B	Das Datenmodell der Aufgabenobjekte in der Benutzungsschnittstelle des interaktiven Systems	
C	Die Strukturierung von Gestaltungsregeln in einem Styleguide	
D	Eine Liste aller Begriffe, die in der Benutzungsschnittstelle auftauchen	
E	Die Navigationsstruktur für die Dialogboxen, Seiten oder Fenster des interaktiven Systems	
F	Die Festlegung, bei welchem Touchpoint welche Informationen über das interaktive System dem Benutzer zur Verfügung gestellt werden	

Frage 94	1 richtige Antwort	LZ 6.1.7
Welcher eine der folgenden Punkte ist KEIN Beispiel für Benutzerunterstützung?		
A	Ein Anweisungstext in der Benutzungsschnittstelle	
B	Eine Bedienungsanleitung	
C	Hinweise, die angezeigt werden, um den Benutzer bei der Behebung eines Fehlers zu unterstützen	
D	Die Statusinformation »Das Dokument wurde gespeichert«	
E	Die Beschriftung »Datum« an einem Eingabefeld	
F	Ein Lehrvideo, wie vorgegangen werden muss, um eine bestimmte Aufgabe mit dem interaktiven System zu erledigen	

Frage 95	2 richtige Antworten	LZ 6.1.3
Welche zwei der folgenden Aspekte sind Teil der Informationsarchitektur? (Quelle der Frage: [UXQB CPUX-F 2023b])		
A	Styleguide	
B	Gestaltungsregeln	
C	Festlegen des Grafikdesigns	
D	Die Ausdrücke, die in der Benutzungsschnittstelle für Navigation und Inhalt verwendet werden	
E	Wireframes	
F	Die Struktur der Informationen, die dem Benutzer zur Verfügung stehen müssen	

Frage 96	2 richtige Antworten LZ 2.5
Welche zwei der folgenden Aussagen über User-Interface-Elemente sind korrekt?	
A	Die Top-Level-Navigation einer Website ist ein Beispiel für ein User-Interface-Element.
B	User-Interface-Elemente sind die Komponenten einer Benutzungsschnittstelle, die interaktiv sind.
C	Das Standardisieren von User-Interface-Elementen über interaktive Systeme hinweg fördert die Erlernbarkeit für die Benutzer.
D	User-Interface-Elemente werden in Form von Gestaltungsregeln definiert.
E	Ein Tooltip ist ein Beispiel für ein User-Interface-Element.
F	User-Interface-Elemente sind Lösungen für häufig auftretende Gestaltungsprobleme.

7.2 Gestaltungslösungen finden und spezifizieren

Lernziele in diesem Abschnitt (die Nummerierung entspricht den Lernziel-Nummern im CPUX-F-Curriculum):

- 6.1.1 Verstehen, was ein Nutzungsszenario ist
- 6.1.2 Verstehen des Konzepts: Storyboard
- 6.1.4 Verstehen, was Card-Sorting ist
- 6.1.5 Verstehen, was Prototypen und Wireframes sind
- 6.1.6 Verstehen der Konzepte: Low-Fidelity-Prototyp und High-Fidelity-Prototyp sowie des Unterschieds zwischen Low-Fidelity- und High-Fidelity-Prototypen
- 6.1.8 Verstehen des Inhalts und des Zwecks der User-Interface-Spezifikation
- 6.1.9 Verstehen, was ethisches Design ist
- 6.1.10 Verstehen, was nachhaltiges Design ist

7.2.1 Nutzungsszenarien

Nutzungsszenarien (im Englischen »Use scenarios« oder auch »Scenarios of use«) beschreiben die Erledigung einer Aufgabe am interaktiven System durch den Benutzer. Sie fokussieren ausschließlich auf die Perspektive des Benutzers in der Nutzungssituation.

Definition 7–5: Nutzungsszenario

Eine erzählende, textuelle Beschreibung, wie ein Benutzer eine oder mehrere Aufgaben mit dem geplanten interaktiven System ausführen wird.

Soweit im Projekt Personas als Darlegungsform zur Beschreibung des Nutzungskontextes verwendet werden, können diese Personas natürlich auch die Benutzer in den Nutzungsszenarien repräsentieren.

In Tabelle 7–1 wird ein Beispiel für ein Nutzungsszenario gegeben:

1. Einleitung

Aufgabe, die im Nutzungsszenario betrachtet wird:	Einen Behandlungstermin wahrnehmen, der verspätet beginnt
Benutzergruppe:	Patient
Interaktives System:	Terminvereinbarungs-App
Persona:	Martin Fischer (Details sind in der Persona-Beschreibung zu finden)
Kontextuelle Vorbedingung(en):	■ Martin Fischer hat einen Behandlungstermin beim Arzt am heutigen Tag. ■ Martin Fischer hat den Termin auf 17:30 Uhr gelegt, sodass er um 17:00 Uhr mit dem Bus vom Arbeitsplatz zur Arztpraxis fahren kann. ■ Es ist gerade 16:00 Uhr.
Ziele (beabsichtigte Ergebnisse):	■ Martin Fischer ist kurz vor Beginn des Behandlungstermins beim Arzt. ■ Er muss nicht länger als 10 Minuten im Wartezimmer warten, bis er drankommt.

2. Nutzungsszenario

Martin Fischer hat heute einen Behandlungstermin bei seinem Hausarzt. Es ist ein Routinetermin, den er einmal im Jahr macht, um seinen Gesundheitszustand allgemein überprüfen zu lassen. Den Termin hat er vor Wochen mit seiner Terminvereinbarungs-App für heute 17:30 Uhr vereinbart. Es ist gerade 16:00 Uhr und Martin Fischer hat noch einiges zu tun. Er muss spätestens um 17:00 Uhr seinen Arbeitsplatz verlassen, um um 17:25 Uhr bei seinem Hausarzt einzutreffen.

Plötzlich vibriert sein Smartphone. Die Terminvereinbarungs-App teilt mit, dass der Behandlungstermin erst um 18:15 Uhr beginnen wird. Martin Fischer ist erleichtert. Er macht sich erst um 17:45 Uhr auf den Weg. Kurz bevor er sein Büro verlässt, schaut er noch einmal in seine Terminvereinbarungs-App. Sie zeigt an, dass der Termin um 18:15 Uhr beginnen wird. Die Angabe wurde zuletzt vor einer Minute aktualisiert.

Während Martin Fischer im Bus sitzt, schaut er noch einmal auf seine Terminvereinbarungs-App. Hier sieht er jetzt auch, dass noch ein Patient vor ihm dran ist. Er trifft um 18:10 Uhr in der Praxis ein. Die medizinische Fachangestellte in der Praxis begrüßt ihn freundlich und bittet um Entschuldigung für die Terminverspätung. Sie sagt, der Doktor sei gerade mit dem vorhergehenden Patienten fertig geworden und Martin Fischer könne direkt in das Behandlungszimmer zum Doktor gehen.

Tab. 7–1 *Beispiel für ein Nutzungsszenario (narrative Form)*

Das CPUX-F-Curriculum kennt nur die Freitextform des Nutzungsszenarios, so wie in Tabelle 7–2 beschrieben. Nur diese Freitextform ist für die CPUX-F-Zertifizierungsprüfung relevant.

In der Literatur sind jedoch zahlreiche andere Formen für das Notieren von Nutzungsszenarien zu finden. Unter anderem wird im Beitrag »Modelling Usage: Techniques and Tools« [Riedemann & Freitag 2009] eine Form des Nutzungsszenarios vorgestellt, die sowohl das Aufgabenmodell (siehe Abschnitt 5.8.3 auf Seite 78) als auch die Interaktion des Benutzers am interaktiven System (Dialogschritte) und die Nutzungsanforderungen vereint. Diese tabellarische Form des Nutzungsszenarios wird im Curriculum Designing Solutions (CPUX-DS) [UXQB

CPUX-DS 2021] systematisch eingeführt und dort als »Interaktionsspezifikation« bezeichnet.

Tabelle 7–2 zeigt beispielhaft diese Notation, die durch ihre Strukturiertheit als Basis für die Entwicklung von Low-Fidelity-Prototypen sehr gut geeignet ist. Die Einleitung des Nutzungsszenarios in Tabelle 7–1 kann als Einleitung zu Tabelle 7–2 verwendet werden, in der dann das Nutzungsszenario präzise mit den Teilaufgaben des Aufgabenmodells, umzusetzenden Nutzungsanforderungen sowie den Dialogschritten des Benutzers am interaktiven System beschrieben wird.

Teilaufgaben	Aktion (des Benutzers)	Reaktion (an der Benutzungsschnittstelle)	Nutzungsanforderungen (NA) aus dem Nutzungskontext
Entscheiden, wann man sich zur Praxis begibt	Auswählen: Liste der anstehenden Behandlungstermine	Anzeigen/Signalisieren: Liste der Behandlungstermine mit jeweiliger Angabe der Praxis und des vereinbarten Beginns der Behandlung	NA1 Der Benutzer muss am System erkennen können, wann sein vereinbarter Behandlungstermin beginnt. NA2 Der Benutzer muss am System erkennen können, wann er von seinem aktuellen Aufenthaltsort aufbrechen muss.
Die aktuelle Uhrzeit überwachen	Auswählen: –/–	Anzeigen/Signalisieren: –/–	–/–
Feststellen, ob sich der Behandlungstermin verzögert	Auswählen: –/–	Anzeigen/Signalisieren: Termin verspätet sich mit Angabe des verspäteten Beginns und der Uhrzeit, zu der man los muss vom aktuellen Aufenthaltsort.	NA3 Der Benutzer muss am System erkennen können, dass sein Behandlungstermin sich verzögert. Siehe auch NA2
Zum festgelegten Zeitpunkt aufbrechen	Auswählen: –/–	Anzeigen/Signalisieren: Instruktion: Jetzt aufbrechen, Angabe der Buslinie mit Angabe Abfahrtzeit	Siehe NA2
In der Praxis ankommen	Auswählen: –/–	Anzeigen/Signalisieren: –/–	–/–
Warten, bis man dran ist	Auswählen: App	Anzeigen/Signalisieren: Beginn nächster Behandlungstermin mit Angabe der Anzahl von Patienten, die noch behandelt werden	NA4 Der Benutzer muss am System erkennen können, wie viele Patienten noch vor ihm dran sind.
Den Behandlungstermin beim Arzt beginnen	Auswählen: –/–	Anzeigen/Signalisieren: –/–	–/–

Tab. 7–2 *Beispiel für ein Nutzungsszenario (tabellarische Form)*

In der Notation in Tabelle 7–2 werden zunächst die Teilaufgaben des Aufgabenmodells eingetragen und anschließend alle (im Rahmen der Analyse des Nutzungskontextes) identifizierten Nutzungsanforderungen der jeweiligen Teilaufgabe zugeordnet. Erst nachdem Teilaufgaben und Nutzungsanforderungen verortet sind, wird für jede Teilaufgabe spezifiziert, welche Aktionen des Benutzers am interaktiven System ermöglicht werden müssen und welche Informationen durch das interaktive System bereitgestellt werden müssen. Hierbei kommt es durchaus vor, dass das Aufgabenmodell noch einmal überarbeitet wird. Die Reihenfolge von Teilaufgaben kann sich ändern und es kann im Einzelfall sein, dass im Lichte der umzusetzenden Nutzungsanforderungen einzelne Teilaufgaben ganz wegfallen oder auch neue hinzukommen. Eine solche überarbeitete Version des Aufgabenmodells wird deshalb auch »Aufgabenmodell für die Gestaltung« genannt [UXQB CPUX-UR 2023].

Die tabellarische Form des Nutzungsszenarios ist nicht im CPUX-F-Curriculum enthalten und nicht relevant für die CPUX-F-Zertifizierungsprüfung. Sie ist nicht zu verwechseln mit einem Use Case. Im Gegensatz zu den Nutzungsszenarien beschreiben Use Cases (»Anwendungsfälle«) aus der Perspektive des Systems, wie Handlungen von Benutzern systemseitig verarbeitet werden. Die Notation (Freitext, Liste, Tabelle, Diagramm) ist hierbei zweitrangig. In Use Cases werden insbesondere auch technische Aktionen und Reaktionen des Systems beschrieben, die für den Benutzer unsichtbar sind. Hierzu gehören z.B. die Verifizierung des Benutzers oder technische Plausibilitätsprüfungen durch das interaktive System [UXPA BOK 2011; EduTechWiki 2016].

Jegliche technische Betrachtung des interaktiven Systems (wie sie z.B. in einem Use Case zu finden ist) bleibt im Nutzungsszenario außen vor. Nutzungsszenarien dienen als Basis für die Entwicklung von Low-Fidelity-Prototypen. Nutzungsszenarien sollen helfen, all das zu klären, was klar sein muss, bevor mit der Entwicklung von (User-Interface-)Prototypen begonnen wird.

Merksatz

Das Nutzungsszenario beschreibt die konkrete Erledigung einer Aufgabe am zukünftigen System aus der Perspektive eines Benutzers. Hauptverwendungszweck des Nutzungsszenarios ist das Ableiten von Low-Fidelity-Prototypen.

Im Unterschied hierzu beschreibt das Ist-Szenario textuell den derzeitigen (»gegebenen«) Nutzungskontext für eine Benutzergruppe mit seinen Komponenten Benutzer(merkmale), Ziele und Aufgaben, Ressourcen und Umgebung im Zusammenspiel. Hauptverwendungszweck des Ist-Szenarios ist das Herleiten von Nutzungsanforderungen.

7.2.2 Storyboards als Visualisierung von Nutzungsszenarien

Als Storyboard bezeichnet man eine Serie von üblicherweise 6 bis 8 Abbildungen, innerhalb derer die Erledigung einer Aufgabe am interaktiven System visualisiert wird. Auf den Abbildungen, die häufig wie Comics dargestellt sind, ist typischerweise jeweils der Benutzer bei der jeweiligen Teilaufgabe zu sehen, die er gerade erledigt, das interaktive System mit relevanten Informationen für den Benutzer sowie die physische und soziale Umgebung, in der sich der Benutzer gerade befindet.

Definition 7-6: Storyboard

Eine Folge visueller Bildschirminhalte, die das Zusammenspiel zwischen einem Benutzer und einem interaktiven System veranschaulicht.

Storyboards können als Illustration von Nutzungsszenarien helfen, die eigentlichen Nutzungsszenarien im Projektteam oder auch zu Stakeholdern anschaulich zu kommunizieren und Konsens zu finden darüber, wie die jeweilige Aufgabe am interaktiven System unterstützt werden soll.

Insbesondere sind Storyboards hilfreich, wenn sich der Benutzer während der Aufgabenerledigung an verschiedenen Orten aufhält bzw. wenn bei den einzelnen Teilaufgaben andere Personen beteiligt sind (wechselnde soziale Umgebung). Physische Umgebungen und Menschen lassen sich schlichtweg gut grafisch repräsentieren.

Abb. 7–13 *Storyboard für die Aufgabe »Einen Arzttermin wahrnehmen, der sich verzögert«*[8]

8. Quelle: Simon Birke, Senior Consultant Human-centred Design bei der ProContext Consulting GmbH.

7.2.3 Card-Sorting als Methode zur Strukturierung von Information

Als Card-Sorting (Sortierung von Karten) bezeichnet man eine Aktivität zum Strukturieren von Information, bei der ein Moderator mit (meist mehreren) Benutzern zusammenarbeitet. Das Ziel der Zusammenarbeit beim Card-Sorting ist es, mithilfe von Benutzern eines interaktiven Systems z.B. eine Navigationsstruktur zu entwickeln, in der diese dann die benötigten Bedienfunktionen des Systems systematisch und effizient auffinden können.

Dies ist insbesondere hilfreich für z.B. betriebswirtschaftliche Software, die sehr viele Bedienfunktionen hat, oder Websites, die sehr viele unterschiedliche Informationen bieten.

So kann man für ein Programm, für das man die Bedienfunktionen auf Basis der spezifizierten Nutzungsanforderungen identifiziert hat, jede Bedienfunktion auf eine Karte schreiben und diese dann durch die Benutzer sortieren lassen.

Definition 7–7: Card-Sorting

Eine Methode zum Strukturieren von Information – wie beispielsweise Menüs in einer Navigationsstruktur –, bei der Kernbegriffe auf verschiedene Karten geschrieben werden und Benutzer aufgefordert werden, diese Karten in Gruppen zu sortieren.

Man unterscheidet offenes Card-Sorting und geschlossenes Card-Sorting.

Beim offenen Card-Sorting werden die Teilnehmer gebeten, die Karten, die aus ihrer Sicht zusammengehören, zu gruppieren und für jede der erarbeiteten Gruppen einen Titel zu vergeben. Beim geschlossenen Card-Sorting stehen die Titel der Gruppen bereits fest und die Teilnehmer werden gebeten, die vorhandenen Karten den vorhandenen Titeln zuzuordnen. Das geschlossene Card-Sorting eignet sich besonders, wenn das Entwicklungsteam bereits eine Hypothese hat, wie z.B. Menüpunkte benannt sein sollten, und diese Hypothese überprüfen möchte.

Abbildung 7–14 zeigt das Ergebnis einer offenen Card-Sorting-Sitzung für die Navigationsstruktur eines Navigationssystems.

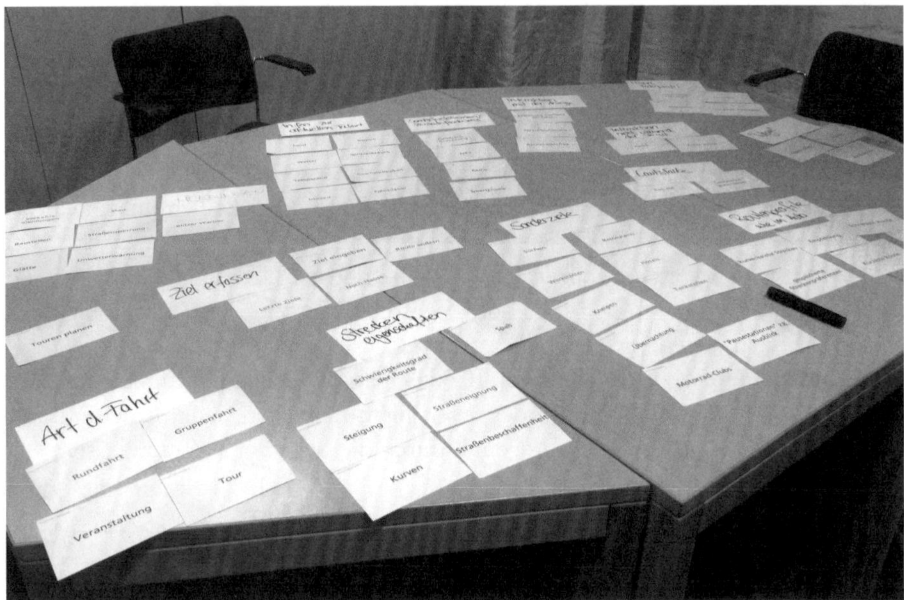

Abb. 7–14 *Ergebnis einer offenen Card-Sorting-Sitzung*[9]

Es ist wichtig für den Moderator, genau zuzuhören, was in der Gruppe während des Sortierens gesprochen wird, um Diskrepanzen (»Mismatches«) zwischen dem, was das Entwicklungsteam glaubt, und dem, was die Benutzer glauben, zu identifizieren.

7.2.4 Prototypen

Prototypen, so wie sie im Rahmen von menschzentrierter Gestaltung verstanden werden, sind immer »User-Interface-Prototypen«. Der Begriff Prototyp wird in der Produktentwicklung auch für »technische Prototypen« verwendet, bei denen es darum geht, ob eine bestimmte Technologie das leistet, was man von ihr erhofft. Hierum geht es bei der menschzentrierten Gestaltung jedoch nicht.

Ein (User-Interface-)Prototyp ist also immer eine »Vorschau« auf die Benutzungsschnittstelle für das interaktive System. In der Regel repräsentiert ein Prototyp zunächst nur Teile der Benutzungsschnittstelle.

Definition 7–8: Prototyp

Eine Repräsentation von Teilen oder des gesamten interaktiven Systems, die in Grenzen für Analyse, Design und Usability-Evaluierung benutzt werden kann.

9. Quelle: Ausbildung zum Usability & User Experience Professional bei artop GmbH, Berlin 2018.

Das vorrangige Ziel bei der Erarbeitung von Prototypen ist, dass man vor der eigentlichen technischen Implementierung einer Benutzungsschnittstelle diese bereits mit zukünftigen Benutzern auf ihre Usability und User Experience hin evaluieren kann. So gibt es inzwischen zahlreiche Werkzeuge zur Erzeugung von Prototypen, auch Prototyping-Tools genannt, mit denen man ohne eine Zeile Programmiercode schreiben zu müssen, bereits die Benutzungsschnittstelle eines interaktiven Systems »interaktiv erlebbar« machen kann. Prominente Beispiele für Prototyping-Tools sind Balsamiq, Axure, ForeUI, Sketch und Adobe XD.

Prototypen helfen, mit zukünftigen Benutzern des interaktiven Systems möglichst frühzeitig ins Gespräch zu kommen. Es kann leichter sein, ein Nutzungsszenario anhand eines Prototyps mit Benutzern zu evaluieren, als Benutzer mit dem textuellen Nutzungsszenario zu konfrontieren. Auch helfen Prototypen dabei, den Stakeholdern (wie z.B. Vorgesetzten von Benutzern) frühzeitig zu zeigen, woran man arbeitet und dass etwas entsteht. Prototypen erzeugen »Sichtbarkeit« in Entwicklungsprojekten.

Man unterscheidet Low-Fidelity-Prototypen und High-Fidelity-Prototypen.

Definition 7–9: Low-Fidelity-Prototyp

Eine preiswerte Veranschaulichung eines Designs oder eines Konzepts, die benutzt wird, um Feedback von Benutzern und anderen Interessenvertretern während früher Phasen der Entwicklung einzuholen.

Ein wesentliches Merkmal eines Low-Fidelity-Prototyps ist, dass er mit sehr geringem Aufwand erstellt und geändert werden kann. Das bedeutet meistens, dass visuelle Details weggelassen werden und der Fokus eines Low-Fidelity-Prototyps darauf liegt, was im User Interface zu sehen ist und wie die Interaktion abläuft, und noch nicht, wie Dinge im Detail visualisiert werden. Einerseits reduziert das den Aufwand in der Herstellung des Prototyps massiv, andererseits erreicht man so, dass Benutzer, mit denen man den (Low-Fidelity-)Prototyp evaluiert, sich wirklich darauf konzentrieren, ob dieser die Informationen enthält, die bei der Aufgabenerledigung benötigt werden, und die Schritte ermöglicht, die während der Aufgabenerledigung gemacht werden müssen. Anderenfalls diskutiert man über Formen und Farben, was bei frühen Evaluierungen vom eigentlich wichtigen Evaluierungsgegenstand ablenkt.

Low-Fidelity-Prototypen müssen sich schnell ändern lassen, wenn man im Rahmen von Evaluierungen den Änderungsbedarf erkennt, damit ihr Einsatz effektiv ist. Manche Low-Fidelity-Prototypen werden demgemäß auf Papier erstellt. Dies ist insbesondere nützlich, wenn man die Prototypen in einem Team erstellt, in dem »jeder Hand anlegt«. Es gibt zu »Paper Prototyping« sogar eigene Bücher (z.B. [Snyder 2003]).

Die inzwischen am Markt vorhandenen Prototyping-Tools eignen sich auch zur Erstellung von Low-Fidelity-Prototypen. Sie erfordern keinerlei Programmierkenntnisse und sind schnell erlernbar. Sie erzeugen meist Benutzungsschnittstellen, die ganz bewusst so aussehen, als wären sie gezeichnet worden.

Jedoch gilt auch hier: »A fool with a tool is still a fool.« Wer Prototypen entwickelt, sollte dies nicht tun, ohne Klarheit über die zu unterstützenden Aufgaben in Form von Aufgabenmodellen zu haben und Klarheit über die Interaktion am System in Form von Nutzungsszenarien. Des Weiteren ist es für den »Prototyper« wichtig zu wissen, welche User-Interface-Elemente sich für welchen Zweck eignen und für welchen nicht.

Eine einzelne »Draufsicht« (z.B. eine Bildschirmseite) auf einen Low-Fidelity-Prototyp bezeichnet man auch als »Wireframe«.

Definition 7–10: Wireframe

Ein Screen oder eine Seite in einem Low-Fidelity-Prototyp für eine grafische Benutzungsschnittstelle, bestehend aus Linien, rechteckigen Kästen und Text, der das zukünftige Interaktionsdesign repräsentiert.

In Abbildung 7–15 ist ein solcher Wireframe für die Terminvereinbarungs-App abgebildet. Dieser Wireframe ist noch sehr rudimentär, da er zunächst nur darstellt, welche Informationen an welcher Stelle des Bildschirms dargestellt werden sollen.

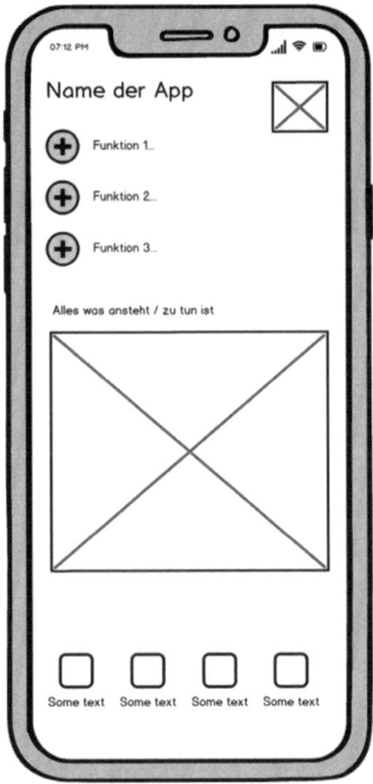

Abb. 7–15 Wireframe eines Low-Fidelity-Prototyps

In Abbildung 7–16 sieht man bereits zwei Wireframes der Terminvereinbarungs-App, die zeigen, wie man von der Startseite ausgehend einen neuen Behandlungstermin beim Arzt vereinbaren kann. Dies kann man bereits als Low-Fidelity-Prototyp bezeichnen, da eine Interaktion mit dem Prototyp bereits möglich ist. Mit einem Prototyping-Tool lässt sich diese Interaktion so herstellen, dass der Benutzer eigenständig vom linken Wireframe auf den rechten Wireframe kommt, indem er auf das Pluszeichen oder den Text »Arzttermin jetzt vereinbaren ...« klickt und dann das Bildschirmformular zur Terminauswahl erscheint.

Abb. 7–16 *Low-Fidelity-Prototyp der Terminvereinbarungs-App*

Im Gegensatz zu Low-Fidelity-Prototypen sehen High-Fidelity-Prototypen optisch bereits so aus, wie die jeweilige Anwendung auf der »Zielplattform« nach der Entwicklung aussehen wird. Auch hierfür gib es Prototyping-Werkzeuge, die z.B. »originalgetreu« Windows-Anwendungen oder iPhone-Apps visualisieren.

Definition 7–11: High-Fidelity-Prototyp

Ein Prototyp, der die Benutzungsschnittstelle eines interaktiven Systems so genau wie möglich abbildet und oft pixelgenaue User-Interface-Elemente und visuelles Design aufweist.

Abbildung 7–17 zeigt eine Benutzungsschnittstelle einer Terminvereinbarungs-App, die sich auf diese Weise mit einem High-Fidelity-Prototyping-Tool herstellen und interaktiv erleben lässt, ohne dass sie technisch implementiert ist.

Man sollte jedoch im Projekt immer zunächst Low-Fidelity-Prototypen erstellen und diese so oft (iterativ) mit Benutzern evaluieren, bis man ausreichend Sicherheit hat, dass der Interaktionsablauf erwartungskonform ist und Klarheit über die Informationen herrscht, die dem Benutzer in jedem Dialogschritt präsentiert werden müssen. Darauf aufbauend ist das Erstellen von High-Fidelity-Prototypen sinnvoll, insbesondere wenn die Umsetzung der Benutzungsschnittstelle auf der Zielplattform von anderen Personen durchgeführt wird als denen, die die Low-Fidelity-Prototypen entwickelt haben, bzw. wenn die Umsetzung durch ein hierfür beauftragtes Unternehmen erfolgt.

Abb. 7–17 *Mobile App für die Arzttermin-Vereinbarung*[10]

Merksatz

Auf der Basis von Nutzungsszenarien sollten immer zunächst Low-Fidelity-Prototypen erstellt werden und so lange evaluiert werden, bis aus Benutzersicht keine neuen Erkenntnisse mehr für eine Überarbeitung gewonnen werden können. Diese Iterationen sind sehr viel kostengünstiger als Iterationen an teilweise entwickelter Software.

10. Quelle: jameda GmbH, *www.jameda.de*.

Typische Verwendungen von High-Fidelity-Prototypen sind:

- Als Teil der Spezifikation des User Interface als Vorgabe für die Entwicklung
- Bei Marketing und Sales als Instrument für Demos
- Zum Testen von Usability-Aspekten, die von der visuellen Gestaltung und anderen Details abhängen, z.B. Attraktivität, Affordance, Selbstbeschreibungsfähigkeit

7.2.5 User-Interface-Spezifikation

Spezifikationen werden immer formuliert, um denjenigen, die etwas liefern oder umsetzen sollen, einerseits klarzumachen, was geliefert bzw. umgesetzt werden soll, und andererseits Unsicherheiten und Diskussionsbedarf auf das wirklich notwendige Maß zu reduzieren.

Eine User-Interface-Spezifikation dient demzufolge dazu, dass diejenigen, die eine Benutzungsschnittstelle implementieren sollen, alle Informationen verfügbar haben, die hierzu notwendig sind. Natürlich wird es immer wieder Rückfragen und Kommunikationsbedarf geben zwischen denen, die die User-Interface-Spezifikation erstellt haben, und denjenigen, die diese umsetzen sollen. Aber alleine durch das Vorhandensein der User-Interface-Spezifikation wird dieser Kommunikationsbedarf auf wirklich nützlichen Austausch statt »Guesswork« beschränkt.

Definition 7–12: User-Interface-Spezifikation

Eine Beschreibung des Aussehens und Verhaltens der Benutzungsschnittstelle eines interaktiven Systems.

In der User-Interface-Spezifikation muss einerseits das dynamische Verhalten der Benutzungsschnittstelle beschrieben sein und andererseits alle Bedienfunktionen und Benutzerunterstützung.

Aus der Erfahrung der Autoren heraus beinhaltet eine User-Interface-Spezifikation folgende Punkte:

- Alle Ansichten (Screens) des interaktiven Systems mit allen Inhalten und dem gesamten Informationsfluss zwischen ihnen (UI-Elemente, Texte, Bilder, Videos, Warn- und Fehlermeldungen, Benutzerunterstützung, Übersetzungen etc.)
- Das Verhalten der Benutzungsschnittstelle bei Interaktionen
- Low-Fidelity-Prototypen (in der Regel annotiert zwecks Spezifikation des Verhaltens)
- Gegebenenfalls High-Fidelity-Prototypen, wenn es keine standardisierte Zielplattform und/oder keinen Styleguide gibt
- Informationsarchitektur und Navigationsstruktur

- Beschreibung aller Bedienfunktionen (Aufgabenobjekte und ausführbare Funktionen)
- Beschreibung aller Elemente der Benutzerunterstützung – Meldungen, Statusinformationen, Instruktionen, Onlinehilfe und Benutzerdokumentation (sofern bereits verfügbar)
- Nutzungsszenarien

7.2.6 Ethisches Design und nachhaltiges Design

Der Begriff »ethisch« kommt von »Ethik«. »Ethik ist die Lehre bzw. Theorie vom Handeln gemäß der Unterscheidung von gut und böse. Gegenstand der Ethik ist die Moral« [Gabler Wirtschaftslexikon].

Definition 7-13: Ethisches Design

Ein Verhaltensprinzip, das Erfordernissen [und Zielen] [der Benutzer] Vorrang vor individuellen [Zielen einzelner Stakeholder] oder organisatorischen Zielen [des Herstellers/Auftraggebers] gibt.

Ethisches Design geht davon aus, dass bei der Gestaltung von interaktiven Systemen die Erfordernisse der Benutzer im Vordergrund stehen statt der Vorlieben einzelner Stakeholder oder der Ziele der Organisation, die das interaktive System herstellt bzw. in Verkehr bringt. Natürlich will ein Hersteller eines interaktiven Systems Profite erzielen. Dies soll jedoch gelingen, indem die Erfordernisse der Benutzer des interaktiven Systems befriedigt werden, statt eine positive Antizipation der Nutzung zu erzeugen, die dann während und nach der Nutzung negative Erlebnisse verursacht.

Ethisches Design ist immer auf langfristigen Produkterfolg ausgerichtet und bestrebt, Gutes für die Benutzer zu tun.

Abbildung 7–18 zeigt ein Beispiel für ethisches Design einer Benutzungsschnittstelle. Bei einem Fahrzeug wird dem Fahrer die Statusinformation angezeigt, dass das Fahrzeug Müdigkeit beim Fahrer erkannt hat, und eine Fahrpause empfohlen wird. Dies ist gut zu wissen für den Fahrer, der ermuntert wird, eine Pause zu machen, und es dient der Sicherheit aller Verkehrsteilnehmer.

Abb. 7–18 *Müdigkeitserkennung bei Pkws von VW*[11]

Sogenannte »Dark Patterns« bzw. Deceptive Patterns sind prominente Beispiele für unethisches Design. Es handelt sich hier um Benutzungsschnittstellen-Designs, die bewusst so gestaltet sind, dass der Benutzer zu Handlungen verleitet wird, die dessen Interessen entgegenlaufen [Deceptive Patterns]. Inzwischen wird hier auch der Begriff »Deceptive Design« (trügerisches Design) verwendet.

Abbildung 7–19 zeigt ein Beispiel für unethisches Design in Form eines »Dark Pattern«. Bei der dritten Rückmeldung des Systems im Verlauf des Löschens eines Benutzerkontos ist die Schaltfläche »Abbrechen« visuell identisch dargestellt mit der Schaltfläche »Konto löschen« bei der ersten und der zweiten Rückmeldung. Der Benutzer wird verleitet, unabsichtlich die Löschung des Kontos abzubrechen.

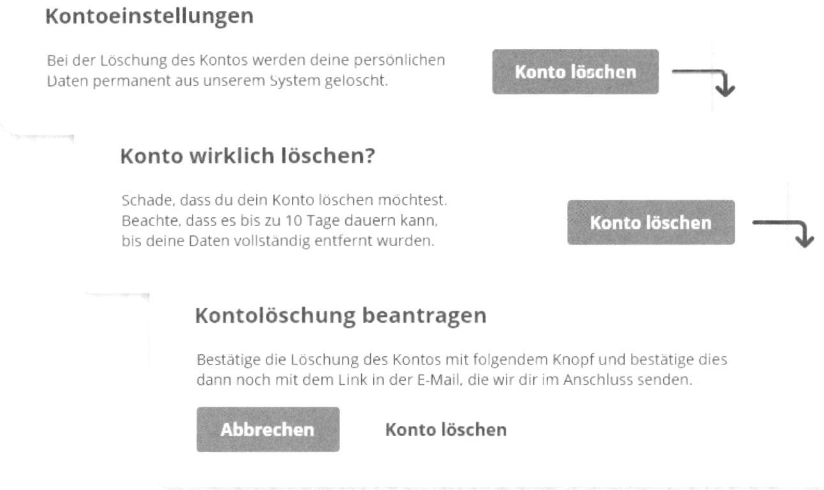

Abb. 7–19 *Absichtliche Irreführung beim Löschen eines Benutzerkontos*[12]

11. Quelle: *https://www.volkswagen-newsroom.com/de/muedigkeitserkennung* 3932.
12. Quelle: *https://www.redim.de/blog/dark-patterns.*

Die Begriffe »Dark Pattern« und »Honest Design« sind im CPUX-DS-Curriculum definiert und dort tiefergehend beschrieben. Für die CPUX-F-Prüfung sind diese Begriffe nicht relevant.

Neben dem Begriff »ethisches Design« gibt es den Begriff »nachhaltiges Design«. Beide Begriffe sind im CPUX-F-Curriculum definiert und somit prüfungsrelevant.

Definition 7–14: Nachhaltiges Design

Ein Gestaltungsansatz, der den Menschen und dem Planeten Vorrang einräumt, indem die für die Nutzung interaktiver Systeme erforderlichen Ressourcen minimiert werden.

Nachhaltiges Design zielt darauf ab, dass interaktive Systeme (und Produkte insgesamt) so gestaltet werden, dass diese insbesondere bei der Nutzung, aber auch bei der Herstellung und Entsorgung so wenige Ressourcen wie möglich verbrauchen, um so den Erhalt des natürlichen Lebens auf der Erde nicht zu gefährden.

In Bezug auf die Gestaltung schließt Ressourcenminimierung hierbei unter anderem Folgendes ein:

- Minimaler Einsatz von seltenen Erden in Produkten
- Minimaler Stromverbrauch während der Nutzung
- Minimaler Schadstoffausstoß bei der Nutzung
- Recyclingfähigkeit von verwendeten Materialien

So lässt sich leicht begreifen, dass die Nutzung von Streamingdiensten hohen Strom für den Betrieb von Serverfarmen erfordert und diese wiederum gekühlt werden müssen, was wiederum zu vermehrtem CO_2-Ausstoß in die Atmosphäre führt.

Jegliche Gestaltungen an internetbasierten Anwendungen, die die Interaktion zwischen Benutzer und System erhöhen, sei es durch überflüssige Schritte bei Benutzern oder durch häufige Behebung von Benutzungsfehlern, führen zur mehr Datenverkehr über Datenleitungen und sind somit umweltschädlich.

Effiziente Gestaltung der Interaktion zwischen Benutzer und System liefert somit einen Beitrag zum nachhaltigen Design.

7.2.7 Prüfungsfragen zu diesem Abschnitt

Die folgenden Fragen dienen zur Vertiefung der Inhalte des Abschnitts und zur Vorbereitung auf die CPUX-F-Zertifizierungsprüfung. Die Fragen entsprechen in ihrer Form und Schwere den Prüfungsfragen für die CPUX-F-Zertifizierungsprüfung. Es handelt sich aber nicht um tatsächliche Prüfungsfragen, sondern die Fragen wurden von den Autoren speziell für dieses Buch erstellt.

Die Lösungen zu den Fragen befinden sich in Anhang A »Lösungen zu den Prüfungsfragen«.

Frage 97	**2 richtige Antworten**	**LZ 6.1.9**
Welche zwei der folgenden Aussagen beschreiben eine Gestaltung eines interaktiven Systems, die den Grundsätzen des ethischen Designs NICHT folgt?		
A	Beim Einwilligungsbanner auf einer Website (auch »Cookie-Banner« genannt) ist die Standardeinstellung beim Bestätigen durch den Benutzer die bzgl. Datenschutz für ihn beste Einstellung. Dies wird auch durch die DSGVO gesetzlich gefordert.	
B	Während der Benutzung einer App wird der Benutzer wiederholt darauf aufmerksam gemacht, was die App alles leisten kann und warum er die App weiterbenutzen sollte.	
C	In einer Fitness-App kann der Benutzer durch Sport und Bewegung Punkte sammeln und damit Preise gewinnen. Wenn der Benutzer sich nicht genug bewegt, wird er von der App erinnert und es werden keine weiteren Punkte vergeben.	
D	Eine Social-Media-Website bietet dem Benutzer an, einen Newsletter zu abonnieren mit der Formulierung »Abonnieren Sie unseren kostenlosen Newsletter«. Der Benutzer muss zum Abonnieren seinen Namen und seine E-Mail-Adresse angeben sowie weitere persönliche Angaben.	
E	Eine mobile Zahlungsanwendung zur Benutzung im Restaurant setzt eine Option »Trinkgeld« als Standard. Der Benutzer kann den voreingestellten Trinkgeld-Betrag auswählen oder die Option abwählen.	
F	Ein Online-Streamingdienst kann einen Monat gratis getestet werden. Der Benutzer wird eine Woche vor Ablauf der Gratis-Zeit informiert und erhält die Möglichkeit, sein Abonnement fortzusetzen, indem er seine Kreditkartendaten zur Bezahlung des Abonnements hinterlegt.	

Frage 98	**2 richtige Antworten**	**LZ 6.1.8**
Welche zwei der folgenden Aussagen über User-Interface-Spezifikationen sind korrekt?		
A	Der Zweck einer User-Interface-Spezifikation ist, die Einhaltung aller relevanten Anforderungen überprüfen zu können.	
B	Eine allgemeingültige Regelung, welche Farbe wofür verwendet werden darf, ist Bestandteil einer User-Interface-Spezifikation.	
C	Es kann sein, dass eine User-Interface-Spezifikation nur aus einem annotierten Prototyp besteht.	
D	Meldungen (Fehlermeldungen, Warnungen, Hinweise) gehören zur Informationsarchitektur und nicht zur User-Interface-Spezifikation.	

→

Frage 98	Fortsetzung LZ 6.1.8
E	Welche User-Interface-Elemente wofür verwendet werden dürfen, ist Bestandteil einer User-Interface-Spezifikation.
F	Der primäre Adressat einer User-Interface-Spezifikation sind die Entwickler.

Frage 99	**1 richtige Antwort LZ 6.1.10**
	Welcher eine der folgenden Aspekte ist der primäre Fokus von nachhaltigem Design?
A	Das nachhaltige Erreichen der Ziele der Benutzer durch die Verwendung des interaktiven Systems
B	Das Minimieren des kognitiven Aufwands für die Bedienung des interaktiven Systems
C	Das Minimieren des Energieaufwands für die Verwendung des interaktiven Systems
D	Die Vermeidung von Umweltverschmutzung und Energieverschwendung bei der Verwendung des interaktiven Systems
E	Die dauerhafte Erfüllung aller relevanten Anforderungen durch das interaktive System
F	Das Minimieren der erforderlichen Ressourcen für die Nutzung des interaktiven Systems

Frage 100	**3 richtige Antworten LZ 6.1.2**
	Welche drei der folgenden Aussagen sind korrekt in Bezug auf Storyboards?
A	Storyboards sind etwas Ähnliches wie Nutzungsszenarien.
B	Storyboards werden in der Gestaltungsphase erstellt.
C	Ein Storyboard ist ähnlich einem Kanban-Board, nur dass es keine Arbeitspakete enthält, sondern User Stories.
D	Ein Storyboard ist eine comicartige Darstellung des Zusammenspiels zwischen einem Benutzer und einem interaktiven System.
E	Ein Storyboard ist eine umfassende Sammlung aller Nutzungsszenarien für ein zu erstellendes interaktives System.
F	Storyboards werden von Benutzern im Rahmen von Usability-Evaluierungen erstellt.

Frage 101	3 richtige Antworten LZ 6.1.5
Welche drei der folgenden Aussagen über Prototypen und Wireframes sind korrekt?	
A	Ein Wireframe ist ein Bestandteil eines Prototyps.
B	Ein Prototyp ist eine Form von Wireframe.
C	Bei der Evaluierung von Prototypen können Informationen über den Nutzungskontext ermittelt werden.
D	Prototypen werden immer nur in der Designphase und der Evaluierungsphase verwendet.
E	Prototypen können als Teil der Spezifikation für die Implementierung der Benutzungsschnittstelle eines interaktiven Systems dienen.
F	Wireframes zeigen nicht das visuelle Design des interaktiven Systems, wohl aber das exakte Layout von allen UI-Elementen in einem Screen oder einer Seite.

Frage 102	1 richtige Antwort LZ 6.1.6
Für eine interne Demonstration hat einer Ihrer Kollegen ein neues Bestellsystem auf einigen Blättern Papier skizziert. Jedes Blatt stellt einen Screen dar. Der Inhalt der Screens ist handgezeichnet und unvollständig. Ihr Kollege wechselt die Screens, sobald man auf den Button »klickt«, indem man mit einem Bleistift das Blatt berührt. Welcher eine der folgenden Begriffe beschreibt diese Sammlung von Skizzen am besten? (Quelle der Frage: [UXQB CPUX-F 2023b])	
A	Gestaltungsregel
B	Low-Fidelity-Prototyp
C	High-Fidelity-Prototyp
D	Wireframe
E	Styleguide
F	Storyboard

Frage 103	2 richtige Antworten LZ 6.1.5
Welche zwei der folgenden Aussagen beschreiben wichtige Merkmale eines Wireframe?	
A	Ein Wireframe besteht aus Formen wie zum Beispiel Linien, Kästen und Text.
B	Ein Wireframe beinhaltet Aspekte des visuellen Designs des interaktiven Systems.
C	Ein Wireframe zeigt immer das exakte visuelle Design des interaktiven Systems.
D	Ein Wireframe ist eine Seite / ein Screen in einem Low-Fidelity-Prototyp.
E	Ein Wireframe beinhaltet Aspekte des Layouts der User-Interface-Elemente.
F	Ein Wireframe zeigt immer das exakte Layout der User-Interface-Elemente.

Frage 104	2 richtige Antworten	LZ 6.1.1
Welche zwei der folgenden Punkte stellen einen Ausschnitt eines validen Nutzungsszenarios dar für die Website eines Pizza-Lieferservice und die Aufgabe »Artikel bestellen«?		
A	Hanna geht auf die Website des Pizza-Lieferservice und da sie früher schon einmal dort bestellt hat, wird sie direkt mit Namen begrüßt und gebeten, ihr Benutzerpasswort einzugeben. Nachdem sie das getan hat, sieht sie die Artikel aufgelistet, die in ihren letzten Bestellungen enthalten waren, wo auch ihre selbst zusammengestellte Lieblingspizza dabei ist. Sie wählt diese aus und freut sich, dass sie nicht den Aufwand treiben muss, die Pizza erneut mühsam zusammenzustellen.	
B	1. Benutzer identifizieren, entweder automatisch oder durch Angabe des Benutzernamens 2. Benutzer authentifiziert sich durch Eingabe eines Passworts 3. Artikel der letzten Bestellungen auflisten, neueste zuerst 4. Benutzer wählt aus der Liste aus und legt pro Artikel die Anzahl fest	
C	Der Benutzer gibt sein Passwort ein. Er sieht dann die Artikel seiner letzten Bestellungen in der Reihenfolge »Neueste zuerst«, auch selbst zusammengestellte Pizzen, wenn welche dabei waren. Er kann beliebige Artikel aus der Liste auswählen und diese einfach erneut bestellen.	
D	Der Benutzer Nr. 3 gibt Benutzernamen und Passwort ein und bekommt dann die Artikel seiner letzten Bestellungen aufgelistet in der Reihenfolge »Neueste zuerst«. Er verzieht das Gesicht und sagt »Warum kann ich denn nicht meine Lieblingsartikel festlegen? Das wäre doch viel praktischer, als nur die letzten Bestellungen zu sehen, wo ja bestimmte Artikel immer wieder aufgelistet werden. Jetzt muss ich durch die ganze lange Liste durchscrollen, um meine selbst zusammengestellte Pizza zu finden, die ich wieder bestellen möchte!«	
E	Der Benutzer wird identifiziert über ein Feld »Benutzername« (wird wenn möglich automatisch vorausgefüllt mittels Nutzung eines Cookies) und authentifiziert über ein Feld »Passwort«. Alternativ kann er sich auch neu registrieren, ein Bestellen ohne Login soll nicht erlaubt sein. Nach Anklicken des Buttons »Los geht's« und erfolgreicher Prüfung der Login-Daten bekommt der Benutzer die Artikel seiner letzten Bestellungen aufgelistet in der Reihenfolge »Neueste zuerst«, auch selbst zusammengestellte Pizzen, wenn welche dabei waren.	
F	Hanna bestellt mindestens zweimal pro Woche eine selbst zusammengestellte Pizza bei ihrer Lieblingspizzeria. Hier kann sie die Pizza dann 15 Minuten später abholen. Ihre Kombinationen von Zutaten sind im Pizzamenü der Pizzeria nicht als Standardpizza enthalten. Manchmal kommt sie beim Anruf durcheinander und vergisst eine Zutat zu nennen, die sie eigentlich haben wollte. Das ärgert sie dann, wenn sie später zu Hause die Pizza genießen will.	

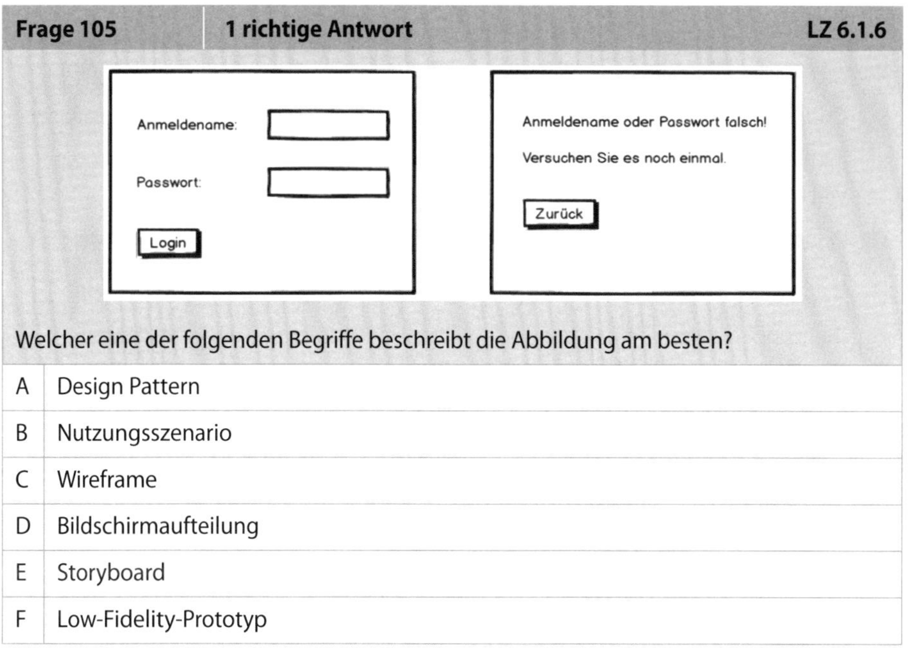

Frage 105	**1 richtige Antwort**	**LZ 6.1.6**

Welcher eine der folgenden Begriffe beschreibt die Abbildung am besten?

A	Design Pattern
B	Nutzungsszenario
C	Wireframe
D	Bildschirmaufteilung
E	Storyboard
F	Low-Fidelity-Prototyp

Frage 106	**1 richtige Antwort**	**LZ 6.1.5**

Welcher eine der folgenden Begriffe beschreibt die unten stehende Abbildung am besten?

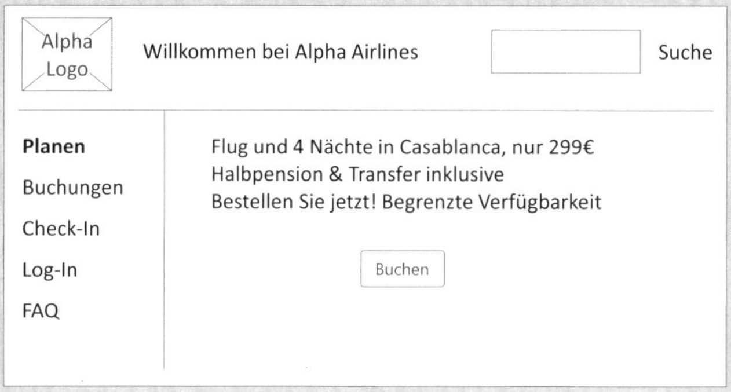

(Quelle der Frage: [UXQB CPUX-F 2023b])

A	Design Pattern
B	Persona
C	Nutzungsszenario
D	Wireframe
E	Styleguide
F	Storyboard

Frage 107	**3 richtige Antworten**	**LZ 6.1.4**
Welche drei der folgenden Aussagen sind korrekt in Bezug auf den Begriff »Card-Sorting«?		
A	Card-Sorting ist eine Methode zum benutzerorientierten Strukturieren von Informationen.	
B	Card-Sorting kann sowohl zum Erstellen neuer Navigationsstrukturen als auch zum Verbessern von bestehenden Navigationsstrukturen verwendet werden.	
C	Es werden zwei Arten von Card-Sorting unterschieden: neutral und vordefiniert.	
D	Die Teilnehmer an einem Card-Sorting sollten immer Usability Professionals sein.	
E	Die Teilnehmer an einem Card-Sorting sollten immer Benutzer des betreffenden interaktiven Systems sein.	
F	Beim Card-Sorting sind die Karten und deren Beschriftungen immer von einem Usability Professional vorgegeben.	

Frage 108	**3 richtige Antworten**	**LZ 6.1.6**
Welche drei der folgenden Punkte beschreiben am besten den Unterschied zwischen einem Low-Fidelity-Prototyp und einem High-Fidelity-Prototyp?		
A	Low-Fidelity-Prototypen veranschaulichen immer nur Konzepte, wogegen High-Fidelity-Prototypen weit mehr umfassen.	
B	Low-Fidelity-Prototypen können mit sehr geringem Aufwand geändert werden, High-Fidelity-Prototypen in der Regel nicht.	
C	Ein High-Fidelity-Prototyp kann als Teil der Spezifikation der Benutzungsschnittstelle dienen, ein Low-Fidelity-Prototyp nicht.	
D	Ein High-Fidelity-Prototyp ähnelt dem fertigen interaktiven System, ein Low-Fidelity-Prototyp in der Regel nicht.	
E	High-Fidelity-Prototypen sollten mit dem zu nutzenden technischen Framework abgestimmt sein, damit nicht etwas in dem Prototyp enthalten ist, das gar nicht umsetzbar ist. Bei Low-Fidelity-Prototypen spielt das keine Rolle.	
F	Sowohl Low-Fidelity- als auch High-Fidelity-Prototypen sollten immer aufgabenorientiert gestaltet sein, also eine sinnvolle Aufgabenerledigung demonstrieren können.	

7.3 Prinzipien und Richtlinien für die Gestaltung von Benutzungsschnittstellen

Lernziele in diesem Abschnitt (die Nummerierung entspricht den Lernziel-Nummern im CPUX-F-Curriculum):

- 6.2.1 Verstehen des Konzepts: Interaktionsprinzip
- 6.2.2 Verstehen aller sieben Interaktionsprinzipien
- 6.2.3 Verstehen des Konzepts: Heuristik

- 6.2.6 Verstehen der Konzepte: Gestaltungsregel und Styleguide
- 6.2.7 Verstehen des Unterschieds zwischen Interaktionsprinzipien und Gestaltungsregeln
- 6.2.8 Verstehen des Konzepts: Design Pattern
- 6.2.4 Verstehen des Konzepts: Affordance
- 6.2.5 Verstehen des Konzepts: mentales Modell

Der Titel dieses Hauptkapitels »Lösungen gestalten, die Nutzungsanforderungen erfüllen« setzt zwar den richtigen Fokus, die Betrachtung der Zielsetzung der Gestaltungslösung muss aber zunächst etwas weiter gefasst werden. Beim Gestalten gebrauchstauglicher Lösungen geht es zwar vorrangig darum, die Nutzungsanforderungen zu erfüllen, jedoch gibt es auch Prinzipien und Richtlinien für die Gestaltung von Benutzungsschnittstellen, die eingehalten werden müssen, damit alle Nutzungsanforderungen aus Benutzersicht wirklich wirksam umgesetzt werden können.

Bei diesen Prinzipien und Richtlinien für die Gestaltung unterscheidet man zwischen folgenden Typen:

- Interaktionsprinzipien
- Heuristiken
- Gestaltungsregeln

Der Unterschied zwischen den drei Typen von Prinzipien und Richtlinien liegt im Abstraktionsgrad.

Typ der Richtlinie	Abstraktionsgrad	Beispiel
Interaktions-prinzip	Allgemeingültig, über Technologien hinweg, sowohl für Software als auch für Hardware anwendbar	Das interaktive System zeigt dem Benutzer immer die Information an, die in der spezifischen Situation benötigt wird. (Interaktionsprinzip »Selbstbeschreibungsfähigkeit«)
Heuristik	Allgemein, grobe Daumenregel, aber spezifischer als ein Interaktionsprinzip	Der Systemstatus sollte immer sichtbar sein. (Heuristik, die dem Interaktionsprinzip »Selbstbeschreibungsfähigkeit« untergeordnet ist.)
Gestaltungsregel	Spezifisch für eine Benutzungsschnittstellenplattform (wie z.B. Windows 10), Technologie, Anwendungsdomäne oder Organisation	Der Systemstatus wird kontinuierlich angezeigt, und zwar in einer separaten Zeile am unteren Ende des Programmfensters, linksbündig mit Schriftgröße 1 em.

Tab. 7–3 *Abgrenzung von Typen von Richtlinien für die Gestaltung von Benutzungsschnittstellen [UXQB CPUX-F 2023a]*

In den folgenden Abschnitten 7.3.1, 7.3.2 und 7.3.3 werden die drei Typen von Prinzipien und Richtlinien für die Gestaltung von Benutzungsschnittstellen im Detail erläutert.

7.3.1 Die sieben Interaktionsprinzipien

Interaktionsprinzipien sind Grundsätze, die für die Gestaltung von Benutzungsschnittstellen immer anwendbar sind, unabhängig von der verwendeten Technologie, sei es Software oder Hardware oder beides in Kombination.

Definition 7–15: Interaktionsprinzipien

Allgemeine Ziele für die Gestaltung von nützlichen und gebrauchstauglichen Benutzer-System-Interaktionen.

Die folgenden Interaktionsprinzipien entstammen der ISO-Norm DIN EN ISO 9241-110 [DIN EN ISO 9241-110] und wurden in das CPUX-F-Curriculum übernommen.

- Aufgabenangemessenheit
- Selbstbeschreibungsfähigkeit
- Erwartungskonformität
- Erlernbarkeit
- Steuerbarkeit
- Robustheit gegen Benutzungsfehler
- Benutzerbindung

Die wissenschaftliche Grundlage für die Interaktionsprinzipien stammt ebenfalls von Wolfgang Dzida et al. [Dzida et al. 1977]. Die Bedeutung der Interaktionsprinzipien wird im Folgenden im Detail erläutert.

Für das Verständnis der Interaktionsprinzipien ist es hilfreich, zu verstehen, dass es Überlappungen zwischen ihnen gibt. So hat die Unterstützung eines Interaktionsprinzips Auswirkungen darauf, inwieweit ein anderes Interaktionsprinzip unterstützt wird. Im Folgenden werden Beispiele für diesen Sachverhalt beschrieben, und zwar nach der Erläuterung zum Interaktionsprinzip »Erwartungskonformität«.

Das erste von sieben Interaktionsprinzipien, »Aufgabenangemessenheit«, geht davon aus, dass die Benutzungsschnittstelle des interaktiven Systems aus der/den zu unterstützenden Aufgabe(n) hergeleitet wurde und dem Benutzer dabei hilft, seine Aufgabe so zu erledigen, wie es sich für den Benutzer und das zugrunde liegende Aufgabenmodell (siehe Abschnitt 5.8.3 auf Seite 78) eignet.

Definition 7–16: Aufgabenangemessenheit

Die Bedienfunktionen und die Benutzer-System-Interaktionen basieren auf den charakteristischen Eigenschaften der Aufgabe (und nicht auf der zur Erfüllung der Aufgabe gewählten Technologie).

Wichtige Empfehlungen zur Umsetzung des Interaktionsprinzips »Aufgabenangemessenheit (Interaktionsprinzip)« sind:

- Lass den Benutzer alle notwendigen Schritte am System machen, die sich aus dem Aufgabenmodell heraus ergeben.
- Vermeide unnötige Schritte, die keinen Bezug zur Aufgabe haben.
- Biete nur Information an, die der Benutzer beim jeweiligen Schritt benötigt, und vermeide Information, die keinen Bezug zur Aufgabe hat.

Abbildung 7–20 zeigt das Programmfenster eines Programms zum Verkleinern von Dateien. Benutzer, die eine Datei mithilfe dieses Programmfensters verkleinern wollen und das Programm (WinZip, Version 8.1) nicht kennen, wählen bevorzugt zunächst »Öffnen«, um die zu verkleinernde Datei auszuwählen. Dies ist jedoch auf diesem Weg nicht direkt möglich, da das Programm das Auswählen einer zu verkleinernden Datei im ersten Schritt nicht zulässt. Stattdessen muss der Benutzer zunächst ein »neues Archiv« erzeugen und dieses dann benennen. Anschließend kann er diesem Komprimierungsarchiv Dateien hinzufügen. Aus dem Aufgabenmodell für die Aufgabe »eine Datei verkleinern« ergibt sich jedoch, dass die zu komprimierende Datei zunächst ausgewählt werden muss.

Die Schritte, die sich aus dem Aufgabenmodell des Benutzers ergeben, sind:

> Auswählen > Datei, die verkleinert werden soll > Datei verkleinern > ...

Die Schritte, die das Programm vom Benutzer fordert, sind jedoch:

> Neu > Archiv > Archiv benennen > dem Archiv eine oder mehrere Dateien hinzufügen ...

Das heißt, das in Abbildung 7–20 gezeigte Programmfenster ist nicht aufgabenangemessen, da es Schritte vom Benutzer fordert, die nichts mit der Aufgabe zu tun haben, und die Schritte, die der Benutzer aus der Aufgabe heraus machen will, zu Beginn gar nicht ermöglicht.

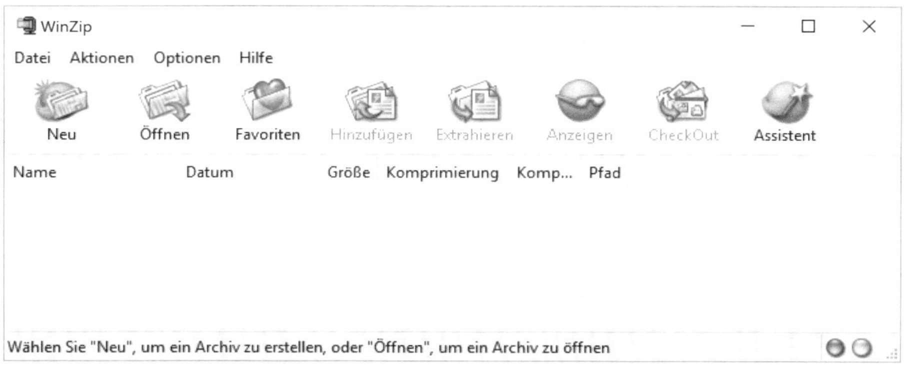

Abb. 7–20 *Programm »WinZip« (Version 8.1) zum Verkleinern von Dateien [Geis & Johner 2020]*

Das zweite Interaktionsprinzip »Selbstbeschreibungsfähigkeit« geht davon aus, dass an der Benutzungsschnittstelle durch bloßes Betrachten der Benutzungsschnittstelle jederzeit für den Benutzer klar ist, an welcher Stelle er sich gerade befindet und wie er das, was er jetzt tun möchte, auch tun kann.

Definition 7–17: Selbstbeschreibungsfähigkeit

Wo immer erforderlich für den Benutzer, bietet das interaktive System angemessene Information an, die die Möglichkeiten des Systems und seine Nutzung unmittelbar offensichtlich machen, ohne dass hierzu unnötige Benutzer-System-Interaktionen erforderlich werden.

Wichtige Empfehlungen zur Umsetzung des Interaktionsprinzips »Selbstbeschreibungsfähigkeit« sind:

- Zeige dem Benutzer zu jedem Zeitpunkt an, wo er sich innerhalb des Systems befindet.
- Benutze klare und aussagekräftige Beschriftungen und Titel sowie klare Anweisungen.
- Zeige dem Benutzer zu jedem Zeitpunkt an, in welchem Status sich das interaktive System gerade befindet (z.B. »Dateien werden komprimiert« bzw. »Programm ist bereit für Auswahlen oder Eingaben«).

In Abbildung 7–20 ist für die Aufgabe »eine oder mehrere Dateien verkleinern« unklar, was sich hinter »Neu« verbergen soll. Deshalb erschließt sich beim bloßen Betrachten für den Benutzer »Öffnen« als die richtige Wahl zum Auswählen von Dateien. Dummerweise führt »Öffnen« aber nicht zur Auswahlmöglichkeit einer oder mehrerer Dateien zwecks Komprimierung (»Neu« übrigens auch nicht).

Abbildung 7–21 zeigt ein anderes Programm zum Verkleinern von Dateien. Das Programm heißt FileCompressor. Durch bloßes Betrachten erschließt sich unmittelbar, dass »Komprimieren« die richtige Auswahl sein muss. Aber auch über »Datei« lassen sich Dateien zum Verkleinern auswählen. Das Programm FileCompressor in Abbildung 7–21 ist selbstbeschreibend im Gegensatz zum Programm WinZip in der vorhergehenden Abbildung 7–20.

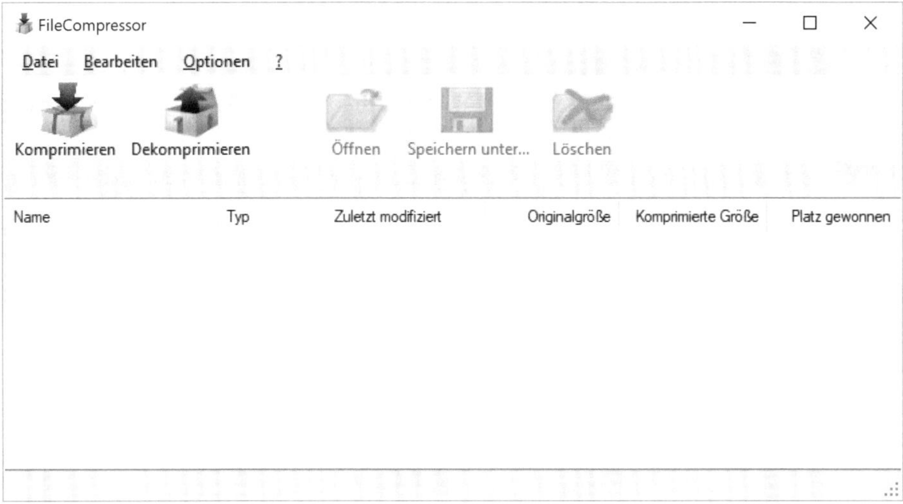

Abb. 7–21 *Programm »FileCompressor« zum Verkleinern von Dateien*[13]

Das dritte Interaktionsprinzip »Erwartungskonformität« geht davon aus, dass die Benutzungsschnittstelle auf Auswahlen oder Eingaben des Benutzers so reagiert, wie der Benutzer es erwartet. Andererseits ist eine Benutzungsschnittstelle erwartungskonform, wenn die Benutzungsschnittstelle konsistent ist.

Definition 7–18: Erwartungskonformität

Das Verhalten des interaktiven Systems ist vorhersehbar, basierend auf dem Nutzungskontext und allgemein anerkannten Konventionen in diesem Kontext.

Konsistent bedeutet, dass innerhalb der Benutzungsschnittstelle des interaktiven Systems Informationen mit derselben Bedeutung auch an verschiedenen Stellen identisch dargestellt werden (interne Konsistenz). Konsistent bedeutet aber auch, dass die Benutzungsschnittstelle Konventionen verwendet, die der Benutzer bereits von anderen interaktiven Systemen kennt (externe Konsistenz).

Definition 7–19: Konsistenz [als Teil von Erwartungskonformität]

Dieselbe Information wird im interaktiven System durchgängig in gleicher Weise entsprechend der Erwartung des Benutzers präsentiert.

13. Quelle: *www.filecompressor.com*.

Wichtige Empfehlungen zur Umsetzung des Interaktionsprinzips »Erwartungskonformität« sind:

- Stelle sicher, dass das interaktive System auf Auswahlen oder Eingaben des Benutzers immer so reagiert, wie der Benutzer es erwartet (»vorhersieht«).
- Stelle Informationen, die identisch sind, an verschiedenen Stellen der Benutzungsschnittstelle immer identisch dar (z.B. nicht einmal »Abbrechen« und ein anderes Mal »Abbruch«).
- Realisiere Abläufe, die ähnlich sind (z.B. »Komprimieren« und »Dekomprimieren« von Dateien), auch ähnlich, da dies vom Benutzer so erwartet wird.
- Verwende Konventionen, die der Benutzer bereits von anderen interaktiven System kennt, wieder (z.B. »Öffnen« für das Auswählen von Dateien).

Abbildung 7–22 zeigt die Dialogbox, die bei WinZip erscheint, nachdem der Benutzer auf »Öffnen« gedrückt hat. Die Erwartung des Benutzers ist, dass er hier jetzt eine oder mehrere Dateien zum Verkleinern (»Komprimieren«) auswählen kann. Dummerweise ist die Dialogbox aber dafür vorgesehen, eine bereits verkleinerte (»komprimierte«) Datei zu öffnen. Das Erscheinen dieser Dialogbox ist nicht erwartungskonform. Die Information »Archiv öffnen« steht zwar oben in der Titelzeile, wird von den meisten Benutzern aber nicht beachtet, da die Dialogbox aussieht wie »Datei öffnen« und dies auch die »vorhersagbare« Erwartung des Benutzers ist.

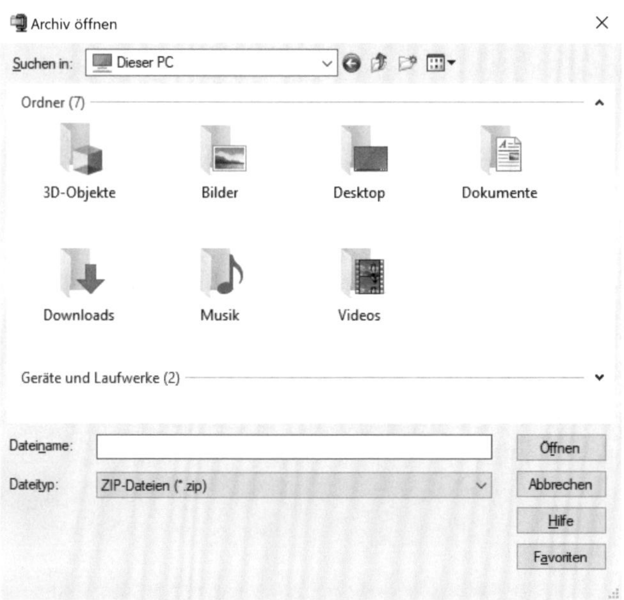

Abb. 7–22 *Dialogbox, die nach Betätigen von »Öffnen« erscheint (Istzustand)*

Abbildung 7–23 zeigt die Dialogbox, die nach Betätigen von »Öffnen« erscheinen müsste, damit der Dialogablauf erwartungskonform wäre und dem Aufgabenmodell für die Aufgabe »eine oder mehrere Dateien verkleinern« entspricht.

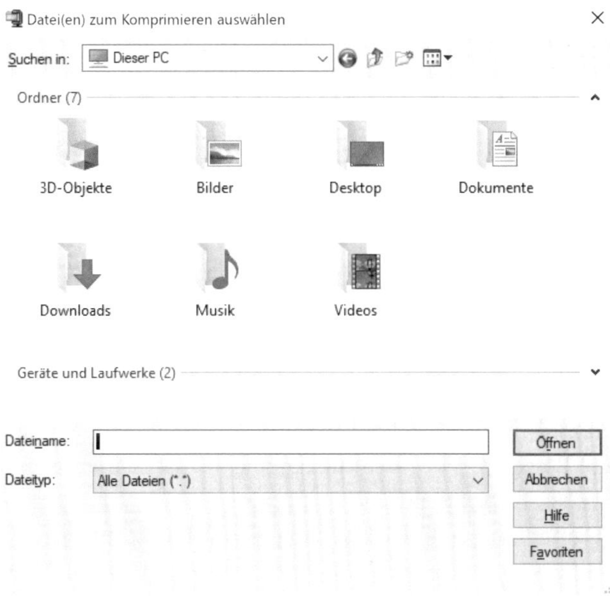

Abb. 7–23 *Dialogbox, die nach Betätigen von »Öffnen« erscheinen sollte (Sollzustand)*

Zu Beginn dieses Abschnitts wurde darauf hingewiesen, dass es Überlappungen zwischen den Interaktionsprinzipien gibt. Die Unterstützung eines Interaktionsprinzips hat Auswirkungen darauf, inwieweit ein anderes Interaktionsprinzip unterstützt wird.

Ein Beispiel für die Überlappung von Erwartungskonformität und Selbstbeschreibungsfähigkeit: Wenn der Button zum Ausführen einer Funktion nicht an der Stelle in der Benutzungsschnittstelle platziert wird, wo der Benutzer ihn erwartet, dann ist dies nicht erwartungskonform und kann gleichzeitig auch dazu führen, dass das interaktive System nicht ausreichend selbstbeschreibungsfähig ist, weil der Benutzer den Button nicht findet und damit nicht erkennen kann, dass er die Funktion ausführen könnte.

Ein Beispiel für die Überlappung von Selbstbeschreibungsfähigkeit und Aufgabenangemessenheit: Wenn der Benutzer nicht erkennt, an welcher Stelle er sich in der Navigationsstruktur des interaktiven Systems befindet, ist die Selbstbeschreibungsfähigkeit reduziert. Dies kann dazu führen, dass die Erledigung einer Aufgabe so sehr behindert wird, dass der Benutzer das Ergebnis nicht erzielt und damit die Aufgabenangemessenheit nicht gegeben ist.

Das vierte Interaktionsprinzip »Erlernbarkeit« geht davon aus, dass die Benutzungsschnittstelle des interaktiven Systems den Benutzer beim Erlernen der Nutzung des interaktiven Systems aktiv unterstützt. Jegliche Attribute an der Benutzungsschnittstelle, die explizit angebracht wurden, um das Erlernen zu unterstützen, dienen der Umsetzung des Interaktionsprinzips Erlernbarkeit.

Definition 7–20: Erlernbarkeit

Das interaktive System unterstützt die Entdeckung seiner Möglichkeiten und deren Verwendung, erlaubt das Ausprobieren des interaktiven Systems, minimiert den Lernaufwand und bietet Unterstützung, wenn Lernen erforderlich ist.

Im Idealfall sind natürlich explizite Attribute zum Erlernen des interaktiven Systems gar nicht notwendig. Jedoch gibt es einerseits Benutzer, die mit der zu erledigenden Aufgabe selbst nicht vertraut sind (z.B. Benutzer, die einmal jährlich die Einkommenssteuererklärung machen), und andererseits gibt es Benutzer, die mit den verwendeten Konventionen bzw. der verwendeten Technologie nicht vertraut sind (z.B. ältere Personen, die noch nie einen Touchscreen verwendet haben und ängstlich mit neuer Technologie sind).

Wichtige Empfehlungen zur Umsetzung des Interaktionsprinzips »Erlernbarkeit« sind:

- Biete ein Hilfesystem bzw. ein Benutzerhandbuch an, das so gestaltet ist, dass Benutzer beim Erlernen der Nutzung des interaktiven Systems aktiv unterstützt werden.
- Führe den Benutzer aktiv durch die Erledigung der Aufgaben am interaktiven System (z.B. mit Assistenten oder Tutorials), wenn zu erwarten ist, dass die zu unterstützende Benutzergruppe mit der Erledigung der Aufgabe selbst nicht vertraut ist.

Abbildung 7–24 zeigt den Assistenten, den das Programm WinZip zum Erlernen der zu unterstützenden Aufgaben anbietet. Der Assistent fördert nicht wirklich das Erlernen der jeweiligen Aufgabe mit der Software, da er nicht von den eigentlichen Aufgaben des Benutzers ausgeht. Für den Benutzer, der eine Datei komprimieren will, ist der Begriff »Archiv« fremd und erschließt sich nicht.

WinZip Assistent - Aktivität auswählen

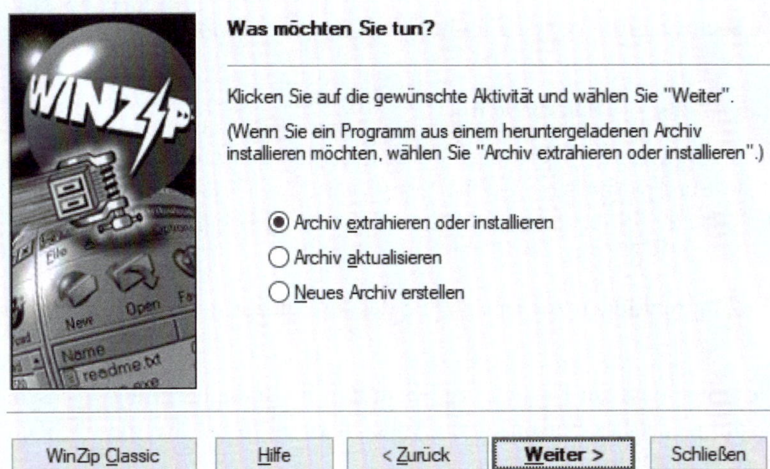

Abb. 7–24 *Assistent bei WinZip (Istzustand)*

Abbildung 7–25 zeigt einen überarbeiteten Assistenten, der von der eigentlichen Aufgabe des Benutzers ausgeht. Der Assistent listet die drei Aufgaben, die es rund um das Komprimieren von Dateien im Nutzungskontext gibt, auf und führt den Benutzer Schritt für Schritt durch die jeweilige Aufgabe.

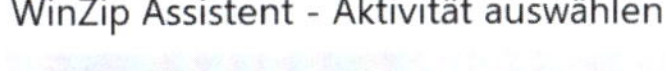
WinZip Assistent - Aktivität auswählen

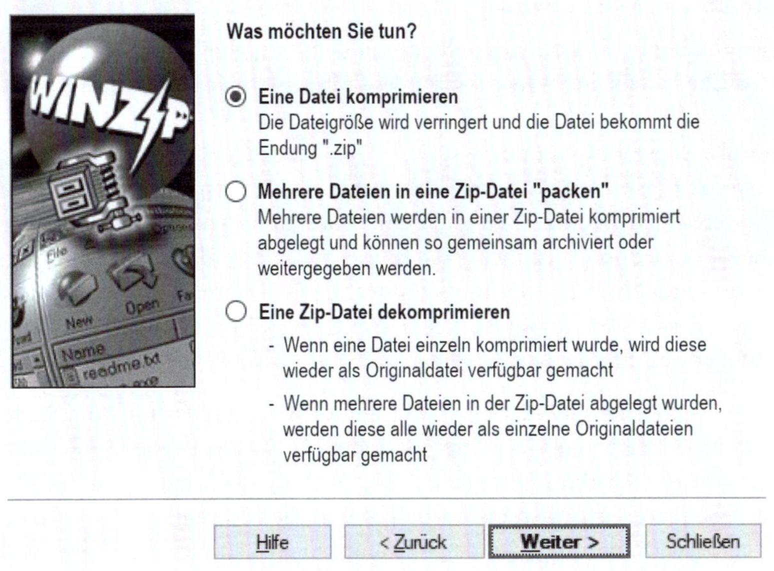

Abb. 7–25 *Assistent für das Verkleinern von Dateien (Sollzustand)*

Das fünfte Interaktionsprinzip »Steuerbarkeit« geht davon aus, dass der Benutzer während der Erledigung einer Aufgabe am interaktiven System die Kontrolle über die Richtung und die Geschwindigkeit der Interaktion behält.

Definition 7–21: Steuerbarkeit

Das interaktive System ermöglicht es dem Benutzer, die Kontrolle über die Benutzungsschnittstelle und die Interaktionen zu behalten, einschließlich der Geschwindigkeit, Abfolge und Individualisierung der Benutzer-System-Interaktion.

Wichtige Empfehlungen zur Umsetzung des Interaktionsprinzips »Steuerbarkeit« sind:

- Stelle sicher, dass der Benutzer zu jedem Zeitpunkt die Richtung wechseln kann (z.B. mit »Zurück«-Buttons und »Abbrechen«-Buttons), wo dies fachlich möglich ist.
- Stelle sicher, dass der Benutzer Aufgaben unterbrechen und das bis dahin erreichte Zwischenergebnis speichern kann, um die Aufgabe zu einem späteren Zeitpunkt fertigzustellen (z.B. bei einer Flugbuchung, bei der die Kreditkarte gerade nicht zur Hand ist), sofern dies fachlich möglich ist.
- Stelle sicher, dass das interaktive System den Benutzer nicht unter Druck setzt, Vorgänge in einer festgelegten Zeit durchzuführen, und ansonsten selbstständig die Interaktion abbricht (z.B. brechen zahlreiche Bürotelefone bei der Telefonnummerneingabe einfach ab, wenn diese nicht in einem bestimmten Zeitraum eingegeben wurde).
- Mach die Benutzungsschnittstelle durch den Benutzer anpassbar, wenn unterschiedliche Fähigkeiten, Arbeitsstile oder Präferenzen bei Benutzern bekannt sind.

  Hinweis: Diese Empfehlung wurde in der Vergangenheit als eigenes Interaktionsprinzip »Individualisierbarkeit« gesehen. Jedoch ist eine Individualisierung durch den Benutzer lediglich eine Maßnahme, die zu einer verbesserten Steuerbarkeit durch den Benutzer führt, und nicht allgemeingültig im Sinne von »Individualisierbarkeit muss immer gegeben sein«. Individualisierbarkeit ist kein Ersatz für aufgabenangemessene Interaktionsgestaltung durch den Hersteller des interaktiven Systems.

Abbildung 7–26 zeigt eine E-Mail-Bestätigung eines Onlineshops für Visitenkarten. Hier kann noch nach erfolgter Bestellung die Gestaltung der Visitenkarte geändert werden. Durch Betätigen des Hyperlinks »Bearbeiten Sie Ihr Design« kann der Benutzer des Systems so lange, wie die Visitenkarte nicht in Druck gegangen ist, Veränderungen an der Visitenkarte vornehmen. Dies ist ein vorbildliches Beispiel für gute Steuerbarkeit und zeigt, wie relevant das Interaktionsprinzip Steuerbarkeit ist.

Zahlungsmethode: EUROCARD / MasterCard

Wichtiger Hinweis zur Mehrwertsteuer:
Sie erhalten innerhalb von zwei Wochen eine Rechnung per E-Mail mit detaillierter Steuerauflistung.

Hinweis für Bestellungen mit mehreren Produkten:
Falls Ihre Bestellung mehrere Produkte enthält, werden diese gegebenenfalls separat versandt. In diesem Fall erhalten Sie getrennte Versandbestätigungen und pro versendetem Produkt je eine Rechnung mit ausgewiesener Mehrwertsteuer. Enthält Ihre Bestellung Taschen, beträgt die Lieferzeit ca. 9-11 Werktage.

Meine Bestellungen

Max Mustermann
Hauptstr. 1
D-50667 Köln

+49 221 1234567
m.mustermann@web.de

Bearbeiten Sie Ihr Design

Standard-Visitenkarten
Menge: 100

Grundpreis	~~9,99 €~~ 7,49 €
Freie Rückseite	INBEGRIFFEN
Matt	INBEGRIFFEN
Artikelpreis	**7,49 €**

Ware:	7,49 €
Versandkosten:	3,99 €
MwSt. (im obenstehenden Preis inbegriffen):	1,84 €
Insgesamt:	**11,48 €**

Versand an:

Abb. 7–26 *Bestellbestätigung eines Onlineshops für Visitenkarten (Ausschnitt)*

Das sechste Interaktionsprinzip »Robustheit gegen Benutzungsfehler« geht davon aus, dass das interaktive System dem Benutzer hilft, Benutzungsfehler zu vermeiden bzw. gemachte Benutzungsfehler automatisch zu korrigieren (wenn die Fehlerbehebung eindeutig möglich ist) oder gemachte Fehler mit minimalem Aufwand durch den Benutzer korrigieren zu lassen.

Definition 7–22: Robustheit gegen Benutzungsfehler

Das interaktive System unterstützt den Benutzer beim Vermeiden von Fehlern, toleriert Benutzungsfehler im Falle von erkennbaren Fehlern und unterstützt den Benutzer bei der Fehlerbehebung.

Wichtige Empfehlungen zur Umsetzung des Interaktionsprinzips »Robustheit« gegen Benutzungsfehler sind:

- **Fehlervermeidung**
  Wo immer möglich, lass den Benutzer Auswahlen treffen, statt händische Eingaben machen zu lassen (z.B. Auswahl eines Datums mithilfe eines »Calendar Picker« statt händische Eingabe des Datums).
- **Fehlertoleranz**
  Wo immer möglich, lass das interaktive System gemachte Benutzungsfehler automatisch korrigieren (z.B. automatische Wortkorrektur in einem Textverarbeitungssystem).

- **Fehlermanagement**
  Wenn Benutzungsfehler gemacht wurden, zeige dem Benutzer klar an, wo der Fehler ist und was genau zu tun ist, um den Benutzungsfehler vollständig zu beheben.

Abbildung 7–27 zeigt ein Beispiel für ein gutes Fehlermanagement bei Amazon.de. Der Benutzer hat bei der Angabe seiner Bankverbindung zwei Daten falsch angegeben und eine Angabe versehentlich vergessen. Das System zeigt deutlich an,

a) dass Benutzungsfehler gemacht wurden,
b) an welcher Stelle die Benutzungsfehler gemacht wurden und
c) was genau zu tun ist, um jeden gemachten Benutzungsfehler zu beheben.

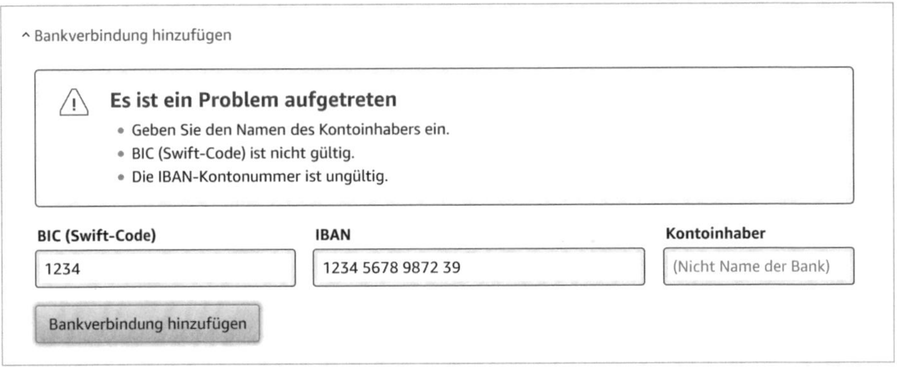

Abb. 7–27 *Fehlermanagement bei Amazon.de*

Das siebte Interaktionsprinzip »Benutzerbindung« geht davon aus, dass der Benutzer Darstellung und Verhalten der Benutzungsschnittstelle des interaktiven Systems dauerhaft verändern kann, zumindest bis er entscheidet, die Veränderung zurückzunehmen.

Definition 7–23: Benutzerbindung

Das interaktive System stellt Funktionen und Informationen auf einladende und motivierende Weise dar und fördert so eine kontinuierliche Interaktion mit dem System.

Das Interaktionsprinzip »Benutzerbindung« wurde im Jahr 2020 als siebtes Interaktionsprinzip in die DIN EN ISO 9241-110 aufgenommen und im Nachgang auch im CPUX-F-Curriculum eingeführt. Das frühere siebte Interaktionsprinzip »Individualisierbarkeit« wurde unabhängig hiervon als eine Empfehlung innerhalb von Steuerbarkeit aufgenommen (siehe Ausführungen unter »Steuerbarkeit«).

Benutzerbindung heißt auf Englisch »Suitability for engagement«. Es geht also darum, dass der Benutzer bei der Nutzung des interaktiven Systems motiviert wird, dieses wiederkehrend zu nutzen. Es ist wichtig, dass diese Benutzerbindung auf der Basis von ethischem Design erfolgt und die wirklichen Erfordernisse der Benutzer zugrunde legt.

Wichtige Empfehlungen zur Umsetzung des Interaktionsprinzips »Benutzerbindung« sind:

- **Motivieren des Benutzers zur Verwendung des Systems**
  Beispiele:
  - Das System erzeugt einen positiven ersten Eindruck, indem nützliche und attraktive Vorlagen für das Erstellen von Präsentationen bereitstehen.
  - Das System informiert den Benutzer jederzeit darüber, welche Aufgaben noch zu erledigen sind bzw. dass alle Aufgaben erledigt sind und es nichts zu tun gibt. Abbildung 7–28 zeigt ein Beispiel für eine motivierende Statusinformation.
- **Vertrauenswürdigkeit des Systems**
  Beispiele:
  - Bewertungen von Benutzern haben eindeutige Merkmale hinsichtlich der Bewerter, die darauf schließen lassen, dass die Bewerter echte Benutzer des Produkts sind.
  - Datenschutzbestimmungen sind in – für die Benutzer – verständlicher Sprache geschrieben und für die Benutzer nachvollziehbar.

Abb. 7–28 *Motivierende Statusinformation bei Microsoft Outlook für Android*

- **Einbeziehung des Benutzers in das System**
  Beispiele:
  - Das System bietet direkten Zugang zu einem Benutzerforum, in dem Benutzer voneinander lernen können, das System nutzenbringend einzusetzen.
  - Das System bietet explizit Möglichkeiten zum Einreichen von Verbesserungsvorschlägen und beschreibt, wie mit diesen im Unternehmen umgegangen wird.

7.3.2 Heuristiken

In der Einleitung zu Abschnitt 7.3 ab Seite 156 wurde bereits kurz beschrieben, was der Unterschied zwischen Interaktionsprinzipien und Heuristiken ist.

Heuristiken sind Daumenregeln, die in vielen Gestaltungssituationen anwendbar sind. So ist es häufig hilfreich für den Benutzer, ein Hilfesystem verfügbar zu haben, jedoch sollte dies z.B. bei einem Briefmarkenautomaten eigentlich nicht notwendig sein.

Definition 7-24: Heuristik

Eine allgemein anerkannte Daumenregel, die hilft, Usability zu erreichen.

So sind die wichtigen Empfehlungen, die zu jedem Interaktionsprinzip in Abschnitt 7.3.1 »Die sieben Interaktionsprinzipien« angegeben wurden, allesamt »Heuristiken«. Es gibt sehr viele publizierte Heuristiken in der Literatur. Ein guter Gesamtüberblick findet sich im Tagungsbeitrag »Heuristics in design: a literature review« [Pierre 2015].

Heuristiken können als Inspektionskriterien bei der inspektionsbasierten Evaluierung eingesetzt werden (siehe Abschnitt 8.5 »Usability-Inspektionen im Detail«). Häufig zitiert werden die 10 Heuristiken von Nielsen und Molich [Nielsen & Molich 1990]. Beispiele für Heuristiken von Nielsen und Molich (die auch im CPUX-F-Curriculum stehen) sind:

- Sprechen Sie die Sprache des Benutzers (bezieht sich auf das Interaktionsprinzip Erwartungskonformität).
- Beachten Sie Plattformkonventionen (bezieht sich auf das Interaktionsprinzip Erwartungskonformität).
- Minimieren Sie die Notwendigkeit, sich erinnern zu müssen, indem Objekte, Handlungen und Optionen sichtbar gemacht werden (bezieht sich auf das Interaktionsprinzip Aufgabenangemessenheit).
- Machen Sie den Systemstatus sichtbar (bezieht sich auf das Interaktionsprinzip Selbstbeschreibungsfähigkeit).
- Helfen Sie Benutzern beim Erkennen, Verstehen und Beseitigen von Fehlern (bezieht sich auf das Interaktionsprinzip Robustheit gegen Benutzungsfehler).

7.3.3 Gestaltungsregeln (User Interface Guidelines)

In der Tabelle 7–3 in auf Seite 157 wurde bereits kurz dargelegt, wie sich Gestaltungsregeln von Heuristiken und Interaktionsprinzipien unterscheiden.

Gestaltungsregeln sind typischerweise präzise und häufig spezifisch für eine Benutzungsschnittstellenplattform (wie z.B. Windows 10), eine bestimmte Technologie, Anwendungsdomäne oder Organisation. Sie können von der Person, die die Benutzungsschnittstelle umsetzt, direkt angewendet werden.

Definition 7–25: Gestaltungsregel

Konkrete, spezifische Instruktion oder Empfehlung für das Design und die Implementierung von Benutzungsschnittstellen, die wenig Interpretationsspielraum lässt, sodass sie konsistent umgesetzt werden kann.

Gestaltungsregeln beziehen sich oft auf User-Interface-Elemente und legen fest, wie diese konkret einzusetzen sind.

Es gibt bei Gestaltungsregeln zwei Ebenen der Verbindlichkeit der »Regelung« (Hinweis: Der Unterschied zwischen den nachfolgenden Typen von Gestaltungsregeln ist für die CPUX-F-Zertifizierungsprüfung nicht relevant):

a) Gestaltungsregeln, die die konkrete Implementierung noch offenlassen, aber nennen, was die konkrete Implementierung leisten muss

b) Gestaltungsregeln, die die konkrete Implementierung beinhalten (festgelegte Konventionen)

Das folgende Beispiel zeigt den Unterschied zwischen a) und b):

Beispiel zu a): »Eingabefelder für optionale und Pflichteinträge müssen so dargestellt werden, dass die Unterschiede zwischen ihnen erkennbar sind« [DIN EN ISO 9241-143]. Bei dieser Gestaltungsregel ist noch offen, wie diese konkret umgesetzt wird.

Beispiel zu b): »Eingabefelder für Pflichteinträge haben immer einen hochgestellten Stern (›Asterisk‹) am Ende des Eingabefeldbeschrifters.«

Pflichteintrag*: [ ]

Optionaler Eintrag: [ ]

Beim Beispiel zu b) ist die Umsetzung fest vorgegeben. Es handelt sich hier um eine festgelegte Konvention.

Weitere Beispiele für Gestaltungsregeln in Form von festgelegten Konventionen (»Typ b«) sind:

- Bei Drop-down-Listenfeldern für Pflichtauswahlen, bei denen ein Standardwert nicht angegeben werden kann oder soll, steht als erster Eintrag immer »Bitte auswählen«.

- Bei Drop-down-Listenfeldern für optionale Auswahlen, bei denen kein Standardwert angegeben werden kann, steht als erster Eintrag immer »Nicht ausgewählt«:

Gestaltungsregeln von Typ a findet man in der Regel in ISO-Normen der Normenreihe DIN EN ISO 9241. Gestaltungsregeln von Typ b stehen typischerweise in Styleguides.

7.3.4 Styleguides als Sammlungen von Gestaltungsregeln

Styleguides, oft auch Design Guidelines genannt, sind Sammlungen von Gestaltungsregeln, häufig in Form von Büchern oder Onlinesammlungen, in denen umfassend Gestaltungsregeln und zum Teil auch Design Patterns enthalten sind.

> **Definition 7–26: Styleguide**
>
> Eine Sammlung von Gestaltungsregeln, die verwendet wird, um Konsistenz in der Erscheinung und im Verhalten von Benutzungsschnittstellen von interaktiven Systemen zu gewährleisten, die von derselben Organisation erstellt werden.

Es gibt Styleguides für die Gestaltung von Anwendungen auf PC-Betriebssystemen wie die von Microsoft, Apple und Google. Zu diesen PC-Betriebssystemen gehören Microsoft Windows, Mac OS X und Google Chrome OS.

Ebenso gibt es Styleguides für die Gestaltung von Anwendungen auf mobilen Betriebssystemen dieser Hersteller. Zu diesen mobilen Betriebssystemen gehören Windows Phone, iOS und Android.

Die Absicht der Hersteller ist es immer, durch Verwendung ihrer Styleguides Anwendungen entstehen zu lassen, bei denen die Befolgung der festgelegten Konventionen die externe Konsistenz gewährleistet und darüber hinaus nicht neue Konventionen erfunden werden, die neu erlernt werden müssen und sich häufig auch als nicht gebrauchstauglich erweisen.

Auch Organisationen, die für hausinterne Zwecke Software entwickeln, haben häufig hauseigene Styleguides, die Gestaltungsregeln beinhalten, die spezifisch auf die Konsistenz der hausintern genutzten Programme abzielen.

Ein Styleguide kann als Zielsetzung die Sicherstellung von Usability bzw. User Experience haben, eventuell aber auch nur die Sicherstellung der Einhaltung von Corporate-Design-Vorgaben (Marketing Styleguide). Es ist empfehlenswert, nur einen gemeinsamen Styleguide für die Lösungsentwicklung zu haben.

Ein wichtiger Vorteil der Verwendung von Styleguides ist, dass sie zur Beschleunigung der Entwicklung von interaktiven Systemen führen, weil sie Diskussionen und Entscheidungen abkürzen. Gleichzeitig ist anzumerken, dass Styleguides »den Kontext des Benutzers nicht kennen«. Sie sind kein Ersatz für Nutzungsanforderungen und Nutzungsszenarien als Grundlage für die Erstellung von Gestaltungslösungen.

7.3.5 Design Patterns

Design Patterns (Entwurfsmuster) sind aus User-Interface-Elementen zusammengesetzte Standardlösungen, die immer wieder verwendet werden können.

Definition 7–27: Design Pattern

Eine Lösung eines häufig auftretenden Gestaltungsproblems in einem gegebenen Nutzungskontext. Das Design Pattern beschreibt ein Gestaltungsproblem, eine allgemeine Lösung und Beispiele, wie diese Lösung angewandt werden kann.

Die Definition schreibt vor, dass ein Design Pattern aus drei Teilen besteht:

- Ein Gestaltungsproblem,
- die Lösung dazu sowie
- Beispiele.

Nur die Lösung alleine ist noch kein vollständiges Design Pattern.

In Abbildung 7–29 ist das Suchergebnis einer Google-Suche als Beispiel der Umsetzung eines Design Pattern »Suchtrefferliste« angegeben. Das zu lösende Gestaltungsproblem ist hier:

»In einer Suchtrefferliste sind die einzelnen Treffer manchmal nicht klar identifizierbar sowie nicht klar voneinander unterscheidbar.«

Die in dem Design Pattern vorgeschlagene Lösung besteht darin, dass für jedes Suchergebnis ein aussagekräftiger Titel angegeben wird, die URL des Suchergebnisses sowie ein Ausschnitt aus dem Text des Suchergebnisses und die Dateiart (Website, PDF, Word etc.).

Das Design Pattern ist aus den User-Interface-Elementen »Hyperlink« und »Text« zusammengesetzt. Es kann für jede Suchmaschine, die das Internet durchsucht, wiederverwendet werden.

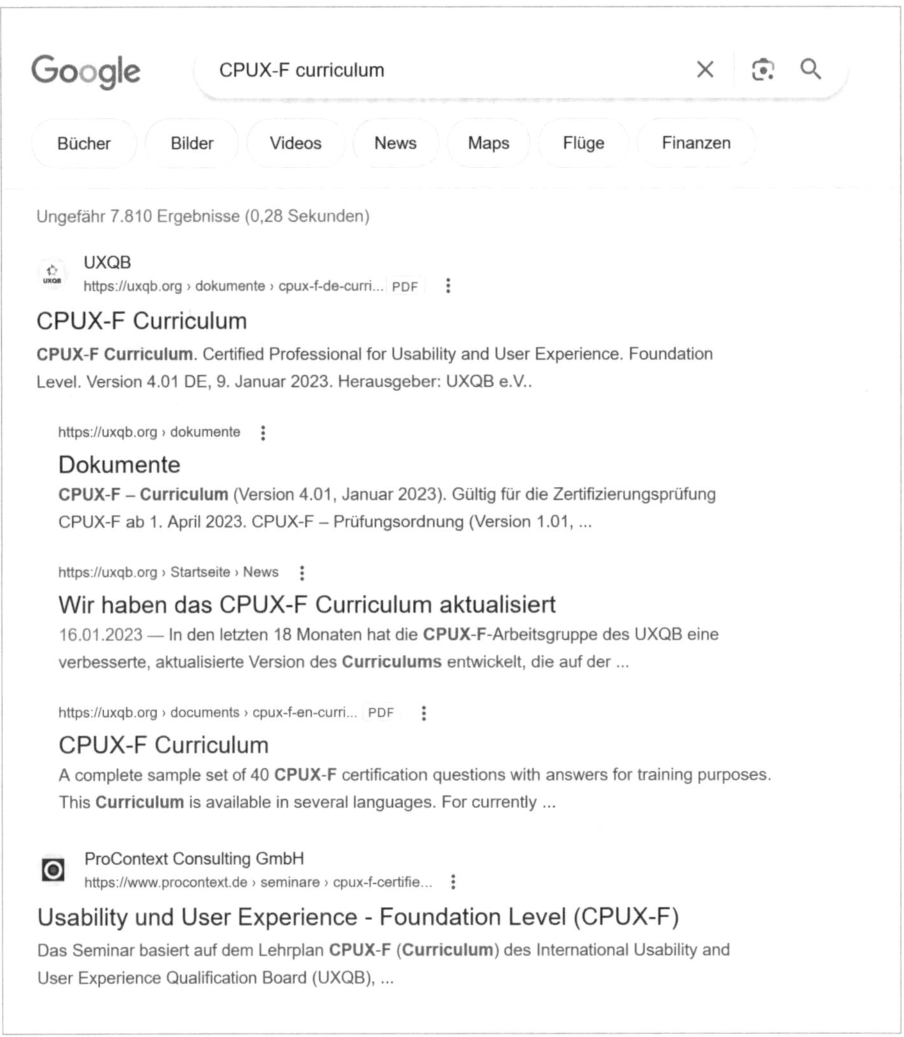

Abb. 7–29 *Beispiel der Umsetzung des Design Pattern »Suchtrefferliste« in Google*

Weitere Beispiele für Problemstellungen, in denen oftmals Design Patterns zum Einsatz kommen:

- Der Interaktionsablauf des »Check-out« in einem Onlineshop, der faktisch über Shops hinweg wiederverwendet werden kann.
- Die Liste der häufigsten Aufgabenobjekte, die innerhalb einer Anwendung genutzt werden (häufigste Gesprächspartner, häufigste Fahrtziele, die an einem Fahrkartenautomaten ausgewählt werden).
- Die Liste der zuletzt verwendeten Aufgabenobjekte, die innerhalb einer Anwendung genutzt werden (zuletzt verwendete Dokumente, zuletzt angefahrene Fahrtziele im Navigationssystem).
- Der Interaktionsablauf des »Teilens« einer Information in einem sozialen Netzwerk (erst auswählen, was geteilt wird, dann auf welchem Weg es geteilt wird und dann mit welchen Personen).

Die Mehrzahl der Design Patterns sind aus mehreren User-Interface-Elementen zusammengesetzt. Jedoch kann auch ein einzelnes User-Interface-Element ein Design Pattern sein. So kann das User-Interface-Element Registerkartengruppe (»Tab Set«), ergänzt um Beispiele, als Design Pattern betrachtet werden für das Gestaltungsproblem, mehrere Bildschirminhalte als jeweils eigenständig und doch zusammengehörend darzustellen, wobei immer nur einer der Bildschirminhalte angezeigt werden kann (aus welchen Gründen auch immer).

Die Verwendung eines Design Pattern an sich bringt noch keine Garantie für Usability mit sich. Es muss immer geprüft werden, ob das Design Pattern im Rahmen der Gestaltungslösung die vorliegenden Nutzungsanforderungen erfüllt.

7.3.6 Affordance (Aufforderungscharakter)

Affordance heißt auf Deutsch »Aufforderungscharakter«. Es handelt sich hierbei um die Merkmale eines Objekts, die beschreiben, wie es benutzt werden kann. Affordance ist ein Konzept, das in Ergänzung zu den Interaktionsprinzipien bei der Gestaltung von gebrauchstauglichen Lösungen grundsätzlich berücksichtigt werden muss. Insbesondere unterstützt es die Selbstbeschreibungsfähigkeit, die Erwartungskonformität und die Erlernbarkeit.

Das CPUX-F-Curriculum verwendet nur den englischen Begriff »Affordance«. Nur dieser wird dann auch bei Prüfungsfragen vorkommen.

Definition 7–28: Affordance (Aufforderungscharakter)

Ein Aspekt eines Objekts [z.B. eines User-Interface-Elements], der deutlich macht, wie das Objekt benutzt werden kann.

Jedes User-Interface-Element muss den für seine Benutzung notwendigen Aufforderungscharakter haben, damit der Benutzer unmittelbar versteht, was zu tun ist. Im Rahmen der Detailgestaltung von User-Interface-Elementen sowie beim Layout von User-Interface-Elementen (d.h. der Beziehung von User-Interface-Elementen zueinander) ist es wichtig, dass diese die zur Verwendung passende Affordance aufweisen, damit für den Benutzer klar ist, wie das jeweilige User-Interface-Element zu benutzen ist.

Bei dem folgenden Drop-down-Listenfeld hat das nach unten zeigende Dreieck den Aufforderungscharakter »auf den Pfeil drücken, dann werden weitere Auswahlmöglichkeiten sichtbar«.

Die folgende Schaltfläche hat den Aufforderungscharakter »auf die Schaltfläche drücken, dann passiert das, was auf der Schaltfläche draufsteht«.

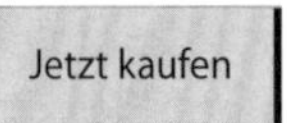

Die folgende Registerkartengruppe hat den Aufforderungscharakter »eines der Register anklicken, dann wird die Information auf dem ausgewählten Register angezeigt«.

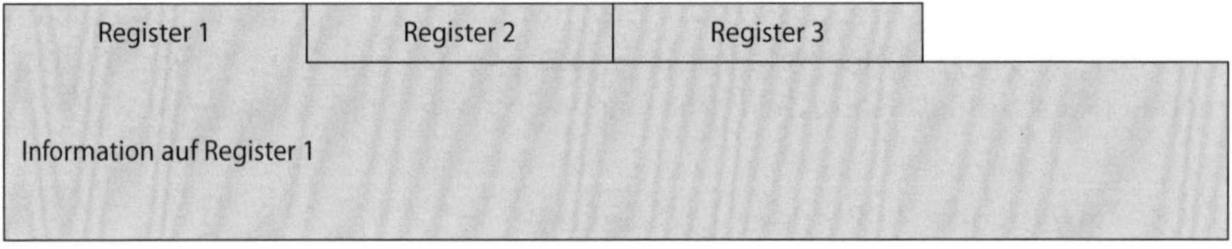

Abbildung 7–30 zeigt einen Bildschirminhalt, der bei einem Navigationssystem erscheint, sobald der Benutzer einen Kontakt aus dem Adressbuch als Zieladresse ausgewählt hat. Unklar ist jetzt, wie man die Navigation zur angezeigten Adresse beginnen kann. Es scheint, als fehlte hier etwas.

Der Benutzer muss auf die angezeigte Adresse drücken (»Hauptstr. 2, 50667 Köln«), um die Navigation zu dieser Adresse zu starten. Dies ist jedoch nicht offensichtlich, da das User-Interface-Element »Text«, das hier verwendet wurde, nur den Aufforderungscharakter hat »lesen, dann weißt du, was hier steht«. Text »fordert nicht dazu auf«, ihn anzuklicken. Deshalb müsste hier z.B. noch eine Drucktaste »Navigation starten« angezeigt werden, um ausreichenden Aufforderungscharakter für den Benutzer bereitzustellen.

Abb. 7-30 *Eine Zieladresse in einem Navigationssystem, aber kein Aufforderungscharakter zum Starten der Navigation*

Merksatz

Es gibt

- angemessenen Aufforderungscharakter, der anzeigt, wie ein Objekt zu benutzen ist,
- fehlenden Aufforderungscharakter (siehe Abb. 7-30), sodass unklar ist, ob und wie ein Objekt zu benutzen ist, und
- falschen Aufforderungscharakter, der eine bestimmte Interaktionsmöglichkeit des Objekts suggeriert, die jedoch nicht existiert.

7.3.7 Berücksichtigung des mentalen Modells des Benutzers

Neben der Affordance von User-Interface-Elementen und deren Layout muss ein weiteres grundlegendes Konzept beachtet werden, wenn eine gute Usability bzw. User Experience erreicht werden soll: das mentale Modell des Benutzers hinsichtlich des interaktiven Systems.

Das mentale Modell ist die Vorstellung, die Benutzer eines interaktiven Systems darüber haben, wie dieses funktioniert. Das mentale Modell von Benutzern ist subjektiv und abhängig vom betrachteten interaktiven System.

Definition 7-29: Mentales Modell

Das Konzept, das Menschen von sich selbst, anderen, der Umgebung und der Funktionsweise der Dinge, mit denen sie interagieren, entwickelt haben.

Das mentale Modell ist etwas anderes als das Aufgabenmodell (siehe Abschnitt 5.8.3), das zunächst nur die Logik der zu erledigenden Aufgabe an sich beinhaltet.

Wenn Benutzer ein interaktives System verwenden, entwickeln sie, spätestens bevor sie den ersten Schritt zur Erledigung der Aufgabe am interaktiven System beginnen, ein mentales Modell über die Funktionsweise dieses interaktiven Systems. Das vor Beginn der Nutzung bestehende mentale Modell ist ein Benutzermerkmal und gehört dementsprechend zum Nutzungskontext. Im Rahmen der Nutzungskontextanalyse kann es sinnvoll sein, das bestehende mentale Modell der Benutzer bezüglich des interaktiven Systems zu identifizieren.

Als »Eingangsgrößen« für die Nutzung eines interaktiven Systems bringt der Benutzer das für ihn schlüssige Aufgabenmodell mit und die Kenntnis über alle ihm bekannten Konventionen von anderen interaktiven Systemen.

So ist es nicht verwunderlich, dass die Mehrzahl der Benutzer von WinZip (siehe zur Wiederholung Abb. 7–31) glaubt, dass man durch Betätigen der Schaltfläche »Öffnen« eine zu komprimierende Datei auswählen kann.

Die beiden »Eingangsgrößen«, die ein unerfahrener Benutzer für die Benutzung von WinZip mitbringt, können beispielsweise folgende sein:

a) Die Vorstellung (das mentale Modell), dass das Verkleinern einer Datei mit dem Schritt »Entscheiden, welche Datei komprimiert werden soll« beginnt.

b) Das Wissen über die bekannte Konvention »Öffnen«, die bei anderen interaktiven Systemen immer eine Dateiauswahl ermöglicht.

Mit anderen Worten, das mentale Modell des Benutzers über die Nutzung von WinZip ist »falsch«. Andersherum ausgedrückt implementiert WinZip ein anderes mentales Modell als das, was die Mehrzahl der Benutzer im Kopf haben.

Abb. 7–31 *Programm »WinZip« zum Verkleinern von Dateien*

Merksatz

Die Übereinstimmung zwischen dem mentalen Modell des Benutzers und dem tatsächlichen Verhalten des interaktiven Systems ist Voraussetzung für Usabilitsy.

Informationsdarstellung und Interaktionsgestaltung des interaktiven Systems müssen zum Aufgabenmodell für die jeweils unterstützte Aufgabe passen und zu den Konventionen, die der Benutzer bereits kennt.

Nur so kann das interaktive System das »richtige« mentale Modell beim Benutzer prägen.

7.3.8 Prüfungsfragen zu diesem Abschnitt

Die folgenden Fragen dienen zur Vertiefung der Inhalte des Abschnitts und zur Vorbereitung auf die CPUX-F-Zertifizierungsprüfung. Die Fragen entsprechen in ihrer Form und Schwere den Prüfungsfragen für die CPUX-F-Zertifizierungsprüfung. Es handelt sich aber nicht um tatsächliche Prüfungsfragen, sondern die Fragen wurden von den Autoren speziell für dieses Buch erstellt.

Die Lösungen zu den Fragen befinden sich in Anhang A »Lösungen zu den Prüfungsfragen«.

Frage 109	**1 richtige Antwort**	**LZ 6.2.5**
Welche eine der folgenden Aussagen beschreibt den Begriff »mentales Modell« am besten? (Quelle der Frage: [UXQB CPUX-F 2023b])		
A	Eine Beschreibung eines fiktiven, aber realistischen Benutzers und was er bei der Verwendung eines interaktiven Systems zu tun beabsichtigt	
B	Eine Beschreibung der Teilaufgaben innerhalb einer Aufgabe, die ausgeführt werden müssen, um die Ziele des Benutzers zu erreichen	
C	Das Ergebnis des Denkprozesses einer Person darüber, wie etwas in der realen Welt funktioniert	
D	Ein kostengünstiges, einfaches Modell eines Designs oder Konzepts, das dazu dient, Rückmeldungen von Benutzern und anderen Interessenvertretern in frühen Phasen der Entwicklung einzuholen	
E	Informationen, die einen Benutzer dabei unterstützen, mit einem interaktiven System zu interagieren	
F	Ein Datenmodell, das abbildet, was die Teilnehmer nach einer Usability-Testsitzung über das interaktive System dachten	

Frage 110	**3 richtige Antworten**	**LZ 6.2.8**
Welche drei der folgenden Aussagen über Design Patterns sind korrekt?		
A	Ein Design Pattern ist eine Lösung eines häufig auftretenden Gestaltungsproblems in einem bestimmten Nutzungskontext.	
B	Ein Design Pattern besteht aus der Beschreibung eines Gestaltungsproblems und der Beschreibung einer allgemeinen Lösung.	
C	Wenn ein Design Pattern und eine Gestaltungsregel sich widersprechen, dann sollte man dem Design Pattern folgen und nicht der Gestaltungsregel.	
D	Ein Tooltipp (mit entsprechenden Erläuterungen dazu) ist ein Beispiel für ein Design Pattern.	
E	Der Einsatz von Design Patterns für die Lösungsgestaltung garantiert eine gute Usability der Lösung.	
F	Der Einsatz von Design Patterns beschleunigt den Prozess der Lösungsgestaltung.	

Frage 111	**1 richtige Antwort**	**LZ 6.2.2**
Auf einer Website zum Buchen von Hotelzimmern für Geschäftsreisen gibt es ein Eingabefeld für den Anreisetag. Bei Auswahl des Feldes wird ein Kalender angezeigt, bei dem der aktuelle Tag vorausgewählt ist und der Benutzer diesen bestätigen oder einen anderen Tag im Kalender auswählen kann. Welches eine der Interaktionsprinzipien wurde mit dieser Entscheidung vornehmlich umgesetzt?		
A	Aufgabenangemessenheit	
B	Fehlerrobustheit	
C	Selbstbeschreibungsfähigkeit	
D	Erlernbarkeit	
E	Erwartungskonformität	
F	Steuerbarkeit	

Frage 112	**2 richtige Antworten**	**LZ 6.2.7**
Welche zwei der folgenden Aussagen verdeutlichen am besten den Unterschied zwischen Interaktionsprinzipien und Gestaltungsregeln?		
A	Interaktionsprinzipien sind allgemeingültige Gestaltungsziele, deren Beachtung immer zu einer besseren Usability führt. Sie geben Leitplanken vor, um die sich ein Lösungsgestalter kümmern sollte, enthalten darüber hinaus aber keine Einschränkungen für die Gestaltung.	
B	Interaktionsprinzipien sind allgemeine Gestaltungsvorgaben, die bei der Lösungsgestaltung angewandt werden sollten, um eine gute Usability zu erreichen.	
C	Interaktionsprinzipien bieten eine allgemeine Orientierung, was beachtet werden sollte, um eine gute Usability zu erreichen. Je nach den Details der Lösungsgestaltung kann es aber auch Sinn machen, ein Interaktionsprinzip nicht zu befolgen.	
D	Gestaltungsregeln sind Empfehlungen für die Gestaltung von Lösungen, die spezifisch sind für eine bestimmte Technologie oder Domäne. Sie lassen dem Gestalter Interpretationsspielraum, um die kontextspezifischen Anforderungen an die zu gestaltende Lösung optimal erfüllen zu können.	
E	Gestaltungsregeln sind konkrete Vorgaben oder spezifische Empfehlungen zur Gestaltung von Lösungen, die vor allem dazu dienen, Konsistenz zu erreichen und Diskussionen um Gestaltungsvarianten abzukürzen.	
F	Gestaltungsregeln sind konkrete Vorgaben für die Gestaltung von Lösungen, die dem Gestalter keinen Interpretationsspielraum lassen. Hierdurch wird automatisch eine gute Usability der Lösung sichergestellt.	

Frage 113	**3 richtige Antworten**	**LZ 6.2.2**
Viele Anwendungen bieten eine Undo-Funktion an, mit der Aktionen, die keinen unwiderruflichen Effekt haben, durch den Benutzer rückgängig gemacht werden können. Welche drei der folgenden Interaktionsprinzipien werden durch eine Undo-Funktion am ehesten NICHT unterstützt?		
A	Aufgabenangemessenheit	
B	Fehlerrobustheit	
C	Selbstbeschreibungsfähigkeit	
D	Erlernbarkeit	
E	Erwartungskonformität	
F	Steuerbarkeit	

Frage 114	**1 richtige Antwort**	**LZ 6.2.6**
Welche eine der folgenden Aussagen verdeutlicht die Wichtigkeit von Gestaltungsregeln? (Quelle der Frage: [UXQB CPUX-F 2023b])		
A	Gestaltungsregeln sichern die Umsetzung der menschzentrierten Gestaltung, indem sie primären Benutzern ermöglichen, direkt an der Gestaltung teilzunehmen.	
B	Der unspezifische Charakter von Gestaltungsregeln gibt Designern die Freiheit, User-Interface-Elemente nach ihrem Belieben zu implementieren.	
C	Der spezifische Charakter von Gestaltungsregeln ermöglicht es Designern, die gleichen User-Interface-Elemente konsistent zu implementieren.	
D	Gestaltungsregeln ermöglichen es Designern, sich Unterschiede im Aussehen und Verhalten von Benutzungsschnittstellen innerhalb einer Organisation einfallen zu lassen.	
E	Gestaltungsregeln zielen in erster Linie darauf ab, die Verantwortung für die Gestaltung von Benutzungsschnittstellen auf das gesamte Designteam zu verteilen, anstatt dem User Interface Designer die alleinige Verantwortung zu überlassen.	
F	Gestaltungsregeln werden in Usability-Inspektionen verwendet, um festzustellen, ob ein Design den organisatorischen Anforderungen entspricht oder nicht.	

Frage 115	**3 richtige Antworten**	**LZ 6.2.3**
Welche drei der folgenden Punkte sind Heuristiken, im Gegensatz zu Interaktionsprinzipien und Gestaltungsregeln?		
A	Das interaktive System muss so gestaltet sein, dass Fehler des Benutzers von vornherein vermieden werden.	
B	Der Benutzer sollte die Interaktion mit dem interaktiven System nach eigenem Ermessen starten und seine Richtung und Geschwindigkeit beeinflussen können.	
C	Fehlermeldungen müssen immer gut sichtbar im oberen Viertel des Bildschirms in einem eigenen Bereich dargestellt werden, der die volle Breite des Bildschirms einnimmt.	
D	Der Benutzer sollte zu jeder Zeit klar erkennen können, was der aktuelle Systemstatus ist und welchen Einfluss dieser auf die aktuellen Handlungsmöglichkeiten des interaktiven Systems hat.	
E	Eine bestimmte Information soll im interaktiven System durchgängig in gleicher Weise entsprechend der Erwartung des Benutzers präsentiert werden.	
F	Alle im interaktiven System verwendeten Farben müssen in der Palette der erlaubten Farben des Unternehmens enthalten sein.	

Frage 116	1 richtige Antwort LZ 6.2.2
Eine Fachanwendung für Bankangestellte verwendet Fachausdrücke wie »elektronischer Zahlungsverkehr« und »Termin- und Spareinlagen«. Auf welchem einen der folgenden Interaktionsprinzipien basiert diese Entscheidung vornehmlich?	
A	Aufgabenangemessenheit
B	Selbstbeschreibungsfähigkeit
C	Steuerbarkeit
D	Fehlerrobustheit
E	Erwartungskonformität
F	Konsistenz

Frage 117	3 richtige Antworten LZ 6.2.6
Welche drei der folgenden Punkte sind Dinge, die häufig eintreten, wenn die Gestaltung eines interaktiven Systems ohne Gestaltungsregeln oder Styleguide erfolgt?	
A	Die Lösungsgestaltung dauert länger.
B	Die Lösungsgestaltung geht schneller.
C	Die Analyse des Nutzungskontextes muss deutlich umfangreicher ausfallen.
D	Die Konsistenz der gestalteten Lösung ist niedriger.
E	Bei der Lösungsgestaltung gibt es weniger Aufwand für Diskussionen.
F	Bei der Lösungsgestaltung gibt es mehr Aufwand für Diskussionen.

Frage 118	1 richtige Antwort LZ 6.2.2
Bei einer komplexeren Website mit vielen Seiten wird auf jeder Seite immer an der gleichen Stelle eine Breadcrumb-Navigation angezeigt, d.h. eine Textzeile, die dem Benutzer anzeigt, an welcher Stelle er sich innerhalb der Website befindet. Der Breadcrumb zeigt den Navigationspfad von der Startseite über Zwischenseiten bis zur aktuellen Seite an. Welches eine der Interaktionsprinzipien wurde mit dieser Entscheidung primär umgesetzt?	
A	Aufgabenangemessenheit
B	Fehlerrobustheit
C	Selbstbeschreibungsfähigkeit
D	Erlernbarkeit
E	Erwartungskonformität
F	Steuerbarkeit

Frage 119	**2 richtige Antworten**	**LZ 6.2.5**
Welche zwei der folgenden Aussagen sind NICHT korrekt in Bezug auf den Begriff »mentales Modell«?		
A	Mentale Modelle entstehen vor allem durch gemachte Erfahrungen, Training und erteilte Instruktionen.	
B	Die Erstellung von mentalen Modellen ist eine Technik zur Entwicklung von innovativen Gestaltungslösungen für interaktive Systeme.	
C	Mentale Modelle können beeinflusst werden durch Erwartungen, die durch die Benutzung ähnlicher Systeme entstehen.	
D	Mentale Modelle haben immer etwas mit Benutzungsschnittstellen zu tun.	
E	Ein mentales Modell zu einem interaktiven System existiert bereits, bevor das interaktive System das erste Mal benutzt wird.	
F	Das mentale Modell, das ein Benutzer zu einem interaktiven System hat, sollte wenn möglich vollständig und widerspruchsfrei sein.	

Frage 120	**3 richtige Antworten**	**LZ 6.2.4**
Welche drei der folgenden Punkte sind Affordances eines Holzstuhls, d.h., welches sind Dinge, zu denen ein Holzstuhl auffordert?		
A	Sich draufsetzen	
B	Sich draufsetzen und damit kippeln (auf den hinteren Stuhlbeinen balancieren)	
C	Etwas darauf ablegen, das nicht auf dem Boden liegen soll	
D	Sich draufstellen, um eine höhere Reichweite zu haben	
E	Ihn an einen anderen Ort verschieben	
F	Ihn zerschlagen und als Brennholz verwenden	

Frage 121	**1 richtige Antwort**	**LZ 6.2.8**
Welche eine der folgenden Aussagen beschreibt den Begriff »Design Pattern« am besten? (Quelle der Frage: [UXQB CPUX-F 2023b])		
A	Eine Sammlung von Buttons in verschiedenen Formen und Farben für die Verwendung auf einer Website	
B	Eine Sammlung von Personas mit sehr ähnlichen Merkmalen	
C	Eine Sammlung von Benutzergruppen mit sehr ähnlichen Merkmalen	
D	Eine Sammlung von 4 bis 8 Icons, die in einer festen Reihenfolge auf dem Screen angeordnet sind	
E	Ein Ansatz zur Lösung einer Aufgabe in einem gegebenen Nutzungskontext; der Ansatz muss in mehreren Usability-Testsitzungen beobachtet worden sein	
F	Eine Lösung eines häufig auftretenden Gestaltungsproblems in einem gegebenen Nutzungskontext, die ein Gestaltungsproblem, eine allgemeine Lösung und Beispiele für deren Anwendung beschreibt	

Frage 122	**3 richtige Antworten**	**LZ 6.2.1**
Welche drei der folgenden Aussagen sind korrekt in Bezug auf Interaktionsprinzipien?		
A	Interaktionsprinzipien sind allgemeine Ziele für die Gestaltung von gebrauchstauglichen interaktiven Systemen.	
B	Interaktionsprinzipien sind spezifischer als Heuristiken.	
C	Interaktionsprinzipien und Heuristiken sind dasselbe.	
D	Interaktionsprinzipien sind unabhängig von der spezifischen Implementierung eines interaktiven Systems.	
E	Interaktionsprinzipien sind allgemeingültig und gelten nicht nur für eine spezifische Technologie.	
F	Interaktionsprinzipien sind nicht allgemeingültig, sie gelten nur für IT-Systeme.	

Frage 123	**3 richtige Antworten**	**LZ 6.2.2**
Welche drei der folgenden Begriffe bezeichnen Interaktionsprinzipien?		
A	Erwartungskonformität	
B	Erlernbarkeit	
C	Verifizierbarkeit	
D	Fehlerrobustheit	
E	Konsistenz	
F	Funktionale Angemessenheit	

8 Gestaltungslösungen evaluieren

In diesem Kapitel befinden sich alle Inhalte über die menschzentrierte Gestaltungsaktivität »Gestaltungslösungen gegen Nutzungsanforderungen evaluieren«, die für die CPUX-F-Zertifizierungsprüfung relevant sind (siehe Abb. 8–1). Soweit Inhalte über die – für die Prüfung relevanten – Inhalte hinaus gehen, wird explizit darauf hingewiesen.

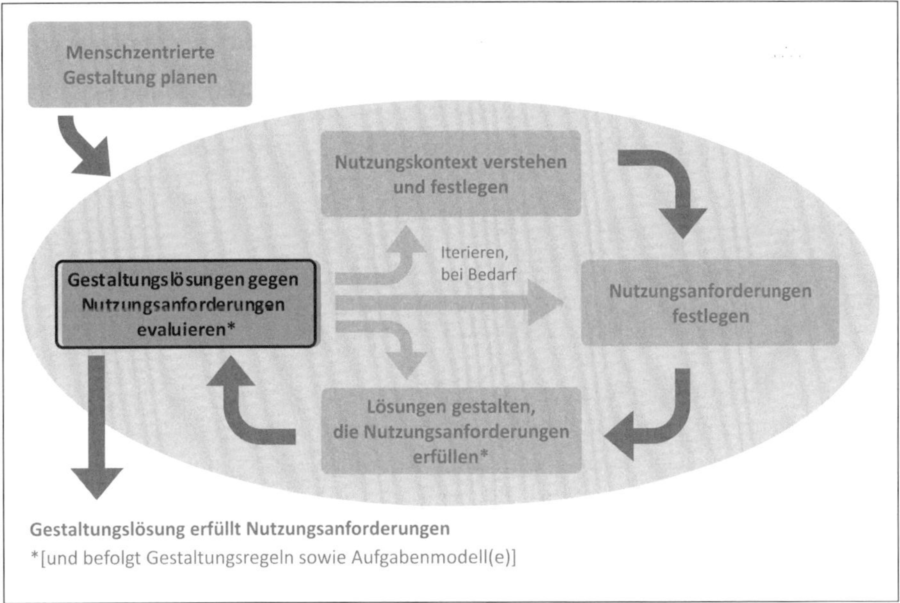

Abb. 8–1 *Menschzentrierte Gestaltungsaktivität »Gestaltungslösungen gegen Nutzungsanforderungen evaluieren«*

Im Curriculum des CPUX Advanced Level »Usability Testing and Evaluation« (CPUX-UT) [UXQB CPUX-UT 2020] sind weiter gehende Informationen zur Evaluation von Gestaltungslösungen zu finden.

8.1 Die Rolle von Usability-Evaluierungen in der menschzentrierten Gestaltung

Lernziele in diesem Abschnitt (die Nummerierung entspricht den Lernziel-Nummern im CPUX-F-Curriculum):

- 7.1.1 Verstehen des Begriffs Usability-Evaluierung
- 7.1.2 Verstehen der Rolle der Usability-Evaluierung in der menschzentrierten Gestaltung

In Abschnitt 3.1 »Grundsätze menschzentrierter Gestaltung« wurde bereits erläutert, dass menschzentrierte Gestaltung grundsätzlich einen iterativen Charakter hat. Hauptzweck der Usability-Evaluierung ist es, Usability-Probleme zu finden, die beseitigt werden müssen, um ein als notwendig erachtetes Maß an Usability und User Experience des interaktiven Systems vor Markteinführung des Produkts bzw. vor Inbetriebnahme zu erreichen. Es wird allgemein als nicht möglich erachtet, ein interaktives System ohne Usability-Evaluierung (also z.B. nur basierend auf einem ausführlichen Styleguide und der fachlichen Steuerung durch einen erfahrenen Produktmanager) zu realisieren, das keine untolerierbaren Usability-Probleme mehr hat. Deshalb spielen Usability-Evaluierungen eine sehr wichtige Rolle in der menschzentrierten Gestaltung.

Usability-Probleme sind immer Probleme, die der Benutzer eines interaktiven Systems hat, während er mit dem interaktiven System interagiert.

Definition 8-1: Usability-Problem

Ein Problem in der Benutzung der Benutzungsschnittstelle, das sich auf die Fähigkeit des Benutzers auswirkt, seine Ziele effektiv oder effizient oder zufriedenstellend zu erreichen.

Usability-Probleme führen dazu, dass beabsichtigte Ergebnisse des Benutzers gar nicht erreicht werden (Effektivität) oder dass beabsichtigte Ergebnisse nur mit viel Aufwand erreicht werden (Effizienz) oder die Verwendung des interaktiven Systems zu Unzufriedenheit führt. Beispiele für Usability-Probleme sind:

- Der Benutzer findet eine benötigte Information nicht, obwohl diese objektiv vorhanden ist, und scheitert deshalb bei der Aufgabe (Effektivität).
- Der Benutzer muss Schritte am System machen, die aus der Aufgabe heraus überflüssig sind (Effizienz).
- Der Benutzer wird durch unhöflich formulierte Fehlermeldungen verärgert (Zufriedenstellung).

Es ist allgemein bekannt, dass bei einem interaktiven System, das erstmalig einer Usability-Evaluierung unterzogen wird, immer (nicht tolerierbare) Usability-Probleme entdeckt werden, die vor Inverkehrbringen bzw. Inbetriebnahme beseitigt werden sollten. Andersherum gesehen ist es bekannt, dass ein interaktives System, das während der Entwicklung keiner Usability-Evaluierung unterzogen wurde, nach Inverkehrbringen bzw. Inbetriebnahme Usability-Probleme haben wird, die dann teure Nacharbeiten erfordern bzw. durch die der erwartete Produkterfolg ausbleibt.

Definition 8–2: Usability-Evaluierung

Ein allgemeiner Begriff für einen Prozess, der Informationen über die Usability eines interaktiven Systems sammelt, um das interaktive System zu verbessern oder die Usability eines interaktiven Systems zu bewerten.

Usability-Evaluierung ist immer ein Prozess, bei dem Informationen gesammelt werden, die dazu dienen, das interaktive System während der Entwicklung iterativ zu verbessern (auch »formative Usability-Evaluierung« genannt) oder zum Ende der Entwicklung Daten zu Effektivität, Effizienz und Zufriedenstellung zu erhalten, die eine Aussage über die erreichte Usability des interaktiven Systems ermöglichen (auch »summative Usability-Evaluierung« genannt). Usability-Evaluierung ist eine unverzichtbare Qualitätssicherungsmaßnahme, die in jedem Projekt zu Erstellung oder Anpassung eines interaktiven Systems in der Regel mehrmals durchgeführt werden muss.

Hinweis: Die Begriffe »formative Usability-Evaluierung« und »summative Usability-Evaluierung« sind nicht prüfungsrelevant.

Merksatz

Ein interaktives System, das während der Entwicklung nicht mehreren formativen Evaluierungen unterzogen wurde, wird am Ende der Entwicklung wahrscheinlich nicht gebrauchstauglich sein.

8.2 Arten der Usability-Evaluierung

Lernziele in diesem Abschnitt (die Nummerierung entspricht den Lernziel-Nummern im CPUX-F-Curriculum, Lernziele ohne Nummern wurden zusätzlich zum CPUX-F-Curriculum aufgenommen):

- Wissen, dass es viele Varianten der Usability-Evaluierung gibt und im CPUX-F-Curriculum nur wenige, aber sehr wichtige Evaluierungsmethoden behandelt werden
- 7.1.3 Verstehen der wesentlichen Unterschiede zwischen Usability-Test, Usability-Inspektion und Benutzerbefragung in der Usability-Evaluierung
- Wissen, dass das Ergebnis jeder Usability-Evaluierung ein Usability-Evaluierungsbericht ist

- Wissen, was ein Usability-Evaluierungsbericht ist
- 7.1.4 Verstehen, warum Interviews und Fokusgruppen für die Usability-Evaluierung ungeeignet sind

Es gibt viele verschiedene Arten von Usability-Evaluierungen, die alle ihre Eigenheiten und methodischen Herausforderungen aufweisen [DIN SPEC 91328; ISO/TR 16982]. Die folgenden drei Arten der Evaluierung sind besonders populär, weil sich die meisten Evaluierungsmethoden in diese einordnen lassen, deshalb werden sie im CPUX-F-Curriculum behandelt:

- Usability-Test
- Usability-Inspektion
- Benutzerbefragung

Der Begriff »Evaluierung« soll zum Ausdruck bringen, dass es sich nicht immer um einen »Test« mit Benutzern handelt, sondern dass eben auch z. B. UX Professionals ohne Benutzer im Rahmen einer Inspektion feststellen können, wo sich Usability-Probleme voraussichtlich befinden.

Für jede der drei Arten der Usability-Evaluierung gibt es wiederum zahlreiche Varianten. In diesem Buch werden nur die wichtigsten für die CPUX-F-Zertifizierungsprüfung vorausgesetzten Varianten erläutert.

In diesem Abschnitt geht es zunächst darum, die Unterschiede zwischen den drei Arten der Usability-Evaluierung zu verstehen.

Die erste Art der Usability-Evaluierung ist der Usability-Test. Beim Usability-Test erledigen immer repräsentative Benutzer vorgegebene Aufgaben am interaktiven System. »Repräsentativ« heißt hierbei, dass die Benutzer die Merkmale haben, die im Benutzergruppenprofil für ihre Benutzergruppe stehen.

Definition 8–3: Usability-Test

Eine Usability-Evaluierung, bei der repräsentative Benutzer bestimmte Aufgaben mit dem interaktiven System ausführen, um Usability-Probleme zu erfassen oder zu analysieren oder um die Messung von Effektivität, Effizienz und Zufriedenstellung zu ermöglichen.

Ziel des Usability-Tests ist es, tatsächliche, d. h. beobachtbare Usability-Probleme zu identifizieren und/oder quantitative Daten zur Effektivität (wie viele Benutzer schaffen es, selbstständig zu einem vollständigen und genauen Arbeitsergebnis zu kommen), zur Effizienz (z. B. Zeitdauer, Anzahl der Benutzungsfehler) und ggf. zur Zufriedenstellung (z. B. wie bewerten die Benutzer das interaktive System am Ende des Usability-Tests auf einer Skala von z. B. -- bis ++) zu sammeln.

Die zweite Art der Usability-Evaluierung ist die Usability-Inspektion. Bei der Usability-Inspektion sind in der Regel keine Benutzer beteiligt. Ein oder mehrere

»Evaluatoren« (typischerweise UX Professionals oder Fachexperten) inspizieren das System in Bezug auf – für die Inspektion festgelegte – Inspektionskriterien.

Definition 8–4: Usability-Inspektion

Eine Usability-Evaluierung, die auf der Beurteilung durch einen oder mehrere Evaluatoren basiert, die ein interaktives System benutzen oder prüfen, um potenzielle Usability-Probleme und Abweichungen von Nutzungsanforderungen und anerkannten Interaktionsprinzipien, Heuristiken, Gestaltungsregeln zu identifizieren.

Ziel der Usability-Inspektion ist es, Abweichungen des interaktiven Systems von den Inspektionskriterien zu finden und Usability-Probleme vorherzusagen (»potenzielle Usability-Probleme«), die sich entweder aus der Abweichung vom jeweiligen Inspektionskriterium ergeben oder auch unabhängig davon von einem Evaluator identifiziert werden.

Merksatz

In Usability-Tests werden tatsächliche Usability-Probleme identifiziert.

In Usability-Inspektionen werden »nur« potenzielle Usability-Probleme identifiziert.

Die dritte Art der Usability-Evaluierung ist die Benutzerbefragung.

In Abschnitt 5.7 wurde der Begriff »Benutzerbefragung« bereits eingeführt und die Rolle der Benutzerbefragung in der Nutzungskontextanalyse eingeordnet. Benutzerbefragungen werden jedoch vorrangig in der Evaluierung von interaktiven Systemen eingesetzt. Nachstehend wird die Definition von Benutzerbefragung – wie bereits in Abschnitt 5.7 eingeführt – mit neuer Nummerierung für dieses Kapitel wiederholt.

Definition 8–5: Benutzerbefragung (Wiederholung)

Eine Methode, bei der Benutzer einen Fragebogen ausfüllen, um so Daten, Fakten und Meinungen zu sammeln.

Bei einer Benutzerbefragung sind (wie beim Usability-Test) immer Benutzer beteiligt. Die Benutzer müssen hier jedoch keine Aufgaben am interaktiven System erledigen. Vielmehr werden Benutzer mithilfe eines Fragebogens, der festgelegte Fragen enthält, über ihre gemachten Erfahrungen mit einem bestimmten interaktiven System befragt und ggf. werden hierzu auch Informationen über den Nutzungskontext eines interaktiven Systems gesammelt. Die so erhaltenen Daten werden verwendet, um Aussagen zur Zufriedenstellung der Benutzer zu bekommen oder auch Aussagen zu weiteren Aspekten der User Experience (z. B. Wahrnehmungen zur Ästhetik, Bereitschaft der Weiterempfehlung des interaktiven Systems), und/oder im Rahmen der Nutzungskontextanalyse eingesetzt.

Grundsätzlich werden die Ergebnisse jeder durchgeführten Usability-Evaluierung in einem Evaluierungsbericht dokumentiert. Der Usability-Evaluierungsbericht für einen Usability-Test wird üblicherweise als Usability-Testbericht bezeichnet. Nur so sind die Erkenntnisse aus der Usability-Evaluierung für die weitere Bearbeitung (z. B. Überarbeitung der Benutzungsschnittstelle) gesichert.

Anmerkung: Interviews und Fokusgruppen sind grundsätzlich nicht geeignet, um Usability-Evaluierungen durchzuführen. Usability-Evaluierungen sind entweder Usability-Tests, die tatsächliche Usability-Probleme aufdecken, oder Usability-Inspektionen, die potenzielle Usability-Probleme identifizieren, oder eben Benutzerbefragungen, die Aussagen zur Zufriedenstellung ermöglichen.

Interviews oder Fokusgruppen können dazu verwendet werden, dass Benutzer ihre Meinung über ein interaktives System kundtun. Dies ermöglicht aber keine zuverlässige Aussage über die Usability-Probleme, die sie mit dem interaktiven System tatsächlich haben werden, wenn sie damit Aufgaben erledigen. Im Rahmen von Interviews oder Fokusgruppen können jedoch Benutzerbefragungen mit vordefinierten Fragen durchgeführt werden, um so subjektive Daten zur Zufriedenstellung mit dem interaktiven System und weiteren Aspekten der User Experience zu erhalten.

8.3 Prüfungsfragen zu den Abschnitten 8.1 und 8.2

Die folgenden Fragen dienen zur Vertiefung der Inhalte der Abschnitte und zur Vorbereitung auf die CPUX-F-Zertifizierungsprüfung. Die Fragen entsprechen in ihrer Form und Schwere den Prüfungsfragen für die CPUX-F-Zertifizierungsprüfung. Es handelt sich aber nicht um tatsächliche Prüfungsfragen, sondern die Fragen wurden von den Autoren speziell für dieses Buch erstellt.

Die Lösungen zu den Fragen befinden sich in Anhang A »Lösungen zu den Prüfungsfragen«.

Frage 124	**2 richtige Antworten**	**LZ 7.1.1**
Welche zwei der folgenden Methoden werden häufig zur Usability-Evaluierung eingesetzt? (Quelle der Frage: [UXQB CPUX-F 2023b])		
A	Kontextuelles Interview	
B	Unmoderierter Usability-Test	
C	Fokusgruppen	
D	Tagebuch-Studie	
E	Erstellung von Storyboards	
F	Usability-Inspektion	

Frage 125	**3 richtige Antworten**	**LZ 7.1.2**
Welche drei der folgenden Aussagen sind NICHT korrekt in Bezug auf Usability-Evaluierungen?		
A	Usability-Evaluierungen sind eine der wichtigsten Aktivitäten in der menschzentrierten Gestaltung.	
B	Usability-Evaluierungen müssen immer unter Einbeziehung von echten Benutzern durchgeführt werden.	
C	Usability-Evaluierungen sollten so früh wie möglich im Prozess der menschzentrierten Gestaltung durchgeführt werden.	
D	In der menschzentrierten Gestaltung ist es zwingend erforderlich, dass eine Usability-Evaluierung durchgeführt wird.	
E	Wenn das Ergebnis einer Usability-Evaluierung zeigt, dass nicht alle Nutzungsanforderungen erfüllt sind, dann muss die Lösungsgestaltung immer im Rahmen einer weiteren Iteration angepasst werden.	
F	Wenn das Ergebnis einer Usability-Evaluierung zeigt, dass nicht alle Nutzungsanforderungen erfüllt sind, dann kann das für jedes beliebige erarbeitete UX-Ergebnis dazu führen, das dieses angepasst werden muss.	

Frage 126	**3 richtige Antworten**	**LZ 7.1.3**
In CPUX-F werden drei grundlegend unterschiedliche Usability-Evaluierungsmethoden dargelegt: Usability-Test, Usability-Inspektion und Benutzerbefragung. Welche drei der folgenden Punkte beschreiben vorrangige Unterscheidungsmerkmale zwischen den genannten Usability-Evaluierungsmethoden?		
A	Usability-Inspektionen werden in der Regel ohne Einbeziehung von Benutzern durchgeführt, bei Usability-Tests und Benutzerbefragungen sind immer Benutzer involviert.	
B	Benutzerbefragungen beziehen sich immer auf ein fertiges interaktives System oder einen High-Fidelity-Prototyp. Usability-Tests und Inspektionen hingegen können sich auch auf einen Low-Fidelity-Prototyp beziehen.	
C	Benutzerbefragungen beschäftigen sich vorrangig mit dem subjektiven Erleben des Benutzers (Zufriedenstellung und weitere Aspekte von User Experience) mit einem interaktiven System. Usability-Tests und Usability-Inspektionen beschäftigen sich vorrangig mit der Effektivität und Effizienz des interaktiven Systems.	
D	Usability-Tests ermitteln objektive Daten über Usability-Probleme eines interaktiven Systems, Usability-Inspektionen nicht.	
E	Die Grundlage einer Benutzerbefragung sind Erfahrungen, die die befragten Benutzer in der Vergangenheit mit dem interaktiven System gemacht haben. Die Grundlage für Usability-Tests ist die Beobachtung der tatsächlichen Nutzung. Die Grundlage für eine Inspektion ist die Erfahrung des Evaluators mit vergleichbaren interaktiven Systemen.	
F	Ein Usability-Test kann nur mithilfe eines fertigen interaktiven Systems oder eines High-Fidelity-Prototyps durchgeführt werden. Usability-Inspektionen und Benutzerbefragungen erfordern dies nicht.	

Frage 127	3 richtige Antworten LZ 7.1.4
Welche drei der folgenden Argumente unterstützen am besten die Aussage, dass Interviews und Fokusgruppen ungeeignet sind für eine Usability-Evaluierung?	
A	Fokusgruppen und Interviews werden typischerweise mit Fachexperten durchgeführt und nicht mit Benutzern. Dementsprechend ist es nicht sinnvoll, diese Methoden für eine Usability-Evaluierung einzusetzen.
B	Der Fokus eines Interviews ist üblicherweise nicht das interaktive System selbst, sondern der Nutzungskontext des interaktiven Systems.
C	Für eine Usability-Evaluierung mittels Interviews müsste man sehr viele Interviews durchführen. Dies ist sehr zeitaufwendig.
D	Durch eine Fokusgruppe sammelt man vorrangig Information über die Meinungen und Einstellungen der Fokusgruppenteilnehmer gegenüber einem interaktiven System, die nur bedingt aussagefähig sind für die Usability des interaktiven Systems.
E	Für eine Usability-Evaluierung mittels Fokusgruppen müsste man sehr viele Fokusgruppen durchführen. Dies ist sehr zeitaufwendig.
F	Selbst wenn die Teilnehmer einer Fokusgruppe Benutzer sind und diese kurz zuvor das interaktive System benutzt haben und die Diskussion der Fokusgruppe auf die Zufriedenstellung der Benutzer konzentriert bleibt, ist die Methode ungeeignet als Usability-Evaluierung, weil die Teilnehmer der Fokusgruppe sich gegenseitig beeinflussen und es so schwierig ist, reproduzierbar Usability-Probleme zu identifizieren.

Frage 128	3 richtige Antworten LZ 7.1.1
Welche drei der folgenden Punkte sind Varianten von Usability-Evaluierungen?	
A	Benutzerbefragung
B	Kontextuelles Interview
C	Usability-Inspektion
D	Usability-Test
E	Beobachtung
F	Fokusgruppe

Frage 129	**2 richtige Antworten**	**LZ 7.1.2**
Welche zwei der folgenden Punkte beschreiben NICHT einen möglichen Zweck einer Usability-Evaluierung in der menschzentrierten Gestaltung?		
A	Feststellen, ob ein interaktives System bestimmte formale Kriterien bezüglich der Usability erfüllt.	
B	Feststellen, in welchem Ausmaß ein interaktives System gebrauchstauglich ist.	
C	Feststellen, ob ein interaktives System aktuellen Trends im User-Interface-Design entspricht.	
D	Feststellen, ob ein interaktives System im Vergleich zu einem Referenzsystem für Benutzer zufriedenstellender ist oder nicht.	
E	Feststellen, ob ein interaktives System alle spezifizierten Nutzungsanforderungen erfüllt.	
F	Feststellen, dass ein interaktives System frei von Usability-Problemen ist.	

Frage 130	**1 richtige Antwort**	**LZ 7.1.1**
Welche eine der folgenden Aussagen beschreibt am besten den Begriff »formative Usability-Evaluierung«? (Hinweis: Das hier behandelte Thema – formative versus summative Usability-Evaluierung – ist nicht prüfungsrelevant.)		
A	Eine Usability-Evaluierung, die ein interaktives System gegen formale Kriterien prüft, die unabhängig vom Nutzungskontext einzuhalten sind.	
B	Eine Usability-Evaluierung, deren Ergebnisse dazu dienen, das interaktive System zu verbessern.	
C	Ein Usability-Test, der so gestaltet ist, dass die Ergebnisse statistisch ausgewertet werden können.	
D	Eine standardisierte Benutzerbefragung. Ein Beispiel ist der SUS (System Usability Scale).	
E	Eine Usability-Evaluierung, die gegen Ende der Gestaltung den erreichten Grad der Usability feststellen soll.	
F	Eine Usability-Evaluierung, die zu Beginn der Gestaltung den Grad der Usability eines zu verbessernden interaktiven Systems ermittelt.	

8.4 Usability-Tests im Detail

Lernziele in diesem Abschnitt (die Nummerierung entspricht den Lernziel-Nummern im CPUX-F-Curriculum, Lernziele ohne Nummern wurden zusätzlich zum CPUX-F-Curriculum aufgenommen):

- 7.2.1 Verstehen des Begriffs Usability-Test und der Hauptaktivitäten in einem Usability-Test
- 7.2.12 Verstehen der verschiedenen Rollen in einem Usability-Test: Moderator, Protokollant, Beobachter und Usability-Testteilnehmer
- 7.2.2 Verstehen des Konzepts: unmoderierter Usability-Test
- Wissen, was ein Usability-Labor ist
- 7.2.3 Verstehen, wie ein Usability-Test vorbereitet wird
- 7.2.6 Verstehen, wie Usability-Testteilnehmer rekrutiert werden
- 7.2.7 Verstehen der Aktivitäten in einer Usability-Testsitzung: Briefing, Pre-Test-Interview, Moderation und Post-Test-Interview
- 7.2.4 Verstehen des Konzepts: Usability-Test-Leitfaden
- 7.2.5 Verstehen des Konzepts: Usability-Testaufgabe
- 7.2.8 Verstehen des Konzepts: Usability-Testbericht
- 7.2.9 Verstehen des Konzepts: Usability-Befund
- 7.2.10 Verstehen des Wertes positiver Usability-Befunde
- 7.2.11 Verstehen des Konzepts: Bewertungen für Usability-Befunde

Der Usability-Test ist von den im CPUX-F-Curriculum behandelten Evaluierungsmethoden die einzige, bei der objektive Daten über die Usability eines interaktiven Systems entstehen. Insofern ist der Usability-Test grundsätzlich die Methode der Wahl, insbesondere wenn es bei Stakeholdern zur Usability eines Prototyps oder eines bereits im Einsatz befindlichen interaktiven Systems unterschiedliche Meinungen gibt.

Usability-Tests finden in mehreren Usability-Testsitzungen statt. Pro Usability-Testsitzung ist immer nur ein einzelner Usability-Testteilnehmer anwesend.

Definition 8-6: Usability-Testsitzung

Ein Teil eines Usability-Tests, bei dem ein bestimmter Usability-Testteilnehmer repräsentative Usability-Testaufgaben unter Benutzung des interaktiven Systems oder eines Prototyps des interaktiven Systems löst.

Im Allgemeinen besteht ein Usability-Test aus 4 bis 25 Usability-Testsitzungen pro Benutzergruppe, es sind also an einem Usability-Test pro Benutzergruppe zwischen 4 und 25 Benutzer beteiligt. Man sollte einen Usability-Test einerseits nicht mit weniger als 4 Benutzern durchführen, um wirklich ausreichend wiederkehrende Usability-Probleme erkannt zu haben. Andererseits benötigt man mindestens 20 Benutzer, wenn man quantitative Aussagen zu Effektivität, Effizienz und Zufriedenstellung treffen will, um so eine statistisch solide Datenbasis zu haben [Nielsen 2012].

Würde man z. B. einen Usability-Test mir nur einem einzigen Benutzer durchführen, könnte es im Extremfall so sein, dass man Usability-Probleme identifiziert hat, die nur dieser eine Benutzer hat und die bei anderen Benutzern gar nicht beobachtbar sind.

8.4.1 Die Phasen eines Usability-Tests: Planung, Durchführung, Auswertung

Tabelle 8–1 gibt einen Gesamtüberblick über alle Phasen eines Usability-Tests und über die Arbeitsergebnisse, die in jeder Phase erzielt werden. Die einzelnen Phasen werden in den Abschnitten 8.4.4, 8.4.5 und 8.4.6 im Detail beschrieben.

Aktivitäten	Inhalte/Arbeitsergebnisse
Planen des Usability-Tests (siehe Details in Abschnitt 8.4.4)	
1. Usability-Testplan schreiben	▪ Das Ziel des Usability-Tests ist festgelegt und dokumentiert. ▪ Die Benutzergruppen und die Anzahl der geplanten Usability-Testteilnehmer sind festgelegt. ▪ Die ungefähre Länge jeder Usability-Testsitzung ist bekannt. ▪ Der Moderator ist namentlich festgelegt. ▪ Der Zeitplan für die Durchführung aller Usability-Testsitzungen steht fest.
2. Usability-Test-Leitfaden schreiben	▪ Die Aussagen für das Briefing des Usability-Testteilnehmers sind festgelegt und dokumentiert. ▪ Die Fragen für das Pre-Test-Interview sind festgelegt und dokumentiert. ▪ Für jede Benutzergruppe sind die Usability-Testaufgaben spezifiziert und dokumentiert. ▪ Die Fragen für das Post-Test-Interview sind festgelegt und dokumentiert.
3. Usability-Testteilnehmer rekrutieren	▪ Ein Rekrutierungsfragebogen ist erstellt, mit dem geeignete Usability-Testteilnehmer angeworben werden können. ▪ Geeignete Usability-Testteilnehmer sind rekrutiert. ▪ Alle Usability-Testsitzungen sind gemäß Usability-Testplan zeitlich terminiert.

→

Aktivitäten	Inhalte/Arbeitsergebnisse
Durchführen jeder Usability-Testsitzung (siehe Details in Abschnitt 8.4.5)	
4. Briefing des Usability-Testteilnehmers	■ Der (jetzt anwesende) Usability-Testteilnehmer ist darüber informiert, was genau jetzt passieren wird, und ist sich über seine Rolle und seinen Beitrag während der Usability-Testsitzung bewusst.
5. Pre-Test-Interview mit dem Usability-Testteilnehmer	■ Alle Informationen zur Herkunft, dem Nutzungskontext in Hinblick auf das interaktive System und ggf. der Vorerfahrung mit vergleichbaren interaktiven Systemen sind gemäß Usability-Test-Leitfaden (siehe 2. Aktivität) beim Usability-Testteilnehmer eingeholt worden.
6. Übergabe der jeweiligen Usability-Testaufgabe	■ Der Usability-Testteilnehmer hat die Usability-Testaufgabe gelesen. ■ Fragen zu den Usability-Testaufgaben wurden beantwortet. ■ Der Usability-Testteilnehmer kann mit der Durchführung der Usability-Testaufgabe beginnen.
7. Beobachtung der Durchführung der Usability-Testaufgabe durch den jeweiligen Testteilnehmer	■ Alle beobachtbaren Usability-Probleme sind festgehalten. ■ Alle beobachtbaren positiven Befunde sind festgehalten. ■ Grundinformationen zu Effektivität und Effizienz sind dokumentiert (z.B. Zeitdauer, Anzahl Hilfestellungen mit Bezug zum Usability-Problem, Arbeitsergebnis vollständig und genau erreicht? Ja/nein).
8. Post-Test-Interview mit dem jeweiligen Testteilnehmer	■ Subjektive Einschätzungen des Usability-Testteilnehmers zur erlebten Nutzungssituation sind gemäß Usability-Test-Leitfaden (siehe 2. Aktivität) eingeholt worden.
Auswertung und Dokumentation (siehe Details in Abschnitt 8.4.6)	
9. Usability-Testbericht schreiben	■ Usability-Probleme sind dokumentiert und aus Sicht der Usability bewertet. ■ Positive Usability-Befunde sind dokumentiert.
10. Usability-Befunde kommunizieren	■ Die Stakeholder, die mögliche Folgeaktivitäten initiieren und/oder umsetzen, sind über die Ergebnisse des Usability-Tests informiert.

Tab. 8–1 *Phasen und Aktivitäten eines Usability-Tests im Überblick*

8.4.2 Rollen im Usability-Test

In jeder Usability-Testsitzung während eines Usability-Tests gibt es folgende definierte Rollen:

- Usability-Testteilnehmer
- Moderator
- Protokollant
- Beobachter

Das heißt nicht, dass in jeder Usability-Testsitzung mindestens 4 Personen anwesend sein müssen. Häufig ist es so, dass der Moderator der Usability-Testsitzung auch die Rolle des Beobachters und des Protokollanten übernimmt. Die Frage, wie viele Personen man während einer Usability-Testsitzung benötigt, hängt von vielen Faktoren ab. Zum einen kann das interaktive System ein komplexes Medizinprodukt sein, das Beobachtung aus mehreren räumlichen Perspektiven erfordert, weil der Benutzer sich bei der Aufgabenerledigung rund um das Produkt bewegt. Zum anderen kann es so viele Usability-Probleme geben, dass zwei Protokollanten benötigt werden, um sie alle dokumentieren zu können. Auch kann es sein, dass schlichtweg viele Stakeholder als Beobachter während der Usability-Testsitzungen zuschauen wollen.

Die wichtigste Person in einer Usability-Testsitzung ist der Usability-Testteilnehmer. Der Usability-Testteilnehmer ist der Benutzer, der während der Usability-Testsitzung die vordefinierten Testaufgaben am interaktiven System erledigt. Er wurde typischerweise auf der Basis eines Rekrutierungsfragebogens ausgewählt und seine Merkmale stimmen mit den geforderten Merkmalen des Benutzergruppenprofils überein.

Definition 8-7: Usability-Testteilnehmer

Ein repräsentativer Benutzer, der Usability-Testaufgaben in einer Usability-Testsitzung ausführt.

Die nächste Rolle in einer Usability-Testsitzung ist der Moderator. Der Moderator ist die Person, die den Usability-Testteilnehmer während der Usability-Testsitzung betreut. Moderatoren leiten auch Fokusgruppen (siehe Abschnitt 5.6).

Definition 8-8: Moderator

Eine neutrale Person, die eine Usability-Testsitzung oder eine Fokusgruppe leitet.

Er begrüßt den Usability-Testteilnehmer und führt zunächst das Briefing durch. Anschließend führt er das Pre-Test-Interview durch und händigt dann dem Usability-Testteilnehmer die erste Usability-Testaufgabe aus (und nach Beendigung dieser Usability-Testaufgabe die nächste). Nachdem der Usability-Testteilnehmer mit der jeweiligen Usability-Testaufgabe begonnen hat, verhält sich der Moderator ruhig. Er bleibt auch in der Gestik neutral, um den Usability-Testteilnehmer so weit wie möglich nicht zu beeinflussen. Der Moderator tritt nur in verbale Kommunikation mit dem Usability-Testteilnehmer, wenn dieser nicht selbstständig bei der Erledigung der Aufgabe weiterkommt.

Die dritte Rolle in einer Usability-Testsitzung ist der Protokollant. Der Protokollant ist ein User Experience Professional, der während der Usability-Testsitzung sich darauf konzentriert, beobachtbare Usability-Probleme unmittelbar zu protokollieren.

Definition 8–9: Protokollant

Ein User Experience Professional, der während einer Usability-Testsitzung, einer Fokusgruppe oder eines Interviews Notizen über Usability-Befunde macht.

Die vierte Rolle in einer Usability-Testsitzung ist der Beobachter. Beobachter sind in der Regel Stakeholder (z.B. Produktmanager, Entwicklungsingenieure), die während der Usability-Testsitzung interessiert zuschauen, um Erkenntnisse über das interaktive System aus Sicht der Nutzung zu erhalten. Beobachter dürfen während der Sitzung nicht in das Geschehen eingreifen. Sie befinden sich typischerweise in einem anderen Raum oder auch an einem anderen Ort (siehe hierzu den nächsten Abschnitt 8.4.3 »Formen von Usability-Tests«).

Definition 8–10: Beobachter

Eine Person, die Benutzer in einer Beobachtung, Usability-Testsitzung oder Fokusgruppe beobachtet.

8.4.3 Formen von Usability-Tests

Es lassen sich folgende drei Formen von Usability-Tests unterscheiden:

- Usability-Test im Usability-Labor
- Remote-Usability-Test (nicht prüfungsrelevant)
- Unmoderierter Usability-Test

Unabhängig von der Form des Usability-Tests werden Usability-Testsitzungen in der Regel auf Video aufgezeichnet, insbesondere wenn Software getestet wird, da man hier mit entsprechender Aufzeichnungssoftware (»Screen Recorder«) sehr einfach den gesamten Verlauf der Erledigung der Aufgaben am Bildschirm aufzeichnen kann. Die Aufzeichnung ist kein Muss, jedoch hilft sie, im Nachhinein strittige Sachverhalte objektiv aufzuklären. Des Weiteren ermöglicht dies Stakeholdern, die bei der Durchführung der einzelnen Usability-Testsitzungen nicht dabei sein konnten, das nachträgliche Beobachten der Usability-Testsitzungen.

Die erste Form des Usability-Tests ist der »klassische« Usability-Test, der in einem Usability-Labor stattfindet.

Ein Usability-Labor besteht immer aus mindestens zwei Räumen. Ein Raum ist der Testraum, in dem die Usability-Testsitzung stattfindet. Hier halten sich der Usability-Testteilnehmer und der Moderator auf. Der andere Raum ist der Beobachtungsraum, in dem sich die Beobachter und die Protokollanten befinden. Der Beobachtungsraum ist oft direkt neben dem Testraum und die Beobachter und Protokollanten können durch einen Einwegspiegel das Geschehen im Testraum beobachten. Einwegspiegel heißt, dass man nur vom Beobachtungsraum in den Testraum schauen kann. Der Usability-Testteilnehmer und der Moderator können vom Testraum aus nicht in den Beobachtungsraum sehen. Es gibt auch Usability-Labore, in denen das Geschehen im Testraum mit einer oder mehreren Kameras innerhalb des Testraums gefilmt und dann über Netzwerktechnik in den Beobachtungsraum übertragen wird. Dort können dann die Beobachter und Protokollanten die Usability-Testsitzung mithilfe des projizierten Livebildes sowohl des interaktiven Systems als auch des Usability-Testteilnehmers verfolgen. Darüber hinaus ist es auch möglich, als Beobachter die Usability-Testsitzung von einem beliebigen Ort aus über das Internet zu verfolgen. Diese Möglichkeit wird zunehmend genutzt bei Usability-Tests, die nacheinander in verschiedenen Ländern stattfinden, da so die Beobachter Reisezeit und Reisekosten sparen. Im Testraum sind in der Regel ein oder mehrere hochwertige Mikrofone installiert, die die Übertragung der Aussagen von Usability-Testteilnehmer und Moderator, angefangen vom Briefing, dem Pre-Test-Interview über die eigentliche Aufgabenerledigung bis hin zum Post-Test-Interview, ermöglichen.

Abbildung 8–2 zeigt einen Testraum innerhalb eines Usability-Testlabors, bei dem links die Moderatorin zu sehen ist und rechts der Usability-Testteilnehmer, der gerade eine Aufgabe an einem Onlineshop erledigt.

Abbildung 8–3 zeigt einen Beobachtungsraum in einem Usability-Labor, in dem Beobachter und Protokollanten die Erledigung der Usability-Testaufgaben durch den Usability-Testteilnehmer beobachten. Sowohl das interaktive System (der Onlineshop) als auch das Gesicht des Benutzers werden per Netzwerktechnik vom Testraum in den Beobachtungsraum übertragen und dort über einen Projektor an die Wand projiziert. Auch der Ton wird in den Beobachtungsraum übertragen und dort über Lautsprecher hörbar.

Auf der linken Seite sitzen zwei Beobachter. Es sind die Produktmanager, die für den Onlineshop verantwortlich sind. Auf der rechten Seite sitzen zwei Protokollanten, die beobachtbare Usability-Probleme direkt dokumentieren.

Abb. 8–2 *Moderatorin und Usability-Testteilnehmer im Testraum eines Usability-Labors*[1]

Abb. 8–3 *Beobachtungsraum in einem Usability-Labor*[2]

1. Quelle: Usability-Labor der ProContext Consulting GmbH.
2. Quelle: Usability-Labor der ProContext Consulting GmbH.

Die zweite Form des Usability-Tests ist der Remote-Usability-Test. Beim Remote-Usability-Test sitzen der Usability-Testteilnehmer und der Moderator an verschiedenen Orten.

Moderator und Usability-Testteilnehmer sind beim Remote-Usability-Test in der Regel über ein »Web Conferencing Tool« verbunden, so als würde man ein internetbasiertes Meeting durchführen, bei dem man sich gegenseitig auf Video sieht, sich hört und sich gemeinsam etwas anschauen kann. Diese Form des Usability-Tests eignet sich besonders, wenn die Usability-Testteilnehmer in der ganzen Welt verteilt sind und man sich die Reisezeiten und Reisekosten für die Usability-Testteilnehmer und/oder den Moderator sparen will. Praktisch funktioniert das nur bei Software, insbesondere bei browserbasierten Anwendungen, da man diese nicht beim Usability-Testteilnehmer installieren muss. Da aber die Technik immer leistungsfähiger wird, kann man auch z. B. über ein Web Conferencing Tool einen Remote-Usability-Test einer neuartigen Spritze für Ärzte durchführen, da sich die Benutzung kleinerer interaktiver Systeme auch mit der lokalen Webcam des Usability-Testteilnehmers noch recht gut filmen lässt.

Die dritte Form des Usability-Tests ist der unmoderierte Usability-Test. Hier ist kein Moderator anwesend und der Usability-Testteilnehmer entscheidet selbst, wann er die Usability-Testsitzung durchführt und tut dies dann allein.

Definition 8–11: Unmoderierter Usability-Test

Ein Usability-Test, bei dem Usability-Testteilnehmer Usability-Testaufgaben ohne Moderator erledigen.

Diese Form des Usability-Tests eignet sich insbesondere zum Testen von öffentlich zugänglichen Websites und Onlineshops, bei denen das Benutzergruppenprofil eine sehr große Anzahl von Menschen umfasst.

Es gibt Unternehmen, die kommerziell unmoderierte Usability-Tests organisieren. Diese Unternehmen rekrutieren auf der Basis eines Benutzergruppenprofils und ggf. eines Rekrutierungsfragebogens geeignete Usability-Testteilnehmer. Die Unternehmen verfügen typischerweise über eine Datenbank von Benutzern unterschiedlichster Benutzergruppenprofile. Der rekrutierte Usability-Testteilnehmer erhält meist per E-Mail Zugang zum interaktiven System über eine separate (webbasierte) Software, über die er die jeweilige Testaufgabe bekommt und diese durchführt. Sobald er angibt, dass er die jeweilige Usability-Testaufgabe erledigt hat, wird die Durchführung dieser Aufgabe in eine Datei gespeichert, die der Auftraggeber des unmoderierten Usability-Tests erhält, um diese anzuschauen und bezüglich Usability-Problemen zu analysieren. Der unmoderierte Usability-Test wird gelegentlich auch »unmoderierter Remote-Usability-Test« genannt. Er ist jedoch nicht gleichzusetzen mit dem »Remote-Usability-Test«.

8.4.4 Planung von Usability-Tests

Usability-Tests müssen sorgfältig geplant werden. Im Rahmen der Planung müssen vor allem folgende Aktivitäten durchgeführt werden:

- Usability-Testplan schreiben (nicht prüfungsrelevant)
- Usability-Test-Leitfaden schreiben
- Usability-Testteilnehmer rekrutieren

8.4.4.1 Usability-Testplan schreiben

Hinweis: Der Inhalt dieses Abschnitts ist nicht prüfungsrelevant, ist aber als Vertiefung oder Ergänzung hilfreich.

Der Usability-Testplan enthält folgende Angaben:

1. Das Ziel des Usability-Tests
2. Die Benutzergruppen und die Anzahl der geplanten Usability-Testteilnehmer
3. Die ungefähre Länge jeder Usability-Testsitzung
4. Die Identität des Moderators (Vorname, Name, ggf. Qualifikation in Bezug auf Usability und User Experience)
5. Den Zeitplan für die Durchführung aller Usability-Testsitzungen

Abbildung 8–4 zeigt beispielhaft, was in einem Usability-Testplan für die Terminvereinbarungs-App beim Arzt stehen könnte:

1 Usability-Testplan
für High-Fidelity-Prototyp »Terminvereinbarungs-App«

- Das Ziel des Usability-Tests ist es, festzustellen, ob Patienten mit der Terminvereinbarungs-App ohne Schulung und ohne fremde Hilfe einen Arzttermin vereinbaren, verschieben bzw. stornieren können.
- Hierzu werden sechs Benutzer aus der Benutzergruppe »Patient« als Usability-Testteilnehmer rekrutiert.
- Die Länge jeder Usability-Testsitzung wird mit 1 h veranschlagt (inkl. Briefing, Pre-Test-Interview, Erledigung von drei Usability-Testaufgaben und Post-Test-Interview).
- Der Moderator ist Simon Birke von der ProContext Consulting GmbH. Simon Birke ist Diplom-Kommunikationsdesigner mit sieben Jahren Berufserfahrung in Projekten der Nutzungskontextanalyse, des User-Interface-Designs und der Usability-Evaluierung. Er hat in dieser Zeit ca. 50 Usability-Testsitzungen moderiert und ist Trainer für den CPUX-F und den CPUX-UR.
- Alle Usability-Testsitzungen erfolgen in der Woche vom 10.09–14.09.2018. Es werden an drei Tagen am frühen Abend je zwei Usability-Testsitzungen durchgeführt.

Abb. 8–4 *Beispiel für einen Usability-Testplan*

8.4.4.2 Usability-Test-Leitfaden schreiben

Der Usability-Test-Leitfaden enthält folgende Angaben:

1. Die Aussagen für das Briefing des Usability-Testteilnehmers
2. Die Fragen für das Pre-Test-Interview
3. Für jede Benutzergruppe die Usability-Testaufgaben
4. Die Fragen für das Post-Test-Interview

Definition 8–12: Usability-Test-Leitfaden

Eine Anleitung, die von einem Moderator in einem Usability-Test zur Vorbereitung und Durchführung einer Usability-Test-Sitzung verwendet wird.

Abbildung 8–5 zeigt beispielhaft, wie die Aussagen für das Briefing des Usability-Testteilnehmers lauten können (für Details zum Briefing siehe Abschnitt 8.4.5).

2 Usability-Test-Leitfaden

2.1 Briefing

1. Wir führen jetzt gemeinsam einen Usability-Test durch, mit dessen Hilfe wir etwas über die Usability des interaktiven Systems lernen wollen. Wir werden Sie bitten, Aufgaben mit dem System durchzuführen.
2. Wir testen nicht Sie, sondern wir testen mit Ihrer Hilfe das User Interface des interaktiven Systems.
3. Sie können nichts falsch machen. Sie machen nur das, was Sie für richtig halten, und ich schaue Ihnen dabei zu.
4. Ich werde Ihnen keine Hilfestellung geben, es sei denn, Sie kommen alleine nicht weiter.
5. Sie können jederzeit das bereitliegende Benutzerhandbuch verwenden.
6. Bitte denken Sie laut während der Sitzung. Beschreiben Sie, was Sie tun – aber lassen Sie sich dadurch nicht vom Erledigen der Aufgabe abhalten.
7. Wir zeichnen all das, was Sie am Bildschirm tun, mit einer Software auf. So können wir im Nachgang Dinge besser analysieren und verbessern.

Abb. 8–5 *Beispiel für die Briefing-Aussagen, die der Moderator gegenüber dem Usability-Testteilnehmer im Briefing macht*

Die Aussagen in Abbildung 8–5 sind allgemeingültig und können in dieser oder ähnlicher Form immer wieder in Briefings verwendet werden.

Aussage 6 im Briefing »Bitte denken Sie laut während der Sitzung. Beschreiben Sie, was Sie tun – aber lassen Sie sich dadurch nicht vom Erledigen der Aufgabe abhalten« ist ein »Klassiker«. Es ist meist hilfreich, wenn Moderator, Protokollant und Beobachter wissen, was im Kopf des Usability-Testteilnehmers vorgeht, während er die jeweilige Testaufgabe erledigt. Usability-Tests, bei denen diese Aussage im Briefing gemacht wird, werden auch gelegentlich »Think-aloud Tests« genannt. In summativen Evaluierungen sollte man allerdings diese Aussage eher nicht machen. So gibt es Zulassungsstellen für Medizinprodukte, die sicherstellen wollen, dass in summativen Evaluierungen die Teilnehmer sich so realistisch wie möglich verhalten sollen. Insofern ist hier von einer Aufforderung zum »lauten Denken« abzusehen.

Abbildung 8–6 zeigt beispielhaft, wie die Fragen für das Pre-Test-Interview des Usability-Testteilnehmers lauten können (für Details zum Pre-Test-Interview siehe Abschnitt 8.4.5).

2 Usability-Test-Leitfaden

2.2 Pre-Test-Interview

1. Wie oft waren Sie in diesem Jahr bereits bei einem Arzttermin?
2. Auf welchen Wegen haben Sie den jeweiligen Arzttermin vereinbart?
3. Welche Behandlungstermine haben Sie verschoben?
4. Welche Behandlungstermine haben Sie ganz abgesagt (und warum)?

Abb. 8–6 *Beispiele für Fragen des Pre-Test-Interviews*

Der dritte Teil des Usability-Test-Leitfadens enthält die Usability-Testaufgaben, die der Usability-Testteilnehmer während der Usability-Testsitzung am interaktiven System ausführt.

Definition 8–13: Usability-Testaufgabe

Eine Beschreibung einer Aufgabe, die ein Moderator einem Usability-Testteilnehmer während eines Usability-Tests stellt.

Usability-Testaufgaben sollten immer verständlich formuliert und vollständig sein und nicht nur Teilaufgaben innerhalb einer Aufgabe. Nur wenn der Benutzer eine Aufgabe vom Anfang bis zum Ende erledigt, befindet er sich in einer realen Nutzungssituation für das interaktive System und die Usability-Testsitzung liefert Erkenntnisse, die später auch in der realen Nutzung des fertigen interaktiven Systems zu finden sind. So wäre die Usability-Testaufgabe »Registrieren Sie sich als Benutzer der Terminvereinbarungs-App« keine gültige Usability-Testaufgabe, da »Registrieren« immer nur eine Teilaufgabe innerhalb einer anderen Aufgabe ist.

Auch sollten Testaufgaben, die die Meinung des Benutzers zum Gegenstand haben, wie z.B. »Sagen Sie uns, wie Sie den Terminkalender der Terminvereinbarungs-App finden«, vermieden werden, da hierbei keine realistische Interaktion zwischen Benutzer und interaktivem System zustande kommt. Fragen nach Meinungen der Benutzer gehören in das Post-Test-Interview.

Abbildung 8–7 zeigt beispielhaft, wie eine geeignete Usability-Testaufgabe aussieht:

2 Usability-Test-Leitfaden

2.3 Usability-Testaufgaben

2.3.1 Einen Behandlungstermin vereinbaren

- Sie sind von Ihrer Krankenkasse informiert worden, dass Ihnen als 35-jährige Person ein Gesundheits-Check-up beim Hausarzt empfohlen wird.
- Sie entscheiden sich, das Angebot anzunehmen.
- Vereinbaren Sie den Termin für den Gesundheits-Check-up mit Ihrer neuen »Terminvereinbarungs-App«, die auf dem Smartphone installiert ist, das vor Ihnen auf dem Tisch liegt.
- Sagen Sie mir, wenn Sie mit der Aufgabe fertig sind. Ich gebe Ihnen dann die nächste Aufgabe.

Abb. 8–7 *Beispiel für eine Usability-Testaufgabe*

Der vierte Teil des Usability-Test-Leitfadens beinhaltet die Fragen für das Post-Test-Interview. Bei den Fragen des Post-Test-Interviews geht es darum, den subjektiven Eindruck des Usability-Testteilnehmers in Bezug auf die erlebte Interaktion mit dem interaktiven System einzuholen. Die Antworten zu den Fragen im Post-Test-Interview sind wichtig, um die aktuelle User Experience (»Wahrnehmungen und Reaktionen«) aus der Perspektive der Usability-Testteilnehmer einzuschätzen.

Abbildung 8–8 zeigt beispielhaft, welche Fragen im Post-Test-Interview gestellt werden (für Details zum Post-Test-Interview siehe Abschnitt 8.4.5).

2 Usability-Test-Leitfaden

2.4 Post-Test-Interview

1. Welche Schwierigkeiten hatten Sie bei der Nutzung der App?
2. Was hat Ihnen gut gefallen an der App?
3. Was sollten wir verbessern?
4. Was denken Sie insgesamt über diese App?

Abb. 8–8 *Beispiele für Fragen im Post-Test-Interview*

8.4.4.3 Usability-Testteilnehmer rekrutieren

Sobald der Testplan und der Test-Leitfaden feststehen, können Benutzer rekrutiert werden. Es gibt Unternehmen, die sich auf die Rekrutierung von Benutzern spezialisiert haben. Oft ist es günstiger, sich Usability-Testteilnehmer über ein solches Unternehmen zu beschaffen.

Definition 8–14: Rekrutierung

Ein Verfahren zur Auswahl von Kandidaten, die die erforderlichen Merkmale haben, um an einer menschzentrierten Aktivität, wie z. B. einer Fokusgruppe, einem kontextuellen Interview oder einem Usability-Test, teilzunehmen.

In der Regel erarbeitet man einen Rekrutierungsfragebogen, mit dessen Hilfe bei potenziellen Usability-Testteilnehmern verifiziert wird, ob sie in das Benutzergruppenprofil hineinpassen.

Ein Rekrutierungsfragebogen kann offene und geschlossene Fragen enthalten. Je komplexer das Benutzergruppenprofil ist und je größer das Risiko, dass falsche Teilnehmer rekrutiert werden, umso hilfreicher sind offene Fragen. Die Freitextantworten können vom Auftraggeber genutzt werden, um wirklich passende Teilnehmer bzw. unpassende Teilnehmer besser zu verifizieren.

Beispiele für Fragen, die in einem Rekrutierungsfragebogen für Patienten gestellt werden, sind:

1. Zu welcher Altersgruppe gehören Sie? (Die möglichen Antworten sind mit standardisierten Altersbereichen angegeben.)
2. Von welchem Anbieter ist Ihr Internetzugang zu Hause? (Die Frage soll sicherstellen, dass der Kandidat wirklich Internet zu Hause nutzt.)
3. Welches Smartphone nutzen Sie? (Gar keines würde hier bedeuten, dass die Person unpassend ist.)
4. Bei welchen Ärzten (Hausarzt, Facharzt) hatten Sie in den letzten 12 Monaten Behandlungstermine? Wie viele Termine waren das? (Zum Beispiel mindestens 2 × Hausarzt und mindestens 2 × Facharzt, um sicherzustellen, dass der Teilnehmer überhaupt zum Arzt geht.)

Mit Teilnehmern, bei denen die Antworten des Rekrutierungsfragebogens zum Benutzergruppenprofil passen, wird dann ein Termin für eine Usability-Testsitzung vereinbart.

8.4.5 Durchführung von Usability-Testsitzungen

Jetzt, wo Usability-Testplan und Usability-Test-Leitfaden feststehen und die Usability-Testteilnehmer rekrutiert sind, kann die jeweilige Usability-Testsitzung durchgeführt werden.

Idealerweise druckt der Moderator vor der ersten Usability-Testsitzung den Test-Leitfaden aus, um anhand des ausgedruckten Dokuments den roten Faden während der Usability-Testsitzung zu behalten.

Für den Usability-Testteilnehmer werden zusätzlich vor der ersten Usability-Testsitzung die Testaufgaben ausgedruckt (pro Testaufgabe ein separates Blatt, damit der Moderator die jeweilige Testaufgabe, die als Nächstes dran ist, einzeln an den Usability-Testteilnehmer aushändigen kann).

Zu Beginn der Usability-Testsitzung stellt der Moderator sich vor und führt das Briefing gemäß Test-Leitfaden durch (siehe Abb. 8–5 auf Seite 205).

Definition 8–15: Briefing

Die erste Aktivität in einem Interview oder in einer Usability-Testsitzung, in der ein [Interviewteilnehmer bzw. ein] Usability-Testteilnehmer über den Zweck des Interviews oder des Usability-Tests, über seine eigene Rolle sowie den erwarteten Beitrag informiert wird.

Anschließend führt der Moderator das Pre-Test-Interview durch, auch hier gemäß Test-Leitfaden (siehe Abb. 8–6 auf Seite 206).

Definition 8–16: Pre-Test-Interview

Eine Aktivität in einer Usability-Testsitzung, bei der der Usability-Testteilnehmer Fragen bezüglich seines Hintergrundes und seiner Vorerfahrung mit dem interaktiven System oder ähnlichen interaktiven Systemen beantwortet.

Bereits beim Briefing und dem Pre-Test-Interview ist es wichtig, dass der Moderator eine neutrale Grundhaltung einnimmt und die Aussagen des Testteilnehmers nicht in irgendeiner Weise kommentiert.

Wenn Briefing und Pre-Test-Interview durchgeführt wurden, beginnt die eigentliche Usability-Testsitzung.

Der Moderator übergibt jetzt die erste Usability-Testaufgabe an den Usability-Testteilnehmer und bittet ihn, diese zu lesen. Wenn der Usability-Testteilnehmer bestätigt hat, dass er die Usability-Testaufgabe gelesen und verstanden hat bzw. etwaige Fragen zur Usability-Testaufgabe selbst durch den Moderator beantwortet wurden, bittet der Moderator den Usability-Testteilnehmer, mit der Bearbeitung der Aufgabe zu beginnen.

Die eigentliche Moderation des Moderators während der Erledigung der jeweiligen Usability-Testaufgabe durch den Usability-Testteilnehmer besteht darin, sich ruhig zu verhalten und auch keine fragende oder zustimmende Gestik zu verwenden.

Erst wenn der Usability-Testteilnehmer sagt, dass er ohne Hilfe des Moderators nicht weiterkommt oder der Moderator selbst den Eindruck hat, dass der Usability-Testteilnehmer alleine nicht weiterkommt (z.B. nach fünf Minuten Aufgabenbearbeitung ohne Fortschritt), moderiert der Moderator aktiv.

Es ist wichtig, dass der Moderator dem Usability-Testteilnehmer bei nicht selbstständig lösbaren Problemen nicht unmittelbar sagt, wie er weiterkommt. Beispiele für gute Fragen des Moderators bei nicht auflösbaren Usability-Problemen sind:

- Was suchen Sie gerade?
- Was versuchen Sie gerade zu tun?

Auf diesem Weg wird klar, welche Begriffe der Usability-Testteilnehmer im Kopf hat im Gegensatz zu den Begriffen, die an der Benutzungsschnittstelle verwendet werden, bzw. welche Schritte der Usability-Testteilnehmer ausführen möchte im Gegensatz zu den Schritten, die die Benutzungsschnittstelle ermöglicht.

Erst wenn der Moderator der Ursache des Usability-Problems nachgegangen ist, sollte er dem Teilnehmer sagen, was er konkret tun muss, um die Aufgabe fortzusetzen.

Sobald der Teilnehmer die erfolgreiche Erledigung einer Aufgabe meldet, übergibt der Moderator dem Usability-Testteilnehmer die nächste Usability-Testaufgabe, bis alle vorgesehenen Aufgaben durch den Usability-Testteilnehmer erledigt wurden oder die vorgesehene Zeit abgelaufen ist.

Der Usability-Testteilnehmer muss nicht jede Aufgabe, auch nicht nach Hilfestellung, vollständig und genau abschließen. Wenn es dem Testteilnehmer einfach nicht gelingt, die Aufgabe zu erledigen, ist auch dies ein nützliches Testergebnis. Der Moderator bedankt sich in diesem Fall beim Usability-Testteilnehmer und geht zur nächsten Aufgabe über.

Nachdem der Testteilnehmer alle Usability-Testaufgaben bearbeitet hat oder wenn die vorgesehene Zeit hierfür abgelaufen ist, führt der Moderator das Post-Test-Interview durch.

Definition 8–17: Post-Test-Interview

Eine Aktivität in einer Usability-Testsitzung, bei der der Usability-Testteilnehmer Fragen bezüglich seiner User Experience und seines allgemeinen Eindrucks hinsichtlich des interaktiven Systems beantwortet.

Während der Fokus bei der Abarbeitung der Usability-Testaufgaben ausschließlich auf den Aktivitäten und Reaktionen des Benutzers während der Aufgabenerledigung liegt, kann im Post-Test-Interview nun die Meinung und die subjektive Wahrnehmung des Usability-Testteilnehmers bezüglich des infrage kommenden interaktiven Systems erfasst werden. Aussagen, die während des Post-Test-Interviews geäußert werden, können dem Moderator und den Analysten der Testergebnisse helfen, Ursachen für Usability-Probleme zu erkennen, Usability-Probleme zu bewerten und zu verstehen, was dem Usability-Testteilnehmer gefallen hat.

8.4.6 Auswertung und Dokumentation der Ergebnisse

Nachdem alle Usability-Testsitzungen durchgeführt wurden, erstellt entweder der Moderator oder der Protokollant oder beide im Team den Usability-Testbericht.

Definition 8–18: Usability-Testbericht

Ein Dokument, das die Ergebnisse eines Usability-Tests beschreibt.

Um die Ergebnisse eines Usability-Tests erfolgreich kommunizieren und im Rahmen der weiteren Entwicklung des interaktiven Systems berücksichtigen zu können, ist eine Dokumentation in Form eines Usability-Testberichts unerlässlich.

Der Usability-Testbericht enthält

- eine (ca. 1-seitige) Kurzdarstellung der Ergebnisse,
- alle Usability-Befunde (sowohl textuell beschriebene Usability-Probleme als auch textuell beschriebene positive Befunde),
- soweit notwendig für jedes Usability-Problem einen Screenshot oder ein Foto zur Illustration des Problems, aus dem hervorgeht, an welcher Stelle das jeweilige Usability-Problem genau aufgetreten ist, und
- den Usability-Test-Leitfaden (sodass der Leser nachvollziehen kann, wie jede Usability-Testsitzung durchgeführt wurde und welche Usability-Testaufgaben erledigt wurden), typischerweise im Anhang.

Es ist wichtig, im Usability-Testbericht neben den identifizierten Usability-Problemen auch Aussagen zu treffen über Dinge, die den Usability-Testteilnehmern besonders leichtgefallen sind bzw. die sie explizit im Post-Test-Interview als positiv benannt haben. So wird sichergestellt, dass gut funktionierende Aspekte bekannt sind und nicht unbeabsichtigt geändert oder entfernt werden, und es erzeugt eine positivere Einstellung gegenüber dem Usability-Testbericht bei Stakeholdern, die dem Usability-Test vielleicht kritisch gegenüberstehen. Deshalb spricht man auch allgemein von »Usability-Befunden«, die in einem Usability-Testbericht enthalten sind.

Definition 8-19: Usability-Befund

Ein Ergebnis aus einer Usability-Evaluierung.

So könnte ein positiver Befund bei der Usability-Testsitzung mit der Terminvereinbarungs-App folgender sein:

> »Alle fünf Benutzer waren positiv überrascht von der Möglichkeit, Wunschtermine in die App eingeben zu können und dann alle verfügbaren Behandlungstermine um diesen Wunschtermin herum auswählen zu können.«

Usability-Befunde sind also sowohl die beobachtbaren Usability-Probleme als auch die identifizierten positiven Beobachtungen während der Usability-Testsitzung.

In Abschnitt 8.1 »Die Rolle von Usability-Evaluierungen in der menschzentrierten Gestaltung« wurde bereits der Begriff »Usability-Problem« eingeführt.

Definition 8-20: Usability-Problem (Wiederholung)

Ein Problem in der Benutzung der Benutzungsschnittstelle, das sich auf die Fähigkeit des Benutzers auswirkt, seine Ziele effektiv oder effizient oder zufriedenstellend zu erreichen.

Normalerweise besteht die Mehrheit der Usability-Befunde in einem Usability-Test aus Usability-Problemen. Usability-Probleme führen dazu, dass beabsichtigte Ergebnisse des Benutzers gar nicht erreicht werden (Effektivität) oder nur mit unangemessenem Aufwand (Effizienz) oder dass Unzufriedenheit beim Benutzer während der Nutzung entsteht.

Beispiele für Usability-Probleme sind:

- Der Benutzer findet eine benötigte Information nicht, obwohl diese objektiv vorhanden ist, und scheitert deshalb bei der Aufgabe (Effektivität).
- Der Benutzer muss Schritte am System machen, die er nicht versteht, weil sie aus der Aufgabe heraus überflüssig sind (Effizienz).
- Den Benutzer stört die visuelle Gestaltung des interaktiven Systems bei der Aufgabenerledigung (Zufriedenstellung).

Im Usability-Testbericht wird jedes Usability-Problem bezüglich seiner Auswirkung auf die Effektivität, Effizienz und Zufriedenstellung bewertet.

Definition 8-21: Bewertung

Ein Maß für einen Usability-Befund aus einer Usability-Evaluierung, um Hinweise hinsichtlich der Auswirkungen und der Kritikalität des Befundes für die Usability und der Konsequenzen zu geben.

Das CPUX-F-Curriculum benennt die folgenden Schweregrade für Bewertungen als typisch:

- Positives Ergebnis (kein Usability-Problem), etwas, das gut funktioniert hat oder den Testteilnehmern gefallen hat
- Für Usability-Probleme:
  - Geringes Problem – eine wahrnehmbare Verzögerung oder geringe Unzufriedenheit (z.B.: Benutzer werden kurz aufgehalten, zögern oder müssen etwas nachdenken (weniger als eine Minute).)
  - Ernstes Problem – eine erhebliche Verzögerung oder moderate Unzufriedenheit (z.B.: Benutzer werden länger aufgehalten (eine bis fünf Minuten), können aber die Aufgabe selbstständig abschließen.)
  - Kritisches Problem – Testteilnehmer konnten die Aufgabe nicht erledigen oder haben aufgegeben, sind sehr unzufrieden oder es bestand die Gefahr eines geringfügigen Schadens für Benutzer (z.B.: Benutzer scheitern bei der Bearbeitung angemessener Aufgaben.)
  - Katastrophales Problem – existenzielle Bedrohung, lebensbedrohlich, es besteht die Gefahr eines größeren Schadens für den Benutzer oder die Organisation (z.B.: Das Problem kann zu ernsthaften körperlichen Schäden oder sogar Tod, erheblichen finanziellen Schäden oder ähnlich gravierenden Folgen führen.)

Der Schweregrad »katastrophales Problem« geht genau genommen oftmals über eine Betrachtung der Usability hinaus. Ob ein Problem eine existenzielle Bedrohung darstellt, kann nicht immer nur aus Sicht der Usability beurteilt werden. In solchen Fällen muss zusätzlich zur Usability-bezogenen Analyse eine Risikoanalyse durchgeführt werden.

Ein Beispiel für einen vollständigen Usability-Testbericht sowie ein Template für Usability-Testberichte, auf dem dieser Usability-Testbericht basiert und das frei verwendbar ist, finden sich auf der Website des German UPA e.V. (Berufsverband der Deutschen Usability und User Experience Professionals) unter Startseite > Arbeitskreise > Arbeitskreis Qualitätsstandards > Veröffentlichungen. Weiter gehende Informationen zu Usability-Testberichten sind im CPUX-UT-Curriculum [UXQB CPUX-UT 2020] zu finden.

Ein wichtiger letzter Schritt bei Usability-Tests ist die Kommunikation der Ergebnisse an den Auftraggeber. Idealerweise plant man hierfür schon zu Beginn einen Ergebnisübergabe-Workshop ein. Hierzu sollten die Personen, die die Beseitigung von erkannten Usability-Problemen initiieren und/oder vornehmen, unbedingt eingeladen werden.

Merksatz

Ergebnisse von Usability-Tests sollten durch die Person, die den Usability-Testbericht geschrieben hat, immer mündlich den Personen kommuniziert werden, die die Beseitigung von erkannten Usability-Problemen initiieren und/oder vornehmen. Nur so wird das Verständnis für die Ergebnisse, deren Akzeptanz und eine möglichst umfassende Umsetzung sichergestellt.

8.4.7 Prüfungsfragen zu diesem Abschnitt

Die folgenden Fragen dienen zur Vertiefung der Inhalte des Abschnitts und zur Vorbereitung auf die CPUX-F-Zertifizierungsprüfung. Die Fragen entsprechen in ihrer Form und Schwere den Prüfungsfragen für die CPUX-F-Zertifizierungsprüfung. Es handelt sich aber nicht um tatsächliche Prüfungsfragen, sondern die Fragen wurden von den Autoren speziell für dieses Buch erstellt.

Die Lösungen zu den Fragen befinden sich in Anhang A »Lösungen zu den Prüfungsfragen«.

Frage 131	**2 richtige Antworten**	**LZ 7.2.5**
Sie wurden angefragt, einen Usability-Test einer Autovermietungs-Website durchzuführen. Welche zwei der folgenden Aufgaben sind am besten geeignet als Testaufgaben für den Usability-Test?		
A	Buchen Sie für ein zu mietendes Auto eine Unfallversicherung dazu.	
B	Stellen Sie sich vor, Sie sind Formel-1-Weltmeister Sebastian Vettel und möchten mit Freunden zum Spaß eine Spritztour in dem schnellsten angebotenen Auto machen. Finden Sie das passendste Auto heraus und mieten Sie es für nächsten Samstag 9:00 bis 21:00 Uhr mit Abholung und Rückgabe in Zürich.	
C	Sie haben ein Problem mit Ihrem Mietvertrag. Finden Sie auf der Website heraus, wie Sie jemanden erreichen können, der Ihnen weiterhilft.	
D	Mieten Sie gemäß Ihren Bedürfnissen ein Auto für einen Ort Ihrer Wahl und für einen Zeitraum Ihrer Wahl.	
E	Schauen Sie sich die Startseite der Avis-Website an und sagen Sie mir, wie die Seite auf Sie wirkt.	
F	Benennen Sie Probleme, die Sie in der Website sehen für die Aufgabe »Eine Reservierung stornieren.«	

Frage 132	2 richtige Antworten LZ 7.2.9
Welche zwei der folgenden Punkte sind Aussagen, die in der Bewertung eines Usability-Befundes sinnvoll getroffen werden können?	
A	Wie kritisch der Befund ist
B	Welche Konsequenzen der Befund im Detail hat
C	Auf welche Weise das Usability-Problem behoben werden sollte
D	Welche Stakeholder über den Befund benachrichtigt werden müssen
E	Ob es sich aus Sicht des Usability-Experten um ein geringes, ein ernstes oder ein kritisches Problem handelt
F	Die Priorität, mit der das Usability-Problem behoben werden sollte

Frage 133	1 richtige Antwort LZ 7.2.7
Welche eine der folgenden Aussagen beschreibt am besten, was ein Post-Test-Interview ist?	
A	Die Informationen, die der Moderator den Testteilnehmern vor dem Test zukommen lässt
B	Die Informationen, die der Moderator den Testteilnehmern nach dem Test zukommen lässt
C	Das Interview, das vor dem Test stattfindet
D	Die Fragen, die der Moderator während des Tests stellt
E	Das Interview, das unmittelbar nachdem der Testteilnehmer die Abarbeitung der Testaufgaben beendet hat, stattfindet
F	Die Fragen, die der Moderator den Testteilnehmern nach dem Test stellt

Frage 134	2 richtige Antworten LZ 7.2.3
Welche zwei der folgenden Aktivitäten gehören zur Vorbereitung oder Planung eines Usability-Tests? (Quelle der Frage: [UXQB CPUX 2023b])	
A	Briefing des Usability-Testteilnehmers über das, was während der Usability-Testsitzung passieren wird
B	Erstellen des Usability-Test-Leitfadens
C	Durchführen des Pre-Test-Interviews
D	Rekrutierung geeigneter Usability-Testteilnehmer
E	Festlegen der zu diskutierenden Themen
F	Verfassen des Interview-Leitfadens

Frage 135	2 richtige Antworten	LZ 7.2.12
Welche zwei der folgenden Aussagen sind NICHT korrekt in Bezug auf die Verantwortlichkeiten der beteiligten Personen bei einem Usability-Test?		
A	Die Testteilnehmerin bewertet das interaktive System auf Grundlage individueller Kriterien.	
B	Der Moderator stellt während der Testdurchführung sicher, dass die Testteilnehmerin alle Testaufgaben vollständig erledigen kann.	
C	Der Beobachter sammelt Informationen, die ihm dabei helfen, bei der Analyse der Testergebnisse zu unterstützen.	
D	Die Protokollantin erfasst alle Usability-Probleme, positive Feststellungen und subjektive Äußerungen der Testteilnehmerin, die im Rahmen des Usability-Tests beobachtet wurden und die hilfreich sein können für die Analyse der Befunde.	
E	Der Moderator ist NICHT verantwortlich für die Erfassung von Informationen über Usability-Befunde des Usability-Tests.	
F	Der Moderator sorgt dafür, dass die Testteilnehmerin bei Usability-Problemen, bei denen die Testteilnehmerin selbstständig nicht mehr weiterkommt, die Aufgabe trotzdem fortsetzen kann und der Usability-Test so möglichst viele Erkenntnisse bringt.	

Frage 136	3 richtige Antworten	LZ 7.2.8
Welche drei der folgenden Aussagen sind korrekt für einen Usability-Testbericht?		
A	Er sollte den Test-Leitfaden beinhalten.	
B	Er sollte auch positive Usability-Befunde beinhalten.	
C	Jeder Usability-Befund sollte durch einen Screenshot oder ein Bild illustriert werden.	
D	Zu jedem Usability-Problem sollte erläutert werden, wie das Problem behoben werden sollte.	
E	Es wird ein Usability-Testbericht pro Testsitzung erstellt.	
F	Er sollte eine Kurzdarstellung beinhalten, was im Rahmen des Usability-Tests gemacht wurde.	

Frage 137	**3 richtige Antworten**	**LZ 7.2.7**
Welche drei der folgenden Aussagen beschreiben den Zweck eines Post-Test-Interviews am besten?		
A	Feststellen, ob der Testteilnehmer mit der Durchführung des Usability-Tests zufrieden ist oder etwas zu beanstanden hat	
B	Verständnisfragen in Bezug auf aufgetretene Usability-Probleme klären, die während der Durchführung des Usability-Tests nicht geklärt werden konnten	
C	Ideen des Testteilnehmers sammeln, wie der Usability-Test verbessert werden könnte	
D	Ideen des Testteilnehmers sammeln, wie das interaktive System verbessert werden könnte	
E	Festhalten, was dem Testteilnehmer an dem interaktiven System gefallen oder missfallen hat	
F	Festhalten, wie der allgemeine Eindruck des Testteilnehmers zur User Experience des interaktiven Systems ist	

Frage 138	**1 richtige Antwort**	**LZ 7.2.1**
Welche eine der folgenden Aussagen charakterisiert am besten einen Usability-Test eines interaktiven Systems?		
A	Eine Befragung von Benutzern über deren Erfahrungen, die sie in einer gerade vorher durchgeführten Benutzung des interaktiven Systems gemacht haben	
B	Ein repräsentativer Vertreter der zu betrachtenden Benutzergruppe benutzt das interaktive System und wird dabei beobachtet	
C	HCD Professionals führen Testfälle mit dem interaktiven System durch	
D	Benutzer testen das interaktive System, um Usability-Probleme zu erkennen	
E	Benutzer führen vorgegebene Aufgaben mit dem interaktiven System aus und werden anschließend dazu befragt	
F	Benutzer führen vorgegebene Aufgaben mit dem interaktiven System aus und werden dabei beobachtet, um Usability-Probleme aufzudecken.	

Frage 139	2 richtige Antworten LZ 7.2.5
	Es soll ein Usability-Test durchgeführt werden für die Website eines Pizza-Lieferservice. Die Testteilnehmer sind potenzielle Kunden des Pizza-Lieferservice. Welche zwei der folgenden Aufgaben sind am besten geeignet als Testaufgaben für den Usability-Test?
A	»Wählen Sie 5 Zutaten aus, die auf Ihre selbst zusammengestellte Pizza kommen sollen.«
B	»Stellen Sie sich vor, Sie sind Pizzabäcker und möchten bei der Pizzeria arbeiten. Finden Sie heraus, ob es dort aktuell offene Stellen gibt.«
C	»Finden Sie heraus, seit wann die Pizzeria bereits existiert.«
D	»Bestellen Sie eine selbst zusammengestellte Pizza, bei der je eine Hälfte der Pizza mit 3 Zutaten Ihrer Wahl belegt ist. Lassen Sie die Pizza liefern zur Adresse Bahnhofstraße 13, 53123 Bonn und geben Sie an, dass Sie bar zahlen bei Lieferung.«
E	»Beschreiben Sie, welchen Eindruck die Website auf Sie macht bezüglich der Wertigkeit der Pizzeria.«
F	»Sie haben vor Längerem einmal auf der Website des Pizza-Lieferservice Ihre Lieblingspizza bestellt. Hierzu hatten Sie sich mit dem Login-Namen Hanna.Schmitz und dem Passwort J7T2P8 auf der Website registriert. Nun wollen Sie eine neue Bestellung durchführen, vorher jedoch aus Sicherheitsgründen das alte Passwort gegen ein neues Passwort Ihrer Wahl austauschen. Bitte ändern Sie das Passwort der Benutzerin Hanna.Schmitz auf der Website und bestellen Sie dann die gleiche Pizza wie beim letzten Mal.«

Frage 140	3 richtige Antworten LZ 7.2.2
	Welche drei der folgenden Aussagen beschreiben zutreffend den Unterschied zwischen einem unmoderierten Usability-Test und einem »normalen« Usability-Test?
A	Ein unmoderierter Usability-Test findet nicht in einem Usability-Labor oder am Arbeitsplatz des Benutzers statt, sondern irgendwo anders.
B	Bei einem normalen Usability-Test gibt es immer einen Moderator.
C	Bei einem unmoderierten Usability-Test erledigt der Testteilnehmer keine Aufgaben, sondern gibt eine allgemeine Einschätzung ab zu dem interaktiven System.
D	Bei einem unmoderierten Usability-Test wählt der Testteilnehmer selbst aus, welche Aufgaben er mit dem interaktiven System erledigen will.
E	Bei einem unmoderierten Usability-Test wird die auf Video aufgezeichnete Testsitzung im Nachhinein von HCD Professionals analysiert.
F	Bei einem unmoderierten Usability-Test gibt es keinen Moderator.

Frage 141	1 richtige Antwort LZ 7.2.1
Welche eine der folgenden Personen wäre auf jeden Fall geeignet, Testteilnehmer bei einem Usability-Test für ein interaktives System zu sein, das grundsätzlich eine Benutzerschulung und eine gewisse Einarbeitungszeit erfordert?	
A	Eine Person, die regelmäßig an Usability-Tests vergleichbarer Systeme teilnimmt
B	Ein HCD Professional, der mit den zu testenden Aufgaben vertraut ist
C	Eine Person, die in das Benutzergruppenprofil der zu betrachtenden Benutzergruppe hineinpasst
D	Ein professioneller Usability-Testteilnehmer, der viel Erfahrung in der Durchführung von Usability-Tests hat
E	Ein möglichst unbedarfter Benutzer des zu testenden interaktiven Systems
F	Ein HCD Professional, der an der Entwicklung des zu testenden interaktiven Systems nicht beteiligt war und dadurch in dem Usability-Test objektiv ist

Frage 142	3 richtige Antworten LZ 7.2.6
Welche drei der folgenden Merkmale sind am Wichtigsten für die Rekrutierung einzelner Testteilnehmer für einen Usability-Test?	
A	Ob die Person schon einmal an einem Usability-Test teilgenommen hat
B	Ob die Person schon einmal an einem Usability-Test bezüglich des zu testenden interaktiven Systems teilgenommen hat
C	Welches Wissen bzw. welche Erfahrung die Person bezüglich der unterstützten Aufgaben des zu testenden interaktiven Systems besitzt
D	Welche Einstellungen und Interessen die Person gegenüber dem interaktiven System hat
E	Ob die Person den Moderator des Usability-Tests kennt
F	Ob die Person in das Benutzergruppenprofil der betreffenden Benutzergruppe passt

Frage 143	2 richtige Antworten LZ 7.2.3
Welche zwei der folgenden Aktivitäten sollten im Rahmen der Planung eines Usability-Tests immer durchgeführt werden?	
A	Testteilnehmer rekrutieren
B	Einen Usability-Test-Leitfaden schreiben
C	Die Aufzeichnung des Usability-Tests in Form von Bildschirmaufzeichnung, Video und/oder Audio vorbereiten
D	Mit den Testteilnehmern ein Briefing durchführen
E	Den rekrutierten Testteilnehmern die vereinbarte Entschädigung auszahlen
F	Aus einem Probelauf des Usability-Tests antizipierte Usability-Probleme dokumentieren

Frage 144	1 richtige Antwort LZ 7.2.4
Welche eine der folgenden Aussagen beschreibt am besten, was ein Usability-Test-Leitfaden ist?	
A	Die Mitschrift des Protokollanten zu dem Usability-Test
B	Die Mitschrift der Moderatorin zum Verlauf der Usability-Testsitzung und welche Testaufgabe mit welchem Ergebnis vom Testteilnehmer erledigt wurde
C	Die Beschreibung des Zwecks und Umfangs des Usability-Tests mit Angabe des Zeitplans und des Ablaufs
D	Die Beschreibung der Testaufgaben, die dem Testteilnehmer ausgehändigt wird, damit er weiß, was er tun soll
E	Eine Checkliste, um den Überblick zu behalten über die Fragen des Briefings und des Pre-Test-Interviews, die Usability-Testaufgaben und die Fragen des Post-Test-Interviews
F	Eine Checkliste, um den Überblick zu behalten über die Fragen des Briefings, des Pre-Test-Interviews und des Post-Test-Interviews (die Usability-Testaufgaben stehen nicht im Usability-Test-Leitfaden, sondern im Usability-Testbericht)

Frage 145	**2 richtige Antworten**	**LZ 7.2.7**
Welche zwei der folgenden Aussagen beschreiben den Zweck eines Pre-Test-Interviews am besten?		
A	Feststellen, ob die Testteilnehmerin möglicherweise überqualifiziert ist für den Usability-Test	
B	Die Meinung der Testteilnehmerin über das interaktive System herausfinden, um diese mit ihrem Meinungsbild nach dem Usability-Test vergleichen zu können	
C	Die Testteilnehmerin informieren über den Zweck des Usability-Tests und was sie nun erwarten wird	
D	Sicherstellen, dass die rekrutierte Testteilnehmerin tatsächlich in das Benutzergruppenprofil der Benutzergruppe passt	
E	Informationen über den spezifischen Hintergrund und die Vorerfahrung der Testteilnehmerin sammeln, die später dabei helfen, die Testergebnisse zutreffend zu bewerten	
F	Die Testteilnehmerin mit der Situation und dem Moderator vertraut machen, damit sie keine Angst hat, im Usability-Test die Wahrheit zu sagen	

Frage 146	**1 richtige Antwort**	**LZ 7.2.11**
Welcher eine der folgenden Begriffe ist KEINE typische Bewertung eines Usability-Befundes? (Quelle der Frage: [UXQB CPUX-F 2023b])		
A	Positiver Befund (sollte erhalten bleiben)	
B	Geringes Problem (spürbarer Mehraufwand)	
C	Ernstes Problem (erheblicher Mehraufwand)	
D	Kritisches Problem (die Aufgabe konnte nicht erledigt werden)	
E	Essenzielles Problem (muss unabhängig von den Kosten behoben werden)	
F	Katastrophales Problem (existenzielle Bedrohung)	

Frage 147	**2 richtige Antworten**	**LZ 7.2.10**
Welche zwei der folgenden Punkte sind gute Argumente dafür, positive Usability-Befunde in einen Usability-Testbericht mit aufzunehmen?		
A	Der Bericht wird sonst nicht ernst genommen.	
B	Damit die Adressaten des Usability-Testberichts die Usability-Probleme besser akzeptieren.	
C	Damit Dinge nicht geändert oder entfernt werden, die gut funktionieren.	
D	Damit der Bericht nicht durch eine einseitige Ergebnisdarstellung statistisch verfälscht wird.	
E	Um nachzuweisen, dass die verwendete Testmethodik korrekt angewandt wurde.	
F	Um nachzuweisen, dass die Testteilnehmer das interaktive System verstanden haben.	

Frage 148	**3 richtige Antworten**	**LZ 7.2.9**
Es wurde ein Usability-Test zu der Website eines Pizza-Lieferservice durchgeführt. Welche drei der folgenden Aussagen stellen valide Usability-Befunde dar, die möglicherweise in dem Usability-Test identifiziert wurden?		
A	Die Werbung auf der Startseite für einen lokal ansässigen Dienstleister ist irritierend.	
B	Beim Zusammenstellen einer individuellen Pizza ist es schwer zu erkennen, welche Zutaten aus der Liste möglicher Zutaten bereits ausgewählt sind.	
C	80% der Testteilnehmer hatten die Website zuvor schon einmal benutzt.	
D	Die meisten Benutzer kamen mit dem Zusammenstellen einer individuellen Pizza gut zurecht.	
E	Keiner der Benutzer hat irgendeinen Kommentar zu dem unterhaltsamen Begrüßungstext auf der Startseite gemacht.	
F	Die Preise für extra Pizza-Zutaten wurden von den meisten Benutzern als zu hoch empfunden.	

Frage 149	**1 richtige Antwort**	**LZ 7.x1**
Welche eine der folgenden Aussagen beschreibt am besten, was ein Usability-Labor ist? (Hinweis: Das hier behandelte Thema ist nicht prüfungsrelevant.)		
A	Räumlichkeiten, die speziell für die Durchführung von Usability-Tests oder Fokusgruppen ausgestattet sind	
B	Zwei Räume, die durch einen Einwegspiegel getrennt sind, wo in dem einen Raum ein Usability-Test stattfindet und in dem anderen Raum Beobachter und Protokollanten sitzen und den Test beobachten	
C	Ein separater, ruhiger Raum, der für die Durchführung von Usability-Tests reserviert ist	
D	Räumlichkeiten, in denen Prototypen für interaktive Systeme entwickelt und getestet werden	
E	Räumlichkeiten, in denen Diskussionen und Befragungen mit Benutzern zu interaktiven Systemen durchgeführt werden	
F	Räumlichkeiten, in denen ein interaktives System entwickelt werden soll, von der Analyse über die Anforderungsspezifikation und die Gestaltung bis zur Evaluierung	

8.5 Usability-Inspektionen im Detail

Lernziel in diesem Abschnitt (die Nummerierung entspricht der Lernziel-Nummer im CPUX-F-Curriculum):

- 7.3.1 Verstehen, was eine Usability-Inspektion ist

In Abschnitt 8.2 »Arten der Usability-Evaluierung« wurde der Begriff »Usability-Inspektion« bereits eingeführt, um diesen von den Begriffen »Usability-Test« und »Benutzerbefragung« abzugrenzen. Diese Einleitung wird jetzt an dieser Stelle noch einmal wiederholt.

Definition 8-22: Usability-Inspektion (Wiederholung)

Eine Usability-Evaluierung, die auf der Beurteilung durch einen oder mehrere Evaluatoren basiert, die ein interaktives System benutzen oder prüfen, um potenzielle Usability-Probleme und Abweichungen von Nutzungsanforderungen und anerkannten Interaktionsprinzipien, Heuristiken, Gestaltungsregeln zu identifizieren.

Bei der Usability-Inspektion sind in der Regel keine Benutzer beteiligt. Ein oder mehrere »Evaluatoren« (typischerweise UX Professionals oder Fachexperten) inspizieren das System in Bezug auf – für die Inspektion festgelegte – Inspektionskriterien.

Ziel der Usability-Inspektion ist es, Abweichungen des interaktiven Systems von den Inspektionskriterien zu finden und Usability-Probleme vorherzusagen (»potenzielle Usability-Probleme«), die sich entweder aus der Abweichung vom jeweiligen Inspektionskriterium ergeben oder auch unabhängig davon von einem Evaluator identifiziert werden.

Usability-Inspektionen sind hilfreich, um z.B. vor einem Usability-Test potenzielle Usability-Probleme zu erkennen und zu beseitigen, damit man diese nicht erst mit Benutzern im Usability-Test identifiziert. Hierzu ist jedoch eine Voraussetzung, dass der Evaluator ein erfahrener User Experience Professional ist. Erfahren heißt, er kennt und versteht die Interaktionsprinzipien, anerkannte Heuristiken und möglichst viele der relevanten Gestaltungsregeln und er hat viel Erfahrung im Bereich Usability-Evaluierung. Wenn der Evaluator und seine Inspektionsergebnisse nicht anerkannt werden, sollte man die Investition in eine Usability-Inspektion eher nicht tätigen.

8.5.1 Inspektionskriterien für eine Usability-Inspektion

Usability-Inspektion heißt immer, dass vorhandene Produktmerkmale der Benutzungsschnittstelle (das »Ist«) mit Vorgaben verglichen werden (dem »Soll«). Abbildung 8–9 illustriert das grundsätzliche Modell einer Usability-Inspektion.

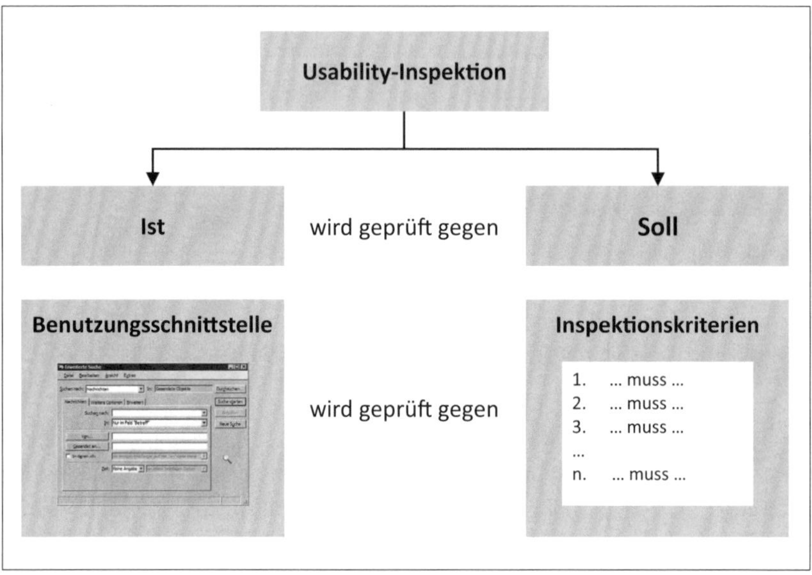

Abb. 8–9 *Usability-Inspektion als Soll-Ist-Vergleich*

Diese Vorgaben nennt man in der Evaluierungspraxis auch Inspektionskriterien. Der Begriff Inspektionskriterium wird im CPUX-F-Curriculum jedoch nicht verwendet, er ist nicht relevant für die CPUX-F-Zertifizierungsprüfung.

Inspektionskriterien für Usability-Inspektionen sind typischerweise:

- Die sieben Interaktionsprinzipien
- Eine Liste von Gestaltungsregeln, die für die Inspektion festgelegt wurden
- Die Nutzungsanforderungen, die für das interaktive System spezifiziert wurden
- Eine Liste von Heuristiken, die für die Inspektion festgelegt wurden

Es können eine oder auch mehrere dieser Inspektionskriterien für die Usability-Inspektion verwendet werden, z.B. die Nutzungsanforderungen, die einer Benutzungsschnittstelle zugrunde gelegt wurden, und die sieben Interaktionsprinzipien. Des Weiteren können auch die Vorerfahrungen der Evaluatoren zu evaluierten Benutzungsschnittstellen, bei denen bestimmte Lösungen zu Usability-Problemen geführt haben, als Basis dienen. Nichtdestotrotz sollte sich eine spezifische Vorerfahrung an einem der oben genannten Inspektionskriterien verankern lassen.

8.5.2 Durchführung

Grundsätzlich sollte der Evaluator bzw. die Evaluatoren erfahrene User Experience Professionals oder/und Fachexperten für den Nutzungskontext sein, den das interaktive System unterstützt.

Es gibt grundsätzlich zwei Durchführungsformen für eine Usability-Inspektion:

a) Der jeweilige Evaluator benutzt das interaktive System, in dem er eine oder mehrere Aufgaben erledigt, die das interaktive System unterstützt.
b) Der jeweilige Evaluator sichtet das interaktive System entlang der Liste der Inspektionskriterien.

Die Durchführungsform a) wird in der Literatur auch als »Cognitive Walkthrough« [Wharton et al. 1994] bezeichnet. Der Begriff »Cognitive Walkthrough« wird im CPUX-F-Curriculum jedoch nicht verwendet, er ist nicht relevant für die CPUX-F-Zertifizierungsprüfung.

Die Durchführungsform b) wurde 1990 von Nielsen und Molich im Aufsatz »Heuristic evaluation of user Interfaces« [Nielsen & Molich 1990] genannt und 1995 von Nielsen in seinem Artikel »How to Conduct a Heuristic Evaluation« [Nielsen 1995] näher beschrieben.

Eine Usability-Inspektion, bei der als Inspektionskriterien ausschließlich Heuristiken verwendet werden, bezeichnet man auch als »heuristische Evaluierung« (nicht prüfungsrelevant).

Bei beiden Durchführungsformen geht es darum, einerseits Abweichungen von den Inspektionskriterien zu finden und andererseits potenzielle Usability-Probleme aufzudecken, die sich hieraus ergeben können. In der Erfahrung der Autoren ist es nicht wichtig, ob man zunächst auf eine Abweichung von einem Inspektionskriterium stößt und dann klärt, was das resultierende Usability-Problem ist, oder ob man zunächst auf ein Usability-Problem stößt und dann klärt, von welchem Inspektionskriterium abgewichen wurde. Wichtig ist, dass man potenzielle Usability-Probleme findet und diese im Zusammenhang mit einem oder mehreren Inspektionskriterien, von denen abgewichen wurde, im Usability-Evaluierungsbericht kommuniziert.

8.5.3 Auswertung und Dokumentation der Ergebnisse

Es gibt keine genormte Dokumentation für einen Usability-Evaluierungsbericht. Das CPUX-F-Curriculum macht hierzu keine Angaben. Die Norm ISO/IEC 25066 [ISO/IEC 25066] wiederum enthält Anforderungen an die Inhalte eines Usability-Evaluierungsberichts, der die Ergebnisse einer Usability-Inspektion dokumentiert. Die Norm fordert, dass bei einer Usability-Inspektion unter anderem mindestens die Methode angegeben werden muss (siehe Abschnitt 8.5.2 »Durchführung«)

sowie die identifizierten potenziellen Usability-Probleme und die zugrunde gelegten Inspektionskriterien.

Im Folgenden wird ein Beispiel einer Usability-Inspektion beschrieben. Abbildung 8–10 zeigt die »erweiterte Suche« im E-Mail-Programm Microsoft Outlook (Version 365 von 2023).

Abb. 8–10 *Erweiterte Suche in Microsoft Outlook (Version 365 von 2023)*

Unterzieht man diese »erweiterte Suche« einer Usability-Inspektion, bei der man als Evaluator das Programm Microsoft Outlook 365 (von 2023) benutzt, um die Aufgabe »Eine gespeicherte E-Mail aus der Vergangenheit lesen« zu erledigen, so stößt man bei der Teilaufgabe »Die E-Mail finden« in der erweiterten Suche auf folgende drei Schaltflächen:

- »Durchsuchen... «
- »Suche starten«
- »Neue Suche«

Dem erfahrenen Evaluator fällt auf, dass diese drei Schaltflächen räumlich nah beieinander stehen und durch ihre Bezeichnungen nicht eindeutig unterscheidbar sind. Es gibt hier eine Abweichung vom Inspektionskriterium »Selbstbeschreibungsfähigkeit« (Interaktionsprinzip).

Tabelle 8–2 zeigt beispielhaft, wie die Ergebnisse einer durchgeführten Usability-Inspektion dokumentiert werden können. Nach der Erfahrung der Autoren lohnt es sich, die potenziellen Usability-Probleme jeweils dem/den verletzten Inspektionskriterien direkt zuzuordnen.

Aufgabe und Teilaufgabe	Aufgabe: Eine gespeicherte E-Mail aus der Vergangenheit lesen Teilaufgabe: Die E-Mail finden
Inspektionskriterium/ Inspektionskriterien	Interaktionsprinzip Selbstbeschreibungsfähigkeit
Potenzielles Usability-Problem und Referenz zur Veranschaulichung	Referenz: *Abbildung 8–10* Der Benutzer klickt nach Eingabe eines Suchausdrucks im Eingabefeld »Suchen nach« anschließend auf »Neue Suche« statt auf »Suche starten«. Die Schaltflächen ▪ »Durchsuchen«, ▪ »Suche starten« und ▪ »Neue Suche« sind nicht eindeutig unterscheidbar.
Auswirkung	Der Suchausdruck des Benutzers wird vom System gelöscht. Der Benutzer muss den Suchausdruck erneut eingeben.
Empfehlungen	▪ Schaltfläche »Durchsuchen...« umbenennen in »Auswählen...«. ▪ Schaltfläche »Suche starten« auf die Höhe des Eingabefelds »Suchen nach« verschieben. ▪ Schaltfläche »Neue Suche« ersatzlos entfernen. ▪ Lupensymbol entfernen, da als interaktives Werkzeug fehlinterpretierbar. Nur als Anzeige des Systemstatus verwenden, sobald die Suche systemseitig durchgeführt wird.

Tab. 8–2 *Beispiel eines Usability-Befundes aus einem Usability-Evaluierungsbericht einer Usability-Inspektion*

Abbildung 8–11 zeigt einen Vorschlag zur Umsetzung der Empfehlungen aus Tabelle 8–2. Wenn man allerdings das Beispiel in Abbildung 8–10 einer genaueren Usability-Inspektion unterzieht, lassen sich weitere Usability-Probleme finden, die insgesamt zu einer völlig veränderten Benutzungsschnittstelle für die erweiterte Suche führen würden.

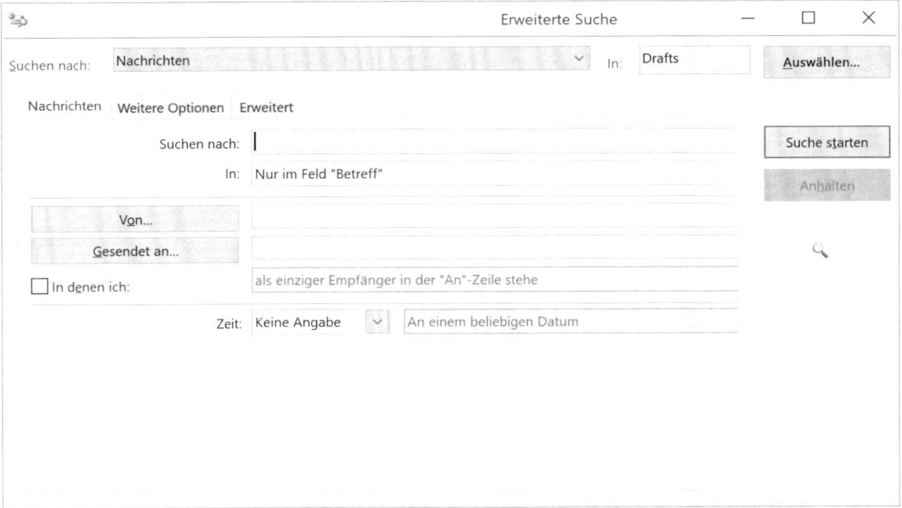

Abb. 8–11 *Verbesserungsvorschlag zur Umsetzung der Empfehlungen*

8.6 Benutzerbefragungen im Detail

Lernziele in diesem Abschnitt (die Nummerierung entspricht den Lernziel-Nummern im CPUX-F-Curriculum, Lernziele ohne Nummern wurden zusätzlich zum CPUX-F-Curriculum aufgenommen):

- 7.3.2 Verstehen, wie und warum eine Benutzerbefragung für eine Usability-Evaluierung verwendet wird
- Wissen um Anwendungsbereiche von Fragebögen und die Notwendigkeit, diese gebrauchstauglich zu machen

In Abschnitt 8.2 »Arten der Usability-Evaluierung« wurde der Begriff »Benutzerbefragung« bereits eingeführt, um diesen von den Begriffen »Usability-Test« und »Usability-Inspektion« abzugrenzen. Diese Einleitung wird an dieser Stelle noch einmal wiederholt.

Die dritte Art der Usability-Evaluierung ist die Benutzerbefragung. Bei einer Benutzerbefragung sind (wie beim Usability-Test) immer Benutzer beteiligt. Die Benutzer müssen hier jedoch keine Aufgaben am interaktiven System erledigen. Vielmehr werden Benutzer mithilfe eines Fragebogens, der festgelegte Fragen enthält, über ihre gemachten Erfahrungen mit einem bestimmten interaktiven System befragt und ggf. werden hierzu auch Informationen über den Nutzungskontext eines interaktiven Systems gesammelt. Die so erhaltenen Daten werden verwendet, um Aussagen zur Zufriedenstellung der Benutzer zu bekommen oder auch Aussagen zu weiteren Aspekten der User Experience (z.B. Wahrnehmungen zur Ästhetik, Bereitschaft der Weiterempfehlung des interaktiven Systems), und/oder im Rahmen der Nutzungskontextanalyse eingesetzt.

Im CPUX-F-Curriculum wird »Benutzerbefragung« wie folgt definiert.

Definition 8-23: Benutzerbefragung (Wiederholung)

Eine Methode, bei der Benutzer einen Fragebogen ausfüllen, um so Daten, Fakten und Meinungen zu sammeln.

Grundsätzlich wird bei jeder Benutzerbefragung ein Fragebogen mit vordefinierten Fragen verwendet.

Fragebögen werden im Kontext der menschzentrierten Gestaltung vorrangig zu zwei Zwecken eingesetzt:

- Verstehen des Nutzungskontextes
  - z.B. bei Interviews und kontextuellen Interviews zur Nutzungskontextanalyse
  - auch z.B. im Rahmen von Pre-Test-Interviews als Teil eines Usability-Tests
- Evaluieren der User Experience
  - vor der Nutzung (»antizipierte Nutzung«)
  - unmittelbar nach der Nutzung (Zufriedenstellung) typischerweise im Rahmen von Post-Test-Interviews als Teil eines Usability-Tests
  - längere Zeit nach der Nutzung (»verarbeitete Nutzung«)

Fragebögen zum Verstehen des Nutzungskontextes enthalten typischerweise offene Fragen, die dazu führen sollen, dass befragte Personen Freitextinformationen liefern.

Fragebögen zum Erheben von Zufriedenstellung und weiteren Aspekten der User Experience enthalten häufig geschlossene Fragestellungen in Form von Aussagen, bei denen der Benutzer standardisierte Antwortmöglichkeiten hat, z.B.:

	stimme voll zu				**stimme gar nicht zu**
Das System ist schlecht.	❏	❏	❏	❏	❏

Vorteile von Fragebögen mit geschlossenen Fragestellungen sind, dass die Bereitschaft der Benutzer, die Fragen zu beantworten, höher ist und auch eine statistische Auswertung leichter ist. Um statistische Auswertungen zu machen, gilt jedoch hier wie bei Usability-Tests, dass mindestens 20, eher 25 Benutzer befragt werden müssen.

Im Rahmen eines Post-Test-Interviews am Ende einer Usability-Testsitzung kann auch ein Fragebogen mit offenen Fragen eingesetzt werden. Vorteile von Fragebögen mit offenen Fragen sind, dass die befragende Person/Organisation mehr Informationen, z.B. über konkrete Merkmale des interaktiven Systems, erhält, die bestimmte Wahrnehmungen und/oder Reaktionen erzeugen.

Das Entwickeln eines funktionierenden Fragebogens zur Erhebung von Zufriedenstellung und User Experience ist schwierig. Ein Fragebogen ist selbst ein interaktives System und kann beim Benutzer Usability-Probleme verursachen.

Sobald ein individueller Fragebogen zur Erhebung der Zufriedenstellung und anderer Aspekte der User Experience entwickelt werden soll, müssen folgende Regeln beachtet werden:

1. Die Fragen müssen für die Benutzer verständlich sein.
2. Die Fragen müssen aus der Perspektive der Benutzer des interaktiven Systems relevant sein.
3. Die voraussichtliche Bearbeitungsdauer sollte vor Beginn der Bearbeitung des Fragebogens deutlich gemacht werden.
4. Der Fortschritt in Bezug auf die noch verbleibenden Fragen sollte immer deutlich werden (z.B. »Frage 6 von 12«).
5. Sowohl Papierfragebögen als auch elektronische Fragebögen müssen vor der eigentlichen Benutzerbefragung mit repräsentativen Benutzern auf Verständlichkeit und Relevanz der Fragen getestet werden.

In Bezug auf das Erheben von Zufriedenstellung und anderen Aspekten der User Experience gibt es mehrere standardisierte Fragebögen mit geschlossenen Fragen, von denen hier einige bekannte erwähnt werden:

- System Usability Scale (kurz SUS) [Brooke 1986]
- AttrakDiff [Hassenzahl et al. 2003]
- User Experience Questionaire (UEQ) [Laugwitz et al. 2006]
- ISONORM 9241/110-S [Prümper 2008]

Für die CPUX-F-Zertifizierungsprüfung sind diese Standardfragebögen nicht relevant. Die hier genannten öffentlich verfügbaren Fragebögen (und weitere, die hier nicht genannt wurden) sind mit viel Aufwand und Evaluierung durch Experten für Fragebögen entwickelt worden. Vor diesem Hintergrund wird empfohlen, wenn zum Zwecke der Erhebung von Zufriedenstellung und User Experience kein zwingender Bedarf für einen eigenen Fragebogen besteht, keinen individuellen Fragebogen zu entwickeln, sondern einen dieser Standardfragebögen zu verwenden.

In Tabelle 8–3 ist der wahrscheinlich weltweit verbreitetste Fragebogen »System Usability Scale (kurz SUS)« in seiner deutschen Übersetzung abgedruckt [Rummel 2016]. Der SUS-Fragebogen ist mit seinen 10 Fragen sehr kurz und von daher schnell durch den befragten Benutzer ausfüllbar.

Frage	Stimme überhaupt nicht zu				Stimme voll zu
1. Ich denke, dass ich das System gerne häufig benutzen würde.	❑	❑	❑	❑	❑
2. Ich fand das System unnötig komplex.	❑	❑	❑	❑	❑
3. Ich fand das System einfach zu benutzen.	❑	❑	❑	❑	❑
4. Ich glaube, ich würde die Hilfe einer technisch versierten Person benötigen, um das System benutzen zu können.	❑	❑	❑	❑	❑
5. Ich fand, die verschiedenen Funktionen in diesem System waren gut integriert.	❑	❑	❑	❑	❑
6. Ich denke, das System enthielt zu viele Inkonsistenzen.	❑	❑	❑	❑	❑
7. Ich kann mir vorstellen, dass die meisten Menschen den Umgang mit diesem System sehr schnell lernen.	❑	❑	❑	❑	❑
8. Ich fand das System sehr umständlich zu nutzen.	❑	❑	❑	❑	❑
9. Ich fühlte mich bei der Benutzung des Systems sehr sicher.	❑	❑	❑	❑	❑
10. Ich musste eine Menge lernen, bevor ich anfangen konnte, das System zu verwenden.	❑	❑	❑	❑	❑

Tab. 8–3 *Der Fragebogen »System Usability Scale« (kurz SUS)*

8.7 Prüfungsfragen zu den Abschnitten 8.5 und 8.6

Die folgenden Fragen dienen zur Vertiefung der Inhalte der Abschnitte und zur Vorbereitung auf die CPUX-F-Zertifizierungsprüfung. Die Fragen entsprechen in ihrer Form und Schwere den Prüfungsfragen für die CPUX-F-Zertifizierungsprüfung. Es handelt sich aber nicht um tatsächliche Prüfungsfragen, sondern die Fragen wurden von den Autoren speziell für dieses Buch erstellt.

Die Lösungen zu den Fragen befinden sich in Anhang A »Lösungen zu den Prüfungsfragen«.

Frage 150	2 richtige Antworten LZ 7.3.2
Welche zwei der folgenden Punkte beschreiben Zwecke, denen eine Benutzerbefragung dienen kann?	
A	Die Effektivität eines interaktiven Systems ermitteln
B	Verstehen, wie ein interaktives System tatsächlich benutzt wird
C	Die Effizienz eines interaktiven Systems ermitteln
D	Die Zufriedenstellung von Benutzern mit einem interaktiven System ermitteln
E	Die Vermarktung eines interaktiven Systems unterstützen
F	Informationen über den Nutzungskontext eines interaktiven Systems sammeln

Frage 151	1 richtige Antwort LZ 7.3.1
Welche eine der folgenden Aussagen beschreibt am besten eine »Usability-Inspektion«?	
A	Ein Meeting, bei dem Designer ein Brainstorming durchführen, um Ideen für ein neues interaktives System zu generieren
B	Die Evaluierung eines Storyboards
C	Die Überprüfung eines interaktiven Systems, bei der Reviewer potenzielle Nutzungsprobleme identifizieren
D	Ist dasselbe wie ein Usability-Test
E	Ist dasselbe wie eine Fokusgruppe
F	Die heuristische Evaluierung eines interaktiven Systems

Frage 152	1 richtige Antwort LZ 7.3.2
Christina möchte die Zufriedenstellung von Benutzern bezüglich der Website eines Pizza-Lieferservice ermitteln. Welche eine der folgenden Aktivitäten ist am besten hierfür geeignet?	
A	Ein Usability-Test
B	Ein Post-Test-Interview
C	Eine Usability-Inspektion
D	Eine Benutzerbefragung
E	Eine Beobachtung
F	Ein Briefing

Frage 153	1 richtige Antwort LZ 7.3.1
Sie machen eine Usability-Inspektion einer neuen Autovermietungs-Website. Welcher eine der folgenden Befunde ist NICHT passend für diese Inspektion?	
A	»Auf der Homepage fehlt ein ›Reservierung stornieren‹-Button.«
B	»Die animierte Werbung auf der rechten Seite der Homepage geht mir auf die Nerven.«
C	»Die Mietpreise sind zu hoch.«
D	»Technische Ausdrücke wie CDW, Collision Damage Waiver, sind gut erklärt.«
E	»Ich fand es schwer herauszufinden, wie hoch die Gesamtkosten für die Miete waren.«
F	»Die visuelle Gestaltung der Website wirkt veraltet und wenig vertrauenerweckend.«

Frage 154	3 richtige Antworten LZ 7.3.2
Ihr Team ist verantwortlich für die Wartung einer Autovermietungs-Website. Das Management hat Sie beauftragt, eine quantitative Benutzerbefragung durchzuführen, die eine Vorstellung darüber liefern soll, wie zufriedengestellt die Benutzer mit der Usability der Website sind. Jede Aussage müssen die Benutzer mit »1 – völlige Ablehnung« bis »5 – völlige Zustimmung« bewerten. Welche drei der folgenden Aussagen sind geeignet für solch eine Benutzerbefragung?	
A	Die Mietkosten für das Auto auf dieser Website sind vernünftig.
B	Die Website hat schöne Farben.
C	Es ist einfach, ein Auto auf dieser Website zu mieten.
D	Ich fand es nicht unkompliziert, mich auf dieser Website zurechtzufinden.
E	Die inhärente Vertikalstrukturierung der Website ist angenehm zu verwenden.
F	Die Website sieht unprofessionell aus.

Frage 155	3 richtige Antworten LZ 7.3.1
Welche drei der folgenden Aussagen über Usability-Inspektionen sind korrekt?	
A	In einer Usability-Inspektion identifiziert ein HCD Professional Usability-Probleme und stellt diese in einem Usability-Evaluierungsbericht dar.
B	Eine Usability-Inspektion wird immer von mehreren Evaluatoren durchgeführt.
C	Der Evaluator in einer Usability-Inspektion kann ein HCD Professional oder ein Fachexperte sein.
D	Das Inspektionskriterium einer Usability-Inspektion ist analog zu einem Usability-Test immer eine Menge von Testaufgaben, die der Evaluator versucht mit dem interaktiven System abzuarbeiten.

→

Frage 155	Fortsetzung LZ 7.3.1
E	Die Inspektionskriterien für eine Usability-Inspektion können eine Menge einzuhaltender Gestaltungsregeln sein.
F	Befunde eines Evaluators bei einer Usability-Inspektion beruhen auf Vorerfahrungen zu Usability-Problemen bei anderen interaktiven Systemen und dem Wissen über Gestaltungsregeln und Nutzungsanforderungen.

Frage 156	**3 richtige Antworten LZ 7.x2**
	Welche drei der folgenden Punkte sind bei der Entwicklung eines Fragebogens für eine Benutzerbefragung zu beachten? (Hinweis: Das hier behandelte Thema ist nicht prüfungsrelevant.)
A	Der Fragebogen sollte vor der Verwendung mittels Usability-Test geprüft werden.
B	Der Fragebogen sollte sich ausschließlich auf die Usability oder User Experience des interaktiven Systems beziehen.
C	Die Beantwortung des Fragebogens sollte voraussichtlich nicht länger als 60 Minuten dauern.
D	Der Fragebogen sollte nicht mehr als 30 Fragen beinhalten.
E	Der Fragebogen sollte zu jeder Zeit dem Benutzer deutlich machen, wie viele Fragen bereits beantwortet wurden und wie viele Fragen noch beantwortet werden müssen.
F	Der Fragebogen sollte am Anfang zutreffend angeben, wie lange die Beantwortung voraussichtlich dauern wird.

Frage 157	**3 richtige Antworten LZ 7.x2**
	Daniela soll eine Benutzerbefragung durchführen, mit der die Zufriedenstellung von Benutzern bezüglich der Website eines Pizza-Lieferservice ermittelt werden soll. Welche drei der folgenden Fragen sind für den Fragebogen sinnvoll verwendbar?
A	»Wie oft haben Sie schon eine Website zum Bestellen einer Pizza verwendet?«
B	»Wie könnten wir die Website des Pizza-Lieferservice verbessern?«
C	»Fanden Sie den Teil der Website für das Bestellen von selbst zusammengestellten Pizzen verständlich und leicht zu bedienen?«
D	»Auf einer Skala von 1 bis 5 (1 = Stimme überhaupt nicht zu«, 3 = »Neutral«, 5 = »Stimme voll zu«), wie sehr stimmen Sie mit folgender Aussage überein: Die Website macht auf mich einen hochwertigen und gepflegten Eindruck.«
E	»Würden Sie einem Freund empfehlen, die Website zum Bestellen von Pizzen zu verwenden?«
F	»Wie viele Pizza-Varianten sollte eine Pizzeria aus Ihrer Sicht in ihrem Menü anbieten?«

Anhang

A Lösungen zu den Prüfungsfragen

Hinweise zur Konzeption der Beispiel-Prüfungsfragen in diesem Buch:

- Die erste Zielsetzung der Fragen besteht darin, den Leserinnen und Lesern die Möglichkeit zu geben, zu überprüfen, ob sie den entsprechenden Lerninhalt so gut verstanden haben, dass sie dazugehörende Prüfungsfragen korrekt beantworten können werden. Deshalb sind die Fragen inhaltlich so anspruchsvoll wie möglich gestaltet.
- Die zweite Zielsetzung ist, durch die Fragen ein tiefergehendes Verständnis für die Sachverhalte zu ermöglichen. Deshalb haben die meisten Fragen 3 richtige Antworten (möglichst viele positive Informationen in der Frage mitgeben) oder nur eine richtige Antwort (möglichst viele negative Informationen in der Frage mitgeben).
- Der Kontext, in dem die Fragen bearbeitet werden, ist ein völlig anderer als bei der Prüfung:
  - Die Fragen werden pro Kapitel gestellt, d.h., es ist vorher klar, worum es inhaltlich grob geht in der Frage. »Trick-Fragen«, die versuchen, den Prüfling durch Suggerieren eines falschen Kontextes aufs Glatteis zu führen, machen keinen Sinn und kommen deshalb nicht vor.
  - Pro Kapitel werden mehrere Fragen nacheinander bearbeitet, d.h., es macht keinen Sinn, die gleiche Frage in verschiedenen leichten Variationen zu stellen. Die Fragen müssen deutlich unterschiedlich sein.

Es werden im Folgenden nur Anmerkungen zu den Antwortmöglichkeiten angegeben, bei denen diese aus Sicht der Autoren für die im Fachgebiet Usability/User Experience unerfahrenen Leserinnen und Leser hilfreich sind. So kann nachvollzogen werden, warum die entsprechende Antwort falsch oder richtig ist. Wenn keine Anmerkung angegeben ist, dann ergibt sich die Erklärung, warum die jeweilige Antwortmöglichkeit richtig oder falsch ist, direkt aus dem entsprechenden Kapitel oder Abschnitt.

Frage 1	**3 richtige Antworten**	**LZ 2.2**
Antwort	Richtig oder falsch	Anmerkung
A	Falsch	
B	**Richtig**	
C	Falsch	
D	**Richtig**	
E	**Richtig**	
F	Falsch	

Frage 2	**1 richtige Antwort**	**LZ 2.1**
Antwort	Richtig oder falsch	Anmerkung
A	Falsch	
B	Falsch	
C	Falsch	
D	**Richtig**	
E	Falsch	
F	Falsch	

Frage 3	**2 richtige Antworten**	**LZ 2.4**
Antwort	Richtig oder falsch	Anmerkung
A	Falsch	Dies bezieht sich sowohl auf die User Experience als auch auf die Usability/Zufriedenstellung.
B	Falsch	Dies bezieht sich sowohl auf die User Experience als auch auf die Usability/Zufriedenstellung.
C	Falsch	Dies bezieht sich sowohl auf die User Experience als auch auf die Usability/Zufriedenstellung.
D	**Richtig**	Dies ist keine Frage der Usability, sondern eine Wahrnehmung, die sich auf die User Experience auswirkt.
E	Falsch	Dies bezieht sich sowohl auf die User Experience als auch auf die Usability/Zufriedenstellung.
F	**Richtig**	Dies hat Auswirkungen auf die User Experience. Da dies nach der Interaktion mit der Website geschieht, ist es kein Problem der Usability der Website.

Frage 4	**2 richtige Antworten**	**LZ 2.6**
Antwort	Richtig oder falsch	Anmerkung
A	**Richtig**	
B	Falsch	Siehe Antwort A.
C	Falsch	DSGVO steht für »Datenschutz-Grundverordnung«, die nichts mit Barrierefreiheit zu tun hat.
D	Falsch	Der Titel des Standards ISO 9241-110 lautet »Ergonomie der Mensch-System-Interaktion – Teil 110: Interaktionsprinzipien«. Dieser Standard wird im CPUX-F-Curriculum auch erwähnt.
E	**Richtig**	
F	Falsch	Barrierefreiheit-Grundsätze der deutschen Wirtschaft gibt es (mit Stand März 2023) nicht.

Frage 5	**2 richtige Antworten**	**LZ 2.7**
Antwort	Richtig oder falsch	Anmerkung
A	Falsch	
B	**Richtig**	Im Vergleich zur Standardausstattung (Tastatur und Maus) ist ein Touchscreen für keine Form von Behinderung eine Erleichterung in der Interaktion mit dem interaktiven System.
C	Falsch	
D	**Richtig**	
E	Falsch	
F	Falsch	

Frage 6	**2 richtige Antworten**	**LZ 2.4**
Antwort	Richtig oder falsch	Anmerkung
A	Falsch	Diese Aussage betrifft die Effektivität der Website und damit deren Usability.
B	Falsch	Diese Aussage betrifft sowohl die Website als auch das interaktive System, mit dem der QR-Code im Hotel gescannt wird.
C	**Richtig**	Hier geht es um die Erwartung an die Benutzung, aber nicht um die Benutzung selbst. Deshalb betrifft dies nicht die Usability der Website, wohl aber deren User Experience.

→

Frage 6	Fortsetzung	Anmerkung LZ 2.4
D	Falsch	Hier geht es um Informationen, die auf der Website fehlen, deshalb betrifft dies auch die Usability.
E	Falsch	Diese Aussage betrifft die Zufriedenstellung durch die Benutzung der Website und damit betrifft dies neben der User Experience auch die Usability.
F	**Richtig**	Diese Aussage betrifft die User Experience der Website, aber nicht deren Usability.

Frage 7	**2 richtige Antworten**	**LZ 2.8**
Antwort	Richtig oder falsch	Anmerkung
A	Falsch	Dies bezieht sich auf Barrierefreiheit.
B	Falsch	Dies bezieht sich auf User Experience.
C	**Richtig**	
D	Falsch	Die Beschreibung bezieht sich auf eine Funktion zur Vermeidung eines (wirtschaftlichen) Schadens durch die Nutzung, die jedoch den Schaden nicht wirksam vermeidet.
E	Falsch	Dies bezieht sich auf die Zufriedenstellung.
F	**Richtig**	

Frage 8	**1 richtige Antwort**	**LZ 2.2**
Antwort	Richtig oder falsch	Anmerkung
A	Falsch	In der Fragestellung wird deutlich, dass die Benutzer den Fehler korrigieren, damit also die Aufgabe »Bestellen« durchführen können. Die Effektivität ist also gegeben.
B	**Richtig**	
C	Falsch	Fehlerfreiheit ist keine Eigenschaft der Definition von Usability nach ISO 9241.
D	Falsch	
E	Falsch	
F	Falsch	

Frage 9	**1 richtige Antwort**	**LZ 4.6**
Antwort	Richtig oder falsch	Anmerkung
A	Falsch	Das ist ein Zwischenergebnis, das für sich genommen noch kein beabsichtigtes Ergebnis darstellt und folglich nicht als Ziel gilt. Es kann aber zur Erreichung eines Ziels dienen, zum Beispiel bei der Hotelsuche in Berlin immer nur eines der 10 top bewerteten Hotels in Betracht zu ziehen.
B	Falsch	Das ist eine Teilaufgabe bei der Durchführung der Aufgabe »Ein Hotel buchen« und kein Ziel.
C	**Richtig**	
D	Falsch	Das ist ein Erfordernis für die Aufgabe »Ein Hotel buchen für eine Geschäftsreise« und kein Ziel.
E	Falsch	Das ist kein beabsichtigtes Ergebnis, folglich kann es kein Ziel sein. (Es handelt sich um ein Erfordernis.)
F	Falsch	Das ist zwar ein Ziel, aber nicht für Frank bei der Nutzung dieser Website. Die Formulierung der Frage gibt eindeutig an, dass Frank die Website nutzt, um Hotels für Geschäftsreisen zu buchen und nicht ein Resort für eine Urlaubsreise.

Frage 10	**1 richtige Antwort**	**LZ 2.3**
Antwort	Richtig oder falsch	Anmerkung
A	Falsch	Es fehlt Aussage Nr. 5. Diese bezieht sich auf eine Reaktion der Benutzerin nach der Benutzung der Website bzw. des Pizzaservice und damit ausschließlich auf die User Experience.
B	Falsch	Es fehlt Aussage Nr. 1. Diese beschreibt eine Reaktion in Bezug auf die Website des Pizzaservice nach der Nutzung und bezieht sich damit ausschließlich auf die User Experience der Website. Aussage Nr. 3 betrifft nicht die Website des Pizzaservice oder den Pizzaservice als solchen und es ist aus der Aussage nicht ableitbar, dass hierdurch die User Experience der Website des Pizzaservice in irgendeiner Weise beeinflusst wird. Es fehlt Aussage Nr. 5. Diese bezieht sich auf eine Reaktion der Benutzerin nach der Benutzung der Website bzw. des Pizzaservice und damit ausschließlich auf die User Experience.

→

Frage 10	Fortsetzung	Anmerkung LZ 2.3
C	**Richtig**	Aussage Nr. 1 beschreibt eine Reaktion in Bezug auf die Website des Pizzaservice nach der Nutzung und bezieht sich damit ausschließlich auf die User Experience der Website. Aussage Nr. 2 beschreibt eine Reaktion in Bezug auf die Website des Pizzaservice vor der Nutzung und bezieht sich damit ausschließlich auf die User Experience. Aussage Nr. 5. bezieht sich auf eine Reaktion der Benutzerin nach der Benutzung der Website bzw. des Pizzaservice und damit ausschließlich auf die User Experience.
D	Falsch	Aussage Nr. 3 betrifft nicht die Website des Pizzaservice oder den Pizzaservice als solchen und es ist aus der Aussage nicht ableitbar, dass hierdurch die User Experience der Website des Pizzaservice in irgendeiner Weise beeinflusst wird.
E	Falsch	Aussage Nr. 4 beschreibt ein Effektivitätsproblem der Website und bezieht sich damit auch auf die Usability der Website.
F	Falsch	Nur die Aussagen Nr. 1, 2 und 5 beziehen sich ausschließlich auf die User Experience.

Frage 11	**3 richtige Antworten**	**LZ 2.5**
Antwort	Richtig oder falsch	Anmerkung
A	**Richtig**	
B	Falsch	Ein Airbag ist kein Steuerelement und liefert keine Informationen für den Benutzer des Autos, deshalb zählt er nicht zur Benutzungsschnittstelle.
C	**Richtig**	
D	Falsch	
E	**Richtig**	
F	Falsch	

Frage 12	**3 richtige Antworten**	**LZ 2.6**
Antwort	Richtig oder falsch	Anmerkung
A	**Richtig**	
B	**Richtig**	
C	Falsch	Diese Aktivität ist für alle Benutzer sinnvoll und fördert nicht vorrangig die Barrierefreiheit.
D	Falsch	Diese Aktivität ist für alle Benutzer sinnvoll und fördert nicht vorrangig die Barrierefreiheit.
E	Falsch	Diese Aktivität ist für alle Benutzer sinnvoll und fördert nicht vorrangig die Barrierefreiheit.
F	**Richtig**	

Frage 13	**3 richtige Antworten**	**LZ 2.5**
Antwort	Richtig oder falsch	Anmerkung
A	**Richtig**	Die Färbung der Flasche kann ergänzend zu textuellen Beschreibungen auf der Flasche den Kohlensäuregehalt erkennen lassen. Dies ist insbesondere hilfreich, wenn Flaschen desselben Herstellers in einem Mehrpersonenhaushalt mit unterschiedlichen Präferenzen verwendet werden, um schnell die »richtige« Flasche zu identifizieren.
B	Falsch	Die Form des Flaschenbodens stellt kein Steuerelement für den Benutzer dar und liefert dem Benutzer keine Information.
C	**Richtig**	Der Schraubverschluss der Flasche ist ein Steuerelement, um diese zu öffnen.
D	**Richtig**	Wie viel Flüssigkeit sich noch in der Flasche befindet, ist eine erforderliche Information, um die Teilaufgabe »Flüssigkeit aus der Flasche entnehmen« erledigen zu können. (Wenn nichts mehr drin ist, kann man die Aufgabe nicht erledigen.)
E	Falsch	Ob die Flasche aus Glas oder aus stabilem Plastik hergestellt ist, ist für die Bereitstellung von Informationen oder Steuerelementen irrelevant.
F	Falsch	Dies ist ein Aspekt der physischen Umgebung, in der die Flasche genutzt wird, und nicht Bestandteil der Benutzungsschnittstelle der Flasche.

Frage 14	**2 richtige Antworten**	**LZ 2.4**
Antwort	Richtig oder falsch	Anmerkung
A	Falsch	
B	Falsch	
C	**Richtig**	
D	Falsch	
E	**Richtig**	In dem Diagramm muss bei »Tatsächliche Benutzung« der Bereich »Zufriedenstellung« in zwei Teile eingeteilt sein. Im Teil für User Experience ist ein weiterer Teil explizit für Usability. Die korrekte Darstellung gemäß CPUX-F-Curriculum sieht folgendermaßen aus: 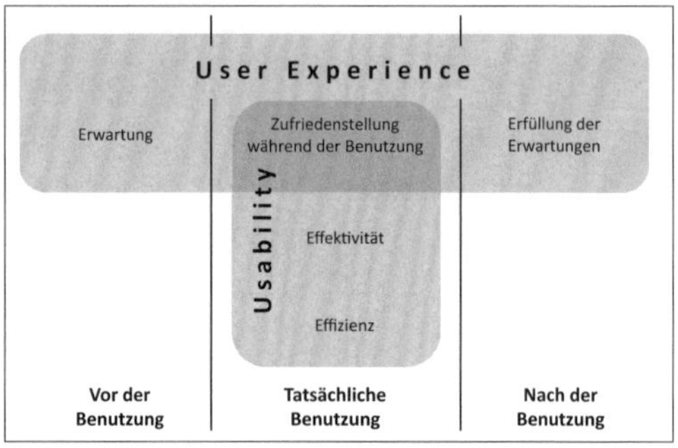 Begründung: Es gibt Aspekte der Zufriedenstellung während der Benutzung, die nichts mit der Usability zu tun haben, dennoch aber die User Experience beeinflussen. Beispiele: schwer annehmbare Nutzungsbedingungen (bspw. fehlender Datenschutz), überhöhte Kosten für die Nutzung.
F	Falsch	

Frage 15	**2 richtige Antworten**	**LZ 2.2**
Antwort	Richtig oder falsch	Anmerkung
A	Falsch	
B	**Richtig**	
C	Falsch	
D	Falsch	
E	Falsch	
F	**Richtig**	

Frage 16	3 richtige Antworten	LZ 2.3
Antwort	Richtig oder falsch	Anmerkung
A	**Richtig**	
B	Falsch	Der Nutzungskontext wird in der Definition von User Experience nicht erwähnt, dennoch ist die User Experience immer vom Nutzungskontext abhängig.
C	**Richtig**	
D	Falsch	
E	**Richtig**	
F	Falsch	Das Erreichen von Zielen ist kein vornehmliches Thema der User Experience, auch wenn dies natürlich sehr relevant ist für die User Experience.

Frage 17	1 richtige Antwort	LZ 2.2
Antwort	Richtig oder falsch	Anmerkung
A	Falsch	
B	Falsch	
C	Falsch	
D	**Richtig**	
E	Falsch	
F	Falsch	

Frage 18	1 richtige Antwort	LZ 2.5
Antwort	Richtig oder falsch	Anmerkung
A	Falsch	Eine Fußgängerampel ist ein vollständiges interaktives System.
B	Falsch	Ein Werbeplakat ist ein interaktives System, das keine Benutzereingaben entgegennimmt, wohl aber Benutzern Informationen anbietet.
C	Falsch	Eine Schreibtischlampe ist ein vollständiges interaktives System.
D	**Richtig**	Die Verpackung eines Produkts ist kein vollständiges interaktives System, sondern ein Bestandteil neben anderen Bestandteilen eines interaktiven Systems.
E	Falsch	Ein Schülerloste erbringt eine Dienstleistung für Schüler, die die Straße überqueren wollen, und stellt ein interaktives System dar.
F	Falsch	Ein Hammer ist ein vollständiges interaktives System, das nur aus Hardware besteht.

Frage 19	**1 richtige Antwort**	**LZ 2.x1**
Antwort	Richtig oder falsch	Anmerkung
A	Falsch	
B	Falsch	
C	Falsch	
D	**Richtig**	Die Familie der CIFs für Usability wird in ISO/IEC 2506x behandelt und nicht in ISO 9241.
E	Falsch	
F	Falsch	

Frage 20	**3 richtige Antworten**	**LZ 1.3**
Antwort	Richtig oder falsch	Anmerkung
A	**Richtig**	
B	**Richtig**	Aufgabenmodelle werden sowohl in der Phase »Nutzungskontext verstehen und festlegen« erstellt (Aufgabenmodell des gegenwärtigen Nutzungskontexts) als auch in der Phase »Lösungen gestalten, die Nutzungsanforderungen erfüllen« (Aufgabenmodell des Nutzungskontexts unter Berücksichtigung des Einflusses des interaktiven Systems auf das Aufgabenmodell).
C	Falsch	
D	Falsch	
E	**Richtig**	
F	Falsch	

Frage 21	**3 richtige Antworten**	**LZ 1.1**
Antwort	Richtig oder falsch	Anmerkung
A	**Richtig**	
B	**Richtig**	
C	Falsch	Es ist nur gefordert, dass die Benutzer während des gesamten Gestaltungsprozesses beteiligt sind.
D	**Richtig**	
E	Falsch	Es ist explizit gefordert, dass die gesamte User Experience adressiert wird.
F	Falsch	Das ist kein wesentliches Element des Prozesses. Lean UX fokussiert auf diesen Aspekt.

Frage 22	**3 richtige Antworten**	**LZ 1.2**
Antwort	Richtig oder falsch	Anmerkung
A	Falsch	Dies kann man so machen, die Aussage ist aber nicht in jedem Fall korrekt. Zum Beispiel kann es bei Innovationsprojekten gerade hilfreich sein, wenn man sich NICHT zu Beginn existierende Lösungen im Detail anschaut, sondern sich voll und ganz auf die Nutzungskontextanalyse (den »Problemraum«) konzentriert.
B	**Richtig**	
C	**Richtig**	
D	Falsch	Nach einer Usability-Evaluierung kann es auf Basis der Erkenntnisse auch mit einer anderen Aktivität des Prozesses weitergehen.
E	Falsch	Der Prozess kann nach der Planung abhängig vom Vorwissen über den Nutzungskontext mit einer der anderen Aktivitäten (»Nutzungskontext verstehen und festlegen«, »Nutzungsanforderungen festlegen«, »Lösungen gestalten« oder »Gestaltungslösungen evaluieren«) fortgesetzt werden.
F	**Richtig**	

Frage 23	**1 richtige Antwort**	**LZ 1.1**
Antwort	Richtig oder falsch	Anmerkung
A	Falsch	Es ist nur gefordert, dass der Prozess Iterationen vorsieht, was hier der Fall ist. Es ist nicht gesagt, wie viele Iterationen es sein müssen, und auch nicht, dass zwingend so lange iteriert werden muss, bis auf jeden Fall alle vorliegenden Nutzungsanforderungen erfüllt sind.
B	Falsch	
C	**Richtig**	Benutzer sind in der Nutzungskontextanalyse beteiligt, ansonsten bleibt aber offen, ob es auch in anderen Aktivitäten Benutzerbeteiligung gibt. Hier scheint der entsprechende Grundsatz der menschzentrierten Gestaltung nicht vollständig umgesetzt zu sein.
D	Falsch	
E	Falsch	
F	Falsch	

Frage 24	**2 richtige Antworten**	**LZ 8.1**
Antwort	Richtig oder falsch	Anmerkung
A	Falsch	Usability-Inspektionen können immer nur potenzielle Usability-Probleme aufzeigen. Auf der Stufe 0 »Unvollständig« ist zu erwarten, dass solche Erkenntnisse »wegdiskutiert« werden.
B	**Richtig**	Das Sichtbarmachen und Thematisieren des Themas HCD entlang eingängiger Beispiele aus dem Unternehmen kann auf der Stufe 0 »Unvollständig« Wirkung erzielen.
C	Falsch	Auf Stufe 0 »Unvollständig« ist ein Styleguide wenig hilfreich, da dessen Wirksamkeit im Unternehmen abhängig ist von der Unterstützung des Managements. Diese ist auf der genannten Stufe noch unzureichend.
D	Falsch	Dies gehört zur Stufe 3 »Etabliert« und ist nur sinnvoll, wenn das Unternehmen Stufe 2 »Gemanagt« bereits erreicht hat.
E	**Richtig**	Usability-Tests zeigen tatsächliche Usability-Probleme auf und sind deshalb in einem Umfeld besonders hilfreich, in dem der Wert von HCD-Aktivitäten noch skeptisch gesehen wird. Der Aufwand für die Durchführung kann hier durchaus sehr niedrig gehalten werden, ohne dass der positive Effekt verloren geht.
F	Falsch	Die Entwicklung valider Personas ist aufwendig und auf der Stufe 0 »Unvollständig« weniger hilfreich als die Antwortoptionen B und E.

Frage 25	**2 richtige Antworten**	**LZ 1.3**
Antwort	Richtig oder falsch	Anmerkung
A	Falsch	
B	**Richtig**	
C	**Richtig**	
D	Falsch	
E	Falsch	
F	Falsch	

Frage 26	**2 richtige Antworten**	**LZ 1.2**
Antwort	Richtig oder falsch	Anmerkung
A	Falsch	
B	Falsch	

→

Frage 26	Fortsetzung	Anmerkung LZ 1.2
C	Falsch	
D	Falsch	
E	**Richtig**	
F	**Richtig**	

Frage 27	**1 richtige Antwort**	**LZ 1.1**
Antwort	Richtig oder falsch	Anmerkung
A	Falsch	Engagement ist hilfreich, aber »Engagement« ist oft ein Lippenbekenntnis und kein echtes Commitment.
B	Falsch	
C	Falsch	
D	**Richtig**	Dies ist in der Einleitung zu Kapitel 1 des Curriculums aufgeführt.
E	Falsch	Dies ist nur dann hilfreich, wenn das sich entwickelnde System nicht nur vorgeführt, sondern auch mit Benutzern diskutiert wird.
F	Falsch	

Frage 28	**2 richtige Antworten**	**LZ 8.2**
Antwort	Richtig oder falsch	Anmerkung
A	Falsch	Bei Stufe 1 »Ausgeführt« gibt es auch bereits einen Prozess zur menschzentrierten Gestaltung (im Gegensatz zur Stufe 0 »Unvollständig«), dieser wird nur nicht vom Management ausgeführt.
B	**Richtig**	
C	Falsch	Bei Stufe 1 »Ausgeführt« bleibt offen, was genau die Arbeitsprodukte der HCD-Aktivitäten sind.
D	**Richtig**	
E	Falsch	Dass alle Projekte die Anforderungen des menschzentrierten Qualitätssystems erfüllen, ist erst bei der Stufe 3 »Etabliert« erreicht.
F	Falsch	Das ist ein Unterscheidungsmerkmal zwischen den Stufen 0 »Unvollständig« und 1 »Ausgeführt«. Es kann durchaus sein, dass der Prozess zur menschzentrierten Gestaltung bei Stufe 1 »Ausgeführt« die angestrebten Prozessergebnisse erreicht, nur wird er hier nicht geplant, überwacht und iteriert wenn notwendig. Dies geschieht erst auf Stufe 2 »Gemanagt«.

Frage 29	**3 richtige Antworten**	**LZ 1.2**
Antwort	Richtig oder falsch	Anmerkung
A	**Richtig**	
B	Falsch	Im Rahmen der menschzentrierten Gestaltung liegt der Fokus der Evaluierung nur auf den Nutzungsanforderungen und der Einhaltung von Gestaltungsregeln.
C	Falsch	Im Rahmen der menschzentrierten Gestaltung liegt der Fokus der Evaluierung nur auf den Nutzungsanforderungen und der Einhaltung von Gestaltungsregeln.
D	Falsch	
E	**Richtig**	
F	**Richtig**	Es fehlt der Iterationspfeil von »Gestaltungslösungen gegen Nutzungsanforderungen evaluieren« zu »Lösungen gestalten, die Nutzungsanforderungen erfüllen«.

Frage 30	**2 richtige Antworten**	**LZ 1.1**
Antwort	Richtig oder falsch	Anmerkung
A	Falsch	Das ist in der Schärfe kein Grundsatz der menschzentrierten Gestaltung.
B	Falsch	
C	**Richtig**	Es wird in der Beschreibung nicht gesagt, ob die ganze User Experience betrachtet wird. Im Vergleich zu den anderen Antwortmöglichkeiten wird diese hier neben D am ehesten nicht eingehalten.
D	**Richtig**	In der Beschreibung steht, dass »mit dem Nutzungskontext abgeglichen« wird. Dies entspricht nicht vollständig dem Grundsatz »Den Nutzungskontext verstehen«. Außerdem werden die »Benutzer nach ihren Anforderungen gefragt«, was darauf hindeutet, dass vermutlich keine angemessene Nutzungskontextanalyse erfolgt ist.
E	Falsch	Es ist nur gefordert, dass der Prozess Iterationen vorsieht, was hier der Fall ist. Es ist nicht gesagt, wie viele Iterationen es sein müssen, und auch nicht, dass zwingend so lange iteriert werden muss, bis auf jeden Fall alle vorliegenden Nutzungsanforderungen erfüllt sind.
F	Falsch	

Frage 31	1 richtige Antwort	LZ 8.1
Antwort	Richtig oder falsch	Anmerkung
A	Falsch	
B	Falsch	
C	Falsch	
D	**Richtig**	
E	Falsch	
F	Falsch	

Frage 32	2 richtige Antworten	LZ 8.2
Antwort	Richtig oder falsch	Anmerkung
A	Falsch	
B	**Richtig**	
C	**Richtig**	
D	Falsch	
E	Falsch	
F	Falsch	

Frage 33	3 richtige Antworten	LZ 1.1
Antwort	Richtig oder falsch	Anmerkung
A	Falsch	Das ist explizit nicht so, die Aktivitäten der menschzentrierten Gestaltung lassen sich in verschiedene Arten von Entwicklungsprozessen integrieren.
B	**Richtig**	
C	**Richtig**	
D	Falsch	Der Prozess heißt explizit »menschzentriert« und nicht »benutzerzentriert«, weil auch andere Interessenvertreter berücksichtigt werden.
E	**Richtig**	Im Curriculum steht als Grundsatz der menschzentrierten Gestaltung: »Bei der Gestaltung wird die gesamte User Experience (UX) berücksichtigt.«
F	Falsch	Im Curriculum steht: »Benutzer sind während des gesamten Gestaltungsprozesses beteiligt.«

Frage 34	2 richtige Antworten	LZ 1.x1
Antwort	Richtig oder falsch	Anmerkung
A	Falsch	
B	**Richtig**	
C	Falsch	
D	**Richtig**	
E	Falsch	
F	Falsch	

Frage 35	1 richtige Antwort	LZ 3.2
Antwort	Richtig oder falsch	Anmerkung
A	Falsch	Dies ist ein menschzentriertes Qualitätsziel, das sich auf die Usability/User Experience bezieht.
B	Falsch	Dies ist ein menschzentriertes Qualitätsziel, das sich auf die Usability/User Experience bezieht.
C	**Richtig**	Dies ist kein menschzentriertes Qualitätsziel, da dies Benutzern nicht wichtig ist; es könnte ein Marketingziel sein.
D	Falsch	Dies ist ein menschzentriertes Qualitätsziel, das sich auf die Barrierefreiheit bezieht.
E	Falsch	Dies ist ein menschzentriertes Qualitätsziel, das sich auf die Usability/User Experience bezieht.
F	Falsch	Dies ist ein menschzentriertes Qualitätsziel, das sich auf die Usability/User Experience bezieht.

Frage 36	3 richtige Antworten	LZ 3.1
Antwort	Richtig oder falsch	Anmerkung
A	**Richtig**	
B	Falsch	Testteilnehmer für Usability-Tests sollten erst dann benannt / rekrutiert werden, wenn die Kontextanalyse erfolgt ist, also die Benutzergruppen und die zu erledigenden Aufgaben festgelegt sind.
C	**Richtig**	Dies erfolgt zu Beginn des Projektes in Abhängigkeit von den Qualitätszielen und den Rahmenbedingungen des Projektes.

→

Frage 36	Fortsetzung	Anmerkung LZ 3.1
D	Falsch	Es würde zu weit gehen, Vertreter aller Interessengruppen in die Planung einzubeziehen. Es ist aber besonders hilfreich, Vertreter der Benutzergruppen in die Planung einzubeziehen.
E	**Richtig**	
F	Falsch	Die Festlegung der Art des Projektmanagements ist nicht spezifisch hilfreich, um ein Projekt gemäß menschzentrierter Gestaltung vorzubereiten. Menschzentrierte Gestaltung kann sowohl in agilen Projekten als auch klassischen Projekten angewendet werden.

Frage 37	**1 richtige Antwort**	**LZ 3.2**
Antwort	Richtig oder falsch	Anmerkung
A	Falsch	Die Formulierung entspricht den Syntaxanforderungen für eine quantitative Nutzungsanforderung, sie kann aber auch als menschzentriertes Qualitätsziel dienen.
B	**Richtig**	Es ist hier kein menschzentriertes Qualitätsziel formuliert, sondern eine Gestaltungsregel.
C	Falsch	
D	Falsch	Das ist ein menschzentriertes Qualitätsziel bzgl. User Experience.
E	Falsch	
F	Falsch	

Frage 38	**3 richtige Antworten**	**LZ 4.18**
Antwort	Richtig oder falsch	Anmerkung
A	Falsch	Dies ist eine offene, neutrale Frage.
B	Falsch	Dies ist eine geschlossene, neutrale Frage.
C	**Richtig**	Dies ist eine geschlossene Suggestivfrage.
D	**Richtig**	Dies ist eine geschlossene Suggestivfrage.
E	Falsch	Dies ist eine offene, neutrale Frage.
F	**Richtig**	Dies ist eine offene Suggestivfrage.

Frage 39	**3 richtige Antworten**	**LZ 4.13**
Antwort	Richtig oder falsch	Anmerkung
A	**Richtig**	
B	Falsch	Eine Beobachtung fokussiert auf zu erledigende Aufgaben. Diese können im Zweifelsfall auch beobachtet werden, wenn das zu betrachtende interaktive System noch gar nicht existiert oder nicht verfügbar ist.
C	Falsch	Wenn beim Beobachter Verständnisfragen aufkommen, durch die das Protokollieren der Beobachtung nicht mehr effektiv und effizient möglich ist, dann sollte der Beobachter aktiv werden und die Verständnisfragen sofort klären.
D	**Richtig**	
E	**Richtig**	
F	Falsch	Eine Beobachtung sollte wenn möglich immer im realen Kontext erfolgen, wo die beobachtete Aufgabenerledigung sonst auch stattfindet.

Frage 40	**1 richtige Antwort**	**LZ 4.3**
Antwort	Richtig oder falsch	Anmerkung
A	Falsch	
B	Falsch	
C	Falsch	In der Fragestellung steht, dass Bianca Besitzerin und Managerin von mehreren Pizzerien ist. Dementsprechend kann nicht erwartet werden, dass sie selbst Bestellungen im IT-System erfasst, d.h., sie ist keine primäre oder sekundäre Benutzerin des IT-Systems. Es ist zwar vorstellbar, dass Bianca aus ihrer Rolle heraus eine Benutzerin des IT-Systems sein könnte, falls dieses zum Beispiel statistische Auswertungen zu Bestellungen liefern könnte. Die Aufgabenstellung gibt aber keinerlei Hinweise darauf, dass so eine Funktionalität Teil des Systems ist.
D	Falsch	
E	**Richtig**	
F	Falsch	Bianca ist die Auftraggeberin für das IT-System, aber nicht nur. Die umfassendere Beschreibung ist, dass Bianca eine Interessenvertreterin ist.

Frage 41	2 richtige Antworten	LZ 4.12
Antwort	Richtig oder falsch	Anmerkung
A	Falsch	Bevor man eine Fokusgruppe sinnvoll durchführen kann, muss klar sein, wer die Interessenvertreter für ein zu entwickelndes interaktives System sind.
B	**Richtig**	
C	Falsch	Fokusgruppen sind für Evaluierungen nicht geeignet.
D	**Richtig**	
E	Falsch	Hier handelt es sich um eine durchzuführende Evaluierung. Hierfür sind Fokusgruppen nicht geeignet.
F	Falsch	Hierfür sollten Beobachtungen oder kontextuelle Interviews genutzt werden.

Frage 42	2 richtige Antworten	LZ 4.14
Antwort	Richtig oder falsch	Anmerkung
A	Falsch	
B	Falsch	
C	Falsch	
D	**Richtig**	Eine Persona erstellen ist eine Aktivität, die im Rahmen der Phase »Den Nutzungskontext verstehen und festlegen« durchgeführt wird. Sie dient aber nicht der Analyse des Nutzungskontextes, sondern der Dokumentation / Spezifikation des Nutzungskontextes.
E	Falsch	
F	**Richtig**	Sich mit den Meinungen von Benutzern über Gestaltungsideen auseinanderzusetzen ist nicht geeignet, um etwas über den Nutzungskontext zu erfahren.

Frage 43	3 richtige Antworten	LZ 4.22
Antwort	Richtig oder falsch	Anmerkung
A	Falsch	
B	**Richtig**	Eine User Journey Map muss nicht zwingend als Diagramm umgesetzt sein. Es kann auch eine Tabelle sein.
C	Falsch	
D	**Richtig**	Eine User Journey Map wird nicht spezifisch für einen bestimmten Benutzer erstellt.

→

Frage 43	Fortsetzung	Anmerkung LZ 4.22
E	Falsch	
F	**Richtig**	Es gibt keine Detailvorgaben, wie ein einzelner Touchpoint in einer User Journey Map beschrieben wird.

Frage 44	**3 richtige Antworten**	**LZ 4.18**
Antwort	Richtig oder falsch	Anmerkung
A	**Richtig**	
B	Falsch	
C	**Richtig**	
D	Falsch	
E	**Richtig**	
F	Falsch	

Frage 45	**1 richtige Antwort**	**LZ 4.1**
Antwort	Richtig oder falsch	Anmerkung
A	Falsch	
B	Falsch	
C	Falsch	
D	**Richtig**	Gesetzliche Vorgaben müssen bei der Gestaltung von Lösungen beachtet werden Diese können unter anderem auch im Rahmen der Nutzungskontextanalyse bekannt werden. Sie sind aber nicht Bestandteil des Nutzungskontextes, sondern Bestandteil sonstiger Stakeholder-Anforderungen.
E	Falsch	
F	Falsch	

Frage 46	2 richtige Antworten	LZ 4.19
Antwort	Richtig oder falsch	Anmerkung
A	**Richtig**	Es handelt sich um eine erzählende, textuelle Beschreibung des Vorgehens, die ein bestimmter Benutzer anwendet, um eine Aufgabe zu erledigen. Die eigentliche Nutzung eines interaktiven Systems steht nicht im Vordergrund, sondern der Nutzungskontext selbst.
B	Falsch	Es handelt sich nicht um eine erzählende, textuelle Beschreibung des Vorgehens, sondern um eine stichpunktartige Aufzählung. Auch wird hier nicht das Vorgehen eines bestimmten Benutzers beschrieben, sondern die generellen Teilaufgaben der Aufgabe.
C	Falsch	Es handelt sich nicht um eine Beschreibung des Vorgehens, das der Benutzer anwendet, um eine Aufgabe zu erledigen. Deshalb ist dies kein Ist-Szenario, wohl aber handelt es sich um Informationen über den Nutzungskontext, die hilfreich sind für die Anforderungsspezifikation und die Lösungsgestaltung.
D	**Richtig**	Es handelt sich um eine erzählende, textuelle Beschreibung des Vorgehens, die ein bestimmter Benutzer anwendet, um die Aufgabe zu erledigen. Die eigentliche Nutzung eines interaktiven Systems steht nicht im Vordergrund, sondern der Nutzungskontext selbst.
E	Falsch	Diese Beschreibung ist ein Ausschnitt eines Nutzungsszenarios und nicht eines Ist-Szenarios. Es handelt sich um eine erzählende, textuelle Beschreibung des Vorgehens, die ein bestimmter Benutzer anwendet, um ein interaktives System zu benutzen. Die eigentliche Nutzung des interaktiven Systems steht im Vordergrund, nicht der Nutzungskontext, wie es bei Ist-Szenarios der Fall ist.
F	Falsch	Es wird die aktuelle Lösungsgestaltung beschrieben und nicht das Vorgehen eines bestimmten Benutzers zur Erledigung einer oder mehrerer Aufgaben.

Frage 47	**1 richtige Antwort**	**LZ 4.20**
Antwort	Richtig oder falsch	Anmerkung
A	Falsch	
B	Falsch	
C	Falsch	
D	Falsch	
E	**Richtig**	
F	Falsch	

Frage 48	**2 richtige Antworten**	**LZ 4.15**
Antwort	Richtig oder falsch	Anmerkung
A	Falsch	
B	**Richtig**	
C	Falsch	
D	**Richtig**	
E	Falsch	
F	Falsch	

Frage 49	**2 richtige Antworten**	**LZ 4.16**
Antwort	Richtig oder falsch	Anmerkung
A	**Richtig**	
B	Falsch	
C	Falsch	
D	Falsch	
E	**Richtig**	
F	Falsch	

Frage 50	1 richtige Antwort	LZ 4.1
Antwort	Richtig oder falsch	Anmerkung
A	Falsch	Bankangestellte sind Teil der sozialen Umgebung der Benutzer eines Geldautomaten. Sie zu befragen kann Erkenntnisse über den Nutzungskontext ergeben.
B	Falsch	
C	Falsch	
D	Falsch	
E	Falsch	
F	**Richtig**	Usability-Probleme in einem Usability-Test können neben Verbesserungspotenzialen der getesteten Lösung auch neue Erkenntnisse über den Nutzungskontext ergeben.
C	Falsch	Die Arten von Card-Sorting heißen »offen« und »geschlossen«.
D	Falsch	Antwort E ist richtig.
E	**Richtig**	
F	Falsch	Die Teilnehmer des Card-Sorting dürfen zusätzliche Karten erstellen.

Frage 51	2 richtige Antworten	LZ 4.7
Antwort	Richtig oder falsch	Anmerkung
A	**Richtig**	
B	Falsch	Dies ist eine Teilaufgabe, durch die der Ausführende noch nicht sein Ziel erreicht. Deshalb handelt es sich hier nicht um eine Aufgabe.
C	**Richtig**	
D	Falsch	Dies ist eine kontextuelle Vorbedingung, aufgrund derer jemand vielleicht eine Aufgabe zu erledigen hat. Diese Vorbedingung selbst ist aber keine Aufgabe.
E	Falsch	Dies ist ein Aufgabenobjekt, das im Rahmen einer Aufgabe bearbeitet wird. Es ist aber selbst keine Aufgabe.
F	Falsch	Dies ist eine Vorschrift oder Anweisung, die im Rahmen der Durchführung von Aufgaben zu beachten ist. Es ist aber keine Aufgabe.

Frage 52	**1 richtige Antwort**	**LZ 4.20**
Antwort	Richtig oder falsch	Anmerkung
A	Falsch	
B	**Richtig**	
C	Falsch	
D	Falsch	Ein Ist-Szenario fokussiert auf die Beschreibung der Aufgabenerledigung und den Nutzungskontext. Hier liegt der Fokus auf der Beschreibung eines bestimmten Benutzers.
E	Falsch	Ein Benutzergruppenprofil beinhaltet keinen Namen und persönliche Details.
F	Falsch	

Frage 53	**1 richtige Antwort**	**LZ 4.5**
Antwort	Richtig oder falsch	Anmerkung
A	Falsch	
B	Falsch	
C	Falsch	
D	Falsch	
E	**Richtig**	
F	Falsch	

Frage 54	**3 richtige Antworten**	**LZ 4.8**
Antwort	Richtig oder falsch	Anmerkung
A	Falsch	
B	Falsch	
C	**Richtig**	
D	**Richtig**	
E	Falsch	
F	**Richtig**	

Frage 55	2 richtige Antworten	LZ 4.10
Antwort	Richtig oder falsch	Anmerkung
A	**Richtig**	Die Arbeitsfläche der Küche gehört zur physischen Umgebung.
B	Falsch	
C	Falsch	
D	Falsch	
E	Falsch	
F	**Richtig**	Das Weinglas ist keine Ressource, die der Koch in der Küche nutzt, sondern eine Ressource, die die Gäste im Restaurant nutzen.

Frage 56	1 richtige Antwort	LZ 4.12
Antwort	Richtig oder falsch	Anmerkung
A	Falsch	
B	Falsch	
C	Falsch	
D	Falsch	
E	**Richtig**	
F	Falsch	Fokusgruppen sind explizit nicht zur Evaluierung eines interaktiven Systems geeignet.

Frage 57	3 richtige Antworten	LZ 4.7
Antwort	Richtig oder falsch	Anmerkung
A	Falsch	
B	Falsch	
C	Falsch	
D	**Richtig**	Dies ist eine Teilaufgabe in der Aufgabe »Eine Warenlieferung annehmen«.
E	**Richtig**	Dies ist das Ziel, das durch die Durchführung der Aufgabe »Rechnung zur Lieferung prüfen« erreicht wird.
F	**Richtig**	Dies ist ein Aufgabenobjekt, das im Rahmen einer Aufgabe bearbeitet wird. Es ist aber selbst keine Aufgabe.

Frage 58	**2 richtige Antworten**	**LZ 4.8**
Antwort	Richtig oder falsch	Anmerkung
A	Falsch	
B	Falsch	
C	**Richtig**	
D	Falsch	
E	Falsch	
F	**Richtig**	

Frage 59	**2 richtige Antworten**	**LZ 4.19**
Antwort	Richtig oder falsch	Anmerkung
A	**Richtig**	
B	**Richtig**	
C	Falsch	Dies entspricht eher einer Bedienungsanleitung.
D	Falsch	Dies ist ein Erfordernis.
E	Falsch	Dies ist eine Nutzungsanforderung.
F	Falsch	Dies ist die Beschreibung einer Persona. Es beschreibt nicht, wie ein Benutzer derzeit eine oder mehrere Aufgaben im aktuellen Nutzungskontext erledigt.

Frage 60	**2 richtige Antworten**	**LZ 4.14**
Antwort	Richtig oder falsch	Anmerkung
A	Falsch	
B	Falsch	
C	**Richtig**	Der Fokus eines kontextuellen Interviews in solch einer Situation könnte sein, etwas über Aufgaben im Zusammenhang mit Bargeld zu lernen, die bisher durch einen Geldautomaten noch nicht unterstützt werden.
D	**Richtig**	
E	Falsch	
F	Falsch	

Frage 61	1 richtige Antwort	LZ 4.22
Antwort	Richtig oder falsch	Anmerkung
A	Falsch	
B	Falsch	
C	**Richtig**	
D	Falsch	
E	Falsch	
F	Falsch	

Frage 62	1 richtige Antwort	LZ 4.3
Antwort	Richtig oder falsch	Anmerkung
A	Falsch	
B	Falsch	
C	**Richtig**	
D	Falsch	
E	Falsch	Thomas ist sowohl ein (sekundärer) Benutzer als auch ein Interessenvertreter.
F	Falsch	Thomas ist sowohl ein (sekundärer) Benutzer als auch ein Interessenvertreter.

Frage 63	3 richtige Antworten	LZ 4.8
Antwort	Richtig oder falsch	Anmerkung
A	Falsch	Wird nur eine Teilaufgabe erledigt, dann ist noch kein beabsichtigtes Ergebnis (Ziel) des Benutzers erreicht. Dies ist erst der Fall, wenn eine komplette Aufgabe erledigt ist.
B	Falsch	
C	**Richtig**	
D	Falsch	
E	**Richtig**	
F	**Richtig**	Einem Testteilnehmer in einem Usability-Test muss immer eine komplette Aufgabe gestellt werden, nicht nur eine einzelne Teilaufgabe.

Frage 64	**2 richtige Antworten**	**LZ 4.17**
Antwort	Richtig oder falsch	Anmerkung
A	**Richtig**	
B	**Richtig**	
C	Falsch	Eine Vergleichbarkeit von Interviews ist kein zu erreichendes Ziel. Dies kann bei Befragungen relevant sein.
D	Falsch	
E	Falsch	
F	Falsch	Dies wird vorrangig durch die Methodenkompetenz des Interviewers erreicht.

Frage 65	**2 richtige Antworten**	**LZ 4.18**
Antwort	Richtig oder falsch	Anmerkung
A	Falsch	
B	Falsch	
C	Falsch	
D	**Richtig**	
E	**Richtig**	
F	Falsch	

Frage 66	**3 richtige Antworten**	**LZ 4.9**
Antwort	Richtig oder falsch	Anmerkung
A	**Richtig**	Diese Beobachtung bezieht sich auf die physische Umgebung.
B	Falsch	Hier werden Benutzergruppen genannt und nicht, wie man vermuten könnte, die soziale Umgebung.
C	Falsch	Diese Beobachtung bezieht sich auf die Durchführung der Aufgabe »Straße überqueren« und nicht auf die Umgebung.
D	**Richtig**	Diese Beobachtung bezieht sich auf die physische Umgebung.
E	**Richtig**	Diese Beobachtung bezieht sich auf die soziale Umgebung.
F	Falsch	Diese Beobachtung bezieht sich auf die Durchführung der Aufgabe »Kraftwagen fahren« und nicht auf die Umgebung.

Frage 67	**1 richtige Antwort**	**LZ 4.3**
Antwort	Richtig oder falsch	Anmerkung
A	Falsch	
B	Falsch	
C	Falsch	
D	**Richtig**	
E	Falsch	
F	Falsch	

Frage 68	**2 richtige Antworten**	**LZ 4.7**
Antwort	Richtig oder falsch	Anmerkung
A	**Richtig**	
B	Falsch	Dies ist eine systeminduzierte Teilaufgabe, durch die der Ausführende noch nicht sein Ziel erreicht. Deshalb handelt es sich hier nicht um eine Aufgabe.
C	**Richtig**	
D	Falsch	Dies ist eine Vorschrift oder Anweisung, die im Rahmen der Durchführung von Aufgaben zu beachten ist. Es ist aber selbst keine Aufgabe.
E	Falsch	Dies ist eine Teilaufgabe, durch die der Ausführende noch nicht sein Ziel erreicht. Deshalb handelt es sich hier nicht um eine Aufgabe.
F	Falsch	Dies ist eine Teilaufgabe, durch die der Ausführende noch nicht sein Ziel erreicht. Deshalb handelt es sich hier nicht um eine Aufgabe.

Frage 69	**3 richtige Antworten**	**LZ 4.14**
Antwort	Richtig oder falsch	Anmerkung
A	**Richtig**	
B	Falsch	
C	Falsch	
D	**Richtig**	
E	**Richtig**	
F	Falsch	

Frage 70	**1 richtige Antwort**	**LZ 4.21**
Antwort	Richtig oder falsch	Anmerkung
A	**Richtig**	
B	Falsch	
C	Falsch	
D	Falsch	
E	Falsch	
F	Falsch	

Frage 71	**3 richtige Antworten**	**LZ 4.9**
Antwort	Richtig oder falsch	Anmerkung
A	**Richtig**	
B	**Richtig**	
C	Falsch	
D	**Richtig**	
E	Falsch	
F	Falsch	

Frage 72	**2 richtige Antworten**	**LZ 4.1**
Antwort	Richtig oder falsch	Anmerkung
A	Falsch	
B	Falsch	
C	Falsch	
D	**Richtig**	Nutzungsanforderungen werden nicht im Nutzungskontext erhoben, sondern im Rahmen der Aktivität »Nutzungsanforderungen festlegen« aus Erfordernissen abgeleitet. Erfordernisse wiederum werden ebenfalls im Rahmen der Aktivität »Nutzungsanforderungen festlegen« im erhobenen Nutzungskontext identifiziert.
E	Falsch	
F	**Richtig**	Gestaltungslösungen, die sich Benutzer wünschen, werden bei der Erhebung des Nutzungskontextes nicht betrachtet.

Frage 73	3 richtige Antworten	LZ 4.14
Antwort	Richtig oder falsch	Anmerkung
A	Falsch	
B	**Richtig**	
C	**Richtig**	
D	Falsch	
E	Falsch	
F	**Richtig**	

Frage 74	3 richtige Antworten	LZ 4.20
Antwort	Richtig oder falsch	Anmerkung
A	**Richtig**	
B	**Richtig**	
C	**Richtig**	Erinnern Sie sich an die Definition von »Persona«: »Eine Beschreibung eines konstruierten, aber realistischen Benutzers *und was dieser bei der Benutzung eines interaktiven Systems beabsichtigt.*«
D	Falsch	Eine Persona-Beschreibung enthält nicht das interaktive System selbst.
E	Falsch	Es kann mehrere Personas für eine Benutzergruppe geben, die sich dann markant voneinander unterscheiden, trotzdem aber zur selben Benutzergruppe gehören.
F	Falsch	Eine solche konkrete Anforderung zum Umfang der empirisch ermittelten Daten gibt es für Personas nicht.

Frage 75	2 richtige Antworten	LZ 4.18
Antwort	Richtig oder falsch	Anmerkung
A	Falsch	
B	**Richtig**	Die Anzahl Antwortmöglichkeit ist beschränkt auf »Ja« oder »Nein«. Damit handelt es sich um eine geschlossene Frage. Solche Fragen sind in kontextuellen Interviews möglichst zu vermeiden.

→

Frage 75	Fortsetzung	Anmerkung LZ 4.18
C	**Richtig**	Es wird in der Frage bereits ein bestimmtes Verhalten des interaktiven Systems beschrieben und dem Benutzer unterstellt, dass er diese erwarten würde. Damit ist dies eine Suggestivfrage. Eine entsprechende neutrale Frage wäre »Was ist Ihre Erwartung, was passieren wird, nachdem Sie den Fußgängerknopf gedrückt haben?«
D	Falsch	
E	Falsch	
F	Falsch	

Frage 76	**1 richtige Antwort**	**LZ 4.2**
Antwort	Richtig oder falsch	Anmerkung
A	Falsch	
B	Falsch	
C	**Richtig**	
D	Falsch	
E	Falsch	
F	Falsch	

Frage 77	**2 richtige Antworten**	**LZ 4.11**
Antwort	Richtig oder falsch	Anmerkung
A	**Richtig**	Diese Frage ist offen gestellt und für das Verständnis des Nutzungskontexts relevant.
B	Falsch	Dies ist eine geschlossene Frage, die sich auf die Zufriedenheit mit einer bestimmten Website konzentriert. Damit ist sie weniger gut geeignet, etwas über den Nutzungskontext zu erfahren, als die Antworten A und D.
C	Falsch	Diese Frage eignet sich für eine Benutzerbefragung zur Bewertung einer fertiggestellten Website, nicht jedoch für eine Nutzungskontextanalyse.
D	**Richtig**	Diese Frage ist offen gestellt und für das Verständnis des Nutzungskontexts relevant.

→

Frage 77	Fortsetzung	Anmerkung LZ 4.11
E	Falsch	Dies ist eine allgemeine Frage, die sich nicht unmittelbar auf den Nutzungskontext einer Hotelbuchungs-Website bezieht.
F	Falsch	Diese Frage eignet sich für eine Benutzerbefragung zur Bewertung einer fertiggestellten Website, nicht für eine Nutzungskontextanalyse.

Frage 78	**3 richtige Antworten**	**LZ 5.1**
Antwort	Richtig oder falsch	Anmerkung
A	Falsch	Ein Erfordernis muss immer unabhängig von irgendeiner Lösung formuliert sein. Das ist hier nicht der Fall, die Lösung der Anzeige der Überquerbarkeit der Straße durch ein grünes Licht ist bereits vorgegeben. Ein korrektes Erfordernis wäre zum Beispiel: »Die Fußgängerin muss wissen, ob innerhalb der nächsten 15 Sekunden alle auf der Straße fahrenden Verkehrsteilnehmer den Überweg freihalten werden, um gefahrlos über die Straße gehen zu können.«
B	**Richtig**	
C	**Richtig**	
D	Falsch	Das zu erreichende Ziel ist nicht genannt.
E	**Richtig**	
F	Falsch	Es handelt sich nicht um ein Erfordernis, sondern um eine Nutzungsanforderung.

Frage 79	**2 richtige Antworten**	**LZ 5.3**
Antwort	Richtig oder falsch	Anmerkung
A	Falsch	
B	**Richtig**	Nutzungsanforderungen beschreiben keine Lösungsmerkmale, sondern das, was der Benutzer am interaktiven System erkennen, auswählen oder eingeben können muss.
C	Falsch	
D	Falsch	
E	Falsch	Diese Aussage ist korrekt, das Ergebnis eines Usability-Tests kann die Erkenntnis liefern, dass eine Nutzungsanforderung geändert werden muss.
F	**Richtig**	Die Grundlage kann auch ein Usability-Test sein.

Frage 80	3 richtige Antworten	LZ 5.2
Antwort	Richtig oder falsch	Anmerkung
A	Falsch	
B	**Richtig**	
C	Falsch	
D	**Richtig**	
E	Falsch	
F	**Richtig**	

Frage 81	3 richtige Antworten	LZ 4.4
Antwort	Richtig oder falsch	Anmerkung
A	Falsch	Eine Produktentwicklerin hat keine Marktanforderungen (die hat ein Käufer oder Kaufentscheider), sondern Systemanforderungen.
B	Falsch	Der Bürger hat vorrangig Erfordernisse beim Überqueren der Straße, die zu Nutzungsanforderungen an die Ampel führen.
C	Falsch	Der Gesetzgeber hat vorrangig gesetzliche Anforderungen für den Einsatz von Verkehrsampeln.
D	**Richtig**	Es können sich Nutzungsanforderungen ergeben, die sich auf Erfordernisse des Babys beziehen, zum Beispiel, dass die Signalisierung der Grünphase für Fußgänger nicht zu laut sein darf, um Babys und kleine Kinder nicht zu erschrecken.
E	**Richtig**	
F	**Richtig**	Die Amtsperson, die die Finanzierung von Verkehrsampeln verantwortet, kann organisatorische Anforderungen hinsichtlich der maximal zulässigen Kosten haben.

Frage 82	**3 richtige Antworten**	**LZ 5.2**
Antwort	Richtig oder falsch	Anmerkung
A	**Richtig**	
B	**Richtig**	
C	Falsch	Es handelt sich um ein Erfordernis und eine Nutzungsanforderung, allerdings kann die genannte Nutzungsanforderung nicht aus dem genannten Erfordernis abgeleitet werden. Eine ableitbare Nutzungsanforderung wäre zum Beispiel: »Der Benutzer muss auf der Website die verfügbaren Zahlungsmöglichkeiten erkennen können.« Ein Erfordernis, aus dem die Nutzungsanforderung ableitbar ist, wäre zum Beispiel: »Der Benutzer muss die Details seiner Kreditkarte wissen, um die Bestellung mit der Kreditkarte bezahlen zu können.«
D	Falsch	Es handelt sich nicht um ein korrektes Erfordernis, weil das zu erreichende Ziel nicht angegeben ist. Ein entsprechendes korrekt formuliertes Erfordernis wäre zum Beispiel: »Der Benutzer muss die Bestellung im Überblick prüfen können, um sicher entscheiden zu können, ob die Bestellung korrekt ist und er sie auslösen möchte.«
E	**Richtig**	
F	Falsch	Es handelt sich um eine Systemanforderung statt einer korrekt formulierten Nutzungsanforderung, da sie keine Aussage darüber trifft, was der Benutzer genau feststellen, erkennen, verstehen, auswählen oder eingeben können muss.

Frage 83	3 richtige Antworten	LZ 5.4
Antwort	Richtig oder falsch	Anmerkung
A	**Richtig**	
B	Falsch	Auch Nutzungsanforderungen können sich aus gesetzlichen Anforderungen ergeben. Beispiel einer Nutzungsanforderung, die sich aus einer gesetzlichen Anforderung ergibt: »Der Benutzer muss auf der Website, bevor er eine Bestellung abschließt, explizit einen Hinweis auf die Widerrufsmöglichkeit erkennen können.«
C	**Richtig**	
D	**Richtig**	
E	Falsch	Den Begriff »kaufentscheidende Nutzungsanforderungen« gibt es nicht. Marktanforderungen werden oft auch »Kundenanforderungen« genannt.
F	Falsch	Organisatorische Anforderungen können sich aus Marktanforderungen ergeben, das müssen sie aber nicht zwingend.

Frage 84	3 richtige Antworten	LZ 5.5
Antwort	Richtig oder falsch	Anmerkung
A	Falsch	Beide Arten von Nutzungsanforderungen können für eine Usability-Evaluierung genutzt werden.
B	**Richtig**	
C	Falsch	Erfordernisse werden nicht aus quantitativen Nutzungsanforderungen hergeleitet.
D	Falsch	Die Erfüllung von beiden Arten von Nutzungsanforderungen kann in einem Usability-Test geprüft werden.
E	**Richtig**	
F	**Richtig**	

Frage 85	**3 richtige Antworten**	**LZ 5.1**
Antwort	Richtig oder falsch	Anmerkung
A	Falsch	Der »um«-Teil fehlt, also der Zweck.
B	**Richtig**	
C	Falsch	Der Bedingungsteil ist nicht »wissen« oder »haben« oder »Kompetenz besitzen«.
D	**Richtig**	
E	**Richtig**	Dies ist ein Ressourcen-Erfordernis, der Agierende muss also etwas »verfügbar haben«.
F	Falsch	Ein Erfordernis muss immer unabhängig von irgendeiner Lösung formuliert sein. Das ist hier nicht der Fall, die Lösung der Anzeige der Überquerbarkeit der Straße durch ein grünes Licht ist angegeben. Ein korrektes Erfordernis wäre zum Beispiel: »Der Fußgänger muss wissen, ob innerhalb der nächsten 15 Sekunden alle auf der Straße fahrenden Verkehrsteilnehmer den Überweg freihalten werden, um gefahrlos über die Straße gehen zu können.« Dies kann durch ein grünes Licht, aber auch zum Beispiel durch ein akustisches Signal oder das Vibrieren eines Schalters angezeigt werden.

Frage 86	**1 richtige Antwort**	**LZ 5.3**
Antwort	Richtig oder falsch	Anmerkung
A	Falsch	
B	Falsch	
C	Falsch	
D	Falsch	
E	**Richtig**	
F	Falsch	

Frage 87	2 richtige Antworten	LZ 5.4
Antwort	Richtig oder falsch	Anmerkung
A	**Richtig**	
B	Falsch	Dies ist eine Marktanforderung, sie unterstützt die Assoziation der Website mit den Werten des Unternehmens mittels Corporate Design.
C	Falsch	Dies ist eine Marktanforderung, sie unterstützt die Erfolgsaussichten des Produkts am Markt.
D	Falsch	Dies ist am ehesten eine Marktanforderung, sie unterstützt die Erfolgsaussichten des Produkts am Markt. Für eine Nutzungsanforderung ist die Formulierung viel zu vage.
E	Falsch	Dies ist eine organisatorische Anforderung, eine Anforderung an das Verhalten des Benutzers. Es ist hier offengelassen, wie der Mietende diese Anforderung erfüllt, z.B. könnte er das Unternehmen beim Abholen des Autos dem Mitarbeiter nennen und der schreibt dies auf. Dann würde die organisatorische Anforderung nicht zu einer Nutzungsanforderung für die Website führen.
F	**Richtig**	

Frage 88	2 richtige Antworten	LZ 5.1
Antwort	Richtig oder falsch	Anmerkung
A	**Richtig**	
B	Falsch	
C	Falsch	
D	**Richtig**	
E	Falsch	
F	Falsch	

Frage 89	3 richtige Antworten	LZ 5.3
Antwort	Richtig oder falsch	Anmerkung
A	**Richtig**	Es handelt sich um eine qualitative Nutzungsanforderung.
B	Falsch	Es handelt sich nicht um eine Nutzungsanforderung, sondern um eine Systemanforderung.
C	**Richtig**	Es handelt sich um eine qualitative Nutzungsanforderung.
D	Falsch	Es handelt sich nicht um eine Nutzungsanforderung, sondern um ein Erfordernis.
E	Falsch	Die Anforderung ist zu unspezifisch und damit nicht verifizierbar.
F	**Richtig**	Es handelt sich um eine quantitative Nutzungsanforderung.

Frage 90	3 richtige Antworten	LZ 5.4
Antwort	Richtig oder falsch	Anmerkung
A	**Richtig**	Es handelt sich um eine Marktanforderung.
B	**Richtig**	Es handelt sich um eine organisatorische Anforderung.
C	Falsch	Es handelt sich um eine Nutzungsanforderung.
D	**Richtig**	Es handelt sich um eine organisatorische Anforderung.
E	Falsch	Es handelt sich um eine Nutzungsanforderung.
F	Falsch	Es handelt sich um eine Nutzungsanforderung.

Frage 91	3 richtige Antworten	LZ 5.1
Antwort	Richtig oder falsch	Anmerkung
A	**Richtig**	
B	Falsch	Erfordernisse sind nicht nur hilfreich, sondern zwingend notwendig zu erfüllen, damit der Benutzer sein Ziel erreichen kann.
C	Falsch	Erfordernisse können auch basierend auf Usability-Evaluierungen identifiziert werden.
D	Falsch	Es ist umgekehrt, Nutzungsanforderungen werden aus Erfordernissen abgeleitet.
E	**Richtig**	
F	**Richtig**	

Frage 92	**2 richtige Antworten**	**LZ 4.4**
Antwort	Richtig oder falsch	Anmerkung
A	Falsch	Dies ist ein sekundärer Benutzer.
B	Falsch	Dies ist ein primärer Benutzer.
C	**Richtig**	Dies ist ein Interessenvertreter. Er hat ein aktives Interesse am interaktiven System, weil er es entworfen hat, aber er nutzt es nicht als primärer, sekundärer oder indirekter Benutzer.
D	Falsch	Dies ist ein indirekter Benutzer, der mit einer Ausgabe des Systems arbeitet.
E	Falsch	Dies ist ein indirekter Benutzer.
F	**Richtig**	Diese Person hat ein aktives Interesse an der Website (sie ist die Grundlage für die Werbeaktion), ist aber weder Benutzer noch pflegt sie die Website, noch erhält sie ein Ergebnis von ihr. Sie ist also Interessenvertreter, aber kein Benutzer.

Frage 93	**3 richtige Antworten**	**LZ 6.1.3**
Antwort	Richtig oder falsch	Anmerkung
A	Falsch	Das ist am ehesten ein möglicher Inhalt eines Styleguide.
B	**Richtig**	
C	Falsch	
D	**Richtig**	
E	**Richtig**	
F	Falsch	

Frage 94	**1 richtige Antwort**	**LZ 6.1.7**
Antwort	Richtig oder falsch	Anmerkung
A	Falsch	
B	Falsch	
C	Falsch	
D	Falsch	
E	**Richtig**	
F	Falsch	

Frage 95	2 richtige Antworten	LZ 6.1.3
Antwort	Richtig oder falsch	Anmerkung
A	Falsch	
B	Falsch	
C	Falsch	
D	**Richtig**	
E	Falsch	
F	**Richtig**	

Frage 96	2 richtige Antworten	LZ 2.5
Antwort	Richtig oder falsch	Anmerkung
A	Falsch	Eine Top-Level-Navigation besteht aus mehreren User-Interface-Elementen.
B	Falsch	Es gibt auch nicht interaktive User-Interface-Elemente, zum Beispiel ein Anweisungstext.
C	**Richtig**	
D	Falsch	Gestaltungsregeln legen Details der Gestaltung und des Einsatzes von User-Interface-Elementen fest, sie sind aber nicht identisch mit den User-Interface-Elementen.
E	**Richtig**	
F	Falsch	Ein User-Interface-Element kann ein Bestandteil eines Design Pattern sein, aber nicht alle User-Interface-Elemente sind Design Patterns.

Frage 97	2 richtige Antworten	LZ 6.1.9
Antwort	Richtig oder falsch	Anmerkung
A	Falsch	
B	Falsch	Für ein Angebot zu werben ist nicht unethisch, wenn auch manchmal nervig.
C	Falsch	Benutzer haben bei der Verwendung von Fitness-Apps oft das Ziel, sich darin unterstützen zu lassen, neue Verhaltensweisen zu üben, die ihnen schwerfallen. Maßgeblich für das ethische Design eines interaktiven Systems ist, ob die Erfordernisse und Ziele des Benutzers unterstützt werden. Das ist hier der Fall.

→

Frage 97	Fortsetzung	Anmerkung LZ 6.1.9
D	**Richtig**	Die Verwendung persönlicher Daten ohne Aufklärung des Benutzers ist unethisch.
E	**Richtig**	Die Tatsache, dass der Benutzer explizit die Option abwählen muss, wenn er kein Trinkgeld geben will, führt dazu, dass mehr Benutzer Trinkgeld geben, als sie das sonst tun würden. Aus diesem Grund ist dies als unethisches Design anzusehen. *Anmerkung:* Ob dies unethisches Design ist, hängt vom Kulturkreis ab, in dem die Zahlungsanwendung verwendet wird. In den USA zum Beispiel ist es üblich, dass immer Trinkgeld gegeben wird. Hier wäre es aufgabenangemessen, die Option »Trinkgeld« standardmäßig auszuwählen. In Deutschland, Österreich und der Schweiz ist Trinkgeld freigestellt.
F	Falsch	

Frage 98	**2 richtige Antworten**	**LZ 6.1.8**
Antwort	Richtig oder falsch	Anmerkung
A	Falsch	Der Zweck einer User-Interface-Spezifikation ist, eine vollständige Beschreibung des interaktiven Systems bereitzustellen, sodass es von Entwicklern implementiert werden kann.
B	Falsch	Regelungen, die über einzelne Produkte hinweg anzuwenden sind, stehen im Styleguide.
C	**Richtig**	
D	Falsch	Sämtliche Bestandteile der Benutzerunterstützung (zu der auch alle Meldungen gehören) sind Bestandteil der User-Interface-Spezifikation.
E	Falsch	Regelungen, die über einzelne Produkte hinweg anzuwenden sind, stehen im Styleguide.
F	**Richtig**	

Frage 99	**1 richtige Antwort**	**LZ 6.1.10**
Antwort	Richtig oder falsch	Anmerkung
A	Falsch	
B	Falsch	Dies ist ein Teilaspekt von nachhaltigem Design.
C	Falsch	Dies ist ein Teilaspekt von nachhaltigem Design.

→

Frage 99	Fortsetzung	Anmerkung LZ 6.1.10
D	Falsch	Dies ist ein Teilaspekt von nachhaltigem Design.
E	Falsch	
F	**Richtig**	

Frage 100	**3 richtige Antworten**	**LZ 6.1.2**
Antwort	Richtig oder falsch	Anmerkung
A	**Richtig**	
B	**Richtig**	
C	Falsch	
D	**Richtig**	
E	Falsch	
F	Falsch	

Frage 101	**3 richtige Antworten**	**LZ 6.1.5**
Antwort	Richtig oder falsch	Anmerkung
A	**Richtig**	
B	Falsch	Es gibt Prototypen, die aus nur einem Wireframe bestehen, aber nicht jeder Prototyp ist ein Wireframe, z.B. High-Fidelity-Prototypen.
C	**Richtig**	In der Kontextanalyse kann ein Prototyp verwendet werden, um Benutzern zu demonstrieren, was möglich wäre, um basierend auf dieser Motivation anschließend Informationen über den Nutzungskontext einzuholen.
D	Falsch	In der Analysephase werden Prototypen zwar selten eingesetzt, aber dies kann durchaus sinnvoll sein, zum Beispiel um interviewten Benutzern zu verdeutlichen, was für interaktive Systeme heutzutage realisierbar wären, und um anschließend über den Nutzungskontext bezüglich zu unterstützender Aufgaben zu sprechen.
E	**Richtig**	Dies gilt insbesondere für High-Fidelity-Prototypen.
F	Falsch	Wireframes zeigen primär das Interaktionsdesign sowie das grobe Layout eines interaktiven Systems. Sie stellen einen sehr frühen, einfachen Low-Fidelity-Prototyp dar. Das exakte Layout wird hier noch nicht adressiert.

Frage 102	**1 richtige Antwort**	**LZ 6.1.6**
Antwort	Richtig oder falsch	Anmerkung
A	Falsch	
B	**Richtig**	
C	Falsch	
D	Falsch	
E	Falsch	
F	Falsch	

Frage 103	**2 richtige Antworten**	**LZ 6.1.5**
Antwort	Richtig oder falsch	Anmerkung
A	**Richtig**	
B	Falsch	Wireframes adressieren üblicherweise nicht das visuelle Design.
C	Falsch	In der Regel adressieren Wireframes nicht das genaue visuelle Design.
D	**Richtig**	
E	Falsch	Wireframes können durchaus Aspekte des Layouts der User-Interface-Elemente enthalten. Dies ist aber kein wichtiges Merkmal eines Wireframe, im Gegensatz zu A und D.
F	Falsch	Wireframes adressieren in der Regel nicht das exakte Layout der User-Interface-Elemente.

Frage 104	**2 richtige Antworten**	**LZ 6.1.1**
Antwort	Richtig oder falsch	Anmerkung
A	**Richtig**	
B	Falsch	Die Darstellung ist nicht in erzählender Form.
C	**Richtig**	
D	Falsch	Hier handelt es sich nicht um ein Nutzungsszenario, sondern eher um einen Ausschnitt eines Usability-Testberichts.

→

Frage 104	Fortsetzung	Anmerkung LZ 6.1.1
E	Falsch	Die Beschreibung beschreibt nicht stringent die Interaktion zwischen Benutzer und interaktivem System, sondern beschreibt auch technische Aspekte des interaktiven Systems.
F	Falsch	Hier handelt es sich um ein Ist-Szenario, das den eigentlichen Nutzungskontext beschreibt statt der Nutzung des interaktiven Systems.

Frage 105	**1 richtige Antwort**	**LZ 6.1.6**
Antwort	Richtig oder falsch	Anmerkung
A	Falsch	Es fehlt die Problembeschreibung und eine allgemeine Beschreibung der Lösung. Das hier ist höchstens ein Umsetzungsbeispiel eines Design Pattern.
B	Falsch	
C	Falsch	Ein Wireframe ist nur ein einzelner Screen, das hier sind zwei Screens.
D	Falsch	
E	Falsch	Es wird nicht das Zusammenspiel zwischen Benutzer und interaktivem System dargestellt, sondern nur das interaktive System. Zur Erinnerung: Die Definition von Storyboard lautet: »Eine Folge visueller Bildschirminhalte, die das Zusammenspiel zwischen einem Benutzer und einem interaktiven System veranschaulicht.«
F	**Richtig**	

Frage 106	**1 richtige Antwort**	**LZ 6.1.5**
Antwort	Richtig oder falsch	Anmerkung
A	Falsch	Die Abbildung kann kein Design Pattern darstellen. Laut Curriculum ist ein Design Pattern »ein Gestaltungsproblem, eine allgemeine Lösung und Beispiele, wie diese Lösung angewandt werden kann«. Die Fragestellung enthält keine Beschreibung eines Gestaltungsproblems sowie kein Beispiel der Anwendung.
B	Falsch	
C	Falsch	

→

Frage 106	Fortsetzung	Anmerkung LZ 6.1.5
D	**Richtig**	Die Abbildung entspricht der Definition von Wireframe und Low-Fidelity-Prototyp, wobei Low-Fidelity-Prototyp nicht als Antwortmöglichkeit aufgeführt ist.
E	Falsch	
F	Falsch	

Frage 107	**3 richtige Antworten**	**LZ 6.1.4**
Antwort	Richtig oder falsch	Anmerkung
A	**Richtig**	
B	**Richtig**	
C	Falsch	Die Arten von Card-Sorting heißen »offen« und »geschlossen«.
D	Falsch	Antwort E ist richtig.
E	**Richtig**	
F	Falsch	Die Teilnehmer des Card-Sorting dürfen zusätzliche Karten erstellen.

Frage 108	**3 richtige Antworten**	**LZ 6.1.6**
Antwort	Richtig oder falsch	Anmerkung
A	Falsch	Auch ein Low-Fidelity-Prototyp kann zum Beispiel Aspekte der visuellen Gestaltung veranschaulichen.
B	**Richtig**	
C	Falsch	Auch ein Low-Fidelity-Prototyp kann als Teil der Spezifikation der Benutzungsschnittstelle dienen, hier muss dann nur deutlich mehr an anderer Stelle spezifiziert sein, als wenn ein High-Fidelity-Prototyp verfügbar ist.
D	**Richtig**	
E	Falsch	Auch bei Low-Fidelity-Prototypen sollten zum Beispiel nicht User-Interface-Elemente verwendet werden, von denen bereits klar ist, dass sie nicht mit vertretbarem Aufwand technisch umsetzbar sein werden.
F	**Richtig**	

Frage 109	1 richtige Antwort	LZ 6.2.5
Antwort	Richtig oder falsch	Anmerkung
A	Falsch	
B	Falsch	
C	**Richtig**	
D	Falsch	
E	Falsch	
F	Falsch	

Frage 110	3 richtige Antworten	LZ 6.2.8
Antwort	Richtig oder falsch	Anmerkung
A	**Richtig**	
B	Falsch	Es fehlt die dritte wichtige Komponente eines Design Pattern, nämlich Anwendungsbeispiele.
C	Falsch	Gestaltungsregeln sind Instruktionen, die einzuhalten sind. Wenn ein Design Pattern genutzt werden soll und dieses einer Gestaltungsregel widerspricht, dann muss die Gestaltungsregel geändert werden.
D	**Richtig**	
E	Falsch	Ein Design Pattern hat nicht per se eine gute Usability. Es sollte immer geprüft werden, ob die Qualität eines Design Pattern durch Usability-Tests validiert wurde.
F	**Richtig**	

Frage 111	1 richtige Antwort	LZ 6.2.2
Antwort	Richtig oder falsch	Anmerkung
A	Falsch	Die Hervorhebung des aktuellen Tags dient nicht vorrangig als Default zur Auswahl des Anreisetags. Dies ist eine eher unwahrscheinliche Voreinstellung.
B	Falsch	
C	**Richtig**	Die Anzeige des aktuellen Tags dient als Orientierungshilfe, um sich im Kalender schneller orientieren zu können.

→

Frage 111	Fortsetzung	Anmerkung LZ 6.2.2
D	Falsch	
E	Falsch	
F	Falsch	

Frage 112	**2 richtige Antworten**	**LZ 6.2.7**
Antwort	Richtig oder falsch	Anmerkung
A	**Richtig**	
B	Falsch	Interaktionsprinzipien sind keine Gestaltungsvorgaben, sondern allgemeingültige Ziele, die keine Detaileinschränkungen für die Gestaltung enthalten.
C	Falsch	Es ist immer sinnvoll, Interaktionsprinzipien zu beachten, da sie allgemeingültig sind.
D	Falsch	Gestaltungsregeln sind nicht nur Empfehlungen, sondern auch oft konkrete Vorgaben für die Gestaltung.
E	**Richtig**	
F	Falsch	Die Beachtung von Gestaltungsregeln ist kein Garant für eine gute Usability. Es kommt immer auf den Nutzungskontext an.

Frage 113	**3 richtige Antworten**	**LZ 6.2.2**
Antwort	Richtig oder falsch	Anmerkung
A	**Richtig**	
B	Falsch	
C	**Richtig**	
D	Falsch	
E	**Richtig**	
F	Falsch	

Frage 114	**1 richtige Antwort**	**LZ 6.2.6**
Antwort	Richtig oder falsch	Anmerkung
A	Falsch	
B	Falsch	
C	**Richtig**	

→

Frage 114	Fortsetzung	Anmerkung LZ 6.2.6
D	Falsch	
E	Falsch	
F	Falsch	

Frage 115	**3 richtige Antworten**	**LZ 6.2.3**
Antwort	Richtig oder falsch	Anmerkung
A	**Richtig**	Diese Empfehlung ist spezifischer als das Interaktionsprinzip »Robustheit gegen Benutzungsfehler« und gleichzeitig keine detaillierte Gestaltungsregel.
B	Falsch	Dies ist die Definition des Interaktionsprinzips »Steuerbarkeit«.
C	Falsch	Dies ist eine Gestaltungsregel.
D	**Richtig**	Diese Empfehlung ist spezifischer als das Interaktionsprinzip »Selbstbeschreibungsfähigkeit« und gleichzeitig keine detaillierte Gestaltungsregel.
E	**Richtig**	Dies ist die Definition des Begriffs »Konsistenz« und als Heuristik anzusehen. Konsistenz ist kein Interaktionsprinzip, sondern ein Aspekt bei der Umsetzung des Interaktionsprinzips »Erwartungskonformität«.
F	Falsch	Dies ist eine Gestaltungsregel.

Frage 116	**1 richtige Antwort**	**LZ 6.2.2**
Antwort	Richtig oder falsch	Anmerkung
A	Falsch	Das Interaktionsprinzip »Aufgabenangemessenheit« betrifft in erster Linie den Interaktionsablauf sowie die Interaktionsmöglichkeiten.
B	Falsch	Zur Erinnerung: Selbstbeschreibungsfähigkeit umfasst Aspekte wie »Wo bin ich«, »Was kann ich hier tun« und »Wie kann ich etwas hier tun«.
C	Falsch	
D	Falsch	
E	**Richtig**	Vornehmlich ist hier das Interaktionsprinzip »Erwartungskonformität« zugrunde gelegt, im Sinne von »die Sprache des Benutzers sprechen«.
F	Falsch	Konsistenz ist kein Interaktionsprinzip, sondern eine Gestaltungsempfehlung zur Umsetzung von Erwartungskonformität.

Frage 117	3 richtige Antworten	LZ 6.2.6
Antwort	Richtig oder falsch	Anmerkung
A	**Richtig**	
B	Falsch	
C	Falsch	Der erforderliche Umfang der Anforderungsanalyse ist unabhängig davon, ob Gestaltungregeln für die Lösungsgestaltung verfügbar sind oder nicht.
D	**Richtig**	
E	Falsch	
F	**Richtig**	

Frage 118	1 richtige Antwort	LZ 6.2.2
Antwort	Richtig oder falsch	Anmerkung
A	Falsch	
B	Falsch	
C	**Richtig**	
D	Falsch	
E	Falsch	Die Entscheidung wurde nicht primär wegen der Erwartungskonformität getroffen, sondern um die Selbstbeschreibungsfähigkeit zu erhöhen. Natürlich führt die konsistente Platzierung auch zur Absicherung der Erwartungskonformität, aber das ist sekundär in Relation zur Selbstbeschreibungsfähigkeit.
F	Falsch	

Frage 119	2 richtige Antworten	LZ 6.2.5
Antwort	Richtig oder falsch	Anmerkung
A	Falsch	
B	**Richtig**	
C	Falsch	
D	**Richtig**	
E	Falsch	
F	Falsch	

Frage 120	3 richtige Antworten	LZ 6.2.4
Antwort	Richtig oder falsch	Anmerkung
A	**Richtig**	Die Sitzfläche bietet sich von der Höhe und Größe her dafür an, sich auf sie zu setzen.
B	Falsch	Das ist etwas, was man mit einem Holzstuhl machen kann, aber er fordert nicht dazu auf.
C	**Richtig**	Die Sitzfläche bietet sich von der Höhe und Größe her dafür an, etwas auf ihr abzulegen.
D	**Richtig**	Die Gestaltung der Sitzfläche in Kombination mit der Lage der Stuhlbeine des Holzstuhls suggeriert, dass es sicher ist, sich auf ihn zu stellen.
E	Falsch	Das ist etwas, was man mit einem Holzstuhl machen kann, aber er fordert nicht dazu auf.
F	Falsch	Das ist etwas, was man mit einem Holzstuhl machen kann, aber er fordert nicht dazu auf.

Frage 121	1 richtige Antwort	LZ 6.2.8
Antwort	Richtig oder falsch	Anmerkung
A	Falsch	
B	Falsch	
C	Falsch	
D	Falsch	
E	Falsch	
F	**Richtig**	

Frage 122	3 richtige Antworten	LZ 6.2.1
Antwort	Richtig oder falsch	Anmerkung
A	**Richtig**	
B	Falsch	Es ist umgekehrt, Heuristiken sind spezifischer als Interaktionsprinzipien.
C	Falsch	Heuristiken sind spezifischer als Interaktionsprinzipien.
D	**Richtig**	
E	**Richtig**	
F	Falsch	Antwort E ist korrekt.

Frage 123	**3 richtige Antworten**	**LZ 6.2.2**
Antwort	Richtig oder falsch	Anmerkung
A	**Richtig**	
B	**Richtig**	
C	Falsch	
D	**Richtig**	
E	Falsch	Dies ist ein Teilaspekt des Interaktionsprinzips »Erwartungskonformität«.
F	Falsch	Dies ist ein Teilaspekt des Interaktionsprinzips »Aufgabenangemessenheit«. Ein anderer Teilaspekt ist z.B. »Ein- und Ausgaben sind der Aufgabe angemessen«.

Frage 124	**2 richtige Antworten**	**LZ 7.1.1**
Antwort	Richtig oder falsch	Anmerkung
A	Falsch	Dies ist keine Methode zur Usability-Evaluierung, sondern zur Nutzungskontextanalyse.
B	**Richtig**	
C	Falsch	Dies ist keine Methode zur Usability-Evaluierung, sondern zur Nutzungskontextanalyse.
D	Falsch	Tagebuch-Studien sind zwar eine Methode zur Usability-Evaluierung, sie werden aber deutlich seltener verwendet als Usability-Tests und Usability-Inspektionen.
E	Falsch	Dies ist keine Methode zur Usability-Evaluierung.
F	**Richtig**	

Frage 125	**3 richtige Antworten**	**LZ 7.1.2**
Antwort	Richtig oder falsch	Anmerkung
A	**Richtig**	Alle Aktivitäten in der menschzentrierten Gestaltung sind wichtig. Die »relative Wichtigkeit« einer menschzentrierten Gestaltungsaktivität hängt vom Projektkontext ab.
B	**Richtig**	Usability-Inspektionen werden in der Regel ohne Einbeziehung von Benutzern durchgeführt.
C	Falsch	
D	Falsch	

→

Frage 125	Fortsetzung	Anmerkung LZ 7.1.2
E	**Richtig**	Die Lösungsgestaltung muss nicht zwingend angepasst werden, wenn das Ergebnis einer Usability-Evaluierung zeigt, dass nicht alle Nutzungsanforderungen erfüllt sind. Es kann zum Beispiel sein, dass aufgrund einer Usability-Evaluierung die UX-Ergebnisse aus der Analysephase überprüft und korrigiert werden, wodurch sich manche spezifizierte Nutzungsanforderungen als weniger wichtig erweisen und auf der anderen Seite bisher unbekannte Nutzungsanforderungen entdeckt werden. Anschließend wird das unveränderte interaktive System gemäß den geänderten Kriterien erneut evaluiert.
F	Falsch	Die Aussage ist korrekt. Diese Aussage umgekehrt ausgedrückt wäre: Es gibt kein UX-Ergebnis, das niemals aufgrund einer Usability-Evaluierung geändert werden muss.

Frage 126	**3 richtige Antworten**	**LZ 7.1.3**
Antwort	Richtig oder falsch	Anmerkung
A	**Richtig**	
B	Falsch	Eine Benutzerbefragung kann sich auch auf einen Low-Fidelity-Prototyp beziehen, zum Beispiel wenn die Befragung nach einem Usability-Test mit dem Low-Fidelity-Prototyp durchgeführt wird.
C	**Richtig**	
D	**Richtig**	Usability-Inspektionen können vom Evaluator antizipierte Usability-Probleme aufgrund verletzter Inspektionskriterien ermitteln. Nur Usability-Tests ermitteln objektive Daten über tatsächliche Usability-Probleme.
E	Falsch	Die Grundlage für eine Inspektion sind Inspektionskriterien, mit denen das interaktive System verglichen wird.
F	Falsch	Usability-Tests können genauso wie Usability-Inspektionen und Benutzerbefragungen auch mithilfe eines Low-Fidelity-Prototyps durchgeführt werden.

Frage 127	3 richtige Antworten	LZ 7.1.4
Antwort	Richtig oder falsch	Anmerkung
A	Falsch	Usability-Evaluierungen können sowohl von Fachexperten ohne Einbeziehung von Benutzern als auch mit Benutzern durchgeführt werden.
B	**Richtig**	
C	Falsch	Der Zeitaufwand ist kein spezifischer Grund, warum Interviews und Fokusgruppen ungeeignet sind. Siehe die drei korrekten Antworten.
D	**Richtig**	
E	Falsch	Der Zeitaufwand ist kein spezifischer Grund, warum Interviews und Fokusgruppen ungeeignet sind. Siehe die drei korrekten Antworten.
F	**Richtig**	

Frage 128	3 richtige Antworten	LZ 7.1.1
Antwort	Richtig oder falsch	Anmerkung
A	**Richtig**	
B	Falsch	
C	**Richtig**	
D	**Richtig**	
E	Falsch	
F	Falsch	

Frage 129	2 richtige Antworten	LZ 7.1.2
Antwort	Richtig oder falsch	Anmerkung
A	Falsch	
B	Falsch	
C	**Richtig**	Aktuelle Trends im User-Interface-Design erhöhen nicht immer die Usability von interaktiven Systemen. Sie können irreführend sein als Maßstab für eine Usability-Evaluierung.
D	Falsch	

→

Frage 129	Fortsetzung	Anmerkung LZ 7.1.2
E	Falsch	
F	**Richtig**	Es ist nicht möglich, die vollständige Freiheit von Usability-Problemen nachzuweisen, da die Variabilität im Nutzungskontext im Rahmen einer Usability-Evaluierung nicht vollständig betrachtet werden kann. Zudem setzt eine Usability-Evaluierung, die zum Ziel hat, die Abwesenheit jeglicher Usability-Probleme nachzuweisen, die testenden Personen unter Druck, »keine Usability-Probleme finden zu dürfen«.

Frage 130	**1 richtige Antwort**	**LZ 7.1.1**
Antwort	Richtig oder falsch	Anmerkung
A	Falsch	
B	**Richtig**	
C	Falsch	
D	Falsch	
E	Falsch	
F	Falsch	

Frage 131	**2 richtige Antworten**	**LZ 7.2.5**
Antwort	Richtig oder falsch	Anmerkung
A	Falsch	Dies ist eine Teilaufgabe, zu der kein Aufgabenkontext angegeben ist. Dies ist keine gute Usability-Testaufgabe.
B	Falsch	Die Aufgabe ist humoristisch gestellt, was von der reinen Aufgabenerledigung ablenkt. Dies ist keine gute Usability-Testaufgabe.
C	**Richtig**	
D	**Richtig**	
E	Falsch	Es wird hier keine Aufgabe gestellt, die ein Benutzer mit der Website durchführen würde, um ein für ihn relevantes Ziel zu erreichen. Dies ist keine gute Usability-Testaufgabe.
F	Falsch	Es wird hier keine Aufgabe gestellt, die ein Benutzer mit der Website durchführen würde, um ein für ihn relevantes Ziel zu erreichen. Dies ist keine gute Usability-Testaufgabe.

Frage 132	**2 richtige Antworten**	**LZ 7.2.9**
Antwort	Richtig oder falsch	Anmerkung
A	**Richtig**	
B	**Richtig**	
C	Falsch	Die Bewertung enthält keinerlei Hinweise auf mögliche Lösungen des Problems. Der Befund selbst kann einen Hinweis auf eine mögliche Lösung enthalten, aber nur um das Problem zu illustrieren.
D	Falsch	Wer über einen Usability-Befund des Usability-Tests benachrichtigt werden sollte, wird an anderer Stelle entschieden. Dies ist keine angemessene Aussage in der Bewertung eines Usability-Befundes.
E	Falsch	Bewertungen von Usability-Befunden werden aus der Sicht der Usability-Testteilnehmer erstellt und nicht aus der Sicht eines Usability-Experten.
F	Falsch	Die Priorität der Behebung eines Usability-Problems wird an anderer Stelle entschieden.

Frage 133	**1 richtige Antwort**	**LZ 7.2.7**
Antwort	Richtig oder falsch	Anmerkung
A	Falsch	
B	Falsch	
C	Falsch	
D	Falsch	
E	**Richtig**	
F	Falsch	Das Post-Test-Interview ist nicht eine Menge von Fragen, sondern eine Aktivität, und zwar eine spezielle Form von Interview.

Frage 134	**2 richtige Antworten**	**LZ 7.2.3**
Antwort	Richtig oder falsch	Anmerkung
A	Falsch	Dies erfolgt im Rahmen der Durchführung des Usability-Tests.
B	**Richtig**	
C	Falsch	Dies erfolgt im Rahmen der Durchführung des Usability-Tests.
D	**Richtig**	
E	Falsch	In einem Usability-Test wird nicht diskutiert.
F	Falsch	Dies erfolgt nicht in einem Usability-Test, sondern in einem Interview.

Frage 135	**2 richtige Antworten**	**LZ 7.2.12**
Antwort	Richtig oder falsch	Anmerkung
A	**Richtig**	Die Testteilnehmerin hat die Verantwortung, die Testaufgaben mit dem interaktiven System so gut wie möglich zu erledigen.
B	**Richtig**	Dies ist keine Verantwortlichkeit des Moderators. Es ist kein Problem, wenn die Testteilnehmerin in der zur Verfügung stehenden Zeit nicht alle vorgesehenen Testaufgaben schafft.
C	Falsch	Diese Aussage ist korrekt.
D	Falsch	Diese Aussage ist korrekt. Es ist hilfreich, wenn die Protokollantin nicht versucht, direkt beim Notieren schon Schlüsse zu ziehen, sondern wenn sie erst einmal alles erfasst, was passiert, und die Analyse später im Team durchgeführt wird.
E	Falsch	Diese Aussage ist korrekt, das ist die Verantwortung der Protokollantin. Allerdings ist es manchmal so, dass eine Person in einem Usability-Test sowohl die Rolle des Moderators als auch die Rolle des Protokollanten übernimmt. Dies ist aber möglichst zu vermeiden.
F	Falsch	Diese Aussage ist korrekt.

Frage 136	**3 richtige Antworten**	**LZ 7.2.8**
Antwort	Richtig oder falsch	Anmerkung
A	**Richtig**	
B	**Richtig**	
C	Falsch	Dies ist nur dann sinnvoll, wenn die Screenshots bzw. Bilder zur Illustration wirklich hilfreich sind. So wie die meisten Berichte wird auch ein Usability-Testbericht im normalen Berufsleben nur dann gelesen, wenn er sich auf das Wesentliche konzentriert.
D	Falsch	Zu einem Usability-Problem kann eine Erläuterung beigefügt werden, wie das Problem behoben werden könnte, zwecks Illustration des Problems. Ein Usability-Testbericht ist aber nicht der richtige Ort für Gestaltungsarbeit, d.h., wie ein festgestelltes Usability-Problem behoben werden sollte, wird an anderer Stelle behandelt.
E	Falsch	Es wird ein Usability-Testbericht pro Usability-Test erstellt, der in der Regel mehrere Testsitzungen umfasst.
F	**Richtig**	

Frage 137	**3 richtige Antworten**	**LZ 7.2.7**
Antwort	Richtig oder falsch	Anmerkung
A	Falsch	
B	**Richtig**	
C	Falsch	Das Post-Test-Interview beschäftigt sich ausschließlich mit den erledigten Aufgaben im Rahmen des Usability-Tests und was der Testteilnehmer dazu zu sagen hat.
D	Falsch	Das Post-Test-Interview beschäftigt sich ausschließlich mit den erledigten Aufgaben im Rahmen des Usability-Tests.
E	**Richtig**	
F	**Richtig**	

Frage 138	**1 richtige Antwort**	**LZ 7.2.1**
Antwort	Richtig oder falsch	Anmerkung
A	Falsch	Dies kann ein Bestandteil eines Usability-Tests sein, dies ist aber nicht das charakterisierende Element.
B	Falsch	Erstens sind bei einem Usability-Test in der Regel mehrere Testteilnehmer beteiligt und nicht, wie hier suggeriert, nur einer (ein Test besteht aus einer Reihe von Testsitzungen) und zweitens wird das interaktive System nicht irgendwie benutzt, sondern es müssen vorgegebene Aufgaben ausgeführt werden.
C	Falsch	Die Testteilnehmer in einem Usability-Test sind nicht HCD Professionals, sondern repräsentative Benutzer des interaktiven Systems.
D	Falsch	Die Aussage ist zu unspezifisch, um einen Usability-Test korrekt zu charakterisieren.
E	Falsch	Es kann sein, dass Benutzer nach der Benutzung des interaktiven Systems dazu befragt werden, aber dies ist nicht die beste Charakterisierung eines Usability-Tests. Es fehlt der wichtige Aspekt, dass die Benutzer bei der Durchführung der Aufgaben beobachtet werden.
F	**Richtig**	

Frage 139	**2 richtige Antworten**	**LZ 7.2.5**
Antwort	Richtig oder falsch	Anmerkung
A	Falsch	Dies ist eine Teilaufgabe, zu der kein Aufgabenkontext angegeben ist. Dies ist keine gute Usability-Testaufgabe.
B	Falsch	Dies ist keine sinnvolle Aufgabe für einen potenziellen Kunden des Pizza-Lieferservice, sondern für eine andere Benutzergruppe, nämlich Pizzabäcker oder allgemeiner Köche.
C	Falsch	Die Aufgabe ist für einen potenziellen Kunden von geringem Interesse, deshalb ist dies keine gute Usability-Testaufgabe.
D	**Richtig**	
E	Falsch	Die Aufgabe fragt nach der Meinung des Testteilnehmers. In einem Usability-Test ist diese nicht von Belang, sondern es geht um die Erledigung von Aufgaben durch den Benutzer. Deshalb ist dies keine gute Usability-Testaufgabe.
F	**Richtig**	

Frage 140	**3 richtige Antworten**	**LZ 7.2.2**
Antwort	Richtig oder falsch	Anmerkung
A	Falsch	Ein unmoderierter Usability-Test kann auch in einem Usability-Labor oder am Arbeitsplatz stattfinden. Entscheidend ist nur, dass es keinen Moderator gibt.
B	**Richtig**	
C	Falsch	Bei jeder Form von Usability-Test werden Testaufgaben vom Testteilnehmer erledigt.
D	Falsch	Bei jeder Form von Usability-Test werden die Testaufgaben vorgegeben, die der Testteilnehmer erledigen soll.
E	**Richtig**	Dies ist etwas, was typischerweise bei einem unmoderierten Usability-Test gemacht wird. Ein »normaler« Usability-Test kann ebenfalls auf Video aufgezeichnet werden, jedoch werden dabei die beobachteten Befunde typischerweise unmittelbar vom Protokollanten dokumentiert und auf dieser Basis analysiert.
F	**Richtig**	

Frage 141	**1 richtige Antwort**	**LZ 7.2.1**
Antwort	Richtig oder falsch	Anmerkung
A	Falsch	Ausschlaggebend ist, ob der Testteilnehmer ein repräsentativer Vertreter der zu betrachtenden Benutzergruppe ist.
B	Falsch	Der Testteilnehmer muss ein repräsentativer Vertreter der zu betrachtenden Benutzergruppe sein.
C	**Richtig**	Ausschlaggebend ist, ob der Testteilnehmer ein repräsentativer Vertreter der zu betrachtenden Benutzergruppe ist.
D	Falsch	
E	Falsch	
F	Falsch	

Frage 142	3 richtige Antworten	LZ 7.2.6
Antwort	Richtig oder falsch	Anmerkung
A	Falsch	Dieses Merkmal ist in der Regel eher irrelevant.
B	Falsch	Dieses Merkmal ist im Vergleich zu den Antworten C, D und F weniger relevant.
C	**Richtig**	
D	**Richtig**	
E	Falsch	Dieses Merkmal ist in der Regel eher irrelevant.
F	**Richtig**	

Frage 143	2 richtige Antworten	LZ 7.2.3
Antwort	Richtig oder falsch	Anmerkung
A	**Richtig**	
B	**Richtig**	
C	Falsch	Ein Usability-Test kann auch durchgeführt werden, ohne eine Aufzeichnung zu machen.
D	Falsch	Das Briefing von Testteilnehmern wird nicht im Rahmen der Planung oder Vorbereitung durchgeführt, sondern mit jedem Testteilnehmer einzeln im Rahmen der Durchführung der Usability-Testsitzungen.
E	Falsch	Dies ist keine Planungsaktivität.
F	Falsch	Man sollte bei einem Usability-Test unvoreingenommen bleiben und während des Usability-Tests objektive Usability-Probleme identifizieren.

Frage 144	1 richtige Antwort	LZ 7.2.4
Antwort	Richtig oder falsch	Anmerkung
A	Falsch	
B	Falsch	
C	Falsch	
D	Falsch	
E	**Richtig**	
F	Falsch	

Frage 145	2 richtige Antworten	LZ 7.2.7
Antwort	Richtig oder falsch	Anmerkung
A	Falsch	
B	Falsch	
C	Falsch	Dies geschieht nicht im Pre-Test-Interview, sondern im vorangehenden Briefing.
D	**Richtig**	Anders formuliert: Feststellen, ob die Testteilnehmerin wirklich zur betreffenden Benutzergruppe gehört.
E	**Richtig**	Vor allem interessant sind Informationen über Vorerfahrungen der Testteilnehmerin mit dem interaktiven System oder ähnlichen interaktiven Systemen sowie deren Erfahrung mit dem Fachgebiet, aus dem die Testaufgaben stammen.
F	Falsch	Das mag durchaus ein wünschenswerter Nebeneffekt eines gut gemachten Pre-Test-Interviews sein, aber die Antworten D und E beschreiben den Sinn eines Pre-Test-Interviews am besten.

Frage 146	1 richtige Antwort	LZ 7.2.11
Antwort	Richtig oder falsch	Anmerkung
A	Falsch	
B	Falsch	
C	Falsch	
D	Falsch	
E	**Richtig**	Der Begriff »Essenzielles Problem (muss unabhängig von den Kosten behoben werden)« ist im Curriculum nicht aufgeführt. Außerdem überschreitet der Zusatz »muss unabhängig von den Kosten behoben werden« den Verantwortungsbereich des HCD Professionals.
F	Falsch	

Frage 147	**2 richtige Antworten**	**LZ 7.2.10**
Antwort	Richtig oder falsch	Anmerkung
A	Falsch	Ob ein Bericht ernst genommen wird, hängt nicht davon ab, ob positive Usability-Befunde enthalten sind. Hier sind andere Eigenschaften des Berichts wichtig, zum Beispiel dass der Bericht eine klare Beschreibung enthält, was gemacht wurde, dass die Berichtsdarstellung neutral bleibt und keine diffamierenden Äußerungen enthält und dass alle Befunde sich ausschließlich auf die Usability des interaktiven Systems im Zusammenhang mit den bearbeiteten Testaufgaben beziehen.
B	**Richtig**	
C	**Richtig**	
D	Falsch	Die statistische Validität eines Usability-Testberichts ist nicht davon abhängig, ob auch positive Usability-Befunde enthalten sind oder nicht. Es geht ja nicht um eine Ermittlung des Grads der erreichten Usability, sondern um die Identifikation von Usability-Befunden.
E	Falsch	
F	Falsch	

Frage 148	**3 richtige Antworten**	**LZ 7.2.9**
Antwort	Richtig oder falsch	Anmerkung
A	**Richtig**	
B	**Richtig**	
C	Falsch	Dies ist keine Aussage über die Usability der Website und hat nichts mit der Erledigung der Usability-Testaufgaben zu tun. Dementsprechend ist es kein valider Usability-Befund des Usability-Tests.
D	**Richtig**	Auch positive Erkenntnisse zur Usability des interaktiven Systems sind Usability-Befunde.
E	Falsch	So eine Feststellung kann für die Gestaltung der User Experience der Website sehr interessant sein, das hat aber keine Relevanz für die Usability der Website. Deshalb handelt es sich hier nicht um einen Usability-Befund.
F	Falsch	Hier geht es um eine Meinung der Benutzer, die keinen Usability-Befund darstellt. Usability-Befunde sollten sich ausschließlich auf die Usability des interaktiven Systems bei der Erledigung der Testaufgaben beziehen.

Frage 149	**1 richtige Antwort**	**LZ 7.x1**
Antwort	Richtig oder falsch	Anmerkung
A	**Richtig**	
B	Falsch	Die Beschreibung ist zu spezifisch, es gibt Usability-Labore, die nicht genau so eingerichtet sind.
C	Falsch	Die Beschreibung ist zu unspezifisch, ein Usability-Labor ist nicht einfach nur ein separater Besprechungsraum.
D	Falsch	
E	Falsch	
F	Falsch	

Frage 150	**2 richtige Antworten**	**LZ 7.3.2**
Antwort	Richtig oder falsch	Anmerkung
A	Falsch	
B	Falsch	
C	Falsch	
D	**Richtig**	
E	Falsch	
F	**Richtig**	

Frage 151	**1 richtige Antwort**	**LZ 7.3.1**
Antwort	Richtig oder falsch	Anmerkung
A	Falsch	
B	Falsch	
C	**Richtig**	
D	Falsch	
E	Falsch	
F	Falsch	»Heuristische Evaluierung« ist eine Variante einer Usability-Inspektion, neben der es auch andere Varianten gibt.

Frage 152	**1 richtige Antwort**	**LZ 7.3.2**
Antwort	Richtig oder falsch	Anmerkung
A	Falsch	
B	Falsch	
C	Falsch	
D	**Richtig**	
E	Falsch	
F	Falsch	

Frage 153	**1 richtige Antwort**	**LZ 7.3.1**
Antwort	Richtig oder falsch	Anmerkung
A	Falsch	
B	Falsch	Eine solche (persönliche) Bewertung der Website ist im Rahmen einer Usability-Inspektion akzeptabel.
C	**Richtig**	Der Befund hat nichts mit der Usability der Website zu tun. Deshalb ist das kein passender Befund für eine Usability-Inspektion.
D	Falsch	
E	Falsch	
F	Falsch	

Frage 154	**3 richtige Antworten**	**LZ 7.3.2**
Antwort	Richtig oder falsch	Anmerkung
A	Falsch	Die Aussage betrifft nicht die Usability der Website.
B	**Richtig**	
C	**Richtig**	
D	Falsch	Die Aussage enthält eine doppelte Negation, was bei solchen Befragungen dringend vermieden werden muss, da es sonst fraglich ist, ob die Beantwortenden die Aussage richtig verstanden haben.
E	Falsch	Die Aussage benutzt Begriffe, die nicht als bekannt vorausgesetzt werden können.
F	**Richtig**	

Frage 155	3 richtige Antworten	LZ 7.3.1
Antwort	Richtig oder falsch	Anmerkung
A	Falsch	Erstens ist der Evaluator in einer Usability-Inspektion nicht notwendigerweise ein HCD Professional (es kann auch ein Fachexperte sein) und zweitens werden in einer Usability-Inspektion keine tatsächlichen Usability-Probleme identifiziert, sondern potenzielle Usability-Probleme. (Das ist wichtig zu unterscheiden!)
B	Falsch	Eine Usability-Inspektion kann auch von einem einzelnen Evaluator durchgeführt werden.
C	**Richtig**	
D	Falsch	Das Inspektionskriterium können Testaufgaben sein, aber auch zum Beispiel eine Menge einzuhaltender Gestaltungsregeln oder eine Menge zu erfüllender Nutzungsanforderungen.
E	**Richtig**	
F	**Richtig**	Dies ist korrekt, unabhängig davon, ob der Evaluator ein HCD Professional oder ein Fachexperte ist.

Frage 156	3 richtige Antworten	LZ 7.x2
Antwort	Richtig oder falsch	Anmerkung
A	**Richtig**	
B	Falsch	Es kann in einem Fragebogen auch um das Sammeln von Informationen über den Nutzungskontext gehen.
C	Falsch	Es gibt keine konkrete Empfehlung zum Umfang eines Fragebogens.
D	Falsch	Es gibt keine konkrete Empfehlung zum Umfang eines Fragebogens.
E	**Richtig**	Das gilt sowohl für elektronische als auch für Papier-Fragebögen. So kann bei einem Papier-Fragebogen bei jeder Frage die aktuelle Fragenummer und die Gesamtanzahl an Fragen angegeben sein (z.B. »Frage 3 von 10«).
F	**Richtig**	Das gilt sowohl für elektronische als auch für Papier-Fragebögen. So kann bei einem Papier-Fragebogen auf der ersten Seite ein Hinweis auf die übliche benötigte Zeitdauer für das Ausfüllen gegeben werden.

Frage 157	**3 richtige Antworten**	**LZ 7.x2**
Antwort	Richtig oder falsch	Anmerkung
A	Falsch	Die Frage ist irrelevant für die Zufriedenstellung der Benutzer bezüglich der Website.
B	**Richtig**	
C	Falsch	Es handelt sich um eine Suggestivfrage, die bei Befragungen zu vermeiden sind.
D	**Richtig**	
E	**Richtig**	
F	Falsch	Die Frage ist irrelevant für die Zufriedenstellung der Benutzer bezüglich der Website.

B Literatur

[Ambler & Lines 2012] Ambler, S.; Lines, M.: Disciplined Agile Delivery – A Practitioner's Guide to Agile Software Delivery in the Enterprise. IBM Press, 2012.

[Brooke 1986] Brooke, J.: SUS: a »quick and dirty« usability scale. In: Jordan, P. W.; Thomas, B.; Weerdmeester, B. A.; McClelland, A. L. (Hrsg.): Usability Evaluation in Industry. Taylor and Francis, London, 1986.

[Deceptive Patterns] Deceptive Patterns, *https://www.deceptive.design/*. Besucht am 15.04.2023.

[DIN EN 62366-1] DIN EN 62366-1: Anwendung der Gebrauchstauglichkeit auf Medizinprodukte. Beuth Verlag, Berlin, 2021.

[DIN EN ISO 9241-11] DIN EN ISO 9241-11: Ergonomie der Mensch-System-Interaktion – Teil 11: Gebrauchstauglichkeit: Begriffe und Konzepte. Beuth Verlag, Berlin, 2018.

[DIN EN ISO 9241-110] DIN EN ISO 9241-110: Ergonomie der Mensch-System-Interaktion – Teil 110: Interaktionsprinzipien. Beuth Verlag, Berlin, 2020.

[DIN EN ISO 9241-143] DIN EN ISO 9241-143: Ergonomie der Mensch-System-Interaktion – Teil 143: Formulardialoge. Beuth Verlag, Berlin, 2012.

[DIN EN ISO 9241-161] DIN EN ISO 9241-161: Ergonomie der Mensch-System-Interaktion – Teil 161: Leitfaden zu visuellen User-Interface-Elementen. Beuth Verlag, Berlin, 2017.

[DIN EN ISO 9241-210] DIN EN ISO 9241-210: Ergonomie der Mensch-System-Interaktion – Teil 210: Menschzentrierte Gestaltung interaktiver Systeme. Beuth Verlag, Berlin, 2020.

[DIN EN ISO 9241-220] DIN EN ISO 9241-220: Ergonomie der Mensch-System-Interaktion – Teil 220: Prozesse zur Ermöglichung, Durchführung und Bewertung menschzentrierter Gestaltung für interaktive Systeme in Hersteller- und Betreiberorganisationen. Beuth Verlag, Berlin, 2019.

[DIN SPEC 91328] DIN SPEC 91328: Ressourcenschonende Anwendung von Methoden und Werkzeugen zur menschenzentrierten Gestaltung gebrauchstauglicher interaktiver IT-Systeme. Beuth Verlag, Berlin, 2016.

[Dzida & Freitag 1998] Dzida, W.; Freitag, R.: Making Use of Scenarios for Validating Analysis and Design. IEEE Transactions on Software Engineering, Vol. 24, Nr. 12, 1998, S. 1182–1196.

[Dzida et al. 1977] Dzida, W.; Herda, S.; Itzfeld, W.: Zur Benutzerfreundlichkeit von Dialogsystemen. Ergebnisse einer Umfrage. Gesellschaft für Mathematik und Datenverarbeitung (GMD), 1977.

[EduTechWiki 2016] EduTechWiki der TECFA, Universität von Genf, Scenario of use, *http://edutechwiki.unige.ch/en/Scenario_of_use*. Besucht am 15.04.2023.

[Gabler Wirtschaftslexikon] Springer Gabler | Springer Fachmedien Wiesbaden GmbH, *https://wirtschaftslexikon.gabler.de/definition/ethik-34332*. Besucht am 15.04.2023.

[Geis & Johner 2020] Geis, T.; Johner, C.: Usability Engineering als Erfolgsfaktor: Effizient IEC 62366- und FDA-konform dokumentieren. 2. Auflage, Beuth Verlag, Berlin, 2020.

[Geis & Polkehn 2018] Geis, T.; Polkehn, K.: Praxiswissen User Requirements. dpunkt.verlag, Heidelberg, 2018.

[Gothelf & Seiden 2015] Gothelf, J.; Seiden, J.: Lean UX: Mit der Lean-Methode zu besserer User Experience. mitp Verlag, 2015.

[Hassenzahl 2007] Hassenzahl, M.: The hedonic/pragmatic model of user experience. HCI International Conference, Lancaster, UK, 2007.

[Hassenzahl et al. 2003] Hassenzahl, M.; Burmester, M.; Koller, F.: AttrakDiff: Ein Fragebogen zur Messung wahrgenommener hedonischer und pragmatischer Qualität. In: Ziegler, J.; Szwillus, G. (Hrsg.): Mensch & Computer 2003: Interaktion in Bewegung. B.G. Teubner, Stuttgart, Leipzig, 2003, S. 187–196.

[ISO 27500] ISO 27500: The human-centred organization – Rationale and general principles. International Organization for Standardization (ISO), 2016.

[ISO 27501] ISO 27501: The human-centred organization – Guidance for managers. International Organization for Standardization (ISO), 2019.

[ISO/IEC 25063] ISO/IEC 25063: Common Industry Format (CIF) for Usability – Context of use description. International Organization for Standardization (ISO), 2019.

[ISO/IEC 25065] ISO/IEC 25065: Common Industry Format (CIF) for Usability – User Requirements Specification. International Organization for Standardization (ISO), 2019.

[ISO/IEC 25066] ISO/IEC 25066: Common Industry Format (CIF) for Usability – Evaluation Report. International Organization for Standardization (ISO), 2016.

[ISO/IEC Guide 63] ISO/IEC Guide 63: Guide to the development and inclusion of aspects of safety in International Standards for medical devices. International Organization for Standardization (ISO), 2019.

[ISO/TR 16982] ISO/TR 16982: Ergonomics of human-system interaction – Usability methods supporting human-centred design. International Organization for Standardization (ISO), 2002.

[Laugwitz et al. 2006] Laugwitz, B.; Schrepp, M.; Held, T.: Konstruktion eines Fragebogens zur Messung der User Experience von Softwareprodukten. In: Heinecke, A. M.; Paul, H. (Hrsg.): Mensch & Computer 2006: Mensch und Computer im Strukturwandel. Oldenbourg Verlag, München, 2006, S. 125–134.

[Nielsen 1995] Nielsen, J.: How to Conduct a Heuristic Evaluation, *https://www.nngroup.com/articles/how-to-conduct-a-heuristic-evaluation/*. Besucht am 15.04.2023.

[Nielsen 2012] Nielsen, J.: How Many Test Users in a Usability Study?, *https://www.nngroup.com/articles/how-many-test-users/*. Besucht am 15.04.2023.

[Nielsen & Molich 1990] Nielsen, J.; Molich, R.: Heuristic evaluation of user interfaces. Proceedings of the ACM CHI'90 Conference, Seattle, WA, 1-5 April 1990, S. 249–256.

[Pierre 2015] Pierre, R. S. Q.: Heuristics in design: a literature review. 6th International Conference on Applied Human Factors and Ergonomics (AHFE), 2015.

[Prümper 2008] Prümper, J.: ISONORM 9241/110-S. Beurteilung von Software auf Grundlage der internationalen Ergonomie-Norm DIN EN ISO 9241-110, 2008, *http://projekt.kke.tu-berlin.de/wp-content/uploads/2015/09/Methode_Isonorm-Fragebogen.pdf*. Besucht am 15.04.2023.

[Riedemann & Freitag 2009] Riedemann, C.; Freitag, R.: Modeling Usage: Techniques and Tools. IEEE Software, Vol. 26, Nr. 2, 2009, S. 20–24.

[Rummel 2016] Rummel, B.: System Usability Scale – jetzt auch auf Deutsch, 2016, *https://blogs.sap.com/2016/02/01/system-usability-scale-jetzt-auch-auf-deutsch/*. Besucht am 15.04.2023.

[Schneegans 2012a] Schneegans, M.: »Klassisches« versus agiles IT-Projektmanagement – Die Wahl der richtigen Vorgehensweise. Whitepaper der amendos gmbh, 2012.

[Schneegans 2012b] Schneegans, M.: Die Wahl der Vorgehensweise im IT-Projektmanagement: ein kritischer Erfolgsfaktor. In: IT-Projektmanagement 2012+ im Spagat zwischen Industrialisierung und Agilität? – Beiträge zur Konferenz »interPM«. Glashütten, 2012, S. 145–164.

[Snyder 2003] Snyder, C.: Paper Prototyping: The Fast and Easy Way to Design and Refine User Interfaces. Morgan Kaufmann Publishers, 2003.

[UXPA BOK 2011] User Experience Professionals' Association (UXPA): The Usability Body of Knowledge: Scenario of Use, 2011, *http://www.usabilitybok.org/scenario-of-use*. Besucht am 15.04.2023.

[UXQB CPUX-DS 2021] UXQB e.V.: CPUX-DS Curriculum, Version 1.01a, Certified Professional for Usability and User Experience – Designing Solutions. International Usability and User Experience Qualification Board e.V. (UXQB), 2021.

[UXQB CPUX-F 2023a] UXQB e.V.: CPUX-F Curriculum, Version 4.01, Certified Professional for Usability and User Experience – Foundation Level. International Usability and User Experience Qualification Board e.V. (UXQB), 2023.

[UXQB CPUX-F 2023b] UXQB e.V.: CPUX-F Öffentliche Prüfungsfragen (zu Übungszwecken), Version 4.01 DE. International Usability and User Experience Qualification Board e.V. (UXQB), 2023.

[UXQB CPUX-M 2022] UXQB e.V.: CPUX-M Curriculum, Version 1.0.1, Certified Professional for Usability and User Experience – Essentials in UX and HCD Management. International Usability and User Experience Qualification Board e.V. (UXQB), 2022.

[UXQB CPUX-UR 2023] UXQB e.V.: CPUX-UR Curriculum, Version 3.2.2, Certified Professional for Usability and User Experience – User Requirements Engineering. International Usability and User Experience Qualification Board e.V. (UXQB), 2023.

[UXQB CPUX-UT 2020] UXQB e.V.: CPUX-UT Curriculum, Version 1.18, Certified Professional for Usability and User Experience – Usability Testing and Evaluation. International Usability and User Experience Qualification Board e.V. (UXQB), 2020.

[Wharton et al. 1994] Wharton, C.; Rieman, J.; Lewis, C.; Polson, P.: The cognitive walkthrough method: a practitioner's guide. In: Nielsen, J.; Mack, R. L. (Hrsg.): Usability inspection methods. John Wiley & Sons, Inc., New York, NY, USA, 1994, S. 105–140.

Index

A

Accessibility 11, 48
Affordance (Aufforderungscharakter) 128, 175
Agile Entwicklung vii, 35, 37
Anforderung 105
  fachliche 106
  Markt- 105, 107
  organisatorische 105, 108
  System- 105
  technische 105
Antizipierte Benutzung 10
As-is User Journey Map 82
Aufforderungscharakter 175
Aufgabe 58
Aufgabenangemessenheit (Interaktionsprinzip) 158
Aufgabenmodell 70, 78–79
Aufgabenobjekt 125
Ausführbare Funktion 125
Ausrüstung 59

B

Barrierefreiheit 11–12, 48
Bedienfunktion 124, 126
  aufgabenbezogene 125
Benutzer 56
  indirekter 57
  mentales Modell 177
  primärer 57
  sekundärer 57
Benutzerbefragung 69, 191
  für die Nutzungskontextanalyse 70
  für die Usability-Evaluierung 191
Benutzerbindung (Interaktionsprinzip) 168
Benutzerdokumentation 29, 128
Benutzererlebnis (User Experience) 5, 9
Benutzerführung 130
  systeminitiierte 128
Benutzergruppe 56
Benutzergruppenprofil 70, 72
Benutzer-System-Interaktion 14–15, 129
Benutzerunterstützung 123, 125, 128, 134
Benutzerzentrierte Gestaltung 28
Benutzung 12, 48
Benutzungsschnittstelle 15
  Gestaltung von 156
  Komponenten 122
Beobachter 66–67, 198, 200
Beobachtung 66–67
Berührungspunkt (Touchpoint) 82
Bewertung (eines Usability-Befundes) 212
Briefing 199, 205

C

Card-Sorting 141
  geschlossenes 141
  offenes 141
Cognitive Walkthrough 225
CPUX-F-Curriculum 1
  Lernziele 2
CPUX-F-Zertifizierung, Prüfungsfragen 2

D

Dark Pattern 149–150
Deceptive Design 149
Deceptive Pattern 149
Design Pattern 173
Designing Solutions (CPUX-DS) 124, 137
Dialogschritt 123
Digitalisierung 126
DIN EN ISO 9241 4, 172
DIN EN ISO 9241-11 5–6
DIN EN ISO 9241-110 5, 158, 168

DIN EN ISO 9241-161 124
DIN EN ISO 9241-210 5, 9, 28, 30
DIN EN ISO 9241-220 5, 48
Disciplined Agile Delivery (DAD) 37

E

Effektivität 7
Effizienz 8
Entwurfsmuster *Siehe* Design Pattern 173
Erfordernis 111
    Gütekriterien 112
Erlernbarkeit (Interaktionsprinzip) 164
Erwartungskonformität
    (Interaktionsprinzip) 161
Essentials in UX and HCD Management
    (CPUX-M) 32
Ethisches Design 148
Evaluator 191, 223, 225
Evaluierungsbericht 192
Evaluierungsmethoden 190

F

Fachliche Anforderung 106
Fokusgruppe 68
Frage
    geschlossene 64
    neutrale 65
    offene 64
    Suggestiv- 65
Fragebogen
    individueller 230
    standardisierter 230
    System Usability Scale (SUS) 230

G

Gebrauchstauglichkeit 6
Geschlossene Frage 64
Gestaltungslösung 136, 187
Gestaltungsregel 127, 157, 171–172

H

HCD Professional 34
HCD-Deliverables 30
HCD-Reife 32–33
Heuristik 157, 170
Heuristische Evaluierung 225
High-Fidelity-Prototyp 145
Honest Design 150
Human-centred Design (HCD) 28, 32

I

Indirekter Benutzer 57
Individualisierbarkeit 168
Informationsarchitektur 123, 131, 133
Interaktionsprinzipien 32, 157–158, 164
Interaktives System 14, 54
Interessenvertreter 104
Interview 62
    Grundregeln 62
    kontextuelles 66
    zum Zweck der Nutzungskontextanalyse 62
Interviewfrage 64
Interview-Leitfaden 63
ISO 27500 32
ISO 27501 32
ISO 9241 3–4
ISO 9241-171 12
ISO/IEC 25063 73
ISO/IEC 25065 108
ISO/IEC 25066 225
ISO/IEC Guide 63 13
Ist-Szenario 70, 74–75
Iterativ 36, 146, 188

K

Konsistenz
    als Gestaltungsempfehlung zum Interaktionsprinzip Erwartungskonformität 161
Kontextuelles Interview 66

L

Lean UX 37
Low-Fidelity-Prototyp 143

M

Marktanforderung 105, 107
Meister-Schüler-Modell 63
Meldung 128–129
Menschzentrierte Gestaltung 27–28, 54
    Grundsätze 28
    Planung 47
Menschzentrierte Gestaltungsaktivitäten 30
Menschzentrierte Qualität 5
Menschzentrierte Qualitätsziele 48
Mentales Modell 177
Moderator 68, 198
Moderator (in einem Usability-Test) 198

N

Nachhaltiges Design 150
Navigationsstruktur 123, 132
Neutrale Frage 65
Nutzungsanforderung 103, 106, 108
 qualitative 108–109
 quantitative 108–109
Nutzungskontext 53–54
 Komponenten 56
Nutzungskontextanalyse 62
Nutzungskontextbeschreibung 70–71
Nutzungskontextinformation 62, 70
Nutzungsqualität 5
Nutzungsszenario 136
 narrative Form 137
 tabellarische Form 137

O

Offene Frage 64
Onlinehilfe 128, 133–134, 148
Organisatorische Anforderung 105, 108

P

Pattern *Siehe* Design Pattern 150
Persona 70, 80–81
Post-Test-Interview 198, 201, 207, 210
Pre-Test-Interview 198–199, 206, 209
Primärer Benutzer 57
Protokollant 68, 198, 200–201
Prototyp 142
 High-Fidelity- 145
 Low-Fidelity- 143

Q

Qualitative Nutzungsanforderung 108–109, 111
Quantitative Nutzungsanforderung 108–109

R

Rekrutierung 208
Remote-Usability-Test 200, 203
Ressource 59
 sich verbrauchende 59–60
 wiederverwendbare 59
Robustheit gegen Benutzungsfehler (Interaktionsprinzip) 167

S

Schaden (Begriff) 13
Scrum 35
Sekundärer Benutzer 57
Selbstbeschreibungsfähigkeit (Interaktionsprinzip) 160
Stakeholder 104–105
Stakeholder-Anforderung 104–105
Statusinformation 128, 130
Steuerbarkeit (Interaktionsprinzip) 166
Storyboard 140
Styleguide 172
Suggestivfrage 65
Systemanforderung 105

T

Teilaufgabe 58, 78
Testaufgabe *Siehe* Usability-Testaufgabe 196
Think-aloud Test 206
To-be User Journey Map 82
Touchpoint 82

U

Überblicks-Nutzungskontextbeschreibung 71
Umgebung 61
 physische 61
 soziale 61
 technische 61
Unmoderierter Remote-Usability-Test 203
Unmoderierter Usability-Test 200, 203
Usability 6, 9, 48
Usability Testing and Evaluation« (CPUX-UT) 187
Usability-Befund 212
 Bewertung 212
Usability-Evaluierung 188–189
Usability-Evaluierungsbericht 225
Usability-Inspektion 190–191, 223
 Auswertung und Dokumentation 225
 Durchführung 225
 Kriterien 224
Usability-Labor 200–201
Usability-Problem 188, 212
Usability-Reife *Siehe* HCD-Reife

Usability-Test 190, 196, 200
Phasen 197
Planung 204
Rollen 198
Beobachter 200
Moderator 199
Protokollant 200
Usability-Testteilnehmer 199
unmoderierter 200, 203
Usability-Testaufgabe 206
Usability-Testbericht 211
Usability-Test-Leitfaden 205
Usability-Testplan 204
Usability-Testsitzung 196, 209
Briefing 209
Post-Test-Interview 210
Pre-Test-Interview 209
Usability-Testteilnehmer 198
rekrutieren 208
Use Case 139
User Experience 9, 48
User Experience Professional 34
User Interface 15
User Interface Guideline 171
User Journey Map 70, 82
User Requirements Engineering (CPUX-UR) 37
User-centred Design (UCD) 28
User-Interface-Element 123, 126, 176
User-Interface-Spezifikation 147

V

Vermeidung von Schäden durch die Benutzung 12, 48

W

Web Content Accessibility Guidelines (WCAG) 12
Wiederverwendbare Ressource 59
Wireframe 144

Z

Ziel 6, 58
Zufriedenstellung 8